高等职业教育高速铁路客运乘务专业系列教材
高等职业教育"十三五"规划教材——轨道交通类

高速铁路
客运乘务实训教程

GAOSU TIELU
KEYUN CHENGWU SHIXUN JIAOCHENG

主　编◎闫莹娜　王　慧　王　珏
主　审◎马长青
副主编◎陈　曦　陈思亦　李海蛟

西南交通大学出版社
·成都·

图书在版编目（CIP）数据

高速铁路客运乘务实训教程 / 闫莹娜，王慧，王珏主编. —成都：西南交通大学出版社，2017.8（2023.4 重印）
高等职业教育高速铁路客运乘务专业系列教材　高等职业教育"十三五"规划教材. 轨道交通类
ISBN 978-7-5643-5673-6

Ⅰ. ①高… Ⅱ. ①闫… ②王… ③王… Ⅲ. ①高速铁路–铁路运输–旅客运输–岗位培训–高等职业教育–教材　Ⅳ. ①U293

中国版本图书馆 CIP 数据核字（2017）第 203526 号

高等职业教育高速铁路客运乘务专业系列教材
高等职业教育"十三五"规划教材——轨道交通类

高速铁路客运乘务实训教程

主　编 / 闫莹娜　王慧　王珏	责任编辑 / 王　旻
	助理编辑 / 宋浩田
	封面设计 / 墨创文化

西南交通大学出版社出版发行
（四川省成都市二环路北一段 111 号西南交通大学创新大厦 21 楼　610031）
发行部电话：028-87600564　　028-87600533
网址：http://www.xnjdcbs.com
印刷：四川煤田地质制图印刷厂

成品尺寸　185 mm×260 mm
印张　24.25　　字数　637 千
版次　2017 年 8 月第 1 版　　印次　2023 年 4 月第 7 次

书号　ISBN 978-7-5643-5673-6
定价　68.00 元

课件咨询电话：028-81435775
图书如有印装质量问题　本社负责退换
版权所有　盗版必究　举报电话：028-87600562

·前　言·

我国高铁搭乘"一带一路"倡议的东风走出国门后，不仅大大缩短了各个国家的空间距离，而且产生了巨大的辐射效应，带动建筑、旅游等相关产业，促进经济发展和产业升级。高铁在带来便捷、效益的同时，已成为中国崛起的最新象征。国内外社会对高铁的关注度也达到前所未有的高度。借此契机，特编写《高速铁路客运乘务实训教程》一书。

本实训教材的编写，填补了市场上缺乏高铁综合实训类教材的空白。在严格遵循《铁路旅客运输服务质量规范》《铁路旅客运输规程》《铁路旅客运输办理细则》《旅客票价表》《铁路客运运价规则》《行李包裹运价表》等客运资料的基础上，设计了十三个相关模块，分别为：动车组列车服务质量规范实训、票价计算训练、铁路非现金支付、旅客违章携带物品的处理、违章使用乘车证、列车编制客运记录、列车拍发铁路电报、实名制挂失补车票的处理、重点旅客服务实训、动车组列车应急处理实训、铁路红十字救护实训、客伤处理实训、高铁快运实训。其中包括设施设备及备品定位放置训练、乘务人员仪容着装规范训练、乘务人员标准姿态训练、动车组列车服务规范训练、投诉处理、动车组车票票价计算、车票退签改签的处理、误售误购误乘的处理、旅行变更处理、不符合乘车条件的处理、列车补票机的应用、中铁银通卡的使用、支付宝支付、旅客携带物品合规的判定、禁止携带物品的处理、常见票证真伪辨别、违章使用乘车证的处理、挂失补旅客乘车的处理、列车上旅客丢失车票证件的处理、误售误购误乘坐过站的处理、旅客因病下车的处理、无票乘车而又拒绝补票的处理、列车上发现危险品的处理、旅客遗失物品的处理、列车上旅客受伤害的处理、超员电报、旅客伤害电报、站车交接处理、列车班组客货票据明细填写、客运管理信息系统应用、站车无线交互系统应用、实名制挂失补车票处理、铁路失信处理、外籍旅客服务、重点旅客服务、列车接待工作、非正常情况下车门开启、防护网的挂放、应急梯的使用、应急渡板的使用、换乘热备动车组的应急处理、恶劣天气滞留处理、旅客发生意外应急处理、受伤旅客的救治、疾病旅客的救助、铁路旅客人身伤害的控制及处理、客伤资料处理、高铁快运业务、高铁快运集装件的装载加固以及途中异常情况处置等50个项目。且每个项目又下设若干实训任务、实训案例。

本实训教材的特色之处有四点：第一，作为高速铁路客运乘务专业系列教材中的实训教材，在编写时打破传统铁路实训教材只关注计算训练的常态，设计的十三个模块涵盖高速铁路客运的多环节以及普铁客运的部分环节。第二，本实训教材内容涉及高铁多门课程及普铁的部分知识，与其他系列教材相互呼应，与相关前续课程相比具有更强的操作性、知识更具时效性。第三，在编写过程中，除了依托《铁路旅客运输服务质量规范》《铁路旅客运输规程》《铁路旅客运输办理细则》《旅客票价表》《铁路客运运价规则》《行李包裹运价表》等规章外，还注意结合12306网站，把握铁路最新的相关政策。第四，本实训教材每个模块后都配有大量相关技能训练题目，同时配有翔实的答案及电子课件。

本教材由天津铁道职业技术学院闫莹娜、王慧、王珏任主编，北京铁路局调度所副主任马长青主审。天津铁道职业技术学院陈曦、陈思亦、李海蛟任副主编。具体分工如下：

闫莹娜：负责编写模块二、模块八以及模块二、模块八的习题及答案，并负责全书的统稿、定稿；王慧：负责编写模块五、模块十三以及模块五、模块十三的习题及答案；王珏：负责编写模块三、模块四以及模块三、模块四的习题及答案；陈曦：负责编写模块一、模块九以及模块一、模块九的习题及答案；陈思亦：负责编写模块六、模块七以及模块六、模块七的习题及答案；李海蛟：负责编写模块十、模块十一、模块十二以及模块十、模块十一、模块十二的习题及答案。

本实训教材既可以配合系列教材使用，又可以单独使用；既适用于高速铁路客运乘务专业和铁路相关专业教学使用也适用于铁路相关专业职工的培训教材；也可作为包括自学人士在内的相关人员的学习教材。

本教材的写作和出版获得了众多人士的支持和帮助，在此感谢相关领域专家的具体指导，感谢各位编者的通力合作。此外本教材在编写过程中，引用了大量文献及网络图片，文中未能一一标明，在此一并表示感谢。

由于编者水平有限，书中不妥之处，敬请批评指正。

编 者

2017年5月

·目 录·

模块一 动车组列车服务质量规范实训 ... 1

项目一 设施设备及备品定位放置训练 ... 1
- 实训任务1 设施设备定位放置 ... 5
- 实训任务2 餐车设施设备定位放置 ... 6
- 实训任务3 服务备品定位放置 ... 7
- 实训任务4 乘务人员手持设备配置 ... 8
- 实训任务5 整备作业训练 ... 8

项目二 乘务人员仪容着装规范训练 ... 12
- 实训任务1 乘务人员标准发型 ... 13
- 实训任务2 乘务人员标准妆容 ... 14
- 实训任务3 乘务人员标准着装 ... 14
- 实训任务4 乘务人员标志佩戴 ... 17

项目三 乘务人员标准姿态训练 ... 17
- 实训任务1 坐立行走姿态 ... 17
- 实训任务2 立岗姿态 ... 21

项目四 动车组列车服务规范训练 ... 21
- 实训任务1 动车组列车服务语言 ... 25
- 实训任务2 商务座服务 ... 27
- 实训任务3 特、一等座服务 ... 27
- 实训任务4 车内巡视作业 ... 28
- 实训任务5 其他服务 ... 29

项目五 投诉处理 ... 33
- 实训任务 动车组列车服务质量投诉处理 ... 35

模块二 票价计算训练 ... 46

项目一 动车组车票票价计算 ... 46
- 实训任务1 动车组列车一等座票价计算 ... 47
- 实训任务2 动车组列车二等座票价计算 ... 47

　　　　实训任务3　动车组列车软卧票价计算 …………………………… 48
　　　　实训任务4　动车组列车高级软卧票价计算………………………… 48
　　　　实训任务5　动车组列车学生票票价计算 …………………………… 48
　　　　实训任务6　动车组列车儿童票票价计算 …………………………… 49
　　　　实训任务7　动车组列车伤残军人票价计算 ………………………… 50
　　　　实训任务8　动车组列车定员计算 …………………………………… 50
　　项目二　车票退票、改签的处理 ……………………………………………… 51
　　　　实训任务1　退票的处理 ……………………………………………… 53
　　　　实训任务2　改签的处理 ……………………………………………… 54
　　项目三　误售、误购、误乘的处理 …………………………………………… 55
　　　　实训任务1　误售、误购处理 ………………………………………… 56
　　　　实训任务2　误乘处理 ………………………………………………… 57
　　项目四　旅行变更处理 ………………………………………………………… 58
　　　　实训任务1　越站处理 ………………………………………………… 59
　　　　实训任务2　变更径路处理 …………………………………………… 59
　　　　实训任务3　分乘处理 ………………………………………………… 60
　　　　实训任务4　过期处理 ………………………………………………… 60
　　项目五　不符合乘车条件的处理 ……………………………………………… 61
　　　　实训任务1　无票乘车的处理 ………………………………………… 62
　　　　实训任务2　越站乘车的处理 ………………………………………… 62
　　　　实训任务3　持用低等级车票乘坐高等级列车、座位的处理 …… 63
　　　　实训任务4　持不符合减价条件车票乘车的处理 ………………… 63
　　项目六　列车补票机的应用 …………………………………………………… 64
　　　　实训任务1　补票机办理应用 ………………………………………… 64
　　　　实训任务2　在线补票补票机常见问题 ……………………………… 65

模块三　铁路非现金支付 ……………………………………………………………… 83
　　项目一　中铁银通卡的使用 …………………………………………………… 83
　　　　实训任务1　中铁银通卡的认知 ……………………………………… 87
　　　　实训任务2　中铁银通卡的使用 ……………………………………… 88
　　　　实训任务3　中铁银通卡的申购手续 ………………………………… 91
　　　　实训任务4　中铁银通卡账户充值 …………………………………… 93
　　　　实训任务5　中铁银通卡换卡、退卡、挂失及补卡 ………………… 95

项目二　支付宝支付 …………………………………………… 96
　　　　实训任务1　售票窗口使用支付宝支付 ………………… 97
　　　　实训任务2　自动售票机购票使用支付宝支付 ………… 98

模块四　旅客违章携带物品的处理 ……………………………… 102
　　项目一　旅客携带物品合规的判定 ………………………… 102
　　　　实训任务1　旅客可免费携带物品的判定 ……………… 103
　　　　实训任务2　旅客可限量携带物品的判定 ……………… 104
　　项目二　禁止携带物品的处理 ……………………………… 105
　　　　实训任务1　携带超重物品的处理 ……………………… 106
　　　　实训任务2　携带超大物品的处理 ……………………… 107
　　　　实训任务3　携带物品品类违章的处理 ………………… 109

模块五　违章使用乘车证 ………………………………………… 116
　　项目一　常见票证真伪辨别 ………………………………… 116
　　　　实训任务1　铁路乘车证种类 …………………………… 119
　　　　实训任务2　铁路乘车证及其他相关证件的查验 ……… 125
　　项目二　违章使用乘车证的处理 …………………………… 130
　　　　实训任务1　借用乘车证的处理 ………………………… 131
　　　　实训任务2　使用过期乘车证的处理 …………………… 133
　　　　实训任务3　超过乘车证有效区间的处理 ……………… 135
　　　　实训任务4　使用乘车证中途下车的处理 ……………… 135
　　　　实训任务5　伪造乘车证乘车的处理 …………………… 135

模块六　列车编制客运记录 ……………………………………… 139
　　项目一　挂失补旅客乘车的处理 …………………………… 139
　　　　实训任务1　持挂失补车票正常到站乘车 ……………… 141
　　　　实训任务2　持挂失补车票越站乘车 …………………… 142
　　　　实训任务3　持挂失补车票中途下车 …………………… 144
　　项目二　列车上旅客丢失车票、证件的处理 ……………… 145
　　　　实训任务1　列车上纸质车票丢失后又找到原票 ……… 145
　　　　实训任务2　列车上持电子客票乘车丢失二代居民身份证后
　　　　　　　　　　又找到二代居民身份证 …………………… 147
　　项目三　误售、误购、误乘、坐过站的处理 ……………… 148
　　　　实训任务1　误售车票 …………………………………… 148
　　　　实训任务2　误购车票 …………………………………… 150
　　　　实训任务3　误乘列车 …………………………………… 151
　　　　实训任务4　坐过站 ……………………………………… 152

项目四　旅客因病下车的处理 ……………………………………… 153
　　　　实训任务　旅客因病下车的处理 ……………………………… 153
　　项目五　无票乘车而又拒绝补票的处理 …………………………… 156
　　　　实训任务　无票乘车而又拒绝补票的处理 …………………… 156
　　项目六　列车上发现危险品的处理 ………………………………… 157
　　　　实训任务　列车上发现危险品的处理 ………………………… 158
　　项目七　旅客遗失物品的处理 ……………………………………… 159
　　　　实训任务　旅客遗失物品的处理 ……………………………… 160
　　项目八　列车上旅客受伤害的处理 ………………………………… 162
　　　　实训任务　列车上旅客受伤害的处理 ………………………… 165

模块七　列车拍发铁路电报 ……………………………………………… 173
　　项目一　超员电报 …………………………………………………… 173
　　　　实训任务　超员电报 …………………………………………… 176
　　项目二　旅客伤害电报 ……………………………………………… 177
　　　　实训任务　旅客伤害电报 ……………………………………… 180
　　项目三　站车交接处理 ……………………………………………… 187
　　　　实训任务1　列车向车站移交疾病、死亡旅客 ……………… 190
　　　　实训任务2　列车向车站移交精神病患者、弃婴的处理 …… 192
　　项目四　列车班组客货票据明细填写 ……………………………… 192
　　　　实训任务　列车班组客货票据明细填写 ……………………… 193
　　项目五　客运管理信息系统应用 …………………………………… 197
　　　　实训任务　客运管理信息系统应用 …………………………… 198
　　项目六　站车无线交互系统应用 …………………………………… 208
　　　　实训任务　站车无线交互系统应用 …………………………… 208

模块八　实名制挂失补车票的处理 …………………………………… 232
　　项目一　实名制挂失补车票处理 …………………………………… 232
　　　　实训任务1　乘车前丢失车票挂失补业务 …………………… 233
　　　　实训任务2　列车办理丢失车票挂失补业务 ………………… 237
　　　　实训任务3　出站检票前丢失车票挂失补业务 ……………… 239
　　项目二　铁路失信处理 ……………………………………………… 240
　　　　实训任务1　失信行为界定 …………………………………… 241
　　　　实训任务2　失信行为处理 …………………………………… 242
　　　　实训任务3　失信异议处理 …………………………………… 243

模块九　重点旅客服务实训 …………………………………………… 248
　　项目一　外籍旅客服务 ……………………………………………… 248
　　　　实训任务1　银通卡的申购及购票方法 ……………………… 249

　　　　实训任务 2　国境站手续办理 …………………………………… 252
　　　　实训任务 3　高铁列车英语服务 ………………………………… 256
　　项目二　重点旅客服务 …………………………………………………… 268
　　　　实训任务 1　一般重点旅客服务 ………………………………… 270
　　　　实训任务 2　特殊重点旅客服务 ………………………………… 274
　　　　实训任务 3　12306 预约的重点旅客服务 ……………………… 277
　　　　实训任务 4　站车重点旅客服务交接 …………………………… 281
　　项目三　列车接待工作 …………………………………………………… 283
　　　　实训任务 1　接待对象及汇报工作内容 ………………………… 284
　　　　实训任务 2　接待工作程序 ……………………………………… 285

模块十　动车组列车应急处理实训 ……………………………………… 290
　　项目一　非正常情况下车门开启 ………………………………………… 290
　　　　实训任务 1　空调故障开车门 …………………………………… 292
　　　　实训任务 2　发生火灾爆炸开车门 ……………………………… 293
　　　　实训任务 3　动车组运行中车门发生故障 ……………………… 293
　　项目二　防护网的挂放 …………………………………………………… 294
　　　　实训任务　防护网的挂放 ………………………………………… 295
　　项目三　应急梯的使用 …………………………………………………… 296
　　　　实训任务　应急梯的使用 ………………………………………… 296
　　项目四　应急渡板的使用 ………………………………………………… 297
　　　　实训任务　应急渡板的使用 ……………………………………… 298
　　项目五　换乘热备动车组的应急处理 …………………………………… 299
　　　　实训任务 1　车站换乘 …………………………………………… 301
　　　　实训任务 2　区间换乘 …………………………………………… 302
　　项目六　恶劣天气滞留 …………………………………………………… 303
　　　　实训任务　恶劣天气滞留 ………………………………………… 305
　　项目七　旅客发生意外应急处理 ………………………………………… 306
　　　　实训任务 1　财物被盗 …………………………………………… 309
　　　　实训任务 2　旅客死亡 …………………………………………… 310
　　　　实训任务 3　旅客酗酒 …………………………………………… 310
　　　　实训任务 4　旅客携带危险品 …………………………………… 311
　　　　实训任务 5　传染性疾病旅客处理 ……………………………… 311

模块十一　铁路红十字救护实训 ………………………………………… 317
　　项目一　受伤旅客的救治 ………………………………………………… 317
　　　　实训任务 1　烫伤旅客的救助 …………………………………… 318
　　　　实训任务 2　流血旅客的救助 …………………………………… 319
　　　　实训任务 3　骨折旅客的救助 …………………………………… 320

项目二　疾病旅客的救助 ·· 323
　　　　实训任务1　发烧旅客的救助 ·· 324
　　　　实训任务2　晕车旅客的救助 ·· 326
　　　　实训任务3　晕厥旅客的救助 ·· 326
　　　　实训任务4　心梗旅客的救助 ·· 327
　　　　实训任务5　中毒旅客的救助 ·· 331
　　　　实训任务6　癫痫旅客的救助 ·· 331
　　　　实训任务7　精神病旅客的救助 ······································ 332

模块十二　客伤处理实训 ·· 335
　　项目一　铁路旅客人身伤害的控制及处理 ···································· 335
　　　　实训任务1　乘意险 ·· 336
　　　　实训任务2　防止旅客伤害 ·· 337
　　项目二　客伤资料处理 ·· 338
　　　　实训任务1　旁证资料收集 ·· 339
　　　　实训任务2　谈话记录 ·· 340
　　　　实训任务3　和解协议 ·· 343

模块十三　高铁快运实训 ·· 346
　　项目一　高铁快运业务 ·· 346
　　　　实训任务1　高铁快运服务体系 ······································ 347
　　　　实训任务2　高铁快运操作流程 ······································ 349
　　　　实训任务3　高铁快运计价规则 ······································ 359
　　　　实训任务4　高铁快运单据的填写 ···································· 360
　　项目二　高铁快运集装件的装载加固 ·· 362
　　　　实训任务1　高铁快运集装件的尺寸及重量 ···························· 363
　　　　实训任务2　高铁快运集装容器的编号与条码 ·························· 364
　　　　实训任务3　高铁快运集装件的码放 ·································· 364
　　项目三　途中异常情况处置 ·· 366
　　　　实训任务1　运输途中异常情况处理 ·································· 367
　　　　实训任务2　高铁快运事故处理 ······································ 372

参考文献 ·· 376

模块一　动车组列车服务质量规范实训

【模块介绍】

本模块主要训练动车组设施设备及备品的定型、乘务人员仪容着装和标准姿态、动车组列车服务规范以及如何处理旅客投诉，以达到为旅客提供优质服务的目标。

项目一　设施设备及备品定位放置训练

【训练目标】

熟悉动车组列车设施设备的构成和使用方法，掌握动车组整备作业操作标准，达到动车组列车服务质量要求。

【训练准备】

动车组列车服务质量规范、乘务人员对讲机、手持终端、动车组车厢内服务图形标志、动车组卧具、电茶炉、垃圾箱、擦手纸、售货车、芳香盒、毛巾、眼罩、耳机、托盘、咖啡壶等动车组相关备品。

【训练内容】

实训任务	实训依据（规章内容提炼）	备注（实训依据来源）
设施设备定位放置	1. 乘务员室、监控室、多功能室、洗脸间、厕所、电气控制柜、备品柜、储藏柜、清洁柜、衣帽柜、大件行李存放处、软卧会客室等不挪作他用或改变用途。多功能室用于照顾重点旅客。 2. 车辆外观整洁，内外部油漆无剥落、褪色、流坠；车内顶棚不漏水，内外墙板及车内地板无破损、无塌陷、不鼓泡；渡板及各部位压条、压板、螺栓不松动、无翘起；脚蹬安装牢固，无腐蚀破损；手把杆无破损、松动。各部位金属部件无锈蚀。 3. 广播、空调、电茶炉、饮水机、照明灯具、电子显示屏、电视机、车载视频监控终端、控制面板、电源插座、车门、端门、儿童票标高线、地板、车窗、翻板、站台补偿器、窗帘、座椅、脚蹬、小桌板、靠背网兜、茶桌、座席号牌、衣帽钩、行李架、垃圾箱、洗手盆、水龙头、梳妆台、面镜、便器、洗手液盒、一次性坐便垫盒、卫生纸盒、擦手纸盒、婴儿护理台、镜框、洗脸间门帘、干手器，商务座车小吧台、呼唤应答器、阅读灯，软卧车铺位号牌、包房号牌、卧铺栏杆、扶手、呼叫按钮、沙发、报刊栏，餐车侧门、餐桌、吧台、冰箱、展示柜、微波炉、电烤箱、售货车等服务设备设施齐全，作用良好，正常使用，外观整洁，故障、破损及时修复	动车组列车服务质量规范第4条

续表

实训任务	实训依据(规章内容提炼)	备注(实训依据来源)
设施设备定位放置	4. 车厢通过台外端门框旁设儿童票标高线。儿童票标高线宽10毫米、长100毫米,距地板面分别为1.2米和1.5米,以上缘为限,距内端门框约100毫米。 5. 车内各种服务图形标志型号一致,位置统一,安装牢固,齐全醒目,符合规定。 6. 车厢外部的电子显示屏显示列车运行区间、车次、车厢顺号等信息,车内电子显示屏显示列车运行区间、车次、车厢顺号、停站、运行速度、温度、中国铁路客户服务中心客户服务电话(区号+电话号码)、安全提示等信息,显示及时、准确。	动车组列车服务质量规范第4条
餐车设施设备定位放置	餐车配置的微波炉、电烤箱、咖啡机等厨房电器符合规定数量、规格和额定功率,规范使用,使用中有人监管,用后清洁,餐车离人断电	动车组列车服务质量规范第3.5条
服务备品定位放置	1. 服务备品、材料等符合国家环保规定,质量符合要求,色调与车内环境相协调。 2. 服务备品齐全,干净整洁,定位摆放。布制、易耗备品备用充足,保证使用。布制备品按附录规定的时间使用和换洗,有启用时间(年、月)标志。 3. 软卧车(含高级软卧车) ——包房内有被套、被芯、枕套、枕芯、床单、垫毯、卧铺套、靠背套、茶几布、一次性拖鞋、衣架、不锈钢果皮盘、带盖垃圾桶、热水瓶、面巾纸盒及服务指南、免费读物。 ——备有托盘、热水瓶和一次性硬质塑料水杯。 4. 软卧代座车 ——包房内有卧铺套、靠背套、不锈钢果皮盘。 ——包房门框上原铺位号牌处有座席号牌。 ——备有热水瓶和一次性硬质塑料水杯。 5. 商务座车 ——提供小毛巾,就餐时提供餐巾纸、牙签。 ——有耳塞、靠垫、鞋套、一次性拖鞋、清洁袋和专项服务项目单、服务指南、免费读物。 ——备有防寒毯、耳机、眼罩、托盘、热水瓶和一次性硬质塑料水杯。 6. 特、一、二等座车 ——有清洁袋、免费读物和服务指南,放置在座椅靠背袋内或其他指定位置。 ——有座椅套、头枕片;特、一等座车座椅有头枕。 ——电茶炉配有纸杯架的,有一次性纸杯。 ——乘务组备有热水瓶、耳塞和一次性硬质塑料水杯。 7. 餐车 ——有座椅套。 ——有售货车、托盘、热水瓶、一次性硬质塑料水杯。 ——备有餐巾纸、牙签	动车组列车服务质量规范第5条

续表

实训任务	实训依据（规章内容提炼）	备注（实训依据来源）
服务备品定位放置	8. 洗脸间有洗手液、擦手纸（或干手器）。 9. 厕所内有芳香盒和水溶性好的卫生纸、擦手纸，坐便器有一次性坐便垫圈，小便池内放置芳香球。 10. 贴身卧具（被套、床单、枕套）和头枕片干燥、清洁、平整，无污渍、无破损，已使用与未使用的折叠整齐，分别装袋保管。卧具袋防水、耐磨、干净，无破损。贴身卧具与其他布质备品分类洗涤；洗涤、存储、装运及更换不落地、无污染。 11. 卧车垫毯、被芯、枕芯等非贴身卧具备品干燥、清洁，无污渍、无破损，定期晾晒。被芯、枕芯先加装包裹套，再使用被套、枕套。包裹套定期清洗，保持干燥整洁。 12. 布制备品定位存放在储物（藏）柜内。无储物（藏）柜或储物（藏）柜容量不足的，软卧车定位放置在3、7、11号卧铺下。 13. 有厕所专用清扫工具，与车内清扫工具分开定位存放在清洁柜内；无清洁柜的定位隐蔽存放。商务座、特等座、一等座车厢客室内不存放清洁工具。清扫工具、清洁剂材质符合规定。 14. 清洁袋质地、规格符合规定，具有防水、承重性能。 15. 每标准编组车底配备2辆垃圾小推车，垃圾小推车、垃圾箱（桶）内用垃圾袋，垃圾袋符合国家标准，印有使用单位标志，与垃圾箱（桶）规格匹配，厚度不小于0.025毫米	动车组列车服务质量规范第5条
乘务人员手持设备配置	列车配有票剪、补票机、站车客运信息无线交互系统手持终端和GSM-R通讯设备；乘务人员配置手持电台，设备电量充足，作用良好。站车客运信息无线交互系统手持终端在始发前登录，途中及时更新信息	动车组列车服务质量规范第5.9条
整备作业训练	**出库标准：** 1. 车厢内外各部位整洁，窗明几净，四壁无尘，物见本色。 2. 外车皮、站台补偿器内外、窗门框及玻璃、扶手干净、无污渍。 3. 天花板（顶棚）、板壁、边角、地板、连接处、灯罩、座椅（铺位）、空调口、通风口、电茶炉、靠背袋网兜内等部位清洁卫生，无尘无垢无杂物。 4. 热水瓶、果皮盘、垃圾箱（桶）、洗脸间内外洁净。 5. 餐车橱、柜、箱干净无异味，分类标志清晰，商品、餐、饮品和备品等分类定位放置。 6. 厕所无积便、积垢、异味，地面干净无杂物。污物箱内污物排尽。 7. 深度保洁结合检修计划安排在白天作业，范围包括车厢天花板、板壁、遮阳板（窗帘）、灯罩、连接处、车梯、商务座椅表面、座椅（铺位）缝隙、座椅扶手及旋转器卡槽、小桌板脚踏板、暖气罩缝隙、洗手液盒、车厢边角，以及电茶炉、饮水机内部。 8. 布制品、消耗品和保洁工具等服务备品配备齐全，定位放置，定型统一	动车组列车服务质量规范第6条

续表

实训任务	实训依据（规章内容提炼）	备注（实训依据来源）
整备作业训练	9. 卧具叠放整齐，摆放统一，床单、头枕片、座席套、茶几布等铺设平整，干净整洁。 10. 清洁袋、洗手液、卫生纸、擦手纸、一次性座便垫圈、服务指南、免费读物、商务座专项服务等备品补足配齐，定位放置。服务指南中含有旅行须知、乘车安全须知、本车型的设备设施介绍、主要停靠站公交信息、铁路12306手机客户端和微信公众号二维码及本趟列车销售的商品价目表、菜单。 11. 垃圾小推车等保洁工具及售货车等备品定位放置，不影响旅客使用空间。 12. 可旋转式座椅转向列车运行方向。 13. 定期进行"消、杀、灭"，蚊、蝇、蟑螂等病媒昆虫指数及鼠密度符合国家规定。 **途中标准：** 14. 使用垃圾小推车和专用工具适时保洁，保持整洁卫生。旅客下车后及时恢复车容。 15. 各处所地面墩扫及时，干燥、干净；台面、桌面、面镜擦抹及时，干净、无水渍。 16. 洗脸（手）池、电茶炉沥水盘清理、擦抹及时，无污渍，无残渣，无堵塞，无积水；垃圾车、垃圾箱（桶）、清洁袋、靠背袋网兜、果皮盘清理及时，无残渣；厕所畅通无污物，无异味，按规定吸污。 17. 餐车餐桌、吧台、工作台、微波炉及各橱、箱、柜内保持洁净。 18. 清洁袋、洗手液、卫生纸、擦手纸、一次性坐便垫圈等备品补充及时；卧具污染更换及时。 19. 垃圾装袋、封口、无渗漏，定位放置，在指定站定点投放；不向车外扫倒垃圾、抛扔杂物。 **终到标准：** 20. 终到站时车内无垃圾、污水、粪便、异味。垃圾装袋、封口、无渗漏，到站定点投放。 **到站立即折返标准：** 21. 站台侧车外皮、门框、车窗干净，无污物、无积尘。 22. 车内地面清洁，行李架、大件行李存放处、扶手及座椅(铺位)、窗台上和靠背网兜内干净整洁；垃圾箱（桶）内无垃圾，无异味。 23. 热水瓶、果皮盘内外洁净，垃圾箱（桶）、洗脸间四周洁净。 24. 餐车橱、柜、箱干净无异味，分类标志清晰，商品、餐、饮品和备品等分类定位放置。 25. 洗脸间、厕所面镜洁净，洗脸（手）池、便器无污物、无异味。电茶炉沥水盘洁净。 26. 布制品、消耗品和保洁工具等服务备品配备齐全，定位放置，定型统一。 27. 卧具叠放整齐，摆放统一，床单、头枕片、座席套、茶几布等铺设平整，干净整洁	动车组列车服务质量规范第6条

续表

实训任务	实训依据（规章内容提炼）	备注（实训依据来源）
整备作业训练	28. 清洁袋、洗手液、卫生纸、擦手纸、一次性坐便垫圈、服务指南、免费读物、商务座专项服务等备品补足配齐，定位放置。 29. 保洁工具、售货车等备品定位放置，不影响旅客使用空间。 30. 可旋转式座椅转向列车运行方向	动车组列车服务质量规范第6条

【实训案例】

实训任务1　设施设备定位放置

实训案例　商务车备品柜内备品的定型摆放

一、二等座备品柜

二等座吊柜从左至右，左侧吊柜内放湿毛巾、湿纸巾、眼罩、耳机；右侧吊柜上层放置毛毯20条；地柜放20个白托盘、一个圆托盘、一个黑托盘、咖啡壶。拖鞋放置于2车二位备品柜第二层内，报纸放置于地柜第二层。见图1-1（a）、1-1（b）、1-1（c）、1-1（d）。

（a）二等座操作台

（b）右上方备品柜定型标准

（c）左上方备品柜定型标准

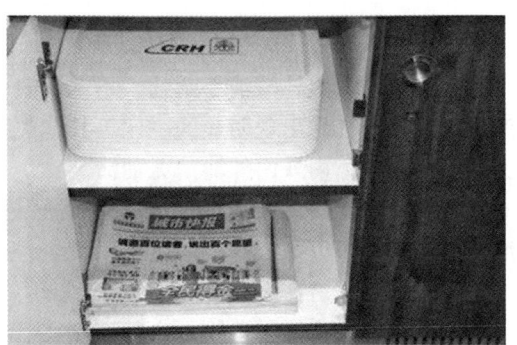

（d）地柜定型标准

图1-1

二、一等座备品柜

1车、16车一等座上方吊柜从左至右,左柜内5双拖鞋、5个耳机靠左侧柜壁放置、5个眼罩、5个小毛巾依次放置,右柜内放毛毯5条,吧台下柜内(从下往上)先放报纸,报纸上面放白托盘五个,上面放黑塑料托盘、咖啡壶。见图1-2(a)、1-2(b)、1-2(c)、1-2(d)。

(a)一等座操作台

(b)右上方备品柜定型标准

(c)左上方备品柜定型标准

(d)吧台下内柜备品柜定型标准

图1-2

实训任务2 餐车设施设备定位放置

实训案例 餐车吧台内清洁布置

不锈钢壁柜:内外清洁无杂物,不锈钢表面在光线照耀下没有因抹布或清洁用品未洗干净而产生的痕迹。杜绝出现明显的手印等其他类污渍。

微波炉:炉体内内外外清洁无油渍。

冰　箱:内外清洁无杂物,不锈钢表面没有因抹布或清洁用品未洗干净而产生的痕迹,杜绝出现明显的手印等污渍。

制冰机:内外清洁无异味。

展示柜:内外清洁无杂物,内外玻璃洁净光亮,玻璃表面无痕迹,杜绝出现明显的手印等污渍。

展示框:无尘土、污渍、水迹。

洗手池：达到光亮无积垢、无堵塞，各不锈钢配件光亮无污渍。
垃圾箱：达到内外清洁，内部边角无污垢，四壁光洁无污渍，入口盖内侧边缘无污垢。
电烤箱：内外清洁无油渍。
衣　　柜：柜内无异物、洁净，柜门干净无尘土、污渍。
餐吧门：达到面板无污渍、尘土。
地　　柜：内外清洁无杂物，不锈钢表面在光线照耀下没有因抹布或清洁用品未洗干净而产生的痕迹。杜绝出现明显的手印等其他类污渍。
抽　　屉：内外洁净光亮，无污渍水迹。
台　　面：台面清洁无灰尘及污渍、水渍。见图1-3（a）、1-3（b）。

（a）吧台内备品清洁标准　　　　　　　　（b）吧台内备品清洁标准

图1-3

实训任务3　服务备品定位放置

实训案例　卫生间备品的定型摆放

擦手纸巾定型于纸巾盒内，第一张外露3 cm；卷纸边打成三角露在外面，备用卷纸靠右侧放置；小垃圾箱套袋定型。芳香盒放置于厕所玻璃镜面端门内夹角处，标识朝前。恭桶圈垫定型。

废物箱套袋，消毒条放座便盖二分之一处，消毒座便圈放置于相应盒内，随时补充。芳香盒悬挂于靠门一侧墙壁上方。洗手液充足，镜面洁净清晰。见图1-4（a）、1-4（b）。

（a）卫生间定型标准　　　　　　　　（b）抽纸定型标准

图1-4

实训任务4　乘务人员手持设备配置

实训案例1　客运乘务员对讲机的使用

1. 打开机器：将对讲机打开调试频道。
2. 插上耳机：将对讲机佩带在规定位置。
3. 调试机器：对对讲机进行调试，频率统一。
4. 信号试验：与同事间使用对讲机试验信号是否良好。见图1-5。

图1-5　客运乘务人员对讲机

实训案例2　客运乘务员手持终端机的使用

站车无线交互手持终端机（见图1-6），即铁路内部电话，可以与铁路内部的所有车站、中控、调度进行联系。

通过这个站车交互系统，可以查询本趟列车车内人数、查验旅客车票、为旅客在线补签、进行余票查询。

如旅客因为时间匆忙，没有取票或者遗失了原始票，还可以通过这个系统查询到座位信息，给旅客提供相应的帮助。

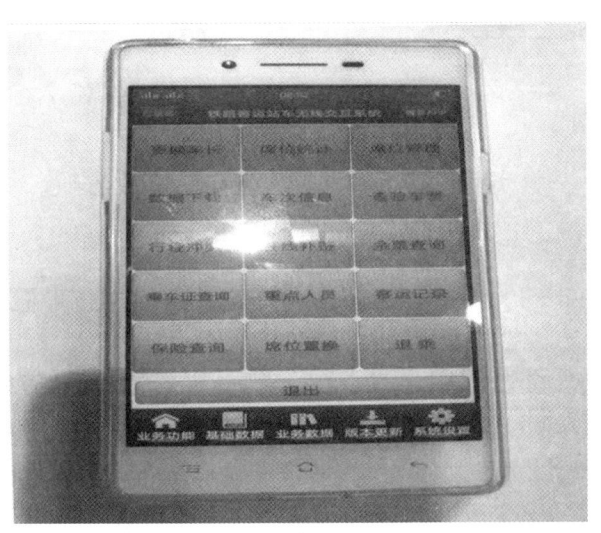

图1-6　站车无线交互手持终端机

实训任务5　整备作业训练

实训案例1　动车组车体外观检查

发车前，乘务人员要对动车组车体外观情况进行检查，主要步骤：
1. 盯控作业：确认保洁人数，盯控作业程序。
2. 检查质量：检查全列车厢车皮、门边、门沿、门后、边角、玻璃清擦质量。
3. 鉴定打分：根据质量检查情况，向保洁下发红黄绿卡。

乘务人员通过作业检查，把控保洁质量，做到车厢外各部位整洁、窗明几净、四壁无尘、无污渍、物见本色。

实训案例 2　检查车厢内设施设备清洁卫生

发车前，对车厢内设施设备卫生情况进行检查，检查内容包括：

1. 顶棚达到光洁无污渍，边角清楚，无污渍水迹，杜绝出现明显的手印等其他类污渍。
2. 行李架达到两面清洁，无尘土，并保证无污渍、手印。见图 1-7。

图 1-7　行李架清洁标准

3. 座椅达到座席上无污渍、碎屑杂物，头枕片更换、整洁平整，扶手无尘土污渍，座椅按始发方向调整一致。
4. 小桌达到内外清洁，小桌支架、小桌扣无污渍。
5. 墙壁达到光洁无污渍，边角清楚，无污渍水迹。杜绝出现明显的手印等其他类污渍。
6. 车窗达到窗台及窗沿无尘、玻璃洁净光亮，无污渍水迹。
7. 地面及边角达到无污痕、无死角、无胶状物体粘贴在地面上，边角清晰，无死角。
8. 遮光帘达到无积尘污渍。

实训案例 3　检查电茶炉

1. 电茶炉凹面：达到光洁无污渍，边角清楚，在光线照耀下消除因抹布或清洁用品未洗干净而产生的痕迹。杜绝出现明显的手印等其他类污渍。
2. 电茶炉接水盘：达到无茶锈锈渍，并达到接水盘下无积水，内外清洁，物见本色。
3. 水龙头：达到洁净无污渍水迹。

实训案例 4　检查垃圾箱

1. 垃圾桶：达到内外清洁，内部边角无污垢，内、外部箱面光洁无污渍。
2. 垃圾箱内部空间：达到垃圾箱四壁光洁无污渍。
3. 垃圾箱门：达到里外两侧清洁无污渍。
4. 垃圾入口盖：达到里外两面光洁无污渍，入口盖内侧边缘无污垢，达到物见本色。

实训案例 5　车厢内窗帘和座椅的定型

一、窗帘的定型

全部呈打开状，推至上边沿取齐。见图 1-8。

图 1-8　窗帘的定型标准

二、座椅的定型

按运行方向顺向排列，靠背、坐垫调节在原始位置。小桌板在闭合状态。头靠套沿粘扣位置对齐。一等座车头靠枕沿上边缘取齐定位，脚踏板在闭合状态。见图 1-9（a）。

椅背网兜：网兜正中依次正面放置服务指南、清洁袋、随车杂志，三项内容均与下边沿取齐，并做到随时补充。见图 1-9（b）。

（a）座椅的定型标准　　　　　　　　（b）椅背网兜定型标准

图 1-9

实训案例 6　检查旅客列车"红十字"药箱

对于乘务员来说，"红十字"药箱（如图 1-10）就是一个百宝箱。如果旅客在列车上发生意外，或突发疾病，甚至分娩，这个百宝箱便是旅客重要的生命保障。"宝箱"里的药品配备相当的齐全，包括：感冒药、止泻药、晕车贴、退热贴等等。夏天药箱里也会相应备上烫伤膏、藿香正气水等应急药，防止旅客在旅途中出现接水烫伤，或天热中暑、身体不适等情况。以下就是药箱内的基本配备，如图 1-11 所示。

紧急救护

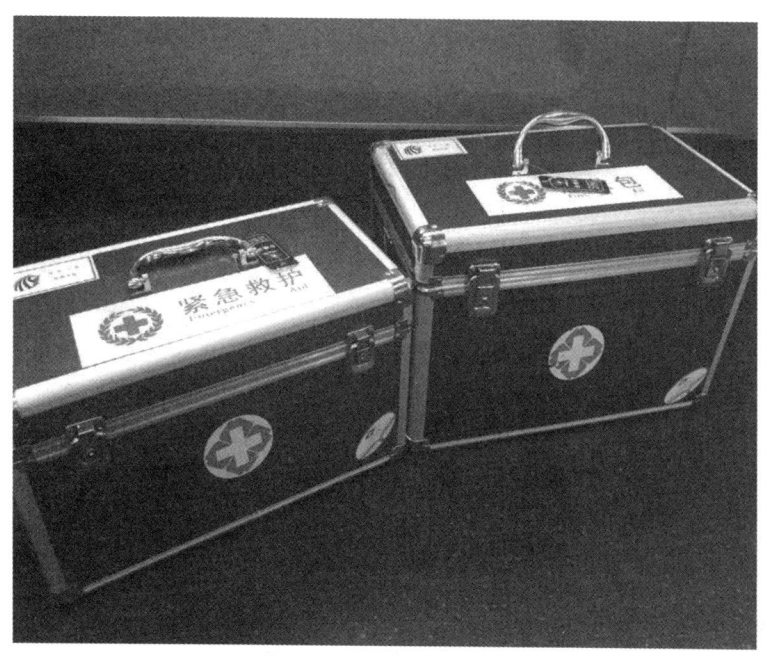

图 1-10 “红十字”药箱

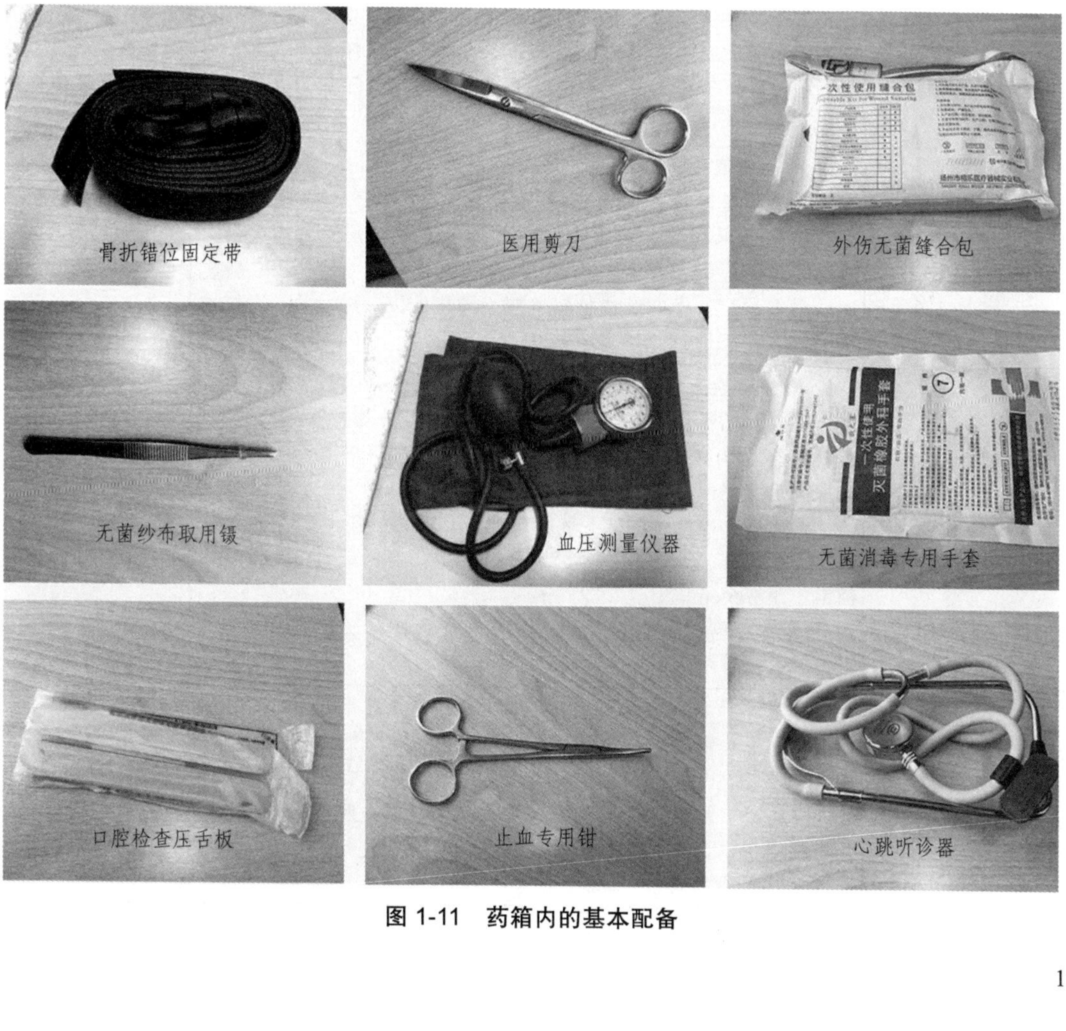

骨折错位固定带
医用剪刀
外伤无菌缝合包
无菌纱布取用镊
血压测量仪器
无菌消毒专用手套
口腔检查压舌板
止血专用钳
心跳听诊器

图 1-11 药箱内的基本配备

项目二 乘务人员仪容着装规范训练

【训练目标】

熟悉并掌握动车组乘务人员的发型标准、妆容标准、着装标准和标志佩戴标准，展现动车组乘务人员风采，达到动车组列车服务质量要求。

【训练准备】

动车组列车服务质量规范、指甲刀、化妆用品、乘务员标准服装（春秋款、夏款、冬款、男女大中小号各一套）、口罩、手套、围裙、胸章牌、肩章、制徽、制帽等与动车组乘务人员仪容着装相关的备品。

【训练内容】

实训任务	实训依据（规章内容提炼）	备注（实训依据来源）
乘务人员标准发型	头发干净整齐、颜色自然，不理奇异发型、不剃光头。男性两侧鬓角不得超过耳垂底部，后部不长于衬衣领，不遮盖眉毛、耳朵，不烫发，不留胡须；女性发不过肩，刘海长不遮眉，短发不短于 7 cm	动车组列车服务质量规范第 7.1 条
乘务人员标准妆容	1. 面部、双手保持清洁，身体外露部位无纹身。指甲修剪整齐，长度不超过指尖 2 mm，不染彩色指甲。 2. 女性淡妆上岗，唇线与口红的颜色一致；眉毛修剪整齐，眉笔和眼线为黑色或深棕色；眼影的颜色与制服一致；使用清香、淡雅型香水。工作中保持妆容美观，端庄大方。补妆及时，在洗手间或乘务间进行。不浓妆艳抹	动车组列车服务质量规范第 7.1 条
乘务人员标准着装	1. 乘务组换装统一，衣扣拉链整齐。着裙装时，丝袜统一，无破损。系领带时，衬衣束在裙子或裤子内。外露的皮带为黑色。佩戴的外露饰物款式简洁，限手表一只、戒指一枚，女性还可佩戴发夹、发箍或头花及一副直径不超过 3 mm 的耳钉。不歪戴帽子，不挽袖子和卷裤脚，不敞胸露怀，不赤足穿鞋，不穿尖头鞋、拖鞋、露趾鞋，鞋的颜色为深色系，鞋跟高度不超过 3.5 cm，跟径不小于 3.5 cm。 2. 餐车加热、供应餐食时，服务人员戴口罩、手套；女性穿围裙	动车组列车服务质量规范第 7.1 条
乘务人员标志佩戴	佩戴职务标志，胸章牌（长方形职务标志）戴于左胸口袋上方的正中，下边沿距口袋 1 cm 处（无口袋的戴于相应位置），包含单位、姓名、职务、工号等内容。臂章佩戴在上衣左袖肩下四指处。按规定应佩戴制帽的工作人员，在执行职务时戴上制帽，帽徽在制帽折沿上方正中。除列车长外，其他客运乘务人员在车厢内作业时可不戴制帽	动车组列车服务质量规范第 7.1 条

【实训案例】

实训任务 1　乘务人员标准发型

实训案例 1　动车组女乘务员发型标准

　　头发干净整齐、颜色自然。女性发不过肩，长发应盘起，发髻大小适宜，短发不短于 7 cm。刘海长不遮眉，统一向后或两侧梳理整齐，露出额头。见图 1-12（a）、1-12（b）、1-12（c）。

（a）动车组女乘务员发型标准（正面）（b）动车组女乘务员发型标准（背面）（c）动车组女乘务员发型标准（侧面）

图 1-12　动车组女乘务员发型标准

实训案例 2　动车组男乘务员发型标准

　　头发干净整齐、颜色自然，轮廓分明。男性两侧鬓角不得超过耳垂底部，后部不长于衬衣领，不遮盖眉毛、耳朵，不烫发，不剃光头，不留胡须。见图 1-13。

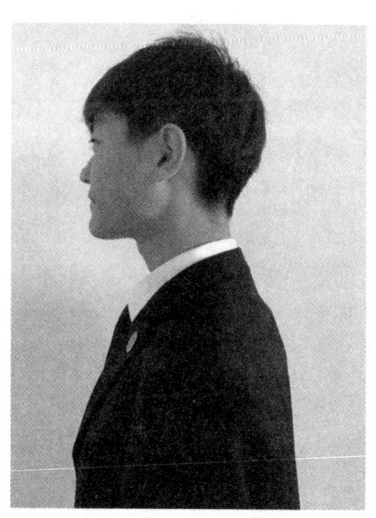

图 1-13　动车组男乘务员发型标准

实训任务 2　乘务人员标准妆容

实训案例　动车组乘务人员面部妆容标准

脸部保持清洁、清爽，面带微笑。女性淡妆上岗，唇线与口红的颜色一致；眉毛修剪整齐，眉笔和眼线为黑色或深棕色；眼影的颜色与制服一致；使用清香、淡雅型香水。工作中保持妆容美观，端庄大方。补妆及时，在洗手间或乘务间进行。不浓妆艳抹。男性乘务员不得化妆，面部清爽、洁净，不留胡须。见图1-14（a）、1-14（b）。

（a）动车组乘务人员面部妆容标准　　　　　（b）动车组乘务人员面部妆容标准

图 1-14

实训任务 3　乘务人员标准着装

实训案例 1　动车组女乘务员着装标准

统一规范，整洁大方，衣着合体。制服应洗净，熨烫平整，无污渍、斑点、皱褶、脱线、缺扣、残破、毛边等现象。连裤袜的颜色应统一为浅灰色，不得出现破洞和抽丝等现象。外套、上衣、裙子、裤子的纽扣和拉链等应扣好、拉紧；衬衣应束在裙子或裤子内，衬衣的衣袖不得卷起。裤装必须干净、平整、有裤线，不可有光亮感。穿着外套、风衣、大衣时，必须戴工作帽，但在车厢、室内、送餐时可不戴。制服配有丝巾的，统一将结打在右侧，避免遮挡住胸牌。皮鞋款式应简洁朴素，不得有任何装饰物，保持光亮无破损。不准穿着运动鞋及其他非革质鞋类。不赤足穿鞋，不穿尖头鞋、拖鞋、露趾鞋，鞋的颜色为深色系，鞋跟高度不超过 3.5 cm，跟径不小于 3.5 cm。制服上除职务标志外，不得佩戴任何饰物。非工作时间，除集体活动外，不得穿制服出入公共场合和乘坐列车。见图 1-15。

实训案例 2　动车组男乘务员着装标准

统一规范，整洁大方，衣着合体。制服应洗净，熨烫平整，无污渍、斑点、皱褶、脱线、缺扣、残破、毛边等现象。袜子的颜色应统一为深蓝色或黑色。外套、上衣、裙子、裤子的纽扣和拉链等应扣好、拉紧;统一佩戴领带,衬衣应束于裤内,衬衣的衣袖不得卷起。裤装必须干净、平整、有裤线,不可有光亮感。穿着外套、风衣、大衣时,必须戴工作帽,但在车厢、室内、送餐时可不戴。皮鞋款式应简洁朴素,不得有任何装饰物,保持光亮无破损。不准穿着运动鞋及其他非革质鞋类。制服上除职务标志外,不得佩戴任何饰物。非工作时间,除集体活动外,不得穿制服出入公共场合和乘坐列车。见图1-16。

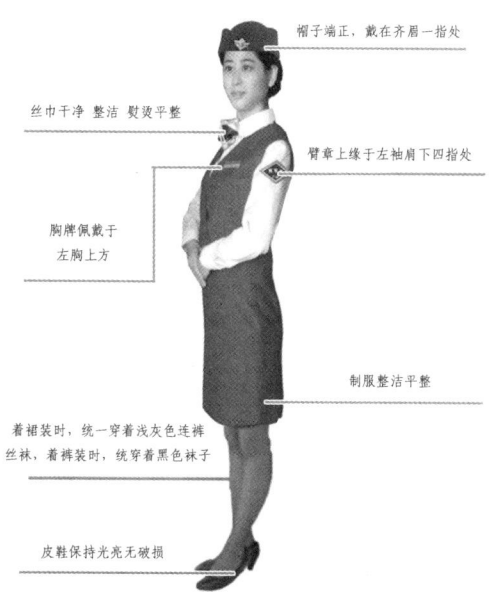

图 1-15　动车组女乘务员着装标准

图 1-16　动车组男乘务员着装标准

实训案例 3 动车组乘务人员饰物佩戴标准

佩戴的外露饰物款式简洁,限手表一只、戒指一枚,女性还可佩戴发夹、发箍或头花及一副直径不超过 3 mm 的耳钉。见图 1-17(a)、1-17(b)、1-17(c)。

直径不超过 3 cm,表带宽度不超过 1.5 cm
直径不超过 4 cm,表带宽度不超过 2.5 cm

(a)佩戴手表标准

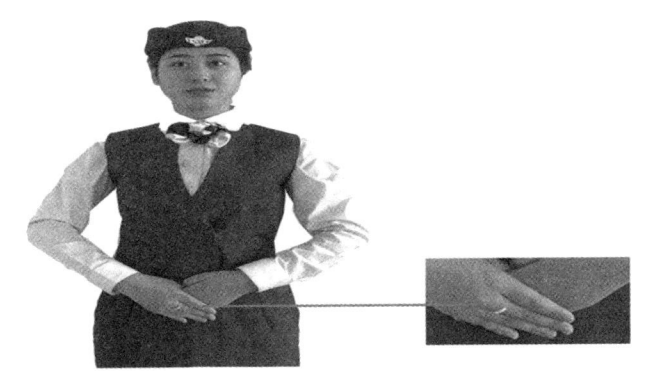

戒指要求宽度不超过 3 mm,无突出镶嵌物

(b)佩戴戒指标准

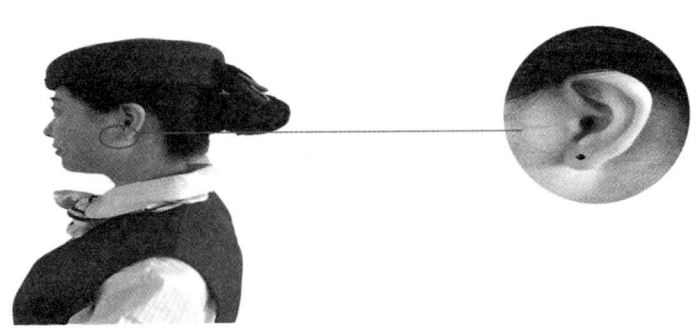

耳钉直径不超过 3 mm

(c)佩戴耳钉标准

图 1-17

实训任务 4　乘务人员标志佩戴

实训案例　动车组乘务人员标志佩戴标准

佩戴职务标志，胸章牌（长方形职务标志）戴于左胸口袋上方正中，下边沿距口袋 1 cm 处（无口袋的戴于相应位置），包含单位、姓名、职务、工号等内容。臂章佩戴在上衣左袖肩下四指处。按规定应佩戴制帽的工作人员，在执行职务时戴上制帽，帽徽在制帽折沿上方正中。除列车长外，其他客运乘务人员在车厢内作业时可不戴制帽。见图 1-15、1-16。

项目三　乘务人员标准姿态训练

【训练目标】

熟悉掌握动车组乘务人员标准的坐立行走姿态，能够充分展现动车组乘务人员的精神面貌和气质风范，达到动车组列车服务质量要求。

【训练准备】

动车组列车服务质量规范、椅子、水杯、书本纸张、乘务人员拉杆箱或背包等与动车组乘务人员标准姿态相关备品。

【训练内容】

实训任务	实训依据（规章内容提炼）	备注（实训依据来源）
坐立行走姿态	坐立、行走姿态端正，步伐适中，轻重适宜。在旅客多的地方，先示意后通行；与旅客走对面时，要主动侧身面向旅客让行，不与旅客抢行。列队出（退）勤（乘）时，按规定线路行走，步伐一致，箱（包）在同一侧	动车组列车服务质量规范第7.2条
立岗姿态	1. 立岗姿势规范，精神饱满。站立时，挺胸收腹，两肩平衡，身体自然挺直，双臂自然下垂，手指自然贴于裤线上，脚跟靠拢，脚尖略向外张呈"V"字形。女性可双手四指并拢，交叉相握，右手叠放在左手之上，自然垂于腹前；左脚靠在右脚内侧，夹角为45°呈"丁"字形。 2. 列车进出站时，在车门口立岗，面向站台致注目礼，以列车进入站台开始，开出站台为止。办理交接时行举手礼，右手五指并拢平展，向内上方举手至帽沿右侧边沿，小臂形成45°角	动车组列车服务质量规范第7.2条

【实训案例】

实训任务 1　坐立行走姿态

实训案例 1　动车组乘务人员立岗标准姿态训练

挺胸收腹，双肩下沉，颈部正直，收下颚，身体自然挺直，面带微笑。女性乘务人员双脚并拢右脚略向后,脚尖分开成"丁"字形,双手四指并拢,交叉相握,右手叠放在左手之上,自然垂于腹前。男性乘务人员双脚分开与肩同宽,手指并拢贴于裤线上,脚尖略向外张成"V"。见图1-18。

图1-18 动车组乘务人员立岗标准姿态

实训案例2 动车组乘务人员标准坐姿训练

入座前,腿与座椅应有30 cm的距离;就座后,上身挺直,略向前倾,不得斜肩、倾背、抱胸、曲腰或闭目;不得打趣、玩笑和直接面对旅客整理个人仪容仪表,注意保持专业坐姿和良好精神面貌。女性乘务人员右手轻抚后裙摆(手心向上),左手自然放在身体一侧,坐下后右脚略向前移,左脚跟上,双膝、双脚并拢,大小腿之间成不小于90°夹角,双手五指并拢自然放在腿上。男性乘务人员坐下后,双脚略分开,膝关节分开与之同宽,双手五指伸直或轻握拳放在双腿之上。如图1-19。

实训案例3 动车组乘务人员拾取物品标准姿态训练

在较低位置拾取物品时,不得弯腰,必须蹲下。下蹲时,一腿在前一腿在后,双腿并拢,腿高一侧的手轻扶在膝盖上,腿低一侧的手用来拾取物品,背部尽量保持自然挺直,轻蹲轻起,直蹲直起。见图1-20。

图1-19 动车组乘务人员标准坐姿

图 1-20 动车组乘务人员拾取物品标准姿态

实训案例 4 动车组乘务人员指示方位标准姿态训练

指示方位时应五指并拢，小臂带动大臂，根据指示距离的远近调整手臂的高度，身体随手的方向自然转动，目光与所指示的方向一致；收回时，小臂向身体内侧略成弧线自然收回。切忌用单个手指指示方位。见图 1-21。

图 1-21 动车组乘务人员指示方位标准姿态

实训案例 5 动车组乘务人员鞠躬标准姿态训练

鞠躬时应面带微笑,双脚并拢,脚尖略分开,双手四指并拢,交叉相握,右手叠放在左手之上,自然垂于腹前,身体向前,腰部下弯成15°,头、颈、背自然成一条直线。上身抬起时,要比向下弯时稍慢些;视线随着身体的移动而移动,视线的顺序是:旅客的眼睛—脚—眼睛。迎送客时和还礼时,身体鞠躬为30°。道歉时,身体鞠躬为45°。如图1-22。

实训案例 6 动车组乘务人员端拿递送标准姿态训练

1. 服务时面带微笑,和旅客有适当的语言交流和眼神交流。

2. 拿东西时,应轻拿轻放。拿水杯时,应该一手握住水杯把手(无把手水杯应拿水杯的下 1/3 处),一手轻托水杯底部。

图 1-22 动车组乘务人员鞠躬标准姿态

3. 递送东西时,应站在旅客的正面与之成 45°的地方,双手递送;递送东西应到位,当对方接稳后再松手。将有文字的物品递交他人时,应主动介绍名称,严格遵守发放原则:先左后右、先里后外、先宾后主、先女后男。见图1-23(a)、1-23(b)。

(a)动车组乘务人员端拿递送标准姿态

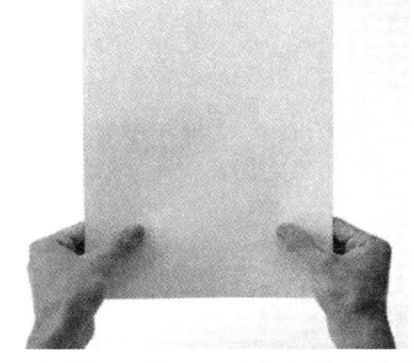

(b)动车组乘务人员端拿递送标准姿态

图 1-23

实训任务 2　立岗姿态

实训案例　动车组进出站乘务人员标准姿态训练

列车进出站时，在车门口立岗，面向站台致注目礼，以列车进入站台开始，开出站台为止。见图 1-24。

图 1-24　动车组进出站乘务人员标准姿态

项目四　动车组列车服务规范训练

【训练目标】

能够正确使用动车组列车服务语言并用清晰准确的语言进行广播系统播报；熟练掌握动车组商务座、特一等座的服务标准并能够及时的为乘客提供满意的服务；能够很好的完成车内巡视工作并为乘客提供相关的其他服务，达到动车组列车服务质量要求。

【训练准备】

动车组列车服务质量规范、普通话、英语、粤语等语言训练资料、坐席靠枕、防寒毯、暖瓶、拖盘、旅行用品套装、饮品、小食、旅客赠品、服务推车、鞋套、情节专用手套等动车组规范服务相关备品。

【训练内容】

实训任务	实训依据（规章内容提炼）	备注(实训依据来源)
动车组列车服务语言	1. 使用普通话，表达准确，口齿清晰。服务语言表达规范、准确，使用"请、您好、谢谢、对不起、再见"等服务用语。对旅客、货主称呼恰当，统称为"旅客们""各位旅客""旅客朋友"单独称为"先生、女士、小朋友、同志"等。 2. 旅客问讯时，面向旅客站立（工作人员办理业务时除外），目视旅客，有问必答，回答准确，解释耐心。遇有失误时，向旅客表示歉意。对旅客的配合与支持，表示感谢。 3. 广播常播内容录音化。使用普通话。经停少数民族自治地区车站的列车可根据需要增加当地通用的民族语言播音。过港列车可增加粤语播音。直通列车可增加英语播报客运作业信息。 4. 广播语音清晰，音量适宜，用语准确，不干扰旅客正常休息。自动广播系统播报正确。 5. 视频系统性能良好，使用正常，始发前开启系统播放节目，播放内容符合规定并定期更新。 6. 广播、视频内容以方便旅行生活为主，介绍宣传安全常识和车辆设备设施的使用方法，提示旅客遵守安全乘车规定，播报前方停站、到站信息等内容，可适当插播文艺娱乐、文明礼仪、沿线风光、民俗风情、餐食供应、广告等节目	动车组列车服务质量规范第7.2、7.3条
商务座服务	1. 接车整备 检查杂志的配备情况，接收商务座备品（坐席靠枕、防寒毯、暖瓶、拖盘等），整理备品柜。 质量标准：与备品补充人员签字交接，各种服务备品齐全、定位摆放、干净整洁、入柜加锁。 2. 整理车容 （1）整理商务座区、座椅，摆放靠枕。整理一等座遮阳板，座椅套，头枕、头枕片、服务推车等。防寒毯塑封包装，统一定置在备品柜内，按旅客需求发放。 质量标准：座椅统一复位，靠枕、头枕干净整洁，定位统一，美观大方，服务车内外整洁。 （2）请领消耗品，补充车内、卫生间内消耗品。 质量标准：消耗品补充齐全，剩余入柜加锁。 （3）放出电茶炉内冷水。 质量标准：旅客上车前，电茶炉水温达标。 3. 开车后作业 （1）整理车容。 整理车容，摆放行李架和大件行李区。 质量标准：逐个分管车厢整理，大件行李及铁器、锐器等物品，摆放在大件行李区，行李架摆放平稳，整齐，通道畅通。 （2）了解需求。 向旅客递送专项服务项目单，从运行前方开始依次征求旅客意见，用语："您好，为您准备了饮品，喝点什么？"得到答复后，做好登记，告知旅客稍等。 退出商务座区，对讲通知餐车配送	动车组列车服务质量规范第7.10条 动车服务指南

续表

实训任务	实训依据（规章内容提炼）	备注（实训依据来源）
商务座服务	质量标准：旅客席位、乘车区间及相应餐食品需求，记录清楚，与餐服员确认旅行用品及餐食品数量、种类，准确无误。 （3）发放商务座旅行用品和餐食品。 旅行用品和食品送达后，与餐服员签字交接，先发放旅行用品套装；再将饮品和小食品装入托盘，热饮拆袋沸水冲开，倒入杯子7分满位置。逐一发放至旅客手中。 质量标准：① 发放顺序从运行前方开始依次为旅客发放。用语：这是您的××（饮品或旅行用品）。② 递给旅客水杯时，应拿杯子的下四分之一处，递送旅行用品及小食品时应双手递送。③ 为旅客取送食品时，必须着装整洁，双手干净。 4. 商务座供餐 （1）按时间征求商务座旅客用餐需求。开餐前40分钟，使用专项服务项目单为旅客点餐，用语："列车为您准备了配餐，请您选择。"得到答复后，做好记录，告知旅客约30分钟后上餐。 质量标准：供餐时间：8:00前上车的旅客提供1份早餐，适逢11:30—13:00和17:30—19:00期间为旅客提供1份午、晚餐，即将到站旅客优先提供。 （2）提前30分钟使用对讲机通知餐服员加热相应套餐。套餐食品送达后，与餐服员签字交接。 质量标准：与餐服员核对套餐种类和数量，准确无误。 （3）为旅客发餐。从运行前方开始依次使用托盘将加热好的配餐发放给旅客，用语："这是您的配餐，请慢用。"双手递送至旅客面前，帮助旅客使用小茶几。 质量标准：禁止餐食从旅客头顶上方掠过。遇旅客协助递送时需及时向旅客致谢。遇老人、盲人或行动不便的特殊旅客，商务座列车员要主动征求旅客意见是否需要帮助打开餐具包装。如旅客正在休息，应待旅客醒来后及时为旅客提供餐食服务。如旅客在送餐过程中提出其他需求，要尽可能及时满足。如当时无法满足时，要记录旅客座位号，尽快提供帮助。如确实无法满足时，应委婉向旅客说明原因，取得旅客的谅解。 （4）餐后清理。供餐后15分钟，巡视车厢，回收餐盒垃圾。使用标准用语："打扰了，您还需要吗？"得到答复后，"好的"。 5. 送水 运行途中，按照商务座旅客需求，提供白开水或茶水。 质量标准：递给旅客水杯时，应拿杯子的下四分之一处。全程供应，随时续杯。 6. 解答问询 落实首问首诉负责制，准确回答旅客问询。遇有旅客使用呼唤应答器产生蜂鸣时，及时按触服务台上方显示屏的相应坐席号位置，消除蜂鸣音后到旅客所在座位，询问旅客："您需要帮助吗？"按照旅客需求解决问题。 质量标准：掌握担当车次时刻表，解答旅客问询，对无能力解答的问题，通知列车长处理	动车组列车服务质量规范第7.10条 动车服务指南

续表

实训任务	实训依据（规章内容提炼）	备注(实训依据来源)
商务座服务	7. 继乘作业 （1）交班前，将商务座服务备品定位摆放整齐。清点一等座赠品，掌握剩余数量。 质量标准：商务座服务备品定位摆放，干净整洁。一等座剩余赠品数量掌握准确。 （2）与接班班组商务座列车员交接设备设施、消耗品、赠品、重点旅客等。 质量标准：面对面交接清楚，赠品数量清点准确，杜绝"信誉"交接	动车组列车服务质量规范第7.10条 动车服务指南
特、一等座服务	1. 始发前交接特、一等座赠品 与餐服员交接一等座旅客赠品，定位存放在服务车或备品柜，做好发放准备。 质量标准：各种品类均衡，数量准确，包装良好，与餐服员签字交接。 2. 为特等座旅客送迎客水 开车后，为特等座旅客送一杯白开水，询问旅客需求。 质量标准：倒入杯子7分满位置，递给乘客时，应双手拿杯子的下四分之一处。 3. 核对特、一等座车厢车票，同时发放赠品 按照特、一等座旅客现员，在赠品储存柜内取出赠品，整齐摆放到服务推车上，核票时双手接票并告知旅客到站时间，使用《高铁服务手册》逐人登记。 核票后，询问旅客赠品需求："先生（女士）您好，为您准备了××、××……，您需要哪种？"得到答复后，双手递送。 质量标准：纠正违章，态度和蔼。发现无票、超高、不符、携带品超重、挂失补等问题通知列车长处理。 验票过程中逐人进行禁烟宣传。劝离越席旅客	动车组列车服务质量规范第7.10条 动车服务指南
车内巡视作业	1. 清理卫生时，清扫工具不触碰旅客及携带物品。挪动旅客物品时，征得旅客同意。需要踩踏座席、铺位时，带鞋套或使用垫布。占用洗脸间洗漱时，礼让旅客。清洁厕所时，作业人员戴保洁专用手套。 2. 夜间作业、行走、交谈、开关门要轻。进包房先敲门，离开时应倒退出包房。 3. 不高声喧哗、嬉笑打闹、勾肩搭背，定时定点分批用乘务餐，其他时段不在旅客面前吃食物、吸烟、剔牙齿和出现其他不文明、不礼貌的动作，不对旅客评头论足，接班前和工作中不食用异味食品。餐车对旅客供餐时，不在餐车逗留、闲谈、占用座席、陪客人就餐。 4. 客运乘务人员进出车厢时，面向旅客鞠躬致谢	动车组列车服务质量规范第7.2条
其他服务	1. 通风系统作用良好，车内空气清新，质量符合国家标准。始发前对车厢进行预冷、预热，空调温度调节适宜，体感舒适，原则上冬季保持18℃~20℃，夏季26℃~28℃。 2. 车内照明符合规定。夜间运行（22:00—7:00）时，座车照明开关置于半灯位；始发、终到站和客流量大的停站，以及列车途经地区与北京时间存在时差时自行调整	动车组列车服务质量规范第7.3、7.4、7.5、7.6、7.7、7.8、7.9、7.11条

续表

实训任务	实训依据（规章内容提炼）	备注（实训依据来源）
其他服务	3. 饮用水保证供应，途中上水站按规定上水。 4. 运行途中为有需求的重点旅客提供送水服务；售货车配热水瓶，利用售货时为有需求的旅客提供补水服务。 5. 运行途中，厕所吸污时或未供电时锁闭厕所，其他时间不锁厕所。厕所锁闭时，为特殊情况急需使用厕所的旅客提供方便。 6. 公共区域的电源插座保证符合标示范围的旅行必需的小型电器正常使用。 7. 通过图形符号、电子显示、广播、视频、服务指南等方式宣传旅客运输服务信息，引导旅客自助服务。 8. 卧具终点站收取，贴身卧具一客一换。到站前提醒卧车旅客做好下车准备，不干扰其他旅客。夜间运行，卧车乘务员在边凳值岗，并定时巡视车厢。始发后和夜间客运乘务人员对卧车核对铺位。列车剩余铺位在列车办公席或指定位置公开发售，公布手续费收费标准。 9. 发现旅客遗失物品妥善保管，设法归还失主，无法归还时编制客运记录交站处理。无法判明旅客下车站时交列车终到站处理。 10. 无需求无干扰。通过广播、电子显示屏等方式宣传服务设备的使用方法，方便旅客自助服务。 11. 有需求有服务。在各车厢电子显示屏公布中国铁路客户服务中心客户服务电话（区号＋电话号码）。实行首问首诉负责制。受理旅客咨询、求助、投诉，及时回应，热情处置，有问必答，回答准确；对旅客提出的问题不能解决时，指引到相应岗位，并做好耐心解释。 12. 按规范设置无障碍厕所、座椅、专用座席等设施设备，作用良好	动车组列车服务质量规范第7.3、7.4、7.5、7.6、7.7、7.8、7.9、7.11 条

【实训案例】

实训任务 1　动车组列车服务语言

实训案例 1　引导用语的使用

车门口立岗迎接旅客上车时："您好"或"欢迎乘车"。
遇雨、雪天气时："您好！欢迎乘车。请注意脚下"。
旅客携带行李较大时："您好，请将行李放在大件行李区。"
车门立岗送别旅客下车时："再见"或"欢迎再次乘坐"。

实训案例 2　查验车票用语的使用

查验中，规范用语："您好，请出示您的车票。"
对餐车或座位上的旅客："打扰了，请出示您的车票。"

对铁路职工:"您好,请出示您的证件。"

实训案例 3 售卖商品用语的使用

餐务员售卖商品:"请问您有什么需要?"
餐务员售出商品:"您的××,请拿好。"

实训案例 4 运行途中作业用语的使用

制止旅客吸烟:"您好,请不要在车厢内任何区域吸烟,谢谢您的合作!"
重点旅客寻找座位:"您好,我来帮您找座位,请这边来(配合手势)。"
整理行李架时:"您好,我帮您调整一下行李。"
旅客携带行李较多,不愿意进入车厢:"先生(女士),您好!行李放在这里,影响旅客上下,也不安全,请您挪到车厢里面去,不方便的话,我来帮您拿,好吗?"
制止衣帽挂钩(小茶桌)放重物:"您好。衣帽钩(小茶桌)承重有限,请您放在行李架上。"
发现旅客手扶门缝:"先生(女士),请不要把手放在门缝里,以免挤伤,谢谢您的合作。"
回答旅客询问:"您好!需要我帮忙吗?"
制止儿童在车厢内跑动:"请照顾好您的孩子,不要在车厢内跑动,以免发生意外。"
提示旅客正确使用电茶炉:"您好。如需要泡茶,请将水多放一会儿,水温就会升高。"

实训案例 5 普通话基本功练习

1. 发声技能训练:
呼吸方法、共鸣控制、吐字归音。
2. 绕口令练习:
糊粉红活佛花
会糊我的粉红活佛花
就糊我的粉红活佛花
不会糊我的粉红活佛花
可别糊坏了我的粉红活佛花

实训案例 6 动车组广播练习

始发:
欢迎您乘坐京沪高铁和谐号动车组,本次列车是由××站开往××站的××次列车,列车途经××站,上车后请您核对车票对号入座,将随身携带的物品放置在行李架上摆放稳妥,大件行李请放在每节车厢的大件行李存放处,感谢您的合作。
开车前五分钟:
欢迎您乘坐京沪高铁和谐号动车组列车,您乘坐的这趟列车是由××站开往××站的××次列车,在××站开车的时间是××分,到达终点××站的时间是××分,请您认真核对车票,以免上错车耽误您的旅行,有送亲友的朋友请您抓紧时间下车,站在车门附近的乘客请您到车厢里面就座,列车就要开动了。
开车后:

欢迎您乘坐京沪高铁和谐号动车组列车，我代表动车组全体乘务人员向您问好，祝您旅途愉快，列车前方到站是××车站，请下车的旅客注意广播通告，提前做好下车准备。

实名制（始发站、折返站以及沿途大站播报一次）：

铁路目前实行实名制车票乘车旅行，列车工作人员将到车厢进行查验车票，请您提前准备好车票，以及您在购票时所使用的有效身份证件，请给予配合，感谢您的合作。

禁烟（每小时以及沿途大站播报一次）：

为了您和他人的乘车安全，请不要在车厢内、连接处、卫生间等任何区域内吸烟，因为一旦有人吸烟，烟雾报警器将会自动鸣响，列车将会降速运行，造成晚点，请您支持配合我们的工作，祝您旅途愉快、一路平安。

安全（每小时以及沿途大站播报一次）：

由于列车运行速度较快，您在车内行走时，请您扶好走稳，您在接打开水时，请不要打的过满，以免开水溢出烫伤自己和他人，带小孩的旅客请您注意看管好您的小孩，不要让孩子在车内跑跳、玩耍，以免发生危险，特别提示使用笔记本电脑的旅客，请您与前排座椅保持距离，以免前排旅客调整座椅时造成挤压或损坏，感谢您的合作。

途中播报：

列车运行前方到站是××站，在××站下车的旅客，请您提前做好下车准备，列车在××站停车××分，由于列车停车时间较短，不在本站下车的旅客，请您不要在站台上吸烟，以免漏乘，耽误您的旅客行，感谢您的配合。

终到：

我们这趟列车就要到达终点站了，请您再次检查一下行李架上、衣帽钩上、网袋后面以及大件行李处是否还有您的行李物品，不要遗忘在列车上，感谢您一路上对我们工作的关心、理解和支持，欢迎您再次乘坐本次列车，下次旅行再会。

实训任务2　商务座服务

实训案例　送小毛巾作业标准

1. 开车后，及时用托盘提供小毛巾，保持双手洁净。面向旅客方向按照坐席号 ACF 依次提供。
2. 标识朝上，外包装完好。根据季节适时将小毛巾加热。
3. 左手端托盘，右手递送。
4. 递送时站在旅客斜前方 45°，0.5 m 处的位置。用语："您好，您的小毛巾"。

实训任务3　特、一等座服务

实训案例1　提供饮品及小食品作业标准

1. 为旅客送饮品时使用航空车，服务用语"我们为您提供饮品服务，有咖啡、热茶、果汁、苏打水、碳酸饮料、矿泉水，请问您需要哪一种？"。
2. 递送饮品时拿杯子的下三分之一处，斟倒饮品时矿泉水、咖啡、茶水、果汁、碳酸饮料倒入7分满（递送热饮时应有安全提示）。一次性塑料杯保持洁净，无手印、无裂痕。

3. 提供饮品与小食品应面向旅客方向按照座席号ACF依次提供。禁止将饮品或备品从旅客头顶上方进行递送。

同时需为旅客提供一张温馨提示卡（内容：防寒毯服务、耳机眼罩服务）。

实训案例2 提供特、一等座餐食作业标准

1. 核实餐食的品种、日期、数量及品质，确保餐食温度达到要求。
2. 将餐食、垫餐纸、托盘按规定位置放置在航空车内。
汤、餐具整齐码放在航空车上（汤提前在操作台统一冲好）。
3. 送餐时要使用航空车（少于5名旅客时，可使用托盘逐一提供），从面向旅客方向的第一排座位送起。协助旅客打开小桌板，以航空车为操作台，将垫餐纸、餐食、汤、餐具统一摆放在托盘上，双手将托盘放在小桌板上（餐食正面朝上摆放送给旅客），并提醒旅客小心烫手。
4. 提供餐食前，应清洁双手并佩戴围裙。保持仪容仪表的整洁。提供餐食时要面向旅客方向，按座位号ACF依次提供。
5. 用餐过程中主动巡视车厢，便于及时为旅客提供周到的服务。对用餐完毕的旅客，收取用餐托盘，协助旅客将小桌板复位。

实训任务4　车内巡视作业

实训案例1 车内巡视作业标准

1. 车内巡视时，女乘务员右手搭在左手上，双手重叠放于体前；男乘务员双手自然摆动。目光柔和，面带微笑。
2. 巡视时环视前方三至五排的旅客，目光从左向右，由上至下。
3. 巡视内容，查看旅客行李码放情况，旅客动态、解答旅客的问询，回答问题时面向旅客45°，0.5 m处的位置（遇重点旅客下蹲式解答问询），目光注视旅客眼睛，身体前倾10°。
4. 整理行李架：
（1）开车后乘务员应及时整理行李架。将重点旅客（老、幼、病、残、孕）的行李安排在他们可以看见或方便提取的位置。检查行李架时，应注意物品不得超出行李架边缘1/3，以免滑落。
（2）提醒旅客容易滴洒的液体、贵重物品不可放在行李架上，并提醒旅客保管好贵重物品、易碎物品。
（3）帮助旅客摆放行李时，要先征得旅客同意，做到轻拿轻放。旅客行李过大时，与旅客协商将行李放在大件行李处，并让旅客确认存放位置，提醒旅客下车时不要忘记拿取。
5. 巡视车厢时，衣帽钩上只能悬挂衣帽，遇旅客悬挂其他物品时，应及时沟通，并协助取下。

实训案例2 去向登记细化标准

1. 车内通告：位于车厢第二排座椅处做核实车票通告。
2. 逐人查验：逐人核对车票及有效身份证件，核实报点，并做好登记、记录重点旅客的工作。
3. 统计汇报：将到站统计人数和重点旅客，汇总报告列车长。

实训任务 5　其他服务

实训案例 1　遗失品处理细化标准

1. 全面巡视：列车长、乘警每趟终到前、后对全列进行全面巡视从而及时掌握旅客遗失品情况，做好检查互控工作。
2. 逐车检查：终到站旅客下车完毕后，对所负责区域行李架、网袋内、坐席缝、坐席下进行全面细致地检查。
3. 汇报情况：将检查情况及时用电台汇报列车长处理。
4. 清点交接：列车长会同乘警长，清点、检查遗失品的品名、件数。
5. 交接处理：列车长编制记录并按规定交站处理。

实训案例 2　提供报纸作业标准

1. 报纸摆放在托盘上重叠摆放整齐，露出报头。
2. 递送报刊时面向旅客方向，按照 ACF 座位依次提供。
3. 递送报纸面向旅客方向斜前方 45°，0.5 m 处位置。用语："先生（女士）您好，我们为您准备了××报刊，请问您需要那一种？"
4. 递送报纸时，不打扰其他旅客，做到无干扰服务。

实训案例 3　托盘的使用标准

托盘分为三种，发放饮品、食品、服务备品使用备品托盘；供餐使用供餐托盘；收取杂物使用垃圾盘。要求专盘专用。

1. 单手端托盘标准

左手托住盘底；五指分开，用五指和掌根部托住盘底（掌心不与盘底接触），使重心始终落在掌心内侧。平托于左胸前，位于二、三粒衣扣之间，左手臂自然弯曲 90°。手肘和腰部的距离约 15 cm，右手手心向上扶住托盘边缘。

2. 双手端托盘标准

双手托于托盘两侧底部，拇指分别置于托盘两侧边缘，小臂垂直于左胸前呈 90°，肘与腰部相距 15 cm（用于物品较多时，或两人搭配时）。

3. 当托盘内无物品时，应将托盘放置于身前或身体右侧，底部朝外，不可单手拎着行走。

实训案例 4　不离座点餐服务

2017 年 1 月 13 日春运首日开始，专门负责上海铁路局高铁动车餐饮服务的上海华铁旅客服务有限公司与外卖订餐平台牵手，在 25 趟高铁上推出平台预定和即时订两种订餐服务，旅客通过下载"饿了么"外卖订餐 APP，只需动动手指头，不用离开座位上就可以吃上自己合意的餐食。

点餐步骤：

1. 打开"饿了吗"APP，在搜索引擎处输入"高铁订餐"，进入"高铁订餐"页面。见图 1-25。

图 1-25　高铁订餐

2. 进入"高铁订餐"页面后,输入乘车日期和车次,点击查询后进入"高铁餐食预订"页面,然后在填写乘车信息后便可开始预订。见图 1-26。

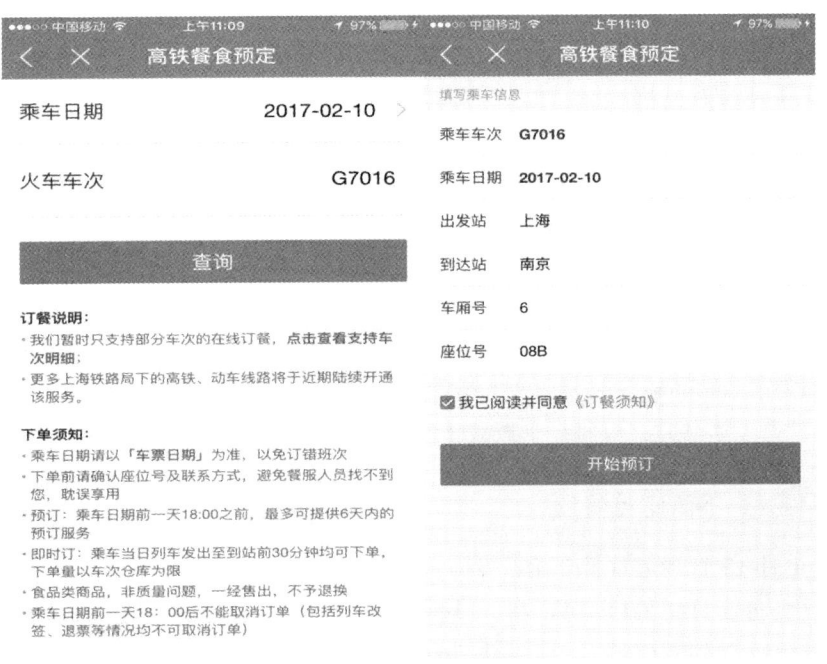

图 1-26　高铁餐食预订

3. 选项包括:盒饭、水(饮料)、生鲜水果、小吃零食和其他。选好后点击去结算,进入"订单确认"页面。见图 1-27。

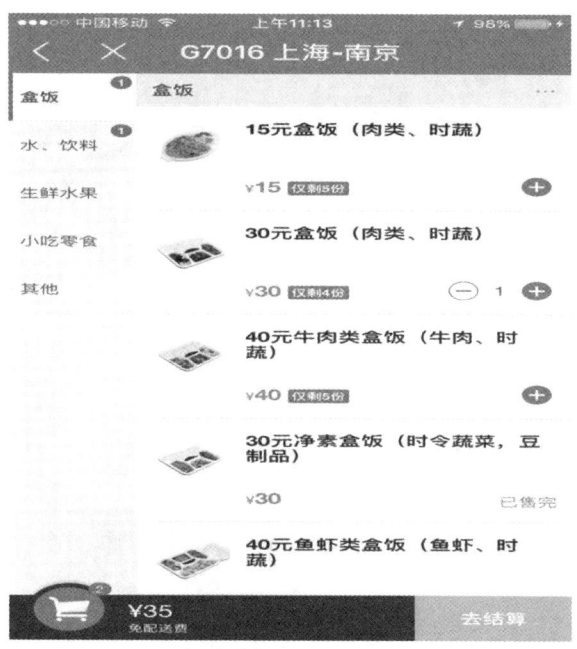

图 1-27 订单确认

4. 在"订单确认"页面填写联系人、手机号,选择送达时间,检查无误后提交订单。见图 1-28。

图 1-28 提交订单

5. 提交订单后,页面会显示"手机验证"对话框,在相应位置输入登记手机收到的短信验证码,并提交验证。见图 1-29。

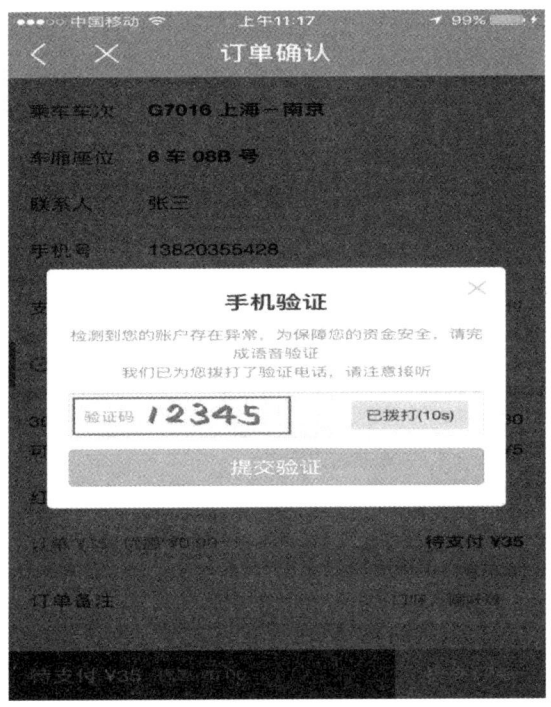

图 1-29　手机验证

6. 提交验证无误后,将显示"在线支付"页面,选择好支付方式后,点击"确认支付"即完成整个订餐过程。见图 1-30。

图 1-30　在线支付

“预订”功能可以预订乘车日之前七天内的高铁餐车美食；“即时预订”则可以在乘坐高铁时，打开 APP 即时下单，不必再跑到餐车或等待流动餐车，美食便可由上海华铁旅服餐服人员及时送达你的座位。

到目前为止开通此项服务的车次如图 1-31 所示。

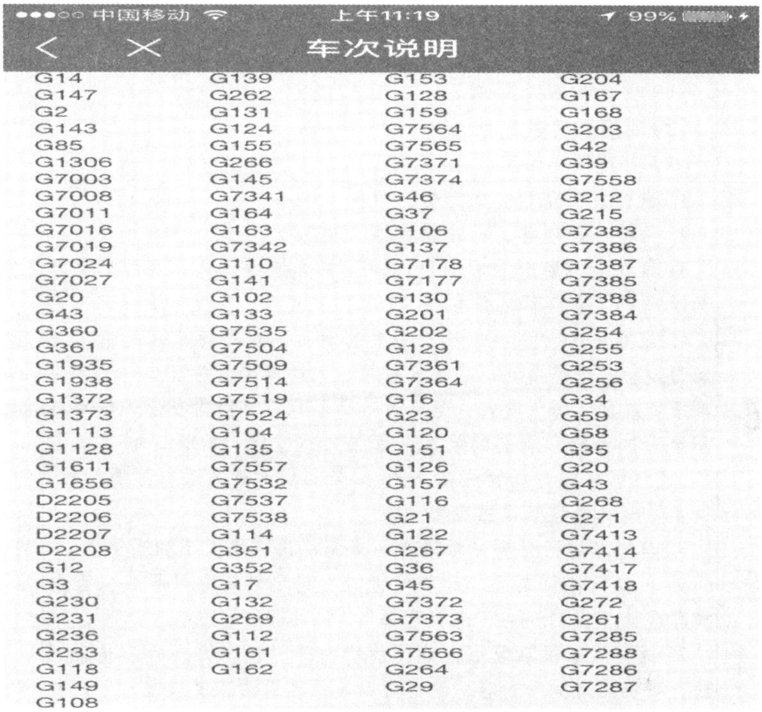

G14	G139	G153	G204
G147	G262	G128	G167
G2	G131	G159	G168
G143	G124	G7564	G203
G85	G155	G7565	G42
G1306	G266	G7371	G39
G7003	G145	G7374	G7558
G7008	G7341	G46	G212
G7011	G164	G37	G215
G7016	G163	G106	G7383
G7019	G7342	G137	G7386
G7024	G110	G7178	G7387
G7027	G141	G7177	G7385
G20	G102	G130	G7388
G43	G133	G201	G7384
G360	G7535	G202	G254
G361	G7504	G129	G255
G1935	G7509	G7361	G253
G1938	G7514	G7364	G256
G1372	G7519	G16	G34
G1373	G7524	G23	G59
G1113	G104	G120	G58
G1128	G135	G151	G35
G1611	G7557	G126	G20
G1656	G7532	G157	G43
D2205	G7537	G116	G268
D2206	G7538	G21	G271
D2207	G114	G122	G7413
D2208	G351	G267	G7414
G12	G352	G36	G7417
G3	G17	G45	G7418
G230	G132	G7372	G272
G231	G269	G7373	G261
G236	G112	G7563	G7285
G233	G161	G7566	G7288
G118	G162	G264	G7286
G149		G29	G7287
G108			

图 1-31　到目前为止开通高铁订餐服务的车次

项目五　投诉处理

【训练目标】

了解投诉产生的原因，熟练掌握投诉的处理方法和技巧并能按照规范要求接待投诉，掌握避免旅客投诉的方法。

【训练准备】

《旅客投诉处理规则》等动车组相关备品。

【训练内容】

实训任务	实训依据（规章内容提炼）	备注 （实训依据来源）
分析投诉产生原因	1. 铁路企业自身的原因： （1）铁路服务达不到旅客要求。 （2）铁路运输服务与旅客期望值之间存在差距	旅客投诉处理规则

续表

实训任务	实训依据（规章内容提炼）	备注（实训依据来源）
分析投诉产生原因	2. 旅客投诉的动机： （1）弥补损失。 （2）性格的差异。 3. 外部环境因素： （1）文化背景的影响。 （2）服务的可替代性。 （3）其他环境因素	旅客投诉处理规则
接待投诉规范要求	1. 进行自我介绍：如姓名、职务。 2. 保持冷静理智，设法消除旅客的怨气。 3. 聚精会神聆听旅客的投诉，让旅客把话说完，切勿胡乱解释或随便打断旅客的讲述。 4. 旅客讲话时，要表现出足够的耐心，决不随旅客的情绪波动而波动，即使遇到一些故意挑剔、无理取闹的旅客，也不要大声争辩或仗"理"欺人，而要耐心听取意见，以柔克刚，使事态不至于扩大或影响别的旅客，如果旅客在窗口投诉时吵闹或喧哗，应该将该旅客与别的旅客分开，或带到别的地方进行沟通处理，以免影响其他旅客或造成围观。 5. 与旅客讲话时要注意语音、音调、语调的大小和高低。 6. 当我们在售票窗口处理投诉时一定要做到微笑服务，否则旅客会认为我们还在"幸灾乐祸"。 7. 做好旅客投诉登记：如投诉的内容、旅客的姓名、联系电话，投诉的时间等内容，这样可以使旅客说话速度放慢，同时也使其感到我们对他的投诉很重视，从而缓解一下旅客愤怒的情绪。 8. 对旅客的心情表示同情、理解和道歉，即使旅客反映不完全属实，或者我们没有先出错，也不要让旅客感觉不舒服或不愉快。使旅客感觉到尊重，从而减少对抗情绪。 9. 对旅客反映的问题要立即着手调查和处理，切勿轻易做出权利范围外的许诺	旅客投诉处理规则
处理投诉方法和技巧	一、处理投诉的方法 1. 做好接待旅客投诉的心理准备： （1）有"客人总是对的"意识。 （2）掌握和判断旅客投诉的三种心态： 一是求发泄型； 二是求尊重型； 三是求补偿型。 2. 处理旅客投诉： （1）接纳投诉后，应作礼仪性的道歉，当然要视实际情况而定。 （2）进行录像回放查询和实地调查，尽量在最短时间内给旅客以明确的答复。 （3）处理比较严重的旅客投诉，还必须向车间领导汇报。 （4）投诉问题解决后，要向旅客询问其结果是否满意，并要真诚的向旅客致谢，感谢旅客提出的宝贵意见，从而在旅客的心中留下美好的印象	旅客投诉处理规则

续表

实训任务	实训依据（规章内容提炼）	备注（实训依据来源）
处理投诉方法和技巧	（5）如果问题当天无法解决，要留下旅客的联系方式，等第二天查证后给旅客一个满意的答复。 二、处理投诉的技巧 处理投诉的总原则："先处理感情，后处理事件"。 （1）切不可在旅客面前推卸责任。 （2）从倾听开始。 （3）认同旅客的感受。 （4）表示愿意提供帮助。 （5）解决问题。 （6）灵活处理	旅客投诉处理规则
如何避免旅客投诉	1. 要强化员工的教育培训。 2. 为旅客购票提供方便。 3. 把投诉消灭在现场	旅客投诉处理规则

【实训案例】

实训任务1　动车组列车服务质量投诉处理

实训案例　动车组列车服务质量投诉处理

2016年9月22日，乘坐G256次列车的乘客王某投诉列车员只顾自己吃饭，对其提出的空调风机噪音大，车内温度低影响其不到两岁的女儿睡觉的问题不予理睬，前后多次追问后一位高铁车辆机械师表示空调风机噪音不能调试，之后乘客王某向铁路部门对该动车组乘务人员提出严重投诉。

解决方案：

一、分析投诉产生原因

一般情况下，我们可以从以下几个方面来考虑旅客为什么会进行投诉。

（1）铁路企业自身的原因。

① 铁路服务达不到旅客要求。旅客在旅行过程中，从购票、候车、进站、乘车全过程中，如果得不到铁路满意的服务，必然产生不满情绪。如（服务）工作人员对旅客的询问不理会或回答语气不耐烦、候乘环境卫生差、购票时间长等，都会造成旅客不满，导致旅客投诉。

② 铁路运输服务与旅客期望值之间存在差距。旅客满意是旅客对运输企业所提供的运输服务的一种心理感知状态。旅客在选择铁路运输服务之前，往往会基于一些因素而对运输企业服务形成一定的期望。当旅客选择了铁路运输企业的运输服务后，旅客必将其实际感受与期望相比较，如果实际感受与期望相匹配，旅客就会满意；低于期望，旅客就会不满意；超过期望，旅客就会高度满意。

（2）旅客投诉的动机。

① 弥补损失：旅客往往出于3种动机提出投诉：第一种是为了获得财务赔偿。第二种是挽回自尊。根据马斯洛的需求层次理论，人人都有获得自尊的心理需求，当旅客遇到不满意产品

或服务时，不仅承受的是金钱损失，还经常遭遇不公平对待，对自尊心、自信心造成伤害。第三种是为了求得宣泄。当旅客受到挫折后，有的人采取减轻挫折和满足需要的积极进取的态度，有的人采取消极对抗的态度，会采取一系列的行动来发泄其不满。最主要的一个渠道就是通过投诉把自己的烦恼、怒气和怨气发泄出来，以维持其心理上的平衡。

② 性格的差异：不同类型的旅客对待"不满意"的态度不尽相同，理智型的旅客遇到不满意的事，不吵不闹，但会据理力争，寸步不让；急躁型的旅客遇到不满意的事必然大吵大闹；忧郁型的旅客遇到不顺心的事，自认倒霉，无声离去，但永远不会再来。

（3）外部环境因素。

① 文化背景的影响：在不同的文化背景下，人们的思维方式、做事风格也不同，因此旅客投诉行为也存在差异。在集体主义文化中，人们的行为遵从社会规范，追求集体成员间的和谐，对事物的态度取决于是否使个人获得归属感，是否符合社会规范，能否保持社会和谐。因此，当他们遇到不满意的事情时，更倾向于在私下抱怨。而在个人主义文化中，人们追求独立和自足，喜欢通过表现自己的与众不同，表达自己的内心感受，来实现自我尊重。因此，当他们遇到不满意的事情时，更倾向于投诉。

② 服务的可替代性：当旅客有多种方式或服务选择的时候，他们在遇到不满的时候更倾向于转向其他服务而不是投诉。而在不满却又没有其他选择的情况下，旅客的不满就更容易转化为投诉。

③ 其他环境因素：一个国家或地区的生活水平和市场体系的有效性、政府管制、消费者援助等都会影响旅客的投诉行为。如在消费者权益维护机制非常健全的情况下，旅客可能更多的会转向消费服务的投诉，倾向于向权威机构或监管部门投诉而不是直接向企业投诉。

本案例中对乘客多次提出的询问，乘务人员应该及时予以协调并加以解释说明，但是乘务人员的服务并没有达到旅客期望的水平（让旅客看到乘务人员只顾自己吃饭，并没有为其解决问题），使旅客觉得自己提出的问题并没有得到重视，并且在多次询问后得到的答案略显敷衍，这些都是造成后续旅客提出严重投诉的原因。

二、处理投诉的方法和技巧

（1）处理投诉的方法。

◆ 做好接待旅客投诉的心理准备：

① "客人总是对的"意识。即使旅客错了，也要把"对"的让给旅客，只有这样，才能减少与旅客的对抗情绪，不能给旅客设置"门槛"。

② 掌握和判断旅客投诉的三种心态：

一是求发泄型：旅客遇到令人气愤的事，怨气回肠，不吐不快，于是投诉。

二是求尊重型：旅客投诉就是为了挽回面子，求得尊重，即使我们没有过错，旅客为显示自己的身份或与众不同，在同行的朋友或旅客面前表现表现，于是就去投诉。

三是求补偿型：有些旅客无论对错或问题大小，都要进行投诉，其真正目的并不在于事实本事，不在于求发泄和尊重，而在于求得补偿，尽管他可能一再强调"并不是钱的问题"，目的还是要求赔偿。

◆ 处理旅客投诉：

① 接纳投诉后，应作礼仪性的道歉，当然要视实际情况而定。

② 进行录像回放查询和实地调查，尽量在最短时间内给旅客以明确的答复。

③ 处理比较严重的旅客投诉，还必须向车间领导汇报。

④ 投诉问题解决后，要向旅客询问其结果是否满意，并要真诚的向旅客致谢，感谢旅客提出的宝贵意见，从而在旅客的心中留下美好的印象。

⑤ 如果问题当天无法解决，要留下旅客的联系方式，等第二天查证后给旅客一个满意的答复。

（2）处理投诉的技巧。

处理投诉的总原则："先处理感情，后处理事件"。

① 切不可在旅客面前推卸责任。

在接待和处理旅客投诉时，一些铁路工作人员会自觉或不自觉地推卸责任，殊不知，这样给旅客留下的印象更糟，使旅客更加气愤，结果，旧的投诉未解决，又引发了旅客新的更为激烈的投诉，出现投诉的"连环套"。

② 从倾听开始。

倾听是解决问题的前提。在倾听旅客投诉时，我们不但要听他表达的内容，还要注意他的语调与音量，这有助于了解客户语言背后的内在情绪。同时，要通过解释与澄清确保你真正了解了客户的问题。

③ 认同旅客的感受。

旅客在投诉时会表现出烦恼、失望、泄气、发怒等各种情感。我们就不应当把这些表现当做是对自己个人的不满。特别是当旅客发怒时，旅客仅仅是把我们当成了倾听对象，旅客的情绪是完全有理由的，是理应得到极大的重视和最迅速、合理的解决的。所以让旅客知道你非常理解他的心情，关心他的问题："王先生，对不起让您感到不愉快了，我非常理解您此时的感受。"无论旅客对与错，我们都要把旅客的错当"对"来处理，我们只有与旅客的世界同步了，才有可能真正了解他的问题，找到最合适的方式与他交流，从而为成功的投诉处理奠定基础。我们有时候会在道歉时内心很不舒服，因为这似乎老是在承认自己有错。其实说声"对不起""很抱歉"并不一定表明"我"真的犯了错误，这主要表明你对旅客不愉快经历的遗憾与同情。不用担心客户会因得到你的认可而越发的强硬,表示认同的话会将客户的思绪引向关注问题的解决。

④ 表示愿意提供帮助。

"让我看一下该如何帮助您""我很愿意为您解决问题"，正如前面所说，当旅客正在关注问题的解决时，我们体贴地表示乐于提供帮助，自然会让客户感到安全、有保障，从而进一步消除对立情绪，取而代之的是依赖感。问题澄清了，旅客的对立情绪也就减低了，我们接下来要做的就是为客户提供解决方案。

⑤ 解决问题。

一是为旅客提供选择：通常一个问题的解决方案都不是唯一的，给旅客提供选择会让客户感到自己受到尊重，同时，旅客选择的解决方案在实施的时候也会得到旅客的更多认可和配合。

二是诚实的向旅客承诺：能够及时的解决旅客的问题当然最好，但有些问题可能比较复杂或特殊，我们不确定该如何为旅客解决，此时我们就不要向旅客作任何承诺，而是诚实的告诉旅客情况有点特别，你会尽力帮旅客寻找解决的方法，但需要一点时间，然后约定给旅客回话的时间，并一定要确保准时给客户回话，即使到时仍不能帮旅客解决，也要准时打电话向旅客解释问题进展，表明自己所做的努力，并再次约定给旅客答复的时间。

⑥ 灵活处理。

只要是为了方便旅客，在不违背相关规定的情况下，我们一定要积极为旅客着想，不要故意设置"门槛",当事情无法把握和处理时,要及时请示车间领导批准,尽量满足旅客的出行需求。

本案例中旅客数次提出投诉,而乘务人员不予理睬,使得旅客的烦恼无处倾诉,还在这期间让旅客看到其吃饭,之后派来的机械师也没能为旅客就空调风机噪音问题做出专业的解释,而是敷衍了事。这些都让旅客感到没有得到应有的尊重,没有人愿意帮助她解决问题,导致最终严重投诉的发生。

三、接待投诉规范要求

(1)进行自我介绍:如姓名、职务。
(2)保持冷静理智,设法消除旅客的怨气。
(3)聚精会神聆听旅客的投诉,让旅客把话说完,切勿胡乱解释或随便打断旅客的讲述。
(4)旅客讲话时,要表现出足够的耐心,决不随旅客的情绪波动而波动,即使遇到一些故意挑剔、无理取闹的旅客,也不要大声争辩或仗"理"欺人,而要耐心听取意见,以柔克刚,使事态不至于扩大或影响别的旅客,如果旅客在窗口投诉时吵闹或喧哗,应将该旅客与别的旅客分开,或带到别的地方进行沟通处理,以免影响其他旅客或造成围观。
(5)与旅客讲话时要注意语音、音调、语调的大小和高低。
(6)当我们在售票窗口处理投诉时一定要做到微笑服务,否则旅客会认为我们还在"幸灾乐祸"。
(7)做好旅客投诉登记:如投诉的内容、旅客的姓名、联系电话,投诉的时间等内容,这样可以使旅客说话速度放慢,同时也使其感到我们对他的投诉很重视,从而缓解旅客愤怒的情绪。
(8)对旅客的心情表示同情、理解和道歉,即使旅客反映不完全属实,或者我们没有先出错,也不要让旅客感觉不舒服或不愉快。使旅客感觉到尊重,从而减少对抗情绪。
(9)对旅客反映的问题要立即着手调查和处理,切勿轻易做出权利范围外的许诺。

本案中,乘务人员处理投诉的正确方法是应该按照规范要求先向旅客介绍自己的姓名和职务,然后耐心聆听旅客投诉,不要随便打断。在与旅客交流时要注意语音语调,不要过高或过低,面部保持微笑,语气平和,对旅客的心情表示同情和理解,并认真做好投诉记录。对旅客反映的情况应该立刻着手调查处理,及时向旅客解释说明发生问题的原因和解决办法,如果短时间内解决不了,也应该尽量和旅客解释清楚原因,争取获得旅客的谅解,使旅客感受到尊重,从而减少负面情绪。

四、如何避免旅客投诉

(1)要强化员工的教育培训。
① 强化员工"以旅客满意为中心"的服务意识教育。彻底转换经营理念,调整企业价值取向,由过去的"唯我至上"转化为坚持"服务至上""以旅客满意为中心"。要让大家明白"让旅客满意"是铁路发展的生命线,是职工自身价值的体现,也是职工自身利益的要求。
② 强化职工业务技能培训,提高服务质量。通过举办各种业务和服务技能培训班,提高职工业务能力和服务技巧。
③ 开展各项劳动竞赛活动,激励各种优质服务人才,带动全体员工提升服务质量(例如:增设鼓励奖、委屈奖等奖项)。

④ 落实作业标准和规范化服务，减少随意性，进而减少或降低旅客投诉的发生。

（2）为旅客购票提供方便。

一是要加强市场调研，根据客流变化，实时增开列车，从运能上满足旅客的需要。

二是充分发挥电话和网络订票的作用，多渠道为旅客提供方便的购票。

三是要加强宣传、引导、给旅客提供透明的售票情况。特别是春运、暑运、节假日运输，以及列车大面积晚点、停运等非正常情况，宣传引导显得尤为重要。

四是车站、代售点要为旅客提供一个优良、温馨、秩序良好的购票环境，让旅客有宾至如归的感觉，从心理上消除旅客对车站的对立情绪。

五是售票人员要严格执行售票作业标准和服务质量标准，热情、周到的为旅客售票（例如"六字"售票法等）。对重点旅客、弱势群体旅客、有特殊要求的旅客更应该提供周到的服务（例如残疾人、孕妇、军人等购票优先）。

（3）把投诉消灭在现场。

一是在售票厅设置专门的旅客投诉席，能够让旅客在第一时间就能发现投诉的场所，方便旅客投诉。

二是认真落实首问首诉负责制，现场每一名职工，对所遇到的每一位投诉旅客都有职责处理好，直至旅客满意为止。

三是在现场及时解决旅客的投诉，避免旅客不满意，造成提级投诉。

四是对旅客投诉进行统计分析，查找服务中的"短板"，提高"短板"的质量，进而提高整体的服务水平。

【技能训练】

一、相关理论知识

（一）填空

1. 厕所内有_____和水溶性好的_____、_____，坐便器有一次性_____，小便池内放置_____。

2. _____、_____、_____车厢客室内不存放清洁工具。

3. 儿童票标高线宽____mm、长____mm，距地板面分别为____m和____m，以上缘为限，距内端门框约_____mm。

4. 布制备品定位存放在储物（藏）柜内。无储物（藏）柜或储物（藏）柜容量不足的，软卧车定位放置在____、____、____号卧铺下。

5. 每标准编组车底配备_____辆垃圾小推车，垃圾小推车、垃圾箱（桶）内用垃圾袋，垃圾袋符合国家标准，印有使用单位标志，与垃圾箱（桶）规格匹配，厚度不小于_____mm。

6. 定期进行"____、____、____"，____、____、____等病媒昆虫指数及鼠密度符合国家规定。

7. 洗脸（手）池、电茶炉沥水盘清理、擦抹及时，无____，无____，无____，无____。

8. 多功能室用于照顾_____。

9. 深度保洁结合检修计划安排在_____作业。

10. 动车组洗脸间应备有_____、_____或_____。

11. 头发干净整齐、颜色自然，不理奇异发型、不剃光头。男性两侧鬓角不得超过_____，后部不长于_____不遮盖眉毛、耳朵，不烫发，不留胡须；女性发不____，刘海长不____，短发不短于____cm。

12. 面部、双手保持清洁，身体外露部位无____。指甲修剪整齐，长度不超过指尖____mm，不染彩色指甲。

13. 乘务人员鞋跟高度不超过____cm，跟径不小于____cm。

14. 佩戴职务标志，胸章牌（长方形职务标志）戴于左胸口袋上方正中，下边沿距口袋___cm处（无口袋的戴于相应位置），包含____、_____、_____、____等内容。

15. 立岗姿势规范，精神饱满。男性脚跟靠拢，脚尖略向外张呈"___"字形。女性左脚靠在右脚内侧，夹角为_____呈"_____"字形。

16. 通风系统作用良好，车内空气清新，质量符合国家标准。始发前对车厢进行预冷、预热，空调温度调节适宜，体感舒适，原则上保持冬季_____，夏季_____。

（二）选择

1. 动车组车内各种服务图形标志型号一致，位置统一，安装牢固，（　　），符合规定。
   A. 标志明显　　　　　　　　B. 张贴齐全
   C. 齐全醒目　　　　　　　　D. 图文并茂

2. 动车组车内的渡板及各部位压条、压板、螺栓（　　）；脚蹬安装牢固，无腐蚀破损；手把杆无（　　）；各部位金属部件无（　　）。
   A. 不松动、无翘起；破损、松动；锈蚀　　B. 不活动、无翘边；破损、松动；锈蚀
   C. 不松散、无翘起；破坏、松动；锈蚀　　D. 不松动、无翘起；破损、松动；生锈

3. 列车员在清理卫生时，清扫工具不触碰（　　）。挪动旅客物品时，征得旅客同意。需要踩踏座席时，带鞋套或使用垫布。占用洗脸间洗漱时，礼让旅客。
   A. 旅客　　　　　　　　　　B. 携带品
   C. 旅客及携带物品　　　　　D. 坐席

4. 动车组列车运行至终到站时车内无垃圾、（　　）异味。垃圾装袋、封口、无渗漏，到站定点投放。
   A. 饮料瓶、废纸　　B. 污水、粪便　　C. 杂物、水迹　　D. 纸屑、果皮

5. 动车组洗脸间应备有（　　），擦手纸（或干手器）。
   A. 香皂　　　B. 洗手液　　　C. 洗衣液　　　D. 洗洁精

6. 动车组列车在运行途中的垃圾要装袋、封口、无渗漏，定位放置，在（　　）投放；不向车外扫倒垃圾、抛扔杂物。
   A. 中途站　　　　　　　　　B. 任意站
   C. 指定站定点　　　　　　　D. 高铁中型及以上车站

7. 动车组车厢内的服务备品应做到备品齐全，干净整洁，定位（　　）。
   A. 投放　　　B. 堆放　　　C. 摆放　　　D. 存放

8. 动车组车厢内的电茶炉配有纸杯架的，要有一次性（　　）。
   A. 纸杯　　　B. 塑料杯　　　C. 纸杯托　　　D. 手套

9. 动车组列车的可旋转式座椅要始终转向列车（　　）方向。
   A. 末尾　　　　B. 二位头车　　　　C. 运行　　　　D. 一位头车
10. 动车组旅客列车上多功能室用于照顾（　　）。
    A. 重点旅客　　B. 儿童　　　　C. 贵宾　　　　D. 领导
11. 动车组热备车底的乘务人员（　　）和服务用品要同步配置到位。
    A. 随车备品　　　　　　　　B. 清洁工具
    C. 个人衣物　　　　　　　　D. 乘务用品
12. 暖水瓶应有（　　）。
    A. 支架　　　　　　　　　　B. 防倒圈（架）
    C. 防烫措施　　　　　　　　D. 安全措施
13. 列车应保证有（　　）的开水供旅客饮用。
    A. 必须　　　　B. 足够　　　　C. 清洁　　　　D. 符合标准
14. 《管规》规定，铁路客运人员在工作中，应穿着规定的统一服装，仪容整洁，精神饱满，佩戴规定的（　　）。
    A. 胸章　　　　B. 臂章　　　　C. 标志　　　　D. 胸卡
15. 旅客列车应实行垃圾装袋，在（　　）投放。
    A. 二等以上车站　　　　　　B. 客技站
    C. 列车终点站　　　　　　　D. 指定处理站
16. 《铁路旅客运输服务质量规范》规定，加强环境保护宣传，使用备品、材料等符合国家（　　）。
    A. 相关规定　　　　　　　　B. 质量规定
    C. 环境规范　　　　　　　　D. 环保规定
17. 《铁路旅客运输服务质量规范》中，动车组供应的食品、饮品应当品种丰富，价格合理。餐饮企业应当经常（　　）对饮食服务的意见，并根据旅客的意见调整供应品质、品种，改善服务质量。
    A. 征求车长　　　　　　　　B. 征求旅客
    C. 征求领导　　　　　　　　D. 征求列车员
18. 《动车组列车服务质量规范》规定，特、一、二等座车有清洁袋、免费读物和服务指南，放置在（　　）或其他指定位置。
    A. 座椅上面　　　　　　　　B. 座椅扶手箱内
    C. 座椅靠背袋内　　　　　　D. 行李架上
19. 使用列车乘务服务用语时应该语调（　　）、语速适中、表达流畅、准确鲜明、实事求是。
    A. 高亢　　　　B. 温婉　　　　C. 柔和　　　　D. 轻细
20. 列车员工作期间应佩戴职务标志，胸章牌应戴于左胸口袋上方正中，下边沿距口袋（　　）处（无口袋的戴于相应位置），包含单位、姓名、职务、工号等内容。
    A. 2 cm　　　　B. 3 cm　　　　C. 1 cm　　　　D. 4 cm
21. 动车组列车乘务员面对旅客问讯时，面向旅客站立（工作人员办理业务时除外），目视旅客，有问必答，回答（　　），解释耐心。
    A. 巧妙　　　　B. 快速　　　　C. 准确　　　　D. 确切

22.《管规》规定卧车的被单应每（　　）更新1次。
　　A. 年　　　　　B. 半年　　　　　C. 季度　　　　　D. 月

23.《动车组列车服务质量规范》规定，乘务员在车内行走时遇到旅客多的地方，先（　　）后通行；与旅客走对面时，要主动侧身面向旅客让行，不与旅客抢行。
　　A. 绕过旅客　　B. 让旅客让路　　C. 挤过去　　　　D. 示意

24.《管规》规定卧车的枕芯（　　）更新一次。
　　A. 一年　　　　B. 两年　　　　　C. 三年　　　　　D. 四年

25. 列车员为旅客倒开水时，应（　　），不倒过满。
　　A. 将水杯放桌上　　　　　　　　　B. 接杯、站稳
　　C. 直接到水　　　　　　　　　　　D. 让旅客拿稳水杯

26.《管规》规定卧车的棉被（　　）更新一次。
　　A. 一年　　　　B. 两年　　　　　C. 三年　　　　　D. 四年

27. 尊重旅客、货主，首先要做到文明礼貌待客，最重要的是要做到语言文明、仪表端庄、环境整洁、（　　）。
　　A. 语言亲切　　B. 微笑服务　　　C. 有问必答　　　D. 不野蛮待客

28. 以下对于乘务人员标准着装描述错误的是（　　）。
　　A. 不敞胸露怀　　　　　　　　　　B. 不赤足穿鞋
　　C. 鞋的颜色为浅色　　　　　　　　D. 不穿露趾鞋

29. 动车组客运乘务人员进出车厢时，要面向旅客（　　）致谢。
　　A. 挥手　　　　B. 微笑　　　　　C. 点头　　　　　D. 鞠躬

30. 餐车对旅客供餐时，乘务人员不能在餐车逗留、闲谈、占用（　　）、陪客人就餐。
　　A. 位置　　　　B. 座席　　　　　C. 通道　　　　　D. 餐具

31.《管规》规定卧车的枕巾应每（　　）更新1次。
　　A. 年　　　　　B. 半年　　　　　C. 季度　　　　　D. 月

32.《铁路旅客运输服务质量规范》中规定列车员应身体健康，五官端正，持有效（　　）。新入职人员具备高中（职高、中专）及以上文化程度。
　　A. 工作证　　　B. 身份证　　　　C. 健康证明　　　D. 学历证明

33. 一位动车组保洁人员在拖车厢地板时因不小心碰到旅客鞋袜，保洁工作人员及列车客运乘务人员应（　　）。
　　A. 向旅客解释　　　　　　　　　　B. 向旅客表示歉意
　　C. 向旅客呵斥　　　　　　　　　　D. 向旅客表示要求配合

34.《动车组列车服务质量规范》中规定除列车长外，其他客运乘务人员在车厢内作业时（　　）制帽。
　　A. 要戴　　　　B. 不戴　　　　　C. 可戴　　　　　D. 不用戴

35. 动车组座席号采用数字和字母组合的方式表示座席号，数字表示排号，字母表示（　　）。
　　A. 坐席等级　　B. 方向　　　　　C. 方位　　　　　D. 位置

36. "G"字头跨局动车组列车应当为（　　）旅客提供饮品、小食品等免费服务。
　　A. 特　　　　　B. 特、一等座　　C. 二等座　　　　D. 所有坐席

37. 站车工作人员必须清楚旅客列车晚点情况，遇旅客询问时，应（　　）回答。
   A. 耐心细致　　　　　　　　　　B. 敷衍了事
   C. 欺瞒哄骗　　　　　　　　　　D. 主观臆断
38.《铁路旅客运输服务质量规范》中规定，列车员立岗姿势应规范，精神饱满。站立时，女性可双手四指并拢，交叉相握，右手叠放在左手之上，自然垂于腹前；左脚靠在右脚内侧（　　），夹角呈"丁"字形。
   A. 为30°　　　B. 为15°　　　C. 为45°　　　D. 为60°

（三）判断
1. 动车组是由若干动力车和拖车或全部由动力车长期固定连挂在一起组成的车组。（　　）
2. 列车要通过广播、图形标志、电子显示屏、文字提示等形式向旅客广泛宣传环境保护和禁止吸烟规定，提示旅客不得随意丢弃杂物。（　　）
3. 动车组餐车的车辆车种代码为CA（英文为Dining Coach）。（　　）
4. 动车组是由若干动力车和拖车或全部由动力车长期临时连挂在一起组成的车组。（　　）
5. 动车组配电柜、箱体无破损，锁闭状态良好，保持清洁无杂物。（　　）
6. 多功能室服务于乘务人员例会。（　　）
7. 站车客运信息无线交互系统手持终端在始发后登录，途中及时更新信息。（　　）
8. 整备出库标准中规定可旋转式座椅转向列车运行方向。（　　）
9. 动车餐饮食品经营场所环境卫生符合要求，用具清洁，消毒合格，生熟分开。销售散装熟食品时，有防蝇、防尘措施，不徒手接触食品。（　　）
10. 运行时间在 3 h 以内的列车，一般只播迎送词、服务设备介绍、安全提示、站名和背景音乐。（　　）

（四）简答
1. 动车组应有识别的标记包括哪些？
2. 动车组列车的设施设备如何配置？列车工作人员应掌握哪些？
3. 动车组客车车辆内部设备有哪些？
4. 动车组污物如何处理？
5. 动车组列车的安全标志有哪些？
6. 哪些动车组列车工作人员配备 GSM-R 手持终端和无线对讲设备？
7. 动车组乘务员服务时应避免的说话方式。
7.《铁路旅客运输服务质量规范》中对人员素质有何要求？
8.《铁路旅客运输服务质量规范》中对仪容的要求？
9.《铁路旅客运输服务质量规范》中对职务标志佩戴的要求？
10.《铁路旅客运输服务质量规范》中对着装是如何规定的？
11.《铁路旅客运输服务质量规范》中对坐立、行走姿势的要求？
12.《铁路旅客运输服务质量规范》中立岗姿势是如何要求的？
13.《铁路旅客运输服务质量规范》中对在车门口立岗是如何要求的？

14. 客运人员在工作中的标准站姿是什么？
15. 客运人员为旅客指引方向时的正确手势是什么？
16. 客运人员请旅客就座时的正确手势是什么？
17. 客运人员为旅客引领行走时需要注意什么问题？
18. 客运人员应采取怎样的蹲姿来拾取地上的物品？
19. 客运人员应如何避让迎面走来的旅客？
20. 当客运人员需要递送较多物品时应如何正确使用托盘？
21. 客运人员标准的行走姿势是怎样的？同时应注意什么问题？
22. 当客运人员发现身边有旅客需要帮助时应如何处理？
23. 当客运人员与旅客交谈时如何正确的运用目光？
24. 客运人员送旅客时应如何向旅客致意？
25. 客运人员通过在通道处面对面交谈的旅客身旁时需要注意什么问题？
26. 客运人员由于天气、工作环境等原因造成妆面脱落时应如何处理？
27. 女性客运服务人员工作妆的要求是什么？
28. 男性客运人员上岗前的头发修饰应注意什么？
29. 女性客运人员上岗前的头发修饰应注意什么？
30. 客运人员在查票时需要注意什么问题？
31. 客运人员"微笑服务"的操作规范是什么？
32. 客运人员向旅客行鞠躬礼时，标准化做法是什么？
33. 客运人员应如何向旅客递送物品？
34. 与旅客交谈时需要遵守哪些礼仪规范？
35. 握手时应注意的礼节有哪些？
36. 客运人员敬举手礼时应注意什么礼仪规范？
37. 对旅客做到"三要四心五主动"的内容是什么？
38.《铁路旅客运输服务质量规范》中对广播及视频播放时间的规定有哪些？
39.《铁路旅客运输服务质量规范》中对用水供应的要求？
40. 客运人员应如何倾听旅客的投诉？
41.《列车服务质量规范》中对空调和非空调首问首诉负责制有何规定？
42. 遇有旅客列车晚点发生旅客情绪激动等情况时如何办理站车交接？
43. 本车厢内电茶炉故障如何处理？
44. 本车厢厕所堵塞无法使用时如何处理？
45. 本车厢用水设备无水时如何处理？
46. 乘务员损坏或弄脏旅客衣物如何处理？
47. 旅客物品丢失（丢失、被盗）后如何处理？
48. 旅客投诉的处理。
49. 旅客投诉的原因有哪些？
50. 旅客投诉心理现象有哪些？

二、实操技能训练

1. 动车组车厢内服务图形标志的定位。
2. 卧具整理训练。
3. 乘务人员手持终端的使用。
4. 检查卫生间设施设备清洁卫生。
5. 餐车餐厅区清洁布置。
6. 观光室的清洁布置。
7. 动车组售货车的定型。
8. 动车组乘务人员手部清洁标准。
9. 动车组餐饮服务人员着装标准。
10. 动车组乘务人员微笑训练。
11. 判断下列各个图是否符合动车组乘务人员仪容着装规范,如若不符,指出并更正。
12. 动车组乘务人员行走姿态标准训练。
13. 动车组乘务人员列队行走标准姿态训练。
14. 动车组乘务人员面部表情标准训练。
15. 立岗站门作业标准训练。
16. 动车组作业服务用语的使用。
17. 普通话基本功练习。
18. 动车组广播练习。
19. 车内巡视细化标准。
20. 核对车票及订餐登记作业标准。
21. 提供防寒毯、眼罩、耳机的服务标准。
22. 餐服人员礼仪规范。

模块一技能训练答案

模块二　票价计算训练

【模块介绍】

本模块主要设计了六个项目，包括动车组车票票价计算、车票退票、改签处理、误售、误购、误乘处理、旅行变更处理、不符合乘车条件处理以及补票机应用项目，并围绕各项目设计了相关任务及小案例，从而使学生通过实际案例的训练掌握高铁及普铁的票价计算相关技能。

项目一　动车组车票票价计算

【训练目标】

本项目主要依据现行铁路票价定价的相关规定，设计各类相关案例，使学生们通过本部分的学习初步掌握手工计算公布票价的能力。

【训练准备】

《全国铁路客运接算站示意图》《动车组运营管理办法》《铁路旅客运输规程》和利用互联网。

【训练内容】

实训任务	实训依据（规章内容提炼）	备注（实训依据来源）
动车组列车一等座票价计算	1. 动车组座席公布票价： 一等座车公布票价 = 0.336 6×（1 + 10%）×运价里程 2. 动车组座席公布票价： 二等座车公布票价 = 0.280 5×（1 + 10%）×运价里程 3. 动车组软卧公布票价： （1）上铺公布票价 = 0.336 6×（1 + 10%）×1.6×运价里程 （2）下铺公布票价 = 0.336 6×（1 + 10%）×1.8×运价里程 4. 动车组高级软卧公布票价： （1）上铺公布票价 = 0.336 6×（1 + 10%）×3.2×运价里程 （2）下铺公布票价 = 0.336 6×（1 + 10%）×3.6×运价里程 5. 动车组软卧票价可按公布票价打折，但打折后不得低于相同运价里程的新空软卧票价。 6. 动车组列车只发售二等座车学生票，学生票票价按二等座公布票价的75%计算。 7. 发售动车组学生票票价高于现行的"折扣票价"时，应按现行的"折扣票价"发售，不得在学生票优惠卡中进行核减次数	动车组列车服务质量规范及动车组列车票价的有关规定 《铁路旅客运输规程》 《动车组运营管理办法》 《铁路客运运价规则》第五条、第九条 注：本项目中涉及的动车组列车的票价计算均为时速200~250 km动车组列车。
动车组列车二等座票价计算		
动车组列车软卧票价计算		
动车组列车高级软卧票价计算		
动车组列车学生票票价计算		
动车组列车儿童票票价计算		
动车组列车伤残军人票价计算		

续表

实训任务	实训依据（规章内容提炼）	备注（实训依据来源）
动车组列车定员计算	8. 身高 1.2～1.5 m 的儿童使用软卧： （1）动车组软卧儿童票=动车组软卧公布票价－动车组一等座公布票价/2 （2）身高不足 1.2 m 的儿童单独使用软卧： 动车组软卧儿童票=动车组软卧公布票价－动车组一等座公布票价。 注：运价里程不足 400 km 时，公式中扣减的动车组一等座公布票价均按 400 km 公布票价计算。 （3）儿童票按照本次列车一、二等座公布票价的 50%计算。 9. 革命伤残军人、人民警察票按照本次列车一、二等座公布票价的 50%计算。 10. 依据《动车组运营管理办法》规定：管内运行动车组二等座途中准超 20%。 11. 国家铁路的旅客票价，以 5 角为计算单位，不足 5 角的位数按 2.5 角及以上进为 5 角处理。国家铁路的行李、包裹运价及客运杂费的尾数保留至角。对浮动票价分别按票种处理尾数	

【实训案例】

实训任务 1　动车组列车一等座票价计算

实训案例　动车组列车一等座票价

请计算 1 217 km 里程动车组一等座车票价是多少？

题解：一等座车公布票价 = 0.336 6 × (1 + 10%) × 运价里程

$\qquad\qquad\qquad = 0.336\ 6 × (1 + 10\%) × 1\ 217$

$\qquad\qquad\qquad = 450.606$

$\qquad\qquad\qquad ≈ 451.00$ 元

实收票价：即日票价浮动时按浮动后票价执行。

实训任务 2　动车组列车二等座票价计算

实训案例　动车组列车二等座票价

请计算 1 217 km 里程动车组二等座车票价是多少？

题解：二等座车公布票价 = 0.280 5 × (1 + 10%) × 运价里程

$\qquad\qquad\qquad = 0.280\ 5 × (1 + 10\%) × 1\ 217$

$\qquad\qquad\qquad = 375.505$

$\qquad\qquad\qquad ≈ 375.50$ 元

实收票价：即日票价浮动时按浮动后票价执行。

实训任务3　动车组列车软卧票价计算

实训案例　动车组列车软卧票价

2017年1月11日，1名旅客在南京站要求购买21日D322列车（上海—南京）南京—北京南软卧车票1张，上铺有票额，如何发售？（D322次：南京—北京南：1 153 km）

题解：

1. 运价里程：南京—北京南：1 153 km。
2. 计算票价：

$$\begin{aligned}
\text{动软卧（上）公布票价} &= 0.336\,6 \times (1 + 10\%) \times 1.6 \times \text{运价里程} \\
&= 0.336\,6 \times (1 + 10\%) \times 1.6 \times 1\,153 \\
&= 683.055 \\
&\approx 683.00 \text{ 元}
\end{aligned}$$

实收票价：即日票价浮动时按浮动后票价执行。

实训任务4　动车组列车高级软卧票价计算

实训案例　动车组列车高级软卧票价

2017年1月11日，1名旅客在上海站要求购买21日D952列车（上海—成都）上海—成都东高级软卧车票1张，下铺有票额，如何发售？（D952次：上海—成都东：1 985 km）

题解：

1. 运价里程：上海—成都东：1 985 km。
2. 计算票价：

$$\begin{aligned}
\text{动高级软卧（下）公布票价} &= 0.336\,6 \times (1 + 10\%) \times 3.6 \times \text{运价里程} \\
&= 0.336\,6 \times (1 + 10\%) \times 3.6 \times 1\,985 \\
&= 2\,645.877\,96 \\
&\approx 2\,645.90 \text{ 元}
\end{aligned}$$

实收票价：即日票价浮动时按浮动后票价执行。

实训任务5　动车组列车学生票票价计算

实训案例　动车组列车学生票（二等座）

2017年1月1日，1名旅客持有效学生证在长沙站要求购买9日D7004次列车（长沙—南昌）长沙—新余二等座车票1张，其学生证记载优惠区间为长沙—新余（本次列车停靠）。有票额，如何发售？（D7004次：长沙—株洲—新余：258 km）

题解：

1. 运价里程：长沙—新余：258 km。
2. 计算票价：

$$\begin{aligned}
\text{二等座车公布票价} &= 0.280\,5 \times (1 + 10\%) \times \text{运价里程} \\
&= 0.280\,5 \times (1 + 10\%) \times 258 = 79.605\,9 \text{ 元}
\end{aligned}$$

3. 计算学生优惠票价：
学生优惠票公布票价 = 二等座车公布票价 × 75%
$$= 79.605\ 9 × 75\%$$
$$= 59.704\ 425$$
$$≈ 59.50 \text{ 元}$$

实收票价：即日票价浮动时按浮动后票价执行。

实训任务6 动车组列车儿童票票价计算

实训案例1 动车组列车儿童票票价（一等座）

2016年12月22日，1名旅客携带3名儿童在天津站要求购买25日G381次列车（天津—哈尔滨西）天津—沈阳北一等座票，经测量儿童身高分别为1.52 m、1.1 m、1.0 m，有票额，如何发售？（天津—沈阳北：684 km）

题解：
1. 运价里程：天津—沈阳北：684 km。
2. 计算成人票价：
一等座车公布票价 = 0.336 6 ×（1 + 10%）× 运价里程 = 110.00 + 22.00 + 14.00 = 146.00 元
3. 计算 1.52 m 儿童票价：146.00/2 = 73.00 元
4. 合计：146.00 + 73.00 = 219.00 元

实收票价：即日票价浮动时按浮动后票价执行。

实训案例2 动车组列车儿童票票价（卧铺）

2017年1月22日，1名旅客携带1名儿童在上海站要求购买25日D×次列车（新空，上海—北京南）上海—北京南卧铺车票，经测量儿童身高为1.2 m，儿童单独使用卧铺（下），有票额（上、下），如何发售？（D×次：上海—常州—南京—北京南：1 454 km）

题解：
1. 运价里程：上海—北京南：1 454 km。
2. 计算成人（上）票价：
上铺公布票价 = 0.336 6 ×（1 + 10%）× 1.6 × 运价里程
$$= 0.336\ 6 ×（1 + 10\%）× 1.6 × 1\ 454$$
$$= 861.37 ≈ 861.00 \text{ 元}$$
3. 计算 1.2 m 儿童（下）票价：
时速 200 km 动车组列车票价计算公式计算公布票价：
一等座公布票价 = 0.336 6 ×（1 + 10%）× 运价里程
$$= 0.336\ 6 ×（1 + 10\%）× 1\ 454$$
$$= 538.36 ≈ 538.50 \text{ 元}$$
动车组软卧下铺公布票价 = 0.336 6 × 1.8 ×（1 + 10%）× 运价里程
$$= 0.336\ 6 × 1.8 ×（1 + 10\%）× 1\ 454$$
$$= 969.04 ≈ 969.00 \text{ 元}$$
下铺公布票价 = 动车组软卧公布票价 − 动车组一等座公布票价 × 1/2
$$= 969.00 − 538.20 × 1/2 = 699.50 \text{ 元}$$

4. 合计：861.00 + 699.50 = 1 561.00 元

实收票价：即日票价浮动时按浮动后票价执行。

实训任务 7　动车组列车伤残军人票价计算

实训案例 1　动车组列车伤残军人票价（一等座）

2017 年 1 月 1 日，1 名旅客持有效"中华人民共和国伤残人民警察证"在九江要求购买 25 日 D 6341 次列车（九江—南昌）九江—南昌一等座车票 1 张，有票额，如何发售？
（D6341 次：九江—南昌 135 km）

题解：

1. 运价里程：九江—南昌：135 km。
2. 计算票价：

半价一等座票价 = 0.336 6 ×（1 + 10%）× 运价里程 × 1/2
　　　　　　　 = 0.336 6 ×（1 + 10%）× 135 × 1/2
　　　　　　　 = 24.992 55
　　　　　　　 ≈ 25.00 元

实收票价：即日票价浮动时按浮动后票价执行。

实训案例 2　动车组列车伤残军人票价（二等座）

2017 年 2 月 21 日，1 名旅客持有效"中华人民共和国伤残军人证"在天津站要求购买 22 日 D3737 次列车(石家庄—秦皇岛)天津—秦皇岛 二等座车票 1 张,有票额,如何发售？（D3737 次：天津—秦皇岛：262 km）

题解：

1. 运价里程：天津—秦皇岛：262 km。
2. 计算票价：

半价二等座票价 = 0.280 5 ×（1 + 10%）× 运价里程 × 1/2
　　　　　　　 = 0.280 5 ×（1 + 10%）× 262 × 1/2
　　　　　　　 = 40.420 05
　　　　　　　 ≈ 40.50 元

实收票价：即日票价浮动时按浮动后票价执行。

实训任务 8　动车组列车定员计算

实训案例 1　动车组列车定员计算

X 次管运行 CRH2 型动车组列车，编组为：ZE1（55）ZE1（100）ZE1（85）ZE1（100）ZEC（55）ZE1（100）ZY1（51）ZE1（64）。请计算本次列车定员。

题解：

1. 动车组列车标记定员即为实际定员。

一等座实际定员：51 人

二等座实际定员：55 + 100 + 85 + 100 + 100 + 64 = 504 人

注：目前 ZEC 中的 55 个二等座没有作为实际定员对外发售，因此暂不计算在实际定员之内。

2. 依据《动车组运营管理办法》规定：管内运行动车组二等座途中准超 20%。

本次列车二等座途中超成定员计算：504 × （1 + 20%） = 604.8 ≈ 605 人

项目二　车票退票、改签的处理

【训练目标】

通过本项目的学习，学生可以学会退票、改签处理的相关知识与技能。

【训练准备】

纸、笔、客运运价杂费收据、现金等相关设施设备及相关文案材料。

【训练内容】

实训任务	实训依据（规章内容提炼）	备注(实训依据来源)
退票的处理	1.《客规》旅客要求退票时，按下列规定办理、核收退票费： （1）旅客退票必须在购票地车站或票面发站办理。 （2）在发站开车前，特殊情况也可在开车后 2 小时内，退还全部票价。团体旅客必须在开车 48 小时以前办理。 （3）旅客开始旅行后不能退票。但如因伤、病不能继续旅行时，经站、车证实，可退还已收票价与已乘区间票价差额。已乘区间不足起码里程时，按起码里程计算；同行人同样办理。 （4）退还带有⑥字戳迹的车票时，应先办理行李变更手续。 （5）因特殊情况经站长同意在开车后 2 小时内改签的车票不退。 （6）站台票售出不退。 市郊票、定期票、定额票的退票办法由铁路运输企业自定。 必要时，铁路运输企业可以临时调整退票办法。 2.《客规》因承运人责任致使旅客退票时按下列规定办理，不收退票费： （1）在发站，退还全部票价。 （2）在中途站，退还已收票价与已乘区间票价差额，已乘区间不足起码里程时，退还全部票价。 （3）在到站，退还已收票价与已使用部分票价差额。未使用部分不足起码里程按起码里程计算。 （4）空调列车因空调设备故障在运行过程中不能修复时，应退还未使用区间的空调票价。 3.《细则》旅客要求退票时，按下列规定办理： （1）在车站退还带有"⑥"字戳记车票时，应先将托运的行李取消托运或改按包裹托运。 （2）在列车上，旅客因病不能继续旅行时，列车长应编制客运记录交中途有医疗条件的车站，同行人同样办理	《铁路旅客运输规程》第 48 条、49 条 《铁路旅客运输办理细则》46 条、47 条 《铁路互联网购票须知》第 8 条

续表

实训任务	实训依据（规章内容提炼）	备注(实训依据来源)
退票的处理	4.《细则》因铁路责任造成旅客退票时，无论在发站、中途站还是到站，均应积极为旅客办理，不得互相推诿，继续给旅客造成困难。同时产生应补收时不补收。不收退票费。 5. 互联网退票： （1）没有换取纸质车票且不晚于开车前30分钟的，可以在12306官方网站办理。 （2）已经换取纸质车票或者在开车前30分钟之内的，请携带购票时所使用的乘车人有效身份证件原件到车站售票窗口办理；居民身份证无法自动识读或者使用居民身份证以外的其他有效身份证件购票的，请提供订单号码（E+9位数字）。 （3）使用居民身份证购票且持居民身份证办理进站检票后，未乘车即出站的，请经车站确认后按规定办理。 （4）因伤、病或者承运人责任中途下车的，请凭列车长出具的客运记录和购票时所使用的乘车人有效身份证件原件在下车站按规定办理	《铁路旅客运输规程》第48条、49条 《铁路旅客运输办理细则》46条、47条 《铁路互联网购票须知》第8条
改签的处理	1. 用户在12306官方网站购票后，在有运输能力的前提下，无论是否换取纸质车票，均可在车站售票窗口办理改签。 2. 办理改签、变更到站、退票： （1）开车前48小时（不含）以上，可改签、变更到站预售期内的其他列车；开车前48小时以内，可改签开车前的其他列车，也可改签开车后至票面日期当日24：00之间的其他列车，不办理票面日期次日及以后的改签。开车之后，旅客仍可改签当日其他列车，但只能在票面发站办理改签。改签、变更到站均只能办理一次。已经办理"变更到站"的车票，不再办理改签。对已改签车票、团体票及通票暂不提供"变更到站"服务。开车前48小时~15天期间内，改签或变更到站至距开车15天以上的其他列车，又在距开车15天前退票的，仍核收5%的退票费。改签或变更到站后的车票乘车日期在春运期间的，退票时一律按开车时间前不足24小时标准核收退票费。 （2）以下情形，请到车站售票窗口办理： ① 已经换取纸质车票的，凭纸质车票办理改签、变更到站、退票。 ② 在具备居民身份证检票条件的车站，已经使用居民身份证原件办理进站检票但未乘车的，经车站确认后按规定办理改签、退票。 ③ 改签、变更到站后，出具纸质车票。 3. 按购票时所使用的在线支付工具相关规定，改签、变更到站后新车票票价高于原车票、需补收票价差额时，请支付新票全额票款（在铁路售票窗口请使用带有银联标志的银行卡，在12306官方网站请使用6.2.1所列明的在线支付工具），原票款在规定时间内退回购票时所使用的在线支付工具。改签、变更到站后新票票价低于原票的，退还差额，对差额部分核收退票费并执行现行退票费标准，应退票款在规定时间内退回购票时所使用的在线支付工具；退票时应退票款同样办理。改签、变更到站后的新票票价等于原票的，无需办理支付	《铁路旅客运输规程》第34条、35条、36条 《铁路互联网购票须知》第8条

续表

实训任务	实训依据（规章内容提炼）	备注(实训依据来源)
改签的处理	4. 在有运输能力的前提下，只能办理一次改签或变更到站，但改签不能改变发站和到站，"变更到站"不能改变发站。 5. 开车前 15 天（不含）以上退票的，不收取退票费；票面乘车站开车时间前 48 小时以上的按票价 5%计，24 小时以上、不足 48 小时的按票价 10%计，不足 24 小时的按票价 20%计。开车前 48 小时~15 天期间内，改签或变更到站至距开车 15 天以上的其他列车，又在距开车 15 天前退票的，仍核收 5%的退票费。上述计算的尾数以 5 角为单位，尾数小于 2.5 角的舍去、2.5 角以上且小于 7.5 角的计为 5 角、7.5 角以上的进为 1 元。退票费最低按 2 元计收。改签或变更到站后的车票乘车日期在春运期间的，退票时一律按开车时间前不足 24 小时标准核收退票费	《铁路旅客运输规程》第 34 条、35 条、36 条 《铁路互联网购票须知》第 8 条

【实训案例】

实训任务 1 退票的处理

实训案例 1 铁路责任退票处理（窗口）

2017 年 1 月 1 日，石家庄站一旅客持一张 1 月 1 日信阳—石家庄的空调软座客特快卧（下）联合票（票号 A732812，票价 275.00 元）和一份××次（广州—天津）空调列车列车长编制的 08 号客运记录，注明该旅客所乘软卧车厢，因故障中途甩下，自新乡站该旅客改乘软座至到站，旅客要求退还软卧票款，石家庄站如何处理？

题解：

1. 因铁路责任退票。在到站，凭原票和客运记录退还已收票价与已使用部分票价差额。已乘区段不足起码里程时，退还全部票价。

2. 运价里程：信阳—石家庄：710 km。

3. 已收票价：新空软座客特快卧（下）票价：116.00 + 24.00 + 121.00 + 14.00 = 275.00 元。

4. 已乘区间：信阳—新乡：382 km。

5. 卧铺票不足起码里程 400 km，退还全部票价。

6. 应退票价：信阳—石家庄：710 km。

7. 信阳—石家庄空调软卧（下）：121.00 元。

8. 净退款额：121.00 元。

9. 收回原票。盖"退"字章，将净退票款、退票报销凭证给退票人。

实训案例 2 旅客责任退票处理（途中窗口退票）

2017 年 3 月 12 日 11：30，山海关站。D5 次列车（北京—沈阳北，山海关非本次列车停车站）临时停车移交 1 名急病旅客和 2 名同行人。其中 1 名旅客持本次列车北京—沈阳北一等座直达车票 3 张，列车编客运记录 1 份（注明：1 名旅客因急病需下车治疗，另 2 名旅客为同行人）要求退票。应如何办理？（DX 次：北京—沈阳北：703 km，北京—山海关：315 km）

题解：
1. 已收票价（原票价）：北京—沈阳北 703 km
   D5 次列车一等座票价：247.00 元
2. 应退票款：247.00 −（247.00÷703×315）= 136.50 元
3. 退票费：136.50×20% = 27.30≈27.50 元
   1 人净退票价：136.50 − 27.50 = 109.00 元
   3 人净退票价合计：109.00×3 = 327.00 元

实训案例 3 旅客责任退票处理（因病互联网退票）

旅客王某通过 12306 购买 2017 年 1 月 1 日 D636（上海虹桥-成都）上海虹桥—成都二等座票 1 张。该车 6：12 由上海虹桥出发。王某在出行前一天生病，未能成行。请问王某应该如何办理退票？

题解：
1. 如果王某没有换取纸质车票且不晚于开车前 30 min 的，可以在铁路 12306 官方网站办理。
2. 如果王某已经换取纸质车票或者在开车前 30 min 之内的，可携带购票时所使用的乘车人有效身份证件原件到车站售票窗口办理；居民身份证无法自动识读或者使用居民身份证以外的其他有效身份证件购票的，需提供订单号码（E + 9 位数字）。
3. 在铁路 12306 官方网站办理退票时，按购票时所使用的在线支付工具相关规定，应退票款在规定时间退回购票时所使用的在线支付工具。

实训任务 2 改签的处理

实训案例 1 开车后改签

2017 年 4 月 10 日 8：00，成都站 1 名旅客持当日 D2274 次列车（成都—南京南，9：29 开）成都—汉口二等座车票一张，要求签乘当日 D2260 次列车（成都—汉口，10：22 开）二等座去到站，该次列车二等座有票额，且两趟列车二等座票价都为 344.00 元，如何办理？

题解：
1. 根据铁路部门有关规定，在有运输能力的前提下，开车前 48 h 以内，可改签开车前的其他列车，也可改签开车后至票面日期当日 24：00 之间的其他列车，不办理票面日期次日及以后的改签。所以，旅客可以签乘当日 D2260 次列车（成都—汉口，10：22 开）二等座去到站。
2. 新车票票价等于原车票的，无需支付。所以，旅客在改签时不需要支付任何费用，在车站售票窗口改签后，出具纸质车票和相关有效身份证件方可进站乘车。

实训案例 2 新空快速座签动车座

2017 年 2 月 20 日 12：00，北京站。1 名旅客持当日××次列车（北京—图们，北京站 16：23 开，新空）北京—天津硬座车厢车票 1 张，要求改乘次日 G57 次（北京南—宁波，北京南 07：20 开）二等座去天津南，有票额，如何办理？（北京南—天津南动车组二等座公布票价为 54.50 元）（北京—天津：137 km）

题解：
1. 运价里程：北京—天津运价里程：137 km。
2. 价空调硬座快速票价：12.50 + 6.00 + 3.00 = 21.50 元。
3. 动车组二等座车票票价：54.50 元。
4. 补收票价差额：54.50 − 21.50 = 33.00 元。
5. 收回原票，换发新票，打印"始发改签"。

实训案例 3　新空卧签动车座

2017 年 1 月 22 日，石家庄站，一旅客持石家庄至北京西的新空调××次车票，石家庄站中转快速去到站，要求乘坐石家庄开往北京西的 D2012 次列车二等座中转北京西，动车组列车有票额，石家庄站如何处理？

题解：
1. 运价里程：石家庄—北京西：281 km。
2. 动车组二等座票价：$0.280\,5 \times (1 + 10\%) \times 281 = 86.702\,55 \approx 86.50$ 元。
3. 已收票款：27.50 + 10.0 + 6.0 = 43.50 元。
4. 补收票价差：86.50 − 43.50 = 43.00 元。
5. 收回原票，换发新票。

实训案例 4　卧改签卧

2017 年 2 月 24 日，在天水站，一名旅客持当日××次列车（兰州—北京西）天水到北京西（途经宝鸡、西安、郑州、保定）软卧车票一张（下），要求改乘次日××次列车（兰州—北京西）天水到北京西（途径西安、洛阳、安阳、石家庄）软卧车票一张（上），有票额，如何处理？

题解：
1. 运价里程：××次列车：天水—北京西：1 034 km。
2. 原票价：

   新空软座客快速卧（下）票价：
   158.50 + 34.00 + 165.00 + 20.00 = 377.50 元。
3. 改签后：××次列车：运价里程：天水—北京西：1 674 km。
4. 新空软座客快卧（上）票价：236.00 + 48.00 + 238.00 + 30.00 = 552.00 元。
5. 补收票价差额：552.00 − 377.50 = 174.50 元。
6. 收回原票，换发新票，票面打印"始发改签"字样。

项目三　误售、误购、误乘的处理

【训练目标】

通过本项目的学习，学生可以学会旅客误售、误购、误乘的相关知识，同时可以掌握涉及费用的相关计算。

【训练准备】

车票、客运运价杂费收据、现金、客运记录等相关设施设备及文案材料。

【训练内容】

实训任务	实训依据（规章内容提炼）	备注（实训依据来源）
误售、误购处理	1. 发生车票误售、误购时，在发站应换发新票。在中途站、原票到站或列车内应补收票价时，换发代用票，补收票价差额。应退还票价时，站、车应编制客运记录交旅客，作为乘车至正当到站要求退还票价差额的凭证，并应以最方便的列车将旅客运送至正当到站，均不收取手续费或退票费。 2. 由于误售、误购、误乘或坐过了站在原通票有效期不能到达到站时，应根据折返站至正当到站间的里程，重新计算通票有效期。 3. 因站名相似或口音不同发生误售、误购时，站、车均应积极主动处理。应补收时，补收正当到站票价与已收票价的差额，收回原票。换发代用票。应退还时，凭原票和客运记录乘车至到站退款	《铁路旅客运输规程》第40条、42条 《铁路旅客运输办理细则》第36条
误乘处理	1. 因误售、误购或误乘需送回时，承运人应免费将旅客送回。在免费送回区间，旅客不得中途下车。如中途下车，对往返乘车区间补收票价，核收手续费。 2. 旅客因误售、误购、误乘或坐过了站需回时，列车长应编制客运记录交前方停车站。车站应在车票背"误乘"并加盖站名戳，指定最近列车免费返回。在免费送，站车均应告之旅客不得自行中途下车。如中途下车，对车的免费区间，按返程所乘列车等级分别核收往返区间的一次手续费	《铁路旅客运输规程》第41条 《铁路旅客运输办理细则》第37条

【实训案例】

实训任务1　误售、误购处理

实训案例1　误售、误购

2017年1月10日15：30，耒阳站。1名旅客持当日××次列车（阳泉—石家庄北，非空普快）石家庄—耒阳硬座普快通票1张（普快到底），要求签乘当日××次列车（石家庄北—烟台，新空）去到站，经核实其实际到站为莱阳。××次列车硬座有票额，如何办理？

（石家庄—耒阳：1 555 km；石家庄—莱阳：721 km）

题解：

1. 已收票价：

　　运价里程：石家庄—耒阳：1 555 km。

2. 非空硬座客普快票价：76.50 + 15.00 = 91.50 元。

3. 正当到站：

　　运价里程：石家庄—莱阳：721 km。

4. 应收票价：40.00 + 8.0 = 48.00 元。

5. 核收票价差额：91.50 – 48.00 = 43.50 元。
6. 耒阳站编制客运记录，收回原票，换发新票，原票背面注明误购，加盖站名戳。

实训案例 2 移交列车晚点中转换乘

2017 年 1 月 9 日 8∶30，北京站。一名旅客持 9 日××次列车（石家庄德、京承德，新空普快）衡水—艾河硬座车厢车票一张（新空普快至北京），要求签乘当日××次列车（北京—牡丹江，新空）去到站，经核实，该旅客实际到站为爱河车站，本次列车硬座有票额，如何办理？（衡水—北京：439 km；北京—北京西：28 km；北京西—艾河：223 km）

题解：
1. 原车票票价：
   运价里程：衡水—艾河：690 km。
   新空硬座客、普快票价：57.00 + 11.00 + 14.00 = 82.00 元。
2. 改签后车票票价：
   运价里程：北京—牡丹江：1 604 km；牡丹江—艾河：1674 km。
   北京—艾河：3 278 km。
   新空硬座客、快速票价：197.00 + 78.00 + 48.00 = 323.00 元。
3. 应补票价差额：新空硬座客快票价 323.00 – 82.00 = 241.00 元。
4. 实际车票票价：
   运价里程：北京—爱河：1 611 km。
   新空硬座客、快票价：117.00 + 46.00 + 29 = 192.00 元。
5. 编写客运记录，原票背面注明"误购"加盖站名戳交予旅客。

实训任务 2 误乘处理

实训案例 误乘免费送回

2017 年 1 月 10 日，南京站。1 名旅客携带 1 名身高 1.3 m 儿童持当日××次列车（太原—上海，经由石太线、石德线、京沪线，新空）人原到常州新空硬座车厢全价和儿童半价票各 1 张，列车交误购车票客运记录 1 份，其实际到站为沧州站，声称常州站指定其免费乘坐当日××次列车（杭州—齐齐哈尔，新空普快）送回沧州，因列车上没有席位，旅客要求在南京站签乘有席位列车去到站，本站没有票额，南京南—沧州西 G104 次列车（上海虹桥—北京南）二等座有席位，旅客同意，如何办理？（太原—沧州：532 km；南京—常州：136 km；南京—沧州：898 km）

题解：
1. 旅客发生误购车票时，在中途站、原票到站或列车内，应退还票价时，站、车应编制客运记录交予旅客，作为下车退还票价差额的凭证。并应用最近的列车将旅客免费送回至正当到站。均不收取手续费和退票费。免费送回区段不得中途下车，若中途下车，对往返区段按返程区段列车等级收取费用。
2. 往返区段：常州—南京：136 km。
   新空无座普快票价：12.50 + 3.00 + 3.00 = 18.50 元。

半价儿童票：18.50×50% = 9.25 元 ≈ 9.50 元。
小计 18.50 + 9.50 = 28.00 元。
3. 加收南京南—沧州南（898 km）动车组二等座车票票价，
票价 = 0.280 5 ×（1 + 10%）× 898。
≈ 277.00 元。
儿童半价票：277.00 × 50% = 138.50 元。
4. 小计：277.00 + 138.50 = 415.50 元。
5. 合计 28.00 + 415.50 = 443.50 元。

项目四　旅行变更处理

【训练目标】

通过本项目的学习，学生可以学会进行旅行变更处理的知识并掌握相关能力。

【训练准备】

客运记录、客运运价杂费收据、现金等相关设施设备及文案材料。

【训练内容】

实训任务	实训依据（规章内容提炼）	备注（实训依据来源）
越站处理	1. 旅客在车票到站前要求越过到站继续乘车时，在有运输能力的情况下列车应予以办理。核收越站区间的票价和手续费。 2. 旅客在到站前要求越过到站继续旅行时，在列车有能力的情况下应予以办理。办理时核收越站区间的票价，不足起码里程时，按起码里程计算；旅客同时提出变更座别、铺别和越站时，应先办理越站，后办理变更，使用一张代用票，核收一次手续费。遇有下列情况不能办理越站： （1）列车严重超员； （2）乘坐卧铺的旅客买的是给中途站预留的卧铺； （3）乘坐的回转车，途中需要甩车	《铁路旅客运输规程》第38条 《铁路旅客运输办理细则》第34条
变更径路处理	1. 持通票的旅客在中转站和列车上要求变更径路时，必须在通票有效期能够到达站时方可办理。办理时，原票价低于变径后的票价时，应补收新旧径路里程票价差额，核收手续费；原票价高于或相等于变更后的径路票价时，持原票乘车有效，差额部分（包括列车等级不符的差额）不予退还。 2. 旅客要求变径需补收票价时，车站可使用常备专用补价票或计算机票补价。补价时，应收回原票	《铁路旅客运输规程》第37条 《铁路旅客运输办理细则》第33条
分乘处理	两名以上旅客共持一张代用票要求办理分票手续时，站、车应予以办理。办理时按分票的张数核收手续费	《铁路旅客运输规程》第39条
过期处理	持通票的旅客在乘车途中有效期终了、要求继续乘车时，应自有效期终了站或最近前方停车站起，另行补票，核收手续费。定期票可按有效使用至到站	《铁路旅客运输规程》第30条

【实训案例】

实训任务 1　越站处理

实训案例　超高越站处理

2017 年 3 月 29 日，北京西开太原的 D2001 次运行至石家庄北站前，一名旅客携带身高 1.53 m 儿童各一名，持北京西至石家庄二等座全、半价车票各一张，要求越站至太原，应如何办理？

题解：

1. 北京—石家庄（全）：86.50 元。
　　　　　　　（儿）：43.50 元。
2. 应补票价：
　　北京西—石家庄（儿童）：43.50 + （43.50 × 50%） + 2.00 = 67.25 ≈ 67.50 元。
3. 北京西—太原：154.50 元。
　　石家庄—太原：68.00 元。
　　净收款额（成人）：68.00 + 2.00 = 70.00 元。
　　　　　　（儿童）：67.50 + 68.00 = 135.50 元。
4. 共计：70.00 + 135.50 = 205.00 元。
5. 编写客运记录和铁路客运运价杂费收据。

实训任务 2　变更径路处理

实训案例　变更径路处理

2017 年 4 月 2 日，一名旅客持用××次（空调，临汾—原平），介休—北京空调硬座客快速联合票（新空—原平，快速—北京），票号 A201132，自原平站要求乘××次普通旅客快车变更由大同—北京，经列车长同意，应如何办理？

介休—北京空调硬座客快速联合票（新空—原平，快速—北京）

题解：

1. 运价里程：介休—北京：707 km。
2. 已乘区间：介休—原平：263 km。
3. 票价：
新空硬座客快速票价 = 25.50 + 10.00 + 6.00 = 41.50 元。
4. 运价里程：原平—北京：444 km。
5. 票价：非空硬座客快速票价 = 26.50 + 10.00 = 36.50 元。
6. 合计：介休—北京：36.50 + 41.50 = 78.00 元。
7. 变径：大同—北京：382 km。
8. 票价：非空硬座普快票价 = 23.50 + 4.00 = 27.50 元。
9. 退还差价：36.50 – 27.50 = 9.00 元。
10. 编写客运记录和铁路客运运价杂费收据。

实训任务 3　分乘处理

实训案例　分乘处理

2016年11月22日，石家庄站，一旅客持太原至北京西的新空调××次通票，石家庄站中转，快速去到站，要求乘坐石家庄开往北京西的D2002次列车二等座中转去北京西，动车组列车有票额，石家庄站如何办理？

题解：
1. 运价里程：石家庄—北京西：281 km。
2. 动车组二等车票价：86.50元。
3. 已收票款：43.50元。
4. 补收票价差：86.50 – 43.50 = 43.00元。
5. 收回原票，换发新票。

实训任务 4　过期处理

实训案例　减价不符（残）、中途过期

2016年12月10日18：00，嘉峪关站。1名旅客持4日××次列车（东方红—哈尔滨，非空）东方红—乌鲁木齐残疾军人半价硬座快速通票1张（快速到底，哈尔滨、北京、郑州中转），要求签乘次日××次（兰州—乌鲁木齐，新空，0：36开）硬卧去到站，有票额（下），办理时发现其持用的残疾军人证件系借用，如何处理？

原票径路：东方红—哈尔滨（796 km）—北京（1 249 km）—郑州（695 km）—乌鲁木齐（3 079 km）。

有效期7天。

旅客提供路途签证补价票分别为：

××次（新空）：哈尔滨—沈阳北—锦州—唐山北—北京：1 273 km。

××次（新空）：北京西—郑州—兰州：1 876 km。

××次（新空）：兰州—嘉峪关：770 km。

题解：
1. 原票票价：东方红—乌鲁木齐：5 819 km。
   $288.5 \times 0.5 = 144.25$元 = 144.50元。
2. 已乘区间票价：东方红—嘉峪关：4 697 km。
   $239.5 \times 0.5 = 119.75$元 = 120.0元。
3. 应退差额：144.50 – 120.00 = 24.50元。
4. 应补票价：288.50 – 144.5 – 24.50 = 119.50元。
   加收50%票款差额：$119.50 \times 0.5 = 59.75$元 ≈ 60.00元。
5. 运价里程：嘉峪关—乌鲁木齐：1 122 km。
6. 新空调硬座客快速卧（下）票价：86.50 + 34.00 + 120.00 + 21.00 = 261.50元。
7. 手续费：2.00元。
8. 应收票价差额：119.50 + 60.00 + 261.50 + 2.00 = 443.00元。
9. 收回原票，换发新票，扣押残疾军人证，填写客运杂费

项目五　不符合乘车条件的处理

【训练目标】

通过本项目的学习，学生可以学会不符合乘车条件的情况判断以及具备初步处理的能力。

【训练准备】

客运记录、客运运价杂费收据、待用票、现金等相关设施设备及文案材料。

【训练内容】

实训任务	实训依据（规章内容提炼）	备注（实训依据来源）
无票乘车的处理 越站乘车的处理 持用低等级车票乘坐高等级列车、座位的处理 持不符合减价条件车票乘车的处理	1. 有下列行为时，除按规定补票，核收手续费以外，铁路运输企业有权对其身份进行登记，并须加收已乘区间应补票价50%的票款： （1）无票乘车时，补收自乘车站（不能判明时自始发站）起至到站止的车票票价。持失效车票乘车按无票处理。 （2）持用伪造或涂改的车票乘车时，除按无票处理外并送交公安部门处理。 （3）持站台票上车并在开车20分钟后仍不声明时，按无票处理。 （4）持用低等级的车票乘坐高等级列车、铺位、座席时，补收所乘区间的票价差额。 （5）旅客持儿童票、学生票、残疾军人票没有规定的减价凭证或不符合减价条件时，按照全价票价补收票价差额。 2. 有下列情况时补收票价，核收手续费： （1）应买票而未买票的儿童按第十九条规定补收票价。身高超过1.5米的儿童使用儿童票乘车时，应补收儿童票价与全价票价的差额。 （2）持站台票上车送客未下车但及时声明的，补收至前方下车站的票款。 （3）主动补票或者经站、车同意上车补票的。 3. 下列情况只核收手续费，已经使用至到站的除外： （1）旅客在票面指定的日期、车次开车前乘车的，应补签。 （2）旅客所持车票日期、车次相符但未经车站剪口的，应补剪。 （3）持通票的旅客中转换乘应签证而未签证的，应补签。 4. 对不符合乘车条件的旅客、人员，站车均应了解原因，区别不同情况予以处理。对有意不履行义务的，应补收票款并加收票款。对主动补票并经站、车同意上车的人员或儿童，只补收票价，核收手续费。 对持定期客票违章需按往返及天数加收票价时，按下列公式计算：加收票价＝单程应收票价×2×天数	《铁路旅客运输规程》第44、45条 《铁路旅客运输办理细则》40、41、42、43条

续表

实训任务	实训依据（规章内容提炼）	备注（实训依据来源）
持不符合减价条件车票乘车	5. 对需补收票款差额的，办理时，发售补价票或收回原票，换发代用票。换发代用票时，补收的差额票价填写在代用票补收栏内，收回的原票随代用票丙联上报。 6. 列车内发现旅客车票漏剪口时应补剪并核收手续费；如漏剪是由车站责任造成的，则列车补剪不收手续费，到站发现车票漏剪不予追究。 7. 旅客持票提前乘车并已经过车站剪口时，列车应予补签，或者收回原票、换发代用票。代用票上记载实际乘车的日期、车次，原票栏按原票实际填写，原票随丙联上报	《铁路旅客运输规程》第44、45条 《铁路旅客运输办理细则》40、41、42、43条

【实训案例】

实训任务1　无票乘车的处理

实训案例　无票乘坐动车处理

2017年5月31日，大连开往北京的D31次到北京站前验票，在一等座发现一旅客无票乘车，要求去北京站，应如何办理？

题解：

1. 属于旅客主观原因，不符合乘车条件的，除按规定补收票价，核收手续费外，还必须加收应补票价50%的票款。

2. 票价：266.00元。

3. 手续费：2.00元。

4. 加收50%的票价：133.00元。

5. 总计：266.00 + 2.00 + 133.00 = 401.00元。

6. 编写客运记录和铁路客运运价杂费收据。

实训任务2　越站乘车的处理

实训案例　超高越站乘坐动车处理

2017年3月29日，北京西开往太原的D2001次运行至石家庄北站前，一名旅客携带身高1.53 m儿童一名，持用北京西至石家庄二等座全、半价车票各一张，要求越站至太原，应如何办理？

题解：

1. 处理依据：旅客携带超高儿童使用儿童票未补票，应加收50%的票款，且要求乘坐区间不符合票面显示区间，还需补票价并核收手续费。

2. 票价：北京—石家庄（全）：86.50元。

　　　　　　　　　　　（儿）：43.50元。

3. 应补票价：北京西至石家庄（儿童）：43.50 +（43.50 × 50%）+ 2.00 ≈ 67.50 元。
4. 票价：北京西—太原：154.50 元。
       石家庄—太原：68.00 元。
5. 净收款额（成人）：68.00 + 2.00 = 70.00 元。
       （儿童）：67.50 + 68.00 = 135.50 元。
6. 共计：70.00 + 135.50 = 205.00 元。
7. 编写客运记录和铁路客运运价杂费收据。

实训任务3　持用低等级车票乘坐高等级列车、座位的处理

实训案例　持用低等级签高等级补卧

2017年2月10日12：50，泰山站。1名旅客持当日×次列车（济南—乌鲁木齐，新空普快）济南—驻马店硬座车票1张（普快到底，郑州中转），要求签乘次日K×次列车（济南—重庆北，新空）硬卧去到站（郑州中转），上铺有票额，如何办理？

原票径路：济南 $\underline{73\ km}$ 泰山 $\underline{246\ km}$ 徐州 $\underline{349\ km}$ 郑州 $\underline{206\ km}$ 驻马店

题解：
1. 运价里程：济南—驻马店：874 km。
2. 新空普快硬座客票票价：70.00 + 14.00 + 17.00 = 101.00 元。
3. 已乘区间运价里程（济南—泰山）：73 km。
4. 已乘区间票价：6.50 + 2.00 + 2.00 = 10.50 元。
5. 应退票价：101.00 - 10.50 = 90.50 元。
6. 运价里程：泰山—驻马店：801 km。
7. 新空硬座客快卧（上）票价：66.00 + 24.00 + 79.00 + 15.00 = 184.00 元。
8. 手续费：2.00 元。
9. 应补票价差额：184.00 - 90.50 - 2.00 = 91.50 元。
10. 编写客运记录和铁路客运运价杂费收据。

实训任务4　持不符合减价条件车票乘车的处理

实训案例1　使用伪造优惠证件购票

2017年12月12日，北京站1名旅客持12月9日××次列车（哈尔滨—太原，新空）哈尔滨—杭州的残疾军人半价新空调硬座快速票一张，新空调至北京，快速至杭州，要求乘坐当日××次列车（北京—福州，新空）软卧去杭州。车站办理时发现其残疾军人证件系假证，有票额，如何处理？

××次：哈尔滨—北京—南京—上海—杭州

题解：
1. 原票：
    运价里程：哈尔滨—杭州：2 938 km。
2. 已收票价：
    运价里程：哈尔滨—北京：1 273 km。

3. 新空硬卧客快速：96.50 + 36.00 + 24.00 = 156.50 元。
4. 运价里程：北京—杭州 1 665 km。
5. 非空硬座客快速票价：80.00 + 32.00 = 112.00 元。
   （156.50 + 112.00）× 1/2 = 134.25 ≈ 134.50 元。
6. 应收票价：156.50 + 112.00 = 268.50 元。
7. 补收全半价差额：268.50 – 134.50 = 134.00 元。
8. 加收应补票价 50%票款：134.00 × 50% = 67.00 元。
9. 核收手续费：2.00 元。
10. 小计：134.00 + 67.00 + 2.00 = 203.00 元。
11. 编写客运记录和铁路客运运价杂费收据，并录入铁路个人征信系统。

项目六　列车补票机的应用

【训练目标】

通过本项目的学习，学生可以学会判断列车补票机在使用过程中出现的异常情况，并能使用列车补票机进行相应的补票工作。

【训练准备】

补票机、有效身份证件、客运记录、客运运价杂费收据、现金等相关设施设备及文案材料。

【训练内容】

实训任务	实训依据（规章内容提炼）	备注（实训依据来源）
补票机办理应用	特别提到相关设备的条款： 1. 改签： （1）旅客在发站办理车票改签时，应收回原票换发新票，票面打印"始发改签"字样。计算票价时，在联合票价基础上计算。 （2）旅客在中途站办理签证不需补差时，只打印签证号；需补差时，发售有价签证票。 2. 变更： （1）旅客要求变径需补收票价时，车站可使用常备专用补价票或计算机票补价。补价时，应收回原票。 （2）符合使用原票乘车的规定时，可在原票背面注明"变更经由××站"，加盖站名戳或列车长名章，凭原票乘车	《铁路旅客运输规程》第7节、8节、10节
在线补票补票机常见问题		

【实训案例】

实训任务 1　补票机办理应用

实训案例 1　补票机办理越站

旅客张某乘坐××列车，持一张哈尔滨至沈阳北的硬座全票，欲越站至天津，用补票机如何办理。

题解：

具体办理方式如下：

1. 本列票→2. 原票席别：新空硬座→3. 发站：哈尔滨→4. 到站：天津→5. 票种：全票→6. 席别：新空硬座→7. 事由：越站→8. 原到站：沈阳北→9. 输入原票号→10. 按绿键打票

实训案例 2　补票机办理越站补卧

旅客陈某乘坐××列车，持一张哈尔滨至沈阳北的硬座全票，欲越站补硬卧至天津，用补票机如何办理。

题解：

具体办理方式如下：

1. 本列票→2. 原票席别：新空硬座→3. 发站：哈尔滨→4. 到站：天津→5. 票种：全票→6. 席别：新空硬卧→7. 铺别：下铺→8. 事由：越站补卧→9. 原到站：沈阳北→10. 输入原票号→11. 是否联网：否→12. 输入车厢号、席位号→13. 按绿键打票。

实训案例 3　补票机办理补价

旅客陈某乘坐××列车，持一张哈尔滨至天津半价学生票，无减价凭证，用补票机如何办理。

题解：

具体办理方式如下：

1. 本列票→2. 原票席别：新空硬座→3. 发站：哈尔滨→4. 到站：天津→5. 票种：学生票→6. 席别：新空硬座→7. 事由：补价→8. 输入原票号→9. 按绿键打票。

实训案例 4　补票机办理无票

沈阳北站开车验票时发现一名旅客持有一张当次列车哈尔滨至长春全价客票，欲于天津站下车，用补票机如何办理。

题解：

具体办理方式如下：

1. 无原票→2. 发站：长春→3. 到站：天津→4. 票种：全票→5. 席别：新空硬座→6. 事由：无票→7. 原到站：沈阳北→8. 输入身份证号→9. 按绿键打票。

实训案例 5　补票机办理孩免单卧

一名身高不足 1.2 m 的儿童，要求单独使用卧铺，路径为哈尔滨至天津，用补票机如何办理。

题解：

具体办理方式如下：

1. 无原票→2. 发站：哈尔滨→3. 到站：天津→4. 票种：小孩票→5. 席别：新空硬卧→6. 铺别：下铺→7. 事由：孩免单卧→8. 是否联网：否→9. 输入车厢号、席位号→10. 按绿键打票。

实训任务 2　在线补票补票机常见问题

实训案例 1　在线补票补票机常见问题

在线补票补票机常见的问题。

1. 信号问题:

如果如果字闪一下表示成功几率很大,如果出现倒计时可能就没有信号,需要重新再试。如果出现"取票失败"字样,也是信号问题(见图2-1信号问题图)。

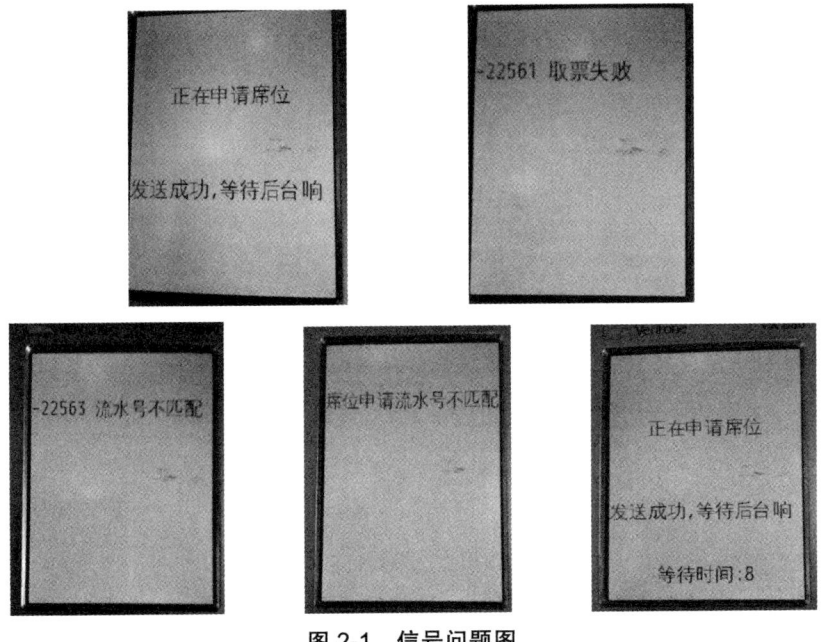

图 2-1　信号问题图

2. 在线补票只能在列车开车后和终到前进行抢票(见图2-2在线补票问题图)。

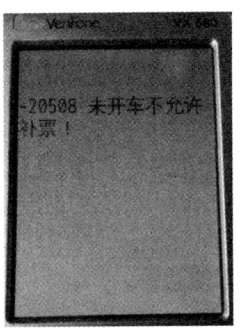

图 2-2　在线补票问题图

3. 所申请的席位没有剩余(见图2-3申请席位未成功图)。

图 2-3　申请席位未成功图

【技能训练】

一、相关理论知识

（一）填空

1. 直达票是指从发站至到站不需要_____的车票。
2. _____是指从发站至到站需中转换乘的车票。
3. 改签是指旅客变更_____、_____、席（铺）位时需办理的签证手续。
4. 等级是指同等距离以承运人提供的_____不同确定。
5. 铁路旅客运输合同的基本凭证是_____。动车组列车车票最远只发售至本次列车_____站。
6. 铁路旅客运输合同从_____时起成立，至按票面规定运输结束_____时止，为合同履行完毕。
7. 旅客应当支付运输费用，当场核对票、款，妥善保管车票，保持票面信息完整可_____。
8. 旅客应当遵守国家法令和铁路运输规章制度，听从铁路车站、列车工作人员的引导，按照车站的引导_____进、出站。
9. 客运记录：指在_____运输过程中因特殊情况，承运人与旅客、托运人、收货人之间需记载某种事项或车站与列车之间办理业务交接的_____。
10. 承运人有权要求旅客遵守国家_____和铁路规章制度，保证安全。
11. 承运人对损害他人_____和铁路设备、设施的行为有权制止、消除_____和要求赔偿。
12. 《铁路旅客运输办理细则》的文电号是_____，自_____起施行。
13. 持失效车票乘车按_____处理。
14. 持用伪造或_____的车票乘车时，除按无票处理外还要送交公安部门处理。
15. 无票乘车时，除按规定补票，核收手续费以外，并须加收_____应补票价50%的票款。
16. 对不符合乘车条件的旅客、人员，站车均应了解原因，区别_____予以处理。
17. 对主动补票并经站、车同意上车的人员或儿童，只_____，核收手续费。
18. 由于站车工作人员工作失误，造成旅客车票丢失时，站车均应填发_____，在记事栏内注明"_____"，将款额剪断线全部剪下随丙联上报。
19. 误乘在免费送回区间，站车均应告之旅客不得_____下车。
20. 列车内发现旅客车票漏剪口时应补剪并核收_____；如漏剪是由车站责任造成的，则列车补剪不收手续费。
21. 旅客持票_____并已经过车站剪口时，列车应予_____，或者收回原票、换发代用票。
22. 列车上对拒绝补票的人，应编制_____交列车前方县、市三等以上车站处理。
23. 车站对列车移交和本站发现的无票人员应按章_____票价，对当时无力补票的应设法通知其单位或家属帮助补交票款。
24. 旅客是指持有_____的人和同行的免费乘车儿童。根据铁路货物运输合同押运货物的人也被视为旅客。
25. 旅客在发站办理车票改签时，应收回原票换发新票，票面打印"_____"字样。

26. 团体旅客不应晚于开车前_____小时。
27. 列车员对保持卧铺车的良好秩序负有责任，对轮流使用卧铺的行为应予以_____。
28.《客规》是依据《_____》制定的。
29. 分乘与旅行变更同时发生时，按_____核收一次手续费。
30. 发生车票误售、误购时，在发站应_____。
31. 发生车票误售、误购时，列车内应补收票价时，换发_____，补收_____，核收_____。
32. 因误售、误购或误乘需送回时，承运人应_____将旅客送回。
33. 发生误售、误购应补收时，补收_____票价与已收票价的差额，收回原票，换发代用票。
34. 国家铁路营业站的营业范围和与国家铁路办理直通运输业务的其他铁路营业站的营业范围以《_____》为准。
35. 旅客不能按票面指定的_____、_____乘车时，应当在票面指定的日期、车次开车前办理一次提前或推迟乘车签证手续，特殊情况经站长同意后可在开车后____小时内办理。
36. 旅客在发站办理改签时，改签后的车次票价_____原票价时，核收票价差额；改签后的车次票价_____原票价时，退还票价差额。
37. 车站办理改签时，收回原车票，换发新车票，并在新车票票面注明"_____"字样。
38. 在列车上办理补签、变更席（铺）位时，签证或变更后的车次、席（铺）位票价高于原票价时，核收_____；签证或变更后的车次、席（铺）位票价低于原票价时，票价差额部分_____。
39. 符合使用原票乘车的规定时，可在原票背面注明"_____"，加盖站名戳或列车长名章，凭原票乘车。
40. 持通票的旅客在中转站和列车上要求变更径路时，必须在通票有效期能够_____时方可办理。
41. 旅客在车票到站前要求越过到站继续乘车时，在有_____的情况下列车应予以办理。核收_____的票价和手续费。
42. 两名以上旅客共持一张代用票要求办理分票手续时，站、车应_____。办理时按分票的_____核收手续费。
43. 办理变径时，原票价低于变径后的票价时，应补收_____，核收手续费；原票价高于或相当于变更后的径路票价时，_____，差额部分（包括列车等级不符的差额）_____。
44. 超过减价优待证上记载的区间乘车时，对超过区间按_____办理，核收全价。
45. 持通票的旅客，卧铺票只发售到_____。
46.《客规》中等级解释为同等距离以承运人提供的_____不同确定。
47. 承运人调整票价时，已售出的车票不再补收或退还_____。
48. 新生凭_____、毕业生凭_____可买一次学生票。
49. 旅客运输的运送期间自_____起至到站出站时止计算。
50. 烈性传染病患者、精神病患者或健康状况危及他人安全的旅客，站、车可以不予运送；已购车票按_____的有关规定处理。

51. 旅客须按票面载明的_____、_____、_____乘车，并在票面规定有效期内到达到站。
52. 持通票的旅客中转换乘时，应当办理_____手续。
53. 直达票_____有效，但全程在铁路运输企业管内运行的_____列车车票有效期由企业自定。
54. 车站对进出站的旅客和人员应检票，列车对乘车旅客应_____。
55. 持通票的旅客中转_____时，应当办理中转_____手续。
56. 铁路稽查人员凭稽查_____、佩带_____可以在车内验票。
57. 除特殊情况并经_____同意之外，持低票价席别车票的旅客不能在_____席别的车厢停留。
58. 成人带儿童或_____可共用一个卧铺。
59. 持通票的旅客在乘车途中有效期终了、要求继续乘车时，应自_____或_____起，另行补票，核收手续费。
60. 烈性传染病患者、精神病患者或健康状况危及他人安全的旅客，站、车可以_____运送；已购车票按_____的有关规定处理。

（二）选择
1. 铁路运输费用的结算方式分为（　　）两种。
   A. 现付结算和到付结算　　　　B. 现付结算和预付款
   C. 预付款和现金结算　　　　　D. 现金结算和非现金结算
2. 铁路电子客票是以电子数据形式体现的（　　）。
   A. 铁路旅客运输合同　　　　　B. 形式
   C. 凭证　　　　　　　　　　　D. 车票
3. 为测量儿童的身高，在（　　）应涂有测量儿童身高的标准线。
   A. 售票窗口、候车室门口、出站口、列车端门口
   B. 售票窗口、候车室门口、列车端门口
   C. 售票窗口、候车室门口、检票口
   D. 售票窗口、检票口、出站口、列车端门口
4. 票证发生短少时，属（　　）事故。
   A. 现金　　　　B. 坏账　　　　C. 票据　　　　D. 丢失
5. 运价里程为 2 125 km 的通票，其有效期为（　　）天。
   A. 2　　　　　B. 3　　　　　C. 4　　　　　D. 5
6. 国家铁路的旅客票价率和行李包裹运价率由国务院铁路主管部门拟定，报（　　）批准。
   A. 国务院　　　B. 铁路总公司　　C. 铁路局　　　D. 站段
7. 包裹票起码里程为（　　）km。
   A. 100　　　　B. 20　　　　　C. 50　　　　　D. 200
8. 旅客须按票面载明的日期、车次、席别乘车，并在票面（　　）。
   A. 有效期内到达到站　　　　　B. 规定的日期到站
   C. 指定车厢乘车　　　　　　　D. 规定有效期内到达到站
9. 列车乘务人员严禁私带无票人员、（　　）违规安排越席及其他不符合乘车条件人员。
   A. 货物　　　　B. 宠物　　　　C. 家属　　　　D. 熟人

10. 非动车组旅客车票票价中主要包含客票票价和（　　）票价。
    A. 空调票　　　　B. 卧铺票　　　　C. 加快票　　　　D. 附加票
11. 动车组旅客列车上残疾人座席优先安排（　　）使用。
    A. 伤残警察　　　B. 残疾军人　　　C. 残疾旅客　　　D. 重点旅客
12. 一旅客持 5 月 2 日山海关—哈尔滨通票（全程 934 km），旅客车票的有效期截止到（　　）。
    A. 5 月 3 日 24 时止　　　　　　　B. 5 月 4 日 0 时止
    C. 5 月 5 日 24 时止　　　　　　　D. 5 月 5 日 0 时止
13. 列车检验电子客票时，通过旅客所持的（　　），核对铁路电子客票及证件等信息。
    A. 有效身份证件原件　　　　　　　B. 二代居民身份证原件
    C. 二代居民身份证复印件或原件　　D. 有效身份证件原件或复印件
14. 全国铁路的行车时刻，均以北京时间为标准，从（　　）。
    A. 18 时起计算，实行 24 小时制　　B. 零时起计算，实行 24 小时制
    C. 18 时起计算，实行 12 小时制　　D. 零时起计算，实行 12 小时制
15. 在旅客运输中，旅客车票、（　　）、包裹票和货物运单是合同或者合同的组成部分。
    A. 附加票　　　　B. 空调票　　　　C. 行李票　　　　D. 儿童票和半价票
16. 列车上检票时，对持半价票的旅客须核对相应的（　　）。
    A. 证件　　　　　B. 身份证　　　　C. 工作证　　　　D. 残疾证
17. 旅客遗失物品向失主所在站转送时，物品在（　　）以内的免费转送。
    A. 5 kg　　　　　B. 10 kg　　　　　C. 15 kg　　　　　D. 20 kg
18. 在 12306 网站，购买铁路电子客票以确认交易成功的时间作为铁路旅客运输合同（　　）的时间。
    A. 生成　　　　　B. 生效　　　　　C. 有效　　　　　D. 起算
19. 在《铁路客运运价里程接算站示意图》中，接算站用（　　）表示。
    A. 黑色圆圈　　　B. 红色圆圈　　　C. 蓝色圆圈　　　D. 绿色圆圈
20. 身高 1.2～1.5 m 儿童，应买（　　）票。
    A. 儿童　　　　　B. 成人　　　　　C. 半价　　　　　D. 学生
21. 运价里程为 3 589 lm 的直达票，有效期为（　　）日。
    A. 3 日之内　　　B. 5 日之内　　　C. 当日当次　　　D. 6 日之内
22. 在 12306.cn 网站，退票以网站确认交易成功的时间作为铁路旅客运输合同（　　）的时间。
    A. 截止　　　　　B. 无效　　　　　C. 终止　　　　　D. 终了
23. 每一成人可免费携带身高不够 1.2 m 的儿童一名，超过一名时，超过的人数应买（　　）票。
    A. 半价　　　　　B. 全价　　　　　C. 儿童　　　　　D. 成人
24. 铁路旅客运输合同从售出车票时起成立，至按票面规定（　　）结束旅客出站时止，为合同履行完毕。
    A. 旅行　　　　　B. 行程　　　　　C. 旅途　　　　　D. 运输
25. 某旅客购买 3 月 10 日的全程 3 030 km 的直达票，如改晚 1 日乘车，其车票的有效期按照（　　）计算。
    A. 改签日期后次日　　　　　　　　B. 改签日期后当日
    C. 改签后的票面日期当日当次　　　D. 改签后任意一日

26. 旅客因铁路原因，使旅客在规定的有效期内不能到达到站时，车站可按（　　）延长通票的有效期。延长日数从通票有效期终了的次日起计算。
    A. 实际需要　　　　B. 不超过 10 日　　　　C. 不限天数　　　　D. 变径办理
27. 下列哪种情况不能成为铁路旅客运输合同的主体（　　）。
    A. 身高 1.5 m 的成年人　　　　　　　　B. 身高 1.4 m 的未成年人
    C. 持铁路乘车证乘车的铁路职工　　　　D. 持铁通专用定期票乘车的铁通职工
28. 可购买伤残军人票的证件有（　　）。
    A. 中华人民共和国残疾军人证、中华人民共和国残疾人民警察证
    B. 中华人民共和国伤残军人证、中华人民共和国伤残人民警察证
    C. 中华人民共和国残废军人证、中华人民共和国残疾人民警察证
    D. 中华人民共和国伤残军人证、中华人民共和国负伤人民警察证
29. 旅客票价里程，按（　　）计算。
    A. 铁路指定径路　　　　　　　　B. 近径路
    C. 旅客乘车的实际径路　　　　　D. 最短径路
30. 旅客指持有（　　）的人和同行的免费乘车儿童。根据铁路货物运输合同，押运货物的人也被视为旅客。
    A. 铁路有效乘车凭证　　　　B. 车票
    C. 乘车证　　　　　　　　　D. 乘车凭证
31. 旅客在车内办理硬座或软座车票时，手续费为（　　）元/人次。
    A. 5　　　　B. 3　　　　C. 2　　　　D. 10
32. 客票基本票价是以（　　）的票价率为基础，按照规定的旅客票价里程区段，采取递远递减的办法确定的。
    A. 人/ m　　　　B. 人/10 m　　　　C. 人/100 km　　　　D. 人/ km
33. 旅客因病需下车治疗时，卧铺票可办理（　　）手续。
    A. 延长　　　　B. 改签　　　　C. 换票　　　　D. 退票
34. 学生购买学生票的减价优待区间是（　　）之间四次单程学生票。
    A. 家庭至院校（实习地点）　　　　B. 院校、实习地点
    C. 户籍所在地、院校　　　　　　　D. 父母居住地、院校
35. 因列车满员、晚点、停运等原因，使旅客在规定的有效期内不能到达到站时，车站可视（　　）延长车票的有效期。
    A. 停运日期　　　　B. 实际需要　　　　C. 实际情况　　　　D. 晚点情况
36. 通票的有效期从（　　）起至有效期最后一日的 24 时止。
    A. 指定乘车日　　　　B. 购票日
    C. 改签日　　　　　　D. 实际乘车日
37. 铁路旅客运输合同是明确承运人与（　　）之间权利义务关系的协议。
    A. 托运人　　　　B. 收货人　　　　C. 旅客　　　　D. 押运人
38. 列车车门口验票由列车员负责，列车内验票工作由（　　）负责组织实施。
    A. 列车员　　　　B. 值班员　　　　C. 列车长　　　　D. 乘警
39. 附加票是客票的补充部分，除（　　）外，不能单独使用。
    A. 学生　　　　B. 军人　　　　C. 儿童　　　　D. 外交人员

40. 国家铁路的客运运价，以（　　）为计算单位。
    A. 角　　　　　　B. 元　　　　　　C. 5 角　　　　　　D. 10 元
41. 客票分为软座客票、（　　）客票。
    A. 加快票　　　　B. 硬座　　　　　C. 附加票　　　　　D. 空调票
42. 乘坐火车时随同成人旅行身高 1.2～1.5 m 的儿童，应当购买（　　）。
    A. 全价票　　　　B. 儿童票　　　　C. 成人票　　　　　D. 半价票
43. 旅客在车站和列车内可要求变更（　　）次径路。
    A. 一　　　　　　B. 四　　　　　　C. 三　　　　　　　D. 二
44. 旅客因铁路原因，使旅客在规定的有效期内不能到达到站时，车站可按（　　）延长通票的有效期。延长日数从客票有效期终了的次日起计算。
    A. 实际需要　　　B. 不超过 10 日　　C. 不限天数　　　　D. 变径办理
45. 某大学一学生因病休学回家，在车站未能购票，上车后到办公席补一张学生票，列车办公席（　　）。
    A. 不能发售学生票　　　　　　　　B. 凭校方证明发售
    C. 根据学生是否困难发售　　　　　D. 可以发售学生票
46. 《客规》中规定，旅客的基本权利有（　　）。
    A. 2 条　　　　　B. 4 条　　　　　C. 3 条　　　　　　D. 5 条
47. 符合享受学生减价票规定的毕业生，凭（　　）可购买一次学生票。
    A. 毕业证　　　　B. 学生证　　　　C. 录取通知书　　　D. 学校书面证明
48. 各种车票的有效期从（　　）至有效期最后一日的 24：00 止。
    A. 从售出车票日起　B. 从乘车日起　　C. 检票进站起　　　D. 指定的乘车日起
49. 因承运人责任使旅客不能按票面记载的（　　）乘车时，站、车应重新妥善安排。
    A. 日期　　　　　B. 车次　　　　　C. 座别　　　　　　D. 铺别
50. 旅客购买卧铺票时，卧铺票的到站、（　　）座别必须与客票的相同。
    A. 席别　　　　　B. 座别　　　　　C. 有效期　　　　　D. 号码
51. "中华人民共和国伤残人民警察证"由（　　）签发。
    A. 中国人民解放军总后勤部　　　　B. 各省、自治区、直辖市民政部门
    C. 国家有关部门　　　　　　　　　D. 中华人民共和国民政部
52. 承运人调整票价时，已售出的车票（　　）票价差额。
    A. 只补收不退还　　　　　　　　　B. 不再补收只退还
    C. 不再补收或退还　　　　　　　　D. 应补收或退还
53. 发售学生票时，寒假期间限定在（　　）之间。
    A. 1 月 1 日～3 月 31 日　　　　　B. 12 月 15 日～3 月 15 日
    C. 1 月 15 日～3 月 15 日　　　　　D. 12 月 1 日～3 月 31 日
54. 一旅客上车补卧手续费为（　　）。
    A. 2 元/人次　　B. 5 元/人次　　　C. 每张车票 5 元　　D. 每张车票 2 元
55. 5 201 km 的通票有效期是（　　）天。
    A. 5　　　　　　B. 6　　　　　　C. 7　　　　　　　D. 8
56. 电子软票每（　　）附记英文字母符号。
    A. 10 万张　　　B. 5 万张　　　　C. 2 万张　　　　　D. 1 万张

57. 补剪、补签手续费（　　）。
    A. 1元/人次
    B. 2元/人次
    C. 每张车票1元
    D. 每张车票2元
58. 乘坐动车组列车的旅客中途下车，（　　）。
    A. 可在车票有效期内恢复旅行
    B. 未乘区间车票失效
    C. 退还未乘区间的票价
    D. 可到车站办理改签手续
59. 旅客在乘车途中通票有效期终了，（　　）可按有效使用至到站。
    A. 加快票
    B. 卧铺票
    C. 定期票
    D. 空调票
60. 免费乘车的儿童单独使用卧铺时，应当补收的票价差额为（　　）。
    A. 半价客票、加快票和卧铺票
    B. 半价客票、加快票、卧铺票和空调票
    C. 全价卧铺票和半价空调票
    D. 半价卧铺票和空调票
61. 学生购买（　　），可分段购票。
    A. 客票
    B. 联程票
    C. 附加票
    D. 硬座票
62. （　　）的有效期按乘车里程计算。
    A. 通票
    B. 加快票
    C. 卧铺票
    D. 空调票
63. 在事由栏中，（　　）不符为"不符"。
    A. 乘车日期
    B. 车次
    C. 径路
    D. 等级
64. 发生误售、误购在免费送回区间，如中途下车，对（　　）补收票价，核收手续费。
    A. 往程
    B. 返程
    C. 乘车区间
    D. 往返乘车区间
65. 发生误购时，原票价低于变径后的票价时，应补收（　　），核收手续费。
    A. 新旧径路里程票价差额
    B. 票价差额
    C. 新旧径路里程差额
    D. 新旧径路票价里程差额
66. 旅客同时提出变更座别、铺别和越站时，应（　　）。
    A. 先办理越站，后办理变更
    B. 先办理变更，后办理越站
    C. 办理变更
    D. 办理越站
67. 旅客因病中途下车、恢复旅行时，在通票有效期内，出具医疗单位证明或经车站证实时，可按医疗日数延长有效期，但最多不超过（　　）天。
    A. 5天
    B. 10天
    C. 15天
    D. 30天
68. 旅客上铺变下铺手续费为（　　）。
    A. 1元/人次
    B. 2元/人次
    C. 5元/人次
    D. 每张车票2元
69. 7 201 km的通票有效期是（　　）天。
    A. 7
    B. 8
    C. 9
    D. 10
70. 发售学生票时，记事栏内记载（　　）。
    A. "学"字
    B. 票号
    C. 学生证号码
    D. 随学生证使用有效
71. 车票中的附加票包含（　　）。
    A. 补价票、加快票、卧铺票
    B. 加快票、卧铺票、变径票

C. 加快票、卧铺票、空调票 D. 卧铺票、变径票、空调票

72.《铁路旅客运输规程》适用于（　　）旅客和行李、包裹公共运输。
   A. 中华人民共和国境内的铁路　　　B. 国家铁路和合资铁路
   C. 国家铁路和地方铁路　　　　　　D. 国家铁路

73. 国家铁路营业站的启用、封闭和营业范围的变更经批准后，在（　　）上公布。
   A.《铁路客运运价里程表》　　　　B.《铁路客货运输专刊》
   C.《客运规章汇编》　　　　　　　D.《人民铁道》

74.《铁路旅客运输规程》中的国务院铁路主管部门是指（　　）。
   A. 交通部　　　　　　　　　　　　B. 铁路局
   C. 铁路集团公司　　　　　　　　　D. 中国铁路总公司

75. 旅客票价的起码里程为（　　）。
   A. 客票 20 km 加快票 100 km 卧铺票 400 km
   B. 客票 25 km 加快票 100 km 卧铺票 200 km
   C. 客票 20 km 加快票 200 km 卧铺票 400 km
   D. 客票 15 km 加快票 200 km 卧铺票 400 km

76. 持用伪造或涂改的车票乘车时，除按无票处理外并送交（　　）处理。
   A. 公安部门　　B. 车站　　C. 列车工作人员　　D. 列车长

77. 持站台票上车并在开车（　　）后仍不声明时，按无票处理。
   A. 10 min　　　B. 20 min　　　C. 30 min　　　D. 1 h

78. 持用低等级的车票乘坐高等级列车、铺位、座位时，补收所乘区间的票价差额，加收（　　）。
   A. 所乘区间 50%票款，核收手续费
   B. 应补票价 30%的票款，核收手续费
   C. 已乘区间应补票价 50%的票款，核收手续费
   D. 所乘区间 30%票款，核收手续费

79. 下列（　　）情况只核收手续费。
   A. 已经使用至到站的车票
   B. 持站台票上车送客未下车但及时声明时，补收至前方下车站的票款。
   C. 主动补票或者经站、车同意上车补票的。
   D. 旅客所持车票日期、车次相符但未经车站剪口的，应补剪。

80. 旅客持学生票、残疾军人票没有规定的减价凭证或不符合减价条件时，填发代用票事由为（　　）。
   A. 客快　　　B. 不符　　　C. 减价不符　　　D. 补差

81. 因误售、误购车票旅客在免费送回区间，如中途下车，对（　　）补收票价，核收手续费。
   A. 往程乘车区间　　　　　　　　B. 返程乘车区间
   C. 往返乘车区间　　　　　　　　D. 发站至中途下车站

82. 旅客因误购车票，中途站需补收票价时，收回原票，换发代用票，（　　）应填写"误购"。
   A. 人数栏　　　B. 原票栏　　　C. 事由栏　　　D. 记事栏

83. 旅客补票后又找到原票时，列车长应（　　）交旅客，作为在到站出站前向到站要求退还后补票价的依据。

A. 出具证明 B. 编制客运记录
C. 在代用票背面签字证明 D. 在原票、代用票背面加盖名章

84.《客规》中规定旅客丢失车票应另行购票,在列车上应自（　　）起补收票价,核收手续费。

A. 始发站 B. 丢失站
C. 丢失票的前方站 D. 发现站

85. 对持用低等级的车票乘坐高等级列车、铺位、座席旅客,除补收所乘区间的票价差额,核收手续费外,还须加收（　　）50%的票款。

A. 全部票价 B. 应补票价
C. 未乘区间票价 D. 已乘区间应补票价

86. 旅客持儿童票、学生票、残疾军人票没有规定的减价凭证或不符合减价条件时,按照（　　）,并须加收已乘区间应补票价50%的票款,核收手续费。

A. 已乘区间补收票价差额 B. 未乘区间票价补收票价差额
C. 全价票价补收票价差额 D. 半价票价补收票价差额

87. 持有效车票扰乱公共秩序的人,站、车均可（　　）。

A. 让其上车,交到站处理
B. 拒绝其上车,退还未乘区间票款
C. 拒绝其上车,未乘区间票款不退
D. 编制客运记录,交公安部门处理

88. 误乘坐过站需送回时,列车长应编制客运记录交（　　）。车站指定最近列车免费送回。

A. 前方停车站 B. 县、市所在地车站
C. 中途站 D. 三等以上车站

89. 下列不能发售学生票的学校是（　　）。

A. 各类职工大学　　B. 电视大学　　C. 业余广播大学　　D. 函授学校

90. 为测量儿童的身高,可以在（　　）涂有测量儿童身高的标准线。

A. 售票窗口　　B. 检票口　　C. 进站口　　D. 列车端门口

91. 下列哪种情况当中不可以发售学生票。（　　）

A. 学校所在地有学生父或母其中一方时
B. 学生往返于家庭与实习地点之间
C. 学生因休学、转学、退学时
D. 学生往返于院校与实习地时

92. 伤残军人可享受（　　）减价票。

A. 半价硬座客票　　B. 全价客票　　C. 半价客票　　D. 半价附加票

93. 旅客车票的起码里程为（　　）。

A. 客票 20 km,加快票 100 km
B. 客票 25 km,加快票 100 km
C. 卧铺票 400 km
D. 卧铺票 200 km

94. 车票中客票部分为（　　）。

A. 座席　　　B. 硬座　　　C. 硬卧　　　D. 软座

95. 附加票包括（　　）。
    A. 加快票　　　　B. 变径票　　　　C. 卧铺票　　　　D. 空调票
96. 对随同成人旅行，身高 1.2～1.5 m 的儿童，享受半价（　　）。
    A. 硬座客票　　　B. 加快票　　　　C. 客票　　　　　D. 空调票
97. 大、专院校学生凭附有加盖学校公章的减价优待证的学生证可享受半价（　　）。
    A. 软座客票　　　B. 硬座客票　　　C. 空调票　　　　D. 加快票
98. 车票票面（特殊票种除外）主要应当载明（　　）。
    A. 发站和到站站名　　　　　　　　B. 径路
    C. 车次　　　　　　　　　　　　　D. 里程

（三）判断

1.《车票实名制管理办法》规定，列车验票时，同时核对旅客、其所持车票及票面所载的有效身份证件原件。（　　）
2. 免费乘车的儿童不能免费携带物品。（　　）
3. 持有各种铁路乘车证的铁路员工允许乘坐时速 200 km 动车组二等车，但须办理签证后乘车。除按规定持证进行检查工作的人员以外，时速 300 km 动车组不能使用铁路乘车证乘车。（　　）
4. 乘车里程为 2 356 km 的通票有效期为 4 日。（　　）
5.《客规》规定，承运人有权利要求旅客遵守国家法令和铁路规章制度，保证安全。（　　）
6. 客运专线铁路是指设计速度 300 km/h 及以上，主要运行旅客列车的线路。（　　）
7. 铁路职工（含国铁控股合资铁路公司职工）可以持铁路乘车证乘坐动车组列车（　　）。
8. 直达票：从发站至到站不需停车的列车的车票。（　　）
9. 持软席全年定期乘车证、软席乘车证的人员可以乘坐动车组列车卧铺和商务坐席，持硬席乘车证（含全年定期、临时定期乘车证）的人员乘坐动车组列车卧铺和一等坐席。（　　）
10. 一名成人旅客可以免费携带两名不满 2 岁的儿童乘车。（　　）
11.《客规》规定，旅客有义务遵守国家法令和铁路运输规章制度，听从铁路车站、列车工作人员的引导。（　　）
12. 旅客列车验票时，同时核对所持车票及票面所载的有效身份证件原件或复印件信息。（　　）
13. 客运记录不能作为乘车凭证。（　　）
14. 动车组：指运行速度在 250 km/h 及以上的列车。（　　）
15.《车票实名制管理办法》规定，列车验票发现票、证、人信息不一致的旅客，按无票处理。（　　）
16. 成年人持儿童票的，视为票、证、人不一致，按无票处理。（　　）
17. 车票票面主要应当载明发站、到站、座别、卧别、里程、车次、开车时间、有效期。（　　）
18. 动车组票价基准价：一等座车每人每千米 0.336 6 元，二等座车每人每千米 0.280 5 元，可上下浮动 30%。（　　）
19. 时速 300 km 及以上的客运专线动车组和直通动车组列车不得超员；铁路局管内短途一等座车不得超员，二等座车最高超员率为 20%。（　　）

20. 一旅客 5 月 3 日购买 5 月 5 日的车票,铁路旅客运输合同应自 5 月 3 日起成立。(   )
21. 列车员严禁收钱不补票、收长途钱补短途票。(   )
22. 严禁违反售票纪律,利用售票、改签、退票等谋取私利。(   )
23. 遇列车在车站空调失效时,站车共同组织;必要时,组织旅客下车、换乘其他列车或疏散到车站安全处所。到站按规定退还票价差额。(   )
24. "G"字头跨局动车组列车应当为特、二等座旅客提供饮品、小食品等免费服务。(   )
25. 旅客购票后应当妥善保管车票,保持票面信息清晰、可识读,并妥善保护票面身份信息。(   )
26. 同城车站均实行实名制时,临时身份证明可以通用。(   )
27. 按规定实行火车票实名购买、查验制度的,旅客应当凭有效身份证件购票乘车,对车票所记载身份信息与所持身份证件或者真实身份不符的持票人,铁路运输企业无权拒绝其进站乘车。(   )
28. 对于持通票的旅客中转换乘后乘车时发现有违章携带的物品,补收运费时,应从票面的始发站开始计算。(   )
29. 铁路电子客票是以电子数据形式体现的铁路旅客运输合同,与纸质车票具有同等法律效力。(   )
30. 列车核对铁路电子客票信息时,通过旅客所持的有效身份证原件进行检验。(   )
31. 一张有效身份证件同一乘车日期同一车次只能购买一张实名制车票。(   )
32. 旅客购票后丢失车票时,可到车站售票窗口办理挂失补办手续。(   )
33. D 字头旅客列车车票是直达票。(   )
34. 附加票是客票的补充部分,不能单独使用。(   )
35. 儿童票的座别应与成人车票相同,其到站可近于成人车票的到站。(   )
36. 学生往返于学校与实习地点时可以发售学生票。(   )
37. 学生回家后,院校迁移或调整,可凭学校证明和学生减价优待证,发售从家庭所在地到院校新所在地的学生票。(   )
38. 学生每年仅限于购买四次单程减价票,当年未使用的次数,可留作次年使用。(   )
39. 革命工作人员残废证能享受残疾军人票。(   )
40. 站台票当日当次使用一次有效。(   )
41. 车票的有效期按乘车里程计算。(   )
42. 持通票的旅客在乘车途中有效期终了、要求继续乘车时,应自有效期终了站或最近后方停车站起,另行补票,核收手续费。(   )
43. 代用票事由栏同时办理两种以上内容时,应分别按顺序填写事由。(   )
44. 团体旅客中有分别乘坐坐、卧车或成人、儿童在同一团体时,按其中票价高的进行免收。(   )
45. 持站台票上车送客未下车但及时声明时,补收至前方下车站的票款,应补票价 50%的票款,核收手续费。(   )
46. 身高超过 1.5 m 的儿童使用儿童票乘车时,应补收儿童票价与全额票价的差额,并加收罚款。(   )

47. 应买票而未买票的儿童按规定补收票价，加收已乘区间应补票价 50%的票款，核收手续费。（   ）
48. 主动补票或者经站、车同意上车补票的，只补收票价，核收手续费。（   ）
49. 旅客在票面指定的日期、车次开车前乘车的，应补签，核收手续费。（   ）
50. 持通票的旅客中转换乘应签证而未签证的，应补签补收票价核收手续费。（   ）
51. 持失效车票乘车按无票处理，补收票价核收手续费。（   ）
52. 旅客持儿童票、学生票、残疾军人票没有规定的减价凭证或不符合减价条件时，补收全半票价差额。（   ）
53. 车票的有效期按乘车里程计算：1 000 km 为 2 日，超过 1 000 km 的，每增加 1 000 km 增加 1 日，不足 1 000 km 的尾数按 1 日计算。（   ）
54. 持用伪造或涂改的车票乘车时，除按无票处理外还要送交公安部门处理。（   ）
55. 持用低等级的车票乘坐高等级列车、铺位、座位时，补收所乘区间的票价差额，加收已乘区间应补票价 50%的票款，核收手续费。（   ）
56. 无票乘车时，除补收票价外加收应补票价的 50%罚款。（   ）
57. 站、车同意上车补票的，只补收票价，不收手续费。（   ）
58. 除售票系统设备故障等特殊情况外，不得手工改签车票。（   ）
59. 旅客在发站办理改签时，改签后的车次票价高于原票价时，核收票价差额；改签后的车次票价低于原票价时，票价差额不予退还。（   ）
60. 持车票的旅客在中转站和列车上要求变更径路时，必须在通票有效期能够到达到站时方可办理。（   ）
61. 办理变径时，原票价低于变径后的票价时，应补收新旧径路票价里程差额，核收手续费。（   ）
62. 旅客在到站前要求越过到站继续旅行时，在列车有运送能力的情况下应予以办理。（   ）
63. 办理变径时，原票价高于或相当于变更后的径路票价时，差额部分（包括列车等级不符的差额）应予退还。（   ）
64. 两名以上旅客共持一张代用票要求办理分票手续时，站、车应予以办理。办理时按分票的人数核收手续费。（   ）
65. 因站名相似或口音不同发生误售、误购时，站、车均应积极补收票价差额。（   ）
66. 旅客因误售、误购、误乘或坐过了站需送回时，列车长应编制客运记录交正当到站处理。（   ）
67. 在无人售票的乘降所上车的人员，可在列车内购票，核收 2 元手续费。（   ）
68. 在列车上，可售给本次列车终到站的学生票。（   ）
69. 旅客未按票面指定的日期、车次乘车（含错后乘车 2 h 以内的），但乘坐票价相同的列车时，仍有效。（   ）
70. 旅客在旅行途中，因伤、病不能继续旅行时，经站、车证实，可退还已收票价与已乘区间票价差额。（   ）
71. 旅客持原票要求变更低于原票的座席、铺位时，可以办理。（   ）
72. 卧铺只能由持票本人使用，成人和儿童可共用一个卧铺。（   ）
73. 学生票可以按换车次数少的远径路发售。（   ）

（四）简答

1. 《铁路旅客运输办理细则》规定线路中断对旅客车票如何处理？

2. 《客规》规定由于承运人责任致使旅客不能按票面记载的日期、车次、座别、铺别乘车时，乘车站应如何处理？

3. 某次非空列车无座计划操作出错，生成空调无座，但票已售出，如何处理？旅客已上车又如何处理？

4. 2017年2月19日一旅客持2月20日××次A站—B站空调硬座特快联合票，票号B13756，票价76.00元，在A站要求改乘当日非空调硬座特快到B站，票价44.00元，售票员在该旅客原票背面注明改乘2月19日××次，要求旅客持原票乘车去B站，请问A站售票员做法是否正确，说出理由。

5. 2017年6月17日××次（北京西—衡阳，新空车）到达长沙站后，一旅客因病下车治疗（客运记录01号），该旅客所持的是6月15日齐齐哈尔—广州的一张车票（××次，经由红、哈、沈阳北、盘锦北、山海关、北京，全程硬座客特快，新空卧北京止）和北京西—衡阳补价票一张（××次，硬座新空），该旅客于22日病愈，要求乘坐当日××次（岳阳—广州，非空车，20：00长沙开）硬座去广州。长沙站售票员具体应该怎样办理车票有效期延长和签证手续？请写出规章依据。

（齐齐哈尔 $\underline{27\ km}$ 红旗营 $\underline{261\ km}$ 哈尔滨 $\underline{1\ 249\ km}$ 北京 $\underline{2\ 300\ km}$ 广州，全程3 837 km）

6. 2017年元月26日××次（北京西—广州，新空车）到达武昌站后，因冰灾前方线路中断，一旅客持有元月26日北京西—广州硬座新空客特快车票一张，要求等候通车继续旅行。2月4日前方线路恢复通车，该旅客要求乘坐2月5日××次（武昌—广州），请问武昌站售票员具体应该怎样办理车票有效期延长和签证手续？（北京西 $\underline{31\ km}$ 良乡 $\underline{2\ 263\ km}$ 广州全程2 294 km）

7. 《价规》规定：旅客票价是如何确定的？

8. 《价规》规定：国家铁路客运运价的计算单位和尾数是如何规定的？

9. 《细则》规定：线路中断，铁路组织被阻旅客绕道运输时有哪些规定？

10. 车票有效期如何计算？

11. 在什么情况下，可以延长客票，加快票的有效期间？

12. 如何发售站台票？

13. 客规规定因承运人责任致使旅客退票时如何处理？

14. 办理变径后，票价应如何计算？

15. 请写出变更座别、铺别的类型？

16. 线路中断后应如何安排被阻旅客？

17. 车票包括哪些内容？

18. 《客规》中对发售学生票的范围、次数及票价有何规定？

19. 《客规》对发售儿童票的条件、儿童身高及票价有何规定？

20. 代用票记事栏内应记载哪些事项？

21. 简述《客规》中旅客要求退票、铁路责任退票的规定。

22. 旅游列车团体证的发放与使用有何规定？

23. 学生往返票的适用范围有何规定？

24. 动车组列车票额分配有何规定？

25. 直通动车组列车票额应如何管理和调整？

26. 动车组票价符合哪些条件可按公布票价打折。

27. 异地票的定义和分类有何规定？

28. 短途卧铺票价优惠办法中的优惠条件、卧铺优惠票价和票面记载事项分别有何规定？

29. 磁介质车票票面图案及颜色有何规定？

30. 哪些情况下可延长车票的有效期？

31. 旅客在乘车途中客票有效期终了，要求继续乘车时如何处理？

32. 简述退票基本操作流程。

33. 哪些情况下可以对已退的电子票进行纠正操作。

34. 简述退票结账的基本操作流程。

35. 铁路乘车证免费使用卧铺的规定是什么？

36.《客规》第49条规定，因承运人责任致使旅客退票按哪些规定办理时不收退票费？

37. 一旅客持南昌至南京西客快卧（中）联合票，自南昌乘××次到南京，列车运行至景德镇站，因前方水害线路中断，列车不能继续运行，铁路组织旅客绕道至鹰潭换乘××次客快卧（中）至南京，绕道途中旅客在上饶站下车。请简述有关站应如何处理？

38. 什么叫团体旅客？

39. 一名学生旅客，持有去北京实习的学校证明和他本人的学生证，该学生的家庭所在地与学校都在上海，要求在北京西站购买回上海的学生票，是否可以？为什么？

40. 受自然灾害影响发生线路中断，旅客要求退票时，如何办理？

41.《北京西 上海—九龙 T97/8 T99/100直通列车售票暂行规定》中对儿童票是怎样规定的？

42. 动车组车票在中途站退票怎样计算？

43. 1.48 m的成人持儿童票乘车如何处理？

44. 两名旅客持衡阳至北京西的K186次新空硬座客特快卧（上、下）车票，其中一名旅客因病由列车长编制记录交株洲站下车治疗，两名旅客株洲站下车后要求退票，怎样办理退票？（衡阳至株洲134 km）

45. 发生线路中断，旅客办理退票时，哪部分票价不能退？

46. 什么情况下学生可以超过减价优待证上记载的区间乘车？

47. 动车组列车车票的有效期是如何规定的？

48. 旅客因误售、误购或误乘需送回时，车站应怎样处理？

49. 发售加快票的规定是什么？

50. 发售卧铺票的规定是什么？

51. 什么情况不能发售学生票？

52. 发生车票误售、误购时，车票应怎样处理？

53. 2017年1月10日，一名湛江海洋学院的学生（学生家庭居住地是武昌），持学生证要求在广州站购买当天××次（普快）去武昌的学生硬卧车票，请问能否办理？为什么？（注：湛江至武昌有直达列车）

54. 遇到哪些情况时可延长车票的有效期？
55. 《细则》中规定，旅客丢失车票另行补票后又找到原票的，如何办理？
56. 持学生票的学生能否办理越站、中途退票、变径、变座？
57. 请写出任意三种不能办理退票的情况。
58. 售票员进入应急售票系统的操作步骤？
59. 使用二代居民身份证在互联网购票并直接检票乘车后，如何获取报销凭证？
60. 什么情况下可以办理车票变更手续？
61. 实名制车票办理改签时，是否需要身份证件？
62. 非实名制车票中转签证实名制车票时，是否需要身份证件？
63. 旅客乘车后能否变更座位、铺位？
64. 因铁路责任使旅客不能按票面记载的日期、车次、座别、卧别乘车时怎么办？
65. 遇有哪些情况时不能办理越站？

二、实操技能训练

1. 2017 年 3 月 10 日 5：30，荆州站。1 名旅客持 9 日××次列车（成都东—汉口，新空）成都东站—荆州站硬卧（下）车票一张，列车编客运记录 1 份（注明列车运行至达州站硬卧车厢故障旅客改乘软座至到站），要求退还票价差额，如何办理？

××次：成都东—荆州：994 km，成都东—达州：372 km。

2. 2017 年 3 月 10 日 10：00，安康站。1 名旅客持 9 日××次列车（乌鲁木齐—重庆北，经过宝、西、安，新空）兰州—安康软卧（下）车票一张，列车编客运记录一份 [注明因西康线线路中断列车自宝鸡绕道宝成线、阳安线运行，列车软卧故障旅客自宝鸡站改乘硬卧（上）]，要求退还票价差额，如何办理？

原票径路：兰州—安康 935 km，兰州—宝鸡 503 km，宝鸡—安康 432 km。

绕道径路：宝鸡—安康 628 km。

3. 2017 年 3 月 10 日 7：30，莱阳站。一名旅客持 9 日××次列车（北京—桂林，新空）保定—耒阳硬座快速卧通票一张 [新空快速卧（下）至衡阳]，石家庄站编制客运记录 1 份，注明旅客误购车票，正当到站莱阳站，车站指定其乘坐当日××次列车（石家庄—烟台，新空）硬卧（下）至到站退还票价差额，如何办理？

原票路径：保定—石家庄 135 km，石家庄—耒阳 1 555 km。

正当到站路径：保定—石家庄 135 km，石家庄—莱阳 721 km。

4. 2017 年 1 月 25 日一旅客携带 1.23 m 儿童一名，要求购买 D371 次（北京南至福州）北京南到杭州动车软卧（下）两张，请计算该里程动车组（不打折）软卧（下）票价。（设北京南到杭州 1 624 km）

5. 2017 年 3 月 1 日一名旅客携带 1.55 m 的儿童一名，要求购买 G1299（石家庄—沈阳）天津西到沈阳的二等座两张，请计算该里程动车组二等座票价。

6. 2017 年 6 月 10 号一学生持学生证（优待区间为北京西至汉口），要求购买 D123 次（北京西至汉口）学生票，请计算学生票价。

7. 2017 年 3 月 10 日一伤残军人持"中华人民共和国残疾军人证"及个人有效身份证件要求购买××（沈阳—天津"新"）的一张硬座票，请计算该军人的车票票价。

8. 2017年4月28日,北京西开太原的D2001次太原到站前验票,在二等座发现一旅客无票乘车,要求去太原站,应如何办理?

9. 2017年5月31日,大连开北京的D31次到北京站前验票,在一等座发现一旅客无票乘车,要求去北京站,应如何办理?

10. 2017年1月5日,××次(成都—天津"新")列车到达天津站后,出站验票时发现,1名旅客持该次列车开封至天津的硬座客快速学生票1张,无学生证,天津站如何处理?

11. 2017年3月1日,北京站组织XX次列车(哈尔滨—泰州)到达旅客出站时,发现一名无票旅客,声称沈阳北上的车,但不能证明。应如何处理?(哈尔滨—北京:1 249 km)

12. 2017年4月25日,由太原开往北京西的D2002次列车,太原站开车检票,在二等座车厢发现一旅客持当日车次太原至北京西学生二等座车票,并持北京大学学生证,其减价优待乘车区间为北京至大同,应如何办理?

13. 2017年4月15日,由北京开往长春的G383次列车,开车前检票发现一旅客持北京至长春的车票,该名旅客持盘锦职业技术学院学生证,一张学生证上的优惠区间是北京至盘锦,如何处理?

14. 2017年4月29日,北京西开太原的D2001次运行至石家庄北站前,一名旅客携带身高1.53 m儿童各一名,持用北京西至石家庄二等座全、半价车票各一张,要求越站至太原,应如何办理?

15. 2017年2月17日,北京南开上海虹桥的G101次运行至南京南站前,一名旅客携带身高1.40 m儿童一名,持用北京南至南京南二等座全票一张,要求越站至上海虹桥,应如何办理?

16. 2017年4月15日,南昌西开北京南的G38次运行至天津南站前,一名旅客持用南昌西至天津南二等座学生票一张,但并无有效学生证,天津南站该如何办理?

17. 2017年3月11日一名旅客持10日持××次新空硬座客快联合票,有效"中华人民共和国残疾军人证",自济南站乘××次新型空调旅客列车(福州经上海、天津西开往北京)到达北京站,北京站应如何办理?

18. 2017年3月10日,郑州经由衡阳开往南宁××次列车(空调)运行至许昌站,6号硬卧车13号下铺旅客携带身高1.3 m的儿童一名,持有当次郑州至长沙全价硬卧下铺票一张,票号A546321,郑州至长沙儿童硬座车票一张,票号A546322,要求使用软卧,18车29号上铺,问:该如何办理?

19. 2017年2月29日××次(非空调,呼和浩特经由镇罗堡开往西安)列车长因一名旅客生病,以06号客运记录交包头站3名旅客,3名旅客分别将当日当次呼和浩特经由包头、镇罗堡、宝鸡至西安硬座客快速卧(上、中、下)联合票各1张,票号A025121、A025122、A025123,要求退票,应如何办理?

20. 2017年3月27日,在大同站3名旅客持3月30日××次空调列车(9:05开车)大同至临汾空调硬座客快速联合票3张,票号A102201、A102202、A102203,要求退票,应如何办理?

模块二技能训练答案

模块三　铁路非现金支付

【模块介绍】

该模块分别对中铁银通卡和支付宝这两种非现金支付方式的应用进行训练，以达到能够服务和指导旅客合理应用多种支付手段的目的，以期达到更高的服务水平、提高旅客周转效率。

项目一　中铁银通卡的使用

【训练目标】

认识中铁银通卡，熟悉中铁银通卡的联机购票、刷卡乘车、申购条件及手续，账户充值方法，换卡、退卡、挂失及补卡的管理及操作。

【训练准备】

中铁银通卡（练习用仿制卡）、中铁银通卡申请表、计算机、取号机等相关训练硬件模拟用品及网络相关平台。

【训练内容】

实训任务	实训依据（规章内容提炼）	备注（实训依据来源）
中铁银通卡的认知	1. 中铁银通卡是由中铁银通支付有限公司发行的预付卡。 2. 部分名词定义： （1）"预付卡"是指购买人交付一定货币资金购买的并在电子介质上存储了预付价值的支付凭证，即先充值再消费的一种卡产品。 （2）"发卡机构"是指中铁银通支付有限公司。 （3）"持卡人"是指中铁银通卡中记载身份信息的个人。 （4）"购买人"是指购买中铁银通卡的个人。 （5）"售卡网点"是指为持卡人提供售卡、充值、换卡、退卡、挂失等服务的营业场所。 3. 中铁银通卡卡面印有银联 UPcash 标识、持卡人姓名、有效身份证件号码及照片；卡内芯片中存有持卡人姓名、有效身份证件号码等实名信息。 4. 中铁银通卡是磁条、芯片双介质复合卡，其中磁条部分（联机账户）支持购票等联机消费功能，交易时须通过密码验证，凡使用密码成功进行的交易行为，均视为持卡人本人的行为；芯片部分（电子现金）支持直接刷卡乘车等脱机消费功能，脱机交易时无须输入密码，所有交易均视为持卡人本人所为，发卡机构不受理因脱机消费引起的争议	中铁银通卡章程第一章、第四章、第七章

续表

实训任务	实训依据（规章内容提炼）	备注（实训依据来源）
中铁银通卡的认知	5. 中铁银通卡根据铁路应用分为金卡和银卡。 6. 中铁银通卡仅限持卡人本人使用；中铁银通卡不取现、不计息；芯片有效期为十年，过期后持卡人应到指定售卡网点办理换卡手续。 7. 中铁银通卡的使用目前仅限于在铁路行业： （1）刷卡乘车：持卡人持中铁银通卡可以在铁路管理部门指定区段内直接刷卡乘车，刷卡进站时记载进站信息，刷卡出站时记载出站信息并在电子现金扣除相应票款，刷卡乘车后，自乘车之日起31日内，可在车站指定窗口补打车票，逾期不予办理。中铁银通金卡按一等座票价扣款，中铁银通银卡按二等座票价扣款。相关刷卡乘车管理按铁路管理部门的有关规定执行。 （2）购票：持卡人持中铁银通卡可以在铁路安装有POS机的售票窗口、支持银行卡支付的自助售票机、中国铁路客户服务中心网站（www.12306.cn，以下简称12306）进行购票，购票交易以联机方式完成。 （3）使用范围如有变更，以售卡网点的公告和发卡机构网站（www.zhongtieyintong.com）上发布的最新信息为准。 8. 发卡机构的权利 （1）有权根据相关规定及中铁银通卡使用情况单方修改本章程、中铁银通卡收费项目及标准并实时发布。 （2）有权要求购买人提供个人真实有效的身份证件。 （3）对于违反本章程使用中铁银通卡的，有权单方暂停该卡的使用，无须事先征得持卡人同意。 （4）有权设定或单方终止各种免费增值服务，且无须事先征得持卡人同意。 （5）有权根据收费项目及标准，从持卡人卡账户中扣收相关消费金额及费用。 （6）因不可抗力等非发卡机构原因造成中铁银通卡不能在有效期内正常使用时，不承担任何责任。 9. 发卡机构的义务 （1）应提供中铁银通卡使用的有关资料或信息，包括章程、使用范围及说明、收费项目及标准等。 （2）应提供中铁银通卡的售卡、充值、换卡、退卡、挂失、解除临时挂失、密码设置、客服等服务。 （3）应支持铁路指定区段直接刷卡乘车和铁路售票窗口、12306网上购票等业务应用。 （4）应依法对持卡人提供的信息承担保密义务，未经持卡人同意不得向任何单位或个人披露，但法律法规另有规定或持卡人与发卡机构另有约定的除外。 （5）因不可抗力等原因造成持卡人不能在有效期内正常使用时，应及时提供必要的技术支持和帮助	中铁银通卡章程第一章、第四章、第七章

续表

实训任务	实训依据（规章内容提炼）	备注（实训依据来源）
中铁银通卡的认知	10. 持卡人的权利。 （1）有权不接受修改后的章程、中铁银通卡收费项目及标准。如持卡人在发卡机构规定的通告期内对修改后的章程、中铁银通卡收费项目及标准有异议时，可向发卡机构提出退卡申请。 （2）有权按规定使用中铁银通卡。 （3）有权知悉中铁银通卡的功能、使用范围和方法、收费项目及标准。 （4）有权要求发卡机构按本章程提供规定的客户服务。 11. 持卡人的义务 （1）应如实提供办卡所需的有效身份证件等信息，如有变更，及时到售卡网点办理。 （2）应自行妥善保管中铁银通卡和密码，因卡丢失、损毁、密码泄露或被冒用等造成的损失，由持卡人自行承担。 （3）应按发卡机构指定的使用范围、规定的使用方式及制定的相关规定（包括但不限于本章程）使用中铁银通卡，不得将卡片出租、转借和转让。否则，由此而产生的风险损失和法律责任由持卡人自行承担。 （4）应按发卡机构的规定交纳相关费用，并同意由发卡机构从卡账户中扣收。 （5）在章程或收费项目及标准修改的通告期内持卡人未提出异议视为接受修改后的章程或收费项目及标准。 （6）刷卡乘车时应遵守铁路管理部门的管理规定。 （7）发卡机构与持卡人应共同遵守本章程，一方不履行的，另一方有权依法追究其法律责任	中铁银通卡章程第一章、第四章、第七章
中铁银通卡的使用	1. 取号乘车是指持卡旅客在中铁银通卡取号机（以下简称取号机）上选取乘坐车次，通过刷卡获取带有乘车日期、车次、车厢、席位和卡号信息的凭条，并依据凭条进站候车、乘车后对号入座。 2. 取号机提供的供选择车次为当日车站距取号时间在120分钟以内的动车组列车。 3. 中铁银通卡（以下简称银通卡）必须状态正常，且卡内电子现金帐户余额不少于所选车次最远单程票价，才能通过刷卡操作从取号机获取凭条。 4. 未办理取号的银通卡或未按凭条指定日期、车次乘车的银通卡不能通过检票闸机乘车。 5. 持卡旅客取号并有乘车记录，或取号后办理取消的，方可进行下一次取号。 6. 持卡旅客取号后未能按选定车次乘车的，须在取号机上自助取消席位后才能再次取号，办理取消席位的时间不得晚于所选列车开车后30分钟。 7. 持卡旅客每日仅能在取号机上办理一次自助取消席位业务，超过一次或办理取消时间超过所选列车开车后30分钟的，需要到取号机提示的车站人工窗口办理取消操作	中铁银通卡实行取号乘车的公告

续表

实训任务	实训依据（规章内容提炼）	备注（实训依据来源）
中铁银通卡的使用	8. 为避免恶意取号、占号，当一张银通卡一天内已有三次取消席位记录时，车站人工窗口原则上不再为其办理席位取消业务，该银通卡的刷卡取号功能将在次日自行恢复。 9. 取号机自动根据旅客持有的银通卡的银卡类型为旅客分配二等座（金卡暂未发行）；当列车超员时，经提示旅客同意，也可为旅客分配二等无座席。 10. 取号凭条非乘车凭证，须与凭条记载卡号一致的银通卡共同使用有效。遇凭票候车、列车验票时，持卡旅客应主动出具凭条及银通卡，配合车票核验工作。不能同时出示凭条和银通卡，或凭条记载卡号与银通卡实际卡号不一致时均视为无票。 11. 因取消席位后原凭条不回收，当列车上发现同一席位有两个及以上凭条记载银通卡号和持卡旅客银通卡号一致时，打印时间在后者为有效凭条。 12. 列车验票时遇凭条丢失的旅客，应按无票补收票款，并提醒旅客到站后凭列车补票到出站口办理银通卡异常处理业务	中铁银通卡实行取号乘车的公告
中铁银通卡的申购手续	1. 具有完全民事行为能力的个人，可凭有效身份证件到售卡网点申购中铁银通卡。如委托他人代办，购买人须持本人及申购人有效身份证件至售卡网点办理。 （1）购卡时使用的有效身份证件范围：① 中华人民共和国第二代居民身份证；② 港澳居民来往内地通行证；③ 台湾居民来往大陆通行证；④ 按规定可使用的有效护照。 （2）中国大陆居民购卡时仅支持中华人民共和国第二代居民身份证办理，不支持其他证件办理。 2. 购买人购买中铁银通卡，应按规定出示有效身份证件，认真阅读并同意本章程后，填写购卡申请表，经售卡网点审核通过后可购买中铁银通卡	中铁银通卡章程第二章
中铁银通卡账户充值	1. 持卡人可分别为联机账户和电子现金充值，并可在规定限额内进行本卡内联机账户和电子现金之间的资金互转。 2. 根据相关法律法规和监管规定，发卡机构对卡片设置资金限额：联机账户资金限额为人民币5 000元，电子现金限额为人民币1 000元，同一卡片资金限额合计不超过人民币5 000元	中铁银通卡章程第三章
中铁银通卡换卡、退卡、挂失及补卡	1. 中铁银通卡过期或损毁无法交易时，持卡人可持卡和购卡时所使用的有效身份证件至指定售卡网点办理更换。换卡时如遇原卡芯片损坏，原卡联机账户余额直接转入新卡联机账户中，新卡电子现金余额为零，原卡电子现金余额自补领新卡之日起3日后，经确认自动转入新卡联机账户中。 2. 退卡时，持卡人须持卡和购卡时所使用的有效身份证件至指定售卡网点办理。退卡时如遇芯片损坏，持卡人应在指定售卡网点办理坏卡登记，待3日后领取退款。 3. 持卡人办理换卡、退卡业务时，因卡片损毁无法识别持卡人信息时，不能办理换卡或退卡，售卡网点将按卡片丢失处理	中铁银通卡章程第五章

续表

实训任务	实训依据（规章内容提炼）	备注（实训依据来源）
中铁银通卡换卡、退卡、挂失及补卡	4. 中铁银通卡仅支持联机账户的挂失。持卡人如遗失卡片应立即拨打客服电话（4008-368-368）凭联机账户密码办理临时挂失，并自办理临时挂失之日起 5 日内至指定售卡网点办理正式挂失手续；或者持卡人持购卡时所使用的有效身份证件直接至指定售卡网点办理正式挂失手续。挂失手续办妥，挂失即生效。持卡人对挂失手续生效前其联机账户发生的交易承担责任，对挂失生效后其联机账户发生的交易不承担责任，除非持卡人对该交易存在欺诈、串通他人欺诈等其他不诚信行为，或持卡人拒绝配合发卡机构进行相关调查或提供相关证明的，此等情况下，发卡机构不承担任何责任，所有损失均由持卡人承担。中铁银通卡不支持电子现金的挂失，卡片丢失后电子现金所产生的损失由持卡人自行承担。 5. 正式挂失后如需办理补卡，持卡人须持购卡时所使用的有效身份证件至指定售卡网点办理。补卡时，原卡内联机账户余额直接转入新卡联机账户中，原卡电子现金不办理挂失，新卡电子现金余额为零	中铁银通卡章程第五章

【实训案例】

实训任务 1 中铁银通卡的认知

实训案例 中铁银通卡的认知

中铁银通卡是由中铁银通支付有限公司发行的预付卡。中铁银通卡根据铁路应用分为金卡和银卡，该卡卡面印有银联 UPcash 标识、持卡人姓名、有效身份证件号码及照片，卡内芯片中存有持卡人姓名、有效身份证件号码等实名信息，中铁银通卡的电子现金有限期，有效期标注在卡片正面，用"月/年"表示，如"11/22"表示 2022 年 11 月到期。过期后持卡人需到铁路售卡窗口办理换卡手续。见图 3-1。

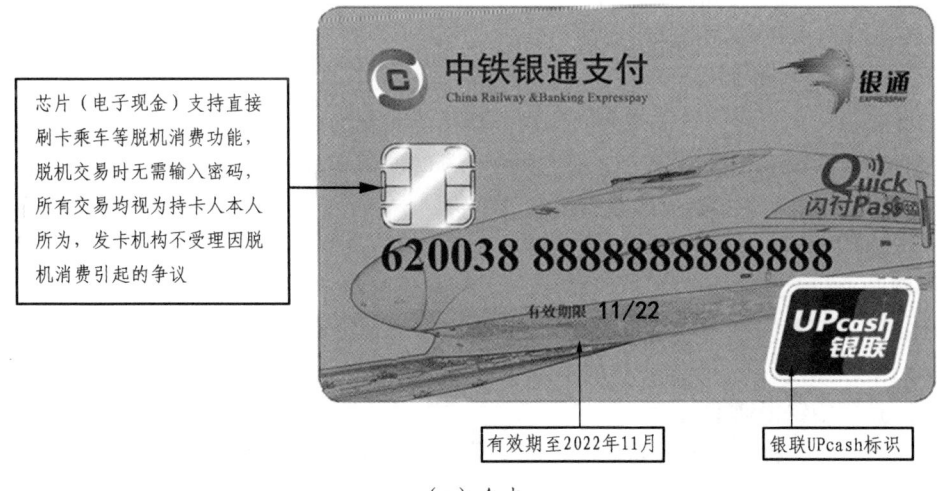

（a）金卡

（b）银卡

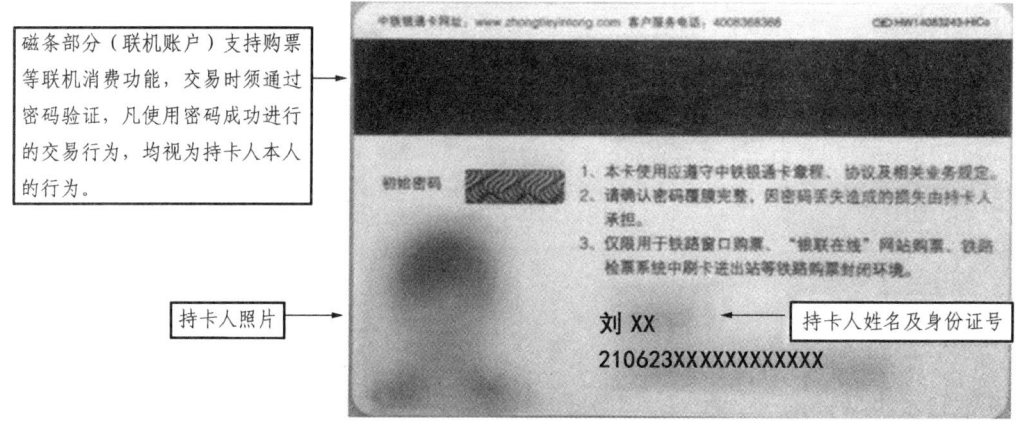

（c）卡背面

图 3-1 中铁银通卡

实训任务 2 中铁银通卡的使用

实训案例 1 中铁银通卡购票

持卡人凭中铁银通卡可以通过以下渠道购票：
1. 铁路安装有 POS 机的售票窗口。
2. 支持银行卡支付的自助售票机。
3. 中国铁路客户服务中心网站（www.12306.cn）等渠道。

购票交易以联机方式完成，实时从联机账户中完成扣款，交易时需通过密码验证。

中国铁路客户服务中心网站（www.12306.cn）购票流程如下所示：

登陆 http：//www.12306.cn 网站后操作如下：
（1）注册用户；
（2）登录；
（3）点击"订票"；
（4）点击"支付"；
（5）选择"中铁银通卡"；
（6）输入卡号、密码（输入密码时需先下载安装插件）、持卡人姓名；
（7）输入短信验证码（通过办卡时预留的手机号码获取）；

（8）确认支付后订票成功，记住订单号；

（9）凭火车票使用人有效证件至铁路车站窗口或自助设备取票。

实训案例 2 中铁银通卡刷卡乘车

中铁银通卡的用户在指定的高铁线路上无需买票直接刷卡乘车，乘车时，金卡用户按照一等座票价扣款，中铁银通卡金卡用户可以至一等座预留席就座；中铁银通卡银卡用户刷卡乘车时，银卡用户按照二等座票价扣款，中铁银通卡银卡用户可以至二等座预留席就座。每条高速铁路的中铁银通卡座位预留车厢都不同，旅客可以关注乘坐高铁所属铁路局或车站的相关公告。

2014 年 4 月 1 日起，北京铁路局在京津城际开始试用中铁银通卡取号机，见图 3-2，中铁银通卡用户可在中铁银通卡取号机上先取好号，刷卡上车后，按照所取的号对号入座。京津城际铁路取号入座的方式很好的杜绝了中铁银通卡用户在预留区争抢座位的现象。

图 3-2 中铁银通卡自助取号机

取号乘车操作流程：

1. 点击界面上车次的到站；
2. 刷银通卡查看预留席位并取凭条，见图 3-3；
3. 完成取号业务；

图 3-3 中铁银通卡预留席位乘车凭条

4. 持银通卡在闸机上刷卡乘车，并按凭条信息对号入座，见图 3-4。

注：必须状态正常，且卡内电子现金账户余额不少于所选车次最远单程票价，才能通过刷卡操作从取号机获取凭条。

（a）刷卡乘车

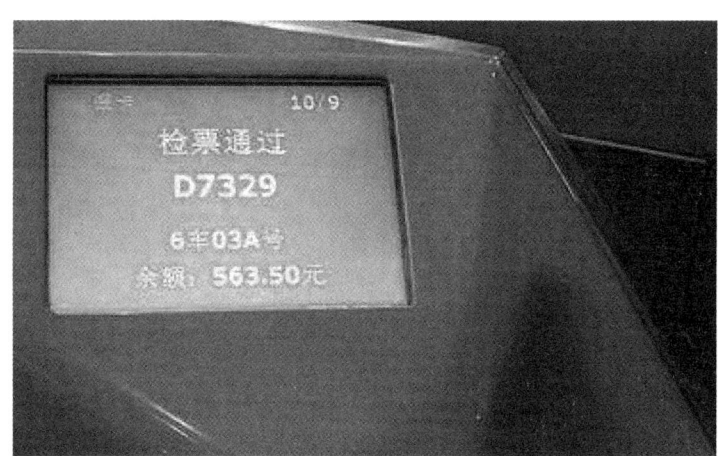

（b）刷卡乘车检票通过

图 3-4

5. 出站时在闸机刷卡后扣款。

中铁银通卡取号机于开车前 10 min 停止取号。没有取票记录的银通卡不能通过闸机乘车，车站大面积晚点情况下，车站会进行相应调整。列车上发现同一席位有两个及以上凭条，打印时间居后的为有效凭条。

实训案例 3　中铁银通卡取消行程

1. 旅客取号后行程取消

需在取号机上自助取消席位后才能再次取号，办理自助取消时间不得晚于所选列车开车后 30 min。

办理取消席位步骤：
(1) 点击"查询"信号按钮。
(2) 刷银通卡。
(3) 查看席位信息并点击"查询/取消"按钮。
(4) 完成"取消席位"业务。

2. 刷卡进站后行程临时取消：

旅客刷卡进站后，临时取消行程需在同一车站出闸时，若在刷卡后 30 min 内，不予扣款；若刷卡后超过 30 min，检票闸机将不予放行，旅客须至出站口补票窗口处理并按以下标准扣款：进出站时间间隔在 30 至 60 min 间，本站至最远到站扣减一次单程票款。超过 3 小时时，按本线全程扣减一次往返票款。

因铁路或其他特殊原因刷卡进站后不能乘车，旅客可到补票窗口经车站工作人员签字确认后，免收相关费用，同时注销刷卡进站记录。

实训任务 3　中铁银通卡的申购手续

中铁银通卡申购手续：

(1) 携带有效身份证件到售卡网点；

办卡时可使用中华人民共和国第二代居民身份证、港澳居民来往内地通行证、台湾居民来往大陆通行证、有效护照四种有效证件。

中国大陆居民办卡时仅支持中华人民共和国第二代居民身份证，暂不支持其他证件办理。

帮他人代办，需持申办人及代办人的有效身份证件至售卡网点申办。

中铁银通卡的售卡网点主要为推行使用中铁银通卡的指定高铁线路上的火车站以及指定的中国银行网点。

① 可办理售卡及中铁银通卡其他业务的铁路窗口：

例如，京津城际及其延长线铁路沿线售卡窗口：北京南站第三售票处 32、33 号窗口；天津站南站房售票厅 2 号窗口、北广场地下一层 15 号窗口；武清站售票厅 4 号窗口；塘沽站售票厅 1、7 号窗口；天津西站售票厅 1 号窗口。

② 可办理除售卡、换卡、补卡和退卡以外中铁银通卡其他业务的铁路窗口：

例如，京津城际及其延长线铁路沿线车站窗口：于家堡站 2 号窗口；军粮城北站 2 号窗口；塘沽站北站房 2 号窗口。

③ 可办理售卡及中铁银通卡其他业务的中国银行售卡网点：

例如天津市：天津分行营业部；天津分行建国道支行；天津分行华兴街支行；天津分行和平支行营业部；天津分行泉州路支行；天津分行福建西路支行；天津分行第六大道支行；天津分行融和广场支行；天津分行泰达城支行；天津分行宁河支行营业部；天津分行北辰支行营业部；天津分行南开支行营业部；天津分行河西支行营业部。

(2) 办卡时须填写一份《中铁银通卡申请表》，见表 3-1。

表 3-1 中铁银通卡申请表

中铁银通卡申请表

(*为必填项，选择项在□打√)

申领人信息

*姓　　名：_____

拼　　音：_____

*证件类型：□第二代居民身份证　□护照　□港澳居民来往内地通行证　□台湾居民来往大陆通行证

*证件号码：_____

*手机号码：_____

E-mail 地址：_____

通讯地址：_____

申办卡种

*卡面选择：　□金卡（刷卡乘车时，按一等座票价扣款）

　　　　　　□银卡（刷卡乘车时，按二等座票价扣款）

卡片充值（购卡时金卡须充值500(含)元以上、银卡须充值300(含)元以上）

*本次充值：

　□电子现金_____元（**芯片中的电子现金不记名、不挂失**，用于刷卡乘车，最高限额1000元）

　□联机账户_____元（联机账户可正常办理挂失业务，用于购买车票，最高限额5000元）

注：1. 电子现金和联机账户可复选，两账户资金合计限额5000元。
　　2. 为确保联机账户资金安全，**申领卡后请及时修改密码**。

代办人身份资料（若为代办，请填写代办人身份资料）

*姓　　名：_____　　*联系电话：_____

*证件类型：□第二代居民身份证　□护照　□港澳居民来往内地通行证　□台湾居民来往大陆通行证

*证件号码：_____

申领人（代办人）签名_____　日期____年____月____日

（本人保证上述填写信息真实无误，且已阅读并同意遵守中铁银通卡章程）

以下由受理单位填写

经办人签名_____　日期____年____月____日

（第一联　受理单位留存）

（3）收费。

首次办卡需一次性充值330元，其中300元为预存款，30元为办卡押金。除此之外，该卡收取年费10元/卡，退卡费20元/卡，补卡费10元/卡，见表3-2。

表3-2 中铁银通卡收费标准

收费项目	金额
押金	30元/卡
年费	10元/卡
退卡费	20元/卡
补卡费	10元/卡

实训任务4 中铁银通卡账户充值

实训案例1 使用中国银行"中银自助通"设备办理中铁银通卡充值

持卡人可以到售卡网点或通过贴有"中铁银通支付"标识的自助设备进行现金充值，还可以通过中国银行"中银自助通"设备、中国银行网上银行和中国银行手机银行进行转账充值。

中国银行网点或24小时自助银行内，有"中银自助通"字样的自助设备（具体请咨询95566）。该设备可以用于中铁银通卡充值及圈存，使用中国银行"中银自助通"设备办理中铁银通卡的充值流程如下：

（1）持卡人可在中国银行网点内的"中银自助通"设备上，选择"IC卡专区"并进入"中铁银通卡专区"，见图3-5。

（2）选择"联机账户充值"。

（3）插入中国银行长城借记卡或中国银行长城信用卡，输入密码，输入两次中铁银通卡卡号并确认，输入充值金额，完成转账充值。

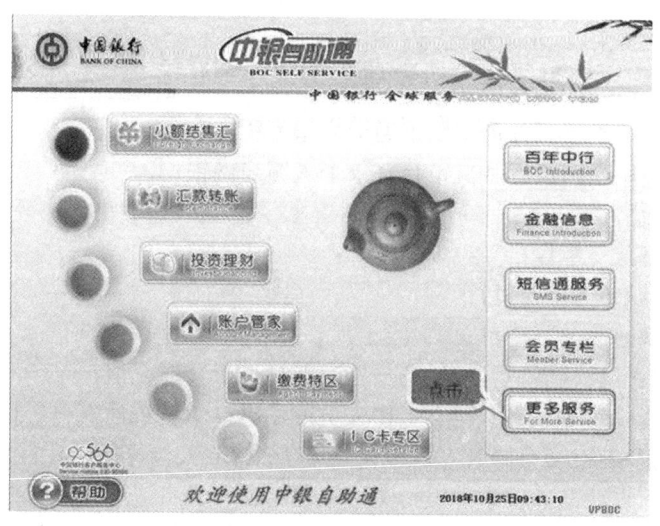

图3-5 中银自助通界面

实训案例 2　使用中国银行"中银自助通"设备办理中铁银通卡指定账户圈存

使用中国银行"中银自助通"设备办理中铁银通卡指定账户圈存流程：

（1）持卡人可在中国银行网点内的"中银自助通"设备上，选择"IC 卡专区"并进入"中铁银通卡专区"。

（2）选择"指定账户圈存"。

（3）插入中铁银通卡，输入密码。

（4）输入圈存金额，完成指定账户圈存。

实训案例 3　使用中国银行"中银自助通"设备办理中铁银通卡指定账户圈存

使用中国银行"中银自助通"设备办理中铁银通卡非指定账户圈存流程：

（1）持卡人可在中国银行网点内的"中银自助通"设备上，选择"IC 卡专区"并进入"中铁银通卡专区"；

（2）选择"非指定账户圈存"；

（3）插入中国银行长城借记卡或中国银行长城信用卡，输入密码，输入圈存金额，完成后取出卡片；

（4）插入中铁银通卡，确认交易，完成非指定账户圈存。

实训案例 4　中国银行网上银行办理中铁银通卡充值

中国银行网上银行办理中铁银通卡充值流程：

（1）持卡人可登录中国银行官方网站（www.boc.cn）并登录个人网银账户；

（2）选择"民生缴费"栏目；

（3）选择"预付卡业务"栏目；

（4）选择"预付卡充值"栏目；

（5）选择"中铁银通卡"栏目；

（6）通过中国银行长城借记卡、长城信用卡或活期一本通账户进行转账充值。

实训案例 5　中国银行手机银行办理中铁银通卡充值

使用中国银行的手机银行办理中铁银通卡充值流程：

（1）持卡人可使用中国银行手机银行登录个人客户网银；

（2）选择"生活"栏目；

（3）选择"预付卡"栏目；

（4）选择"预付卡充值"栏目；

（5）选择"中铁银通卡"栏目；

（6）通过中国银行长城借记卡或活期一本通账户进行转账充值。

中铁银通卡充值成功后，售卡网点工作人员或贴有"中铁银通支付"标识的自助设备、中国银行"中银自助通"设备可为持卡人打印充值凭条；持卡人也可持卡片在售卡网点或贴有"中铁银通支付"标识的自助设备、中国银行"中银自助通"设备进行联机账户和电子现金的充值查询。联机账户充值后，还可登陆公司网站或拨打客户服务热线进行查询。

实训案例 6　中铁银通卡签约自动转账充值

办理中铁银通卡签约自动转账充值流程：

1. 持卡人将中铁银通卡联机账户与银行账户进行绑定。

持卡人持与银行账户开户时以及购买中铁银通卡时一致的身份证件，签约时持卡人需认真阅读提示信息并准确填写《中铁银通卡购卡申请及业务办理表》。

2. 按照持卡人的要求，当中铁银通卡联机账户余额低于设定的余额下限时，自动完成由绑定的银行账户向中铁银通卡联机账户充入持卡人设定的金额。持卡人在签约时可选择的余额下限分为 100 元、600 元、1 000 元三档。持卡人在签约时可选择的自动充值金额分为 500 元、1 000 元、3 000 元三档。目前，该业务只能与中国银行长城借记卡、中国银行长城信用卡或活期一本通进行绑定。

实训任务 5　中铁银通卡换卡、退卡、挂失及补卡

实训案例 1　中铁银通卡换卡

因卡片到期或因卡片印制的各项信息磨损、卡片磁条或芯片损坏而影响卡片的正常使用时，持卡人方可办理换卡业务。也可以办理中铁银通卡金卡与银卡置换业务。

1. 持卡人至铁路售卡窗口办理换卡业务。
2. 持卡人携带购卡时所使用的有效身份证件。
3. 为避免造成混淆和风险，窗口工作人员将在持卡人的监督下对坏卡或过期卡的磁条和芯片同时剪损。
4. 持卡人办理换卡后即时拿到更换的新卡。

办理换卡时无需交纳手续费。如果因磁条损坏或卡片到期而换卡，原卡联机账户余额和电子现金余额均即时转入新卡的联机账户中；如果芯片损坏，补领新卡时，原卡联机账户余额转入新卡联机账户，新卡电子现金余额为零，原卡电子现金余额在持卡人补领新卡之日起 3 日后自动转入新卡联机账户中。

实训案例 2　中铁银通卡退卡

中铁银通卡购买 3 个月后，持卡人可持购卡时所使用的有效身份证件至铁路售卡窗口办理退卡业务，办理流程如下。

1. 当持卡人需要退卡时，可以到铁路售卡窗口办理退卡业务。
2. 办理退卡时请持卡人务必携带原卡及购卡时所使用的有效身份证件。
3. 退卡时需交纳退卡费 20 元/卡。

特殊情况处理：

1. 如果持卡人的卡片因损毁无法识别持卡人信息时，不能办理换卡和退卡，窗口工作人员将按卡片丢失处理。
2. 如果卡片芯片未损坏，办理退卡业务后，持卡人可即时领取退款；如果卡片芯片损坏，持卡人在铁路售卡窗口办理坏卡登记后，待 3 日后办理退卡，领取退款。退款将以现金形式退还。

3. 如果卡片丢失需要办理退卡时，持卡人需要到铁路售卡窗口办理正式挂失业务，然后可即时办理退卡业务。

实训案例 3 中铁银通卡挂失

当持卡人发现中铁银通卡丢失后，可以致电客户服务热线 4008-368-368 进行卡片的临时挂失或至铁路售卡窗口、中国银行售卡网点办理卡片正式挂失业务，挂失只能办理卡片联机账户挂失，电子现金不能办理挂失。

1. 临时挂失。

临时挂失业务办理成功后的 5 日内，卡片的联机账户将保持"临时挂失"状态，联机账户资金将被冻结，5 日后卡片的"临时挂失"将自动解除，卡片状态恢复正常。因此，自办理临时挂失之日起 5 日内持卡人需到售卡网点办理正式挂失业务。

如需办理解除临时挂失时应携带中铁银通卡和购卡时所使用的有效身份证件至售卡网点办理。解除临时挂失成功后，卡片立即恢复使用。

2. 正式挂失。

办理正式挂失时应携带购卡时所使用的有效身份证件至售卡网点办理。

3. 挂失后找回卡片的处理。

持卡人若办理了临时挂失，卡片将保持 5 日临时挂失状态；若 5 日内找回卡片，可持卡片及购卡时所使用的有效身份证件到售卡网点办理解除临时挂失业务。若卡片已办理了正式挂失，卡片不可以解挂，找到的卡片中电子现金仍有余额的，持卡人可与公司总部联系办理余额确认及退款业务。

实训案例 4 中铁银通卡补卡

1. 持卡人办理正式挂失业务后需补卡时，持购卡时所使用的有效身份证件，到铁路售卡窗口即时办理补卡业务。

2. 中铁银通卡联机账户可以挂失，电子现金不可以挂失。办理正式挂失补领新卡后，原卡联机账户余额直接转至新卡联机账户中，原卡电子现金余额不予确认，新卡电子现金余额为零。

3. 补卡时每张卡需交纳补卡费 10 元。

4. 补卡后原卡车票打印：持卡人需持本人身份证至铁路窗口补打车票，如果持卡人忘记原卡卡号，可持身份证至铁路窗口查询旧卡卡号，再补打车票。

项目二 支付宝支付

【训练目标】

熟悉支付宝在窗口及自动售票机上购票时进行支付的操作。

【训练准备】

手机、支付宝客户端及网络。

【训练内容】

实训任务	实训依据（规章内容提炼）	备注（实训依据来源）
售票窗口使用支付宝支付	启用支付宝支付票款功能，既简化了旅客的支付手续，也缩短了旅客买票时间，同时也避免了找零的差错，为旅客的出行带来了更多便捷，更重要的是通过支付宝购买火车票，退款速度也有所提高，以往旅客通过刷卡的方式购票退票时，按照规定车票钱会在 15 至 20 个工作日返还至银行卡内。通过支付宝购票，退票成功票钱会及时返回支付宝	南宁铁路局官网报道
自动售票机使用支付宝支付	车站自助售票机使用指引	

【实训案例】

实训任务 1　售票窗口使用支付宝支付

实训案例　售票窗口使用支付宝支付

1. 选择贴有支付引导标识的售票窗口，见图 3-6。
2. 旅客首先须向售票员提前说明购票信息和支付方式，旅客在确认车票信息正确后，售票员点击扣款，确认器上会显示二维码，见图 3-7。

图 3-6　窗口支付引导标识

图 3-7　确认器显示

3. 旅客打开支付宝手机客户端，使用"扫一扫"功能，见图 3-8 所示，扫描二维码，根据手机提示输入支付密码并确认支付即可。

4. 支付成功后，支付宝客户端显示支付成功界面，见图 3-9，售票员会为旅客打印凭条，并制出车票。支付凭条一式两份，其中一份需要旅客签字后交还给售票员。

图 3-8 支付宝客户端"扫一扫"界面

图 3-9 支付宝客户端"支付成功"界面

实训任务 2　自动售票机购票使用支付宝支付

实训案例 1　自动售票机购票使用支付宝支付

1. 选择张贴有支付宝引导标识的自动售票机，见图 3-10。

（a）支付宝电子引导标识

（b）支付宝引导标识

图 3-10　自动售票机上的支付宝引导标识

2. 在自动售票机上输入购票信息后点击支付，会有一个选择支付方式的选项，见图 3-11，这时选择"支付宝"。

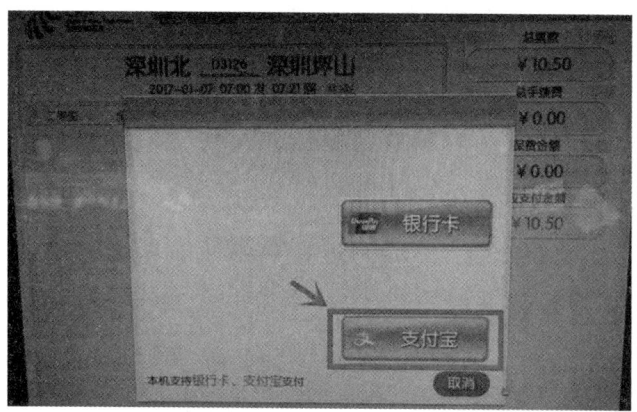

图 3-11　选择支付方式页面

3. 这个操作界面的右侧会显示二维码，如图 3-12 所示。

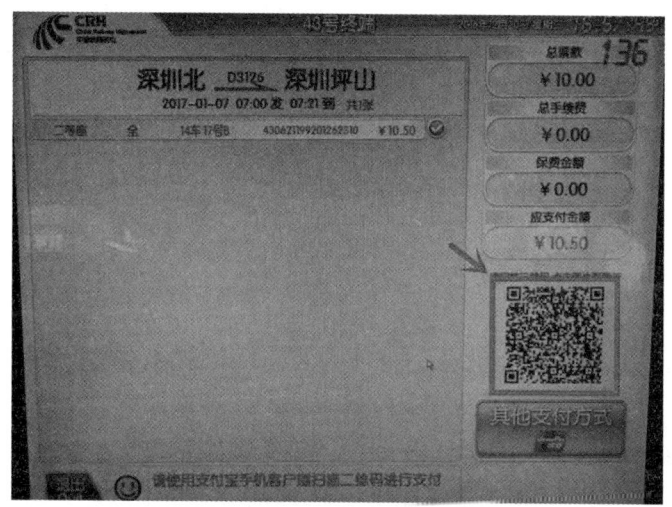

图 3-12　二维码界面

4. 在支付宝手机客户端，使用"扫一扫"功能进行支付，支付成功后，支付宝客户端显示支付成功页面，如图 3-13 所示，自助售票机打印车票。

图 3-13　支付宝客户端"支付成功"界面

选择这种方式购买的车票，上面会有这样一个"支"字，见图3-14。

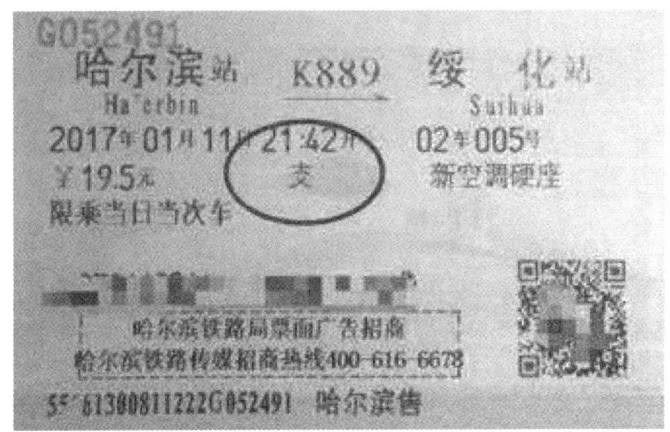

图3-14　支付宝购买的车票样式

【技能训练】

一、相关理论知识

（一）填空

1. 铁银通卡根据铁路应用分为_____和_____。
2. 中铁银通卡卡面印有_____、_____、_____及_____。
3. 中铁银通卡内芯片中存有_____、_____等实名信息。
4. 中铁银通卡是磁条、芯片双介质复合卡，其中磁条部分是_____，支持购票等联机消费功能；芯片部分是_____账户支持直接刷卡乘车等脱机消费功能。
5. 中铁银通卡仅限_____使用；中铁银通卡_____、_____。
6. 芯片有效期为_____，过期后持卡人应到指定售卡网点办理换卡手续。
7. 中铁银通支付有限公司总部仅限办理团体采购。
8. 申购中铁银通卡的有效身份证件包括：_____、_____、_____、_____。
9. 持卡人初次办卡时，需交纳卡片押金____，退卡时退还押金。

（二）选择

1. 中铁银通卡在哪里购买？（　　）
   A. 铁路车站窗口　　　　　　　　B. 代售点
   C. 中国工商银行　　　　　　　　D. 任意铁路网点
2. 持卡人如使用中铁银通卡直接刷卡乘车，电子现金余额至少要有多少？（　　）
   A. 所乘车次从乘车站至终点站对应席别的往返票款
   B. 所乘车次从乘车站至终点站对应席别的全价票款
   C. 所乘车次从始发站至终点站对应席别的往返票款
   D. 所乘车次从始发站至终点站对应席别的全价票款
3. 持卡人在什么情况下不可以办理换卡业务？（多选）（　　）
   A. 各项信息磨损或损坏　　　　　B. 卡片磁条消磁
   C. 银卡置换为金卡　　　　　　　D. 芯片磨损

4. 中铁银通卡退卡时退卡费多少？（　　）
   A. 10 元/卡　　　　B. 20 元/卡　　　　C. 30 元/卡　　　　D. 40 元/卡
5. 以下说法哪个是正确的？（　　）
   A. 中铁银通卡卡片币种为人民币
   B. 中铁银通卡可以转借给他人使用
   C. 中铁银通卡可以取现
   D. 中铁银通卡存款有利息
6. 旅客刷卡进站后，临时取消行程需在同一车站出闸时，刷卡后（　　）内，不予扣款？
   A. 10 min　　　　B. 15 min　　　　C. 30 min　　　　D. 45 min
7. 购买中铁银通卡后（　　）可以退卡？
   A. 1 周　　　　B. 1 个月　　　　C. 3 个月　　　　D. 6 个月

（三）判断
1. 中铁银通卡仅限持卡人本人使用。（　　）
2. 中铁银通卡可以取现、可以计息。（　　）
3. 中铁银通卡的芯片有效期为二十年，过期后持卡人应到指定售卡网点办理换卡手续。（　　）
4. 中铁银通卡卡片币种为人民币。（　　）
5. 预付卡可以透支。（　　）
6. 临时身份证件可以视为有效身份证件。（　　）
7. 中国大陆居民可以使用护照申购中铁银通卡。（　　）
8. 办理中铁银通卡需要带照片。（　　）
9. 购买中铁银通卡需交纳 30 元押金。金卡与银卡交纳的押金均为 30 元/卡。（　　）
10. 解除临时挂失后卡片即刻便可以恢复正常使用（　　）
11. 中铁银通卡办理了正式挂失后，卡内联机账户和电子现金余额都可以找回（　　）

（四）简答
1. 中铁银通卡有几种类型？
2. 如何申购中铁银通卡？申购时需要什么证件？
3. 中铁银通卡联机账户与电子现金有哪些主要区别？
4. 持卡人取号前对卡片有何要求？
5. 中铁银通卡充值有哪几种方式？

二、实操技能训练
1. 中铁银通卡联机购票。
2. 中铁银通卡刷卡乘车。
3. 取号之后取消行程处理。

模块三技能训练答案

模块四　旅客违章携带物品的处理

【模块介绍】

本模块主要设计了两个项目，旅客携带物品合规判定和禁止携带物品处理。具体涵盖旅客可免费携带物品判定、旅客可限量携带物品判定、携带超重物品的处理、携带超大物品的处理以及携带物品品类违章的处理等五项任务。并围绕各任务设计了相关小案例，从而使学生通过实际案例的学习掌握如何判断旅客所携带物品是否合规以及如何处理违章携带物品的相关技能。

项目一　旅客携带物品合规的判定

【训练目标】

本项目主要依据现行铁路可免费携带及可限量携带的相关规定，设计各类相关案例，使学生们通过本部分的学习掌握判定具体物品是否符合旅客可免费携带或限量携带的要求。

【训练准备】

尺、各类携带物品或模拟品等相关备品。

【训练内容】

实训任务	实训依据（规章内容提炼）	备注（实训依据来源）
旅客可免费携带物品的判定	1. 儿童（含免费儿童）10千克，外交人员35千克，其他旅客20千克。每件物品外部尺寸长、宽、高之和不超过160厘米，杆状物品不超过200厘米，但乘坐动车组列车不超过130厘米；重量不超过20千克。 2. 残疾人旅行时代步的折叠式轮椅可免费携带并不计入上述范围	《铁路旅客运输规程》第五十一条
旅客可限量携带物品的判定	1. 气体打火机2个，安全火柴2小盒。 2. 不超过20毫升的指甲油、去光剂、染发剂。不超过120毫升的摩丝、发胶、卫生杀虫剂、空气清新剂。 3. 军人、武警、公安人员、民兵、猎人凭法规规定的持枪证明佩带的枪支子弹。 4. 初生雏20只。 5. 2017年禁带目录中新添物品	《铁路旅客运输规程》第五十二条

【实训案例】

实训任务 1　旅客可免费携带物品的判定

实训案例 1　一般旅客可免费携带物品判定（超大）

旅客何某 2017 年 3 月 13 日于天津南站乘坐 G167 次列车去往宁波。进站时工作人员发现其携带行李尺寸为 50 cm×50 cm×50 cm，重量为 10 kg，请问是否符合免费携带行李乘车的规定？

题解：

不符合免费携带行李乘车的规定，乘坐动车组列车旅客可免费携带物品不超过 130 cm，重量不超过 20 kg。

实训案例 2　一般旅客可免费携带物品判定（超重）

旅客邱某 2017 年 5 月 1 日乘坐 G1376 次列车从昆明南站上车去往杭州东站。随身携带物品重达 50 kg，请问是否符合免费携带行李乘车的规定？

题解：

不符合免费携带行李乘车的规定，乘坐动车组列车旅客可免费携带物品不超过 130 cm，重量不超过 20 kg。

实训案例 3　儿童可免费携带物品判定

2017 年 4 月 10 日，旅客仇某带孩子乘坐 G1484 次列车从凯里南站去往南京南站，孩子随身行李为 20 kg，请问是否符合免费携带行李乘车的规定？

题解：

不符合免费携带行李乘车的规定，乘坐动车组列车儿童旅客可免费携带物品重量不超过 10 kg。

实训案例 4　一般旅客可免费携带物品判定（普铁）

2017 年 4 月 25 日，旅客沈某乘坐××次列车从六盘水站上车去往株洲站，并随身携带行李，尺寸为 50 cm×50 cm×55 cm，重量为 20 kg，请问是否符合免费携带行李乘车的规定？

题解：

符合免费携带行李乘车的规定，乘坐普铁的旅客可免费携带行李每件物品外部尺寸长、宽、高之和不超过 160 cm。

实训案例 5　一般旅客可免费携带物品判定（杆状物）

旅客何某 2017 年 3 月 19 日于天津南站乘坐 G167 次列车去往宁波。进站时工作人员发现其携带一杆状物，长为 220 cm，重量为 5 kg，请问是否可以免费携带上车？

题解：

不可以，乘坐动车组列车所携带的杆状物品不能超过 130 cm；重量不超过 20 kg。

实训案例 6　一般旅客可免费携带物品判定（轮椅）

旅客张某拟于 2017 年 4 月 25 日在北京西站乘坐 G307 次列车去往重庆北站，由于其腿部行动不便（持残疾证）需使用轮椅（可折叠）行动，请问张某是否可以免费携带轮椅乘车？

题解：

张某可以免费携带。

根据《铁路旅客运输规程》，儿童（含免费儿童）10 kg，外交人员 35 kg，其他旅客 20 kg。每件物品外部尺寸长、宽、高之和不超过 160 cm，但乘坐动车组列车不超过 130 cm；杆状物品不超过 200 cm，但乘坐动车组列车不超过 130 cm；重量不超过 20 kg。但是，残疾人旅行时代步的折叠式轮椅可免费携带并不计入上述范围。

实训任务 2　旅客可限量携带物品的判定

实训案例 1　旅客可限量携带物品判定（白酒）

旅客陈某于 2017 年 4 月 10 日自石家庄站乘坐 G307 次列车去往重庆北，且随身携带 5 瓶密封完好的衡水老白干乘车，请问该旅客可否将它们携带上车？

题解：

是否可以携带取决于陈某所携带衡水老白干的酒精度数。如果白酒度数在 50 度以下，最多可免费携带封闭好的瓶装白酒 6 瓶装的一箱；如果度数如果高于 50 度，只能携带 2 瓶乘车。

实训案例 2　旅客可限量携带物品判定（指甲油）

旅客牛女士于 2017 年 4 月 11 自广州南站乘坐 G1302 次列车去往重庆北上海虹桥站，且随身携带 5 瓶 7 mL/瓶不同颜色指甲油，请问该旅客可否携带上车？

题解：

牛女士不可以全部带上车，根据铁总 2017 年最新要求，旅客可限量携带指甲油、去光剂、染发剂上限不得超过 20 mL。

实训案例 3　旅客可限量携带物品判定（打火机、安全火柴）

2017 年 4 月 12 日，G1326（贵阳被—上海虹桥）次列车乘务员在巡检过程中发现旅客岑某随身行李中有若干打火机和火柴（分别不少于 5 个），请问旅客携带的携带品是否属于不限量免费携带物品？

题解：

打火机和安全火柴属于可限量携带物品，根据铁总 2017 年最新要求，旅客可限量携带的打火机上限不得超过 2 个、可限量携带安全火柴的上限不得超过 2 小盒。

实训案例 4　旅客可限量携带物品判定（摩丝、发胶）

2017 年 4 月 13 日，G308（成都东—北京西）次列车乘务员在巡检过程中发现旅客刘某随身携带好迪牌 600 mL/瓶摩丝一瓶，请问该旅客携带物品是否符合铁路相关规定？

题解：

不符合，根据铁总 2017 年最新要求，旅客可限量携带冷烫精、摩丝、发胶、杀虫剂、空气清新剂等自喷压力容器不得超过 120 mL。

实训案例 5 旅客可限量携带物品判定（香烟）

2017 年 4 月 15 日，G149（北京南—上海虹桥）次列车乘务员在巡检过程中发现旅客刘某随身携带 MARLBORO 香烟 3 盒，请问该旅客携带物品是否符合铁路相关规定？

题解：

符合规定。旅客乘车携带烟草数量规定：国产香烟可携带数量上限为 10 条，进口香烟为 5 条。MARLBORO 为美国进口烟，旅客刘某携带的数量没有超过规定的可限量携带上限。

项目二　禁止携带物品的处理

【训练目标】

通过本项目的学习，学生可以学会判断禁带物品以及处理各类违章携带物品情况的相关知识。

【训练准备】

携带品（模拟携带品）、有效身份证件、客运记录、客运运价杂费收据、现金等，相关设施设备及文案材料。

【训练内容】

实训任务	实训依据（规章内容提炼）	备注（实训依据来源）
携带超重物品的处理	1. 下列物品不得带入车内： （1）禁止携带枪支、子弹类（含主要零部件）。 （2）禁止携带爆炸物品类。 （3）禁止携带管制刀具和可能危及旅客人身安全的菜刀、餐刀、屠宰刀、斧子等利器。 （4）禁止携带易燃易爆物品。 （5）禁止携带剧毒性、腐蚀性、放射性、传染性、危险性物品。 （6）禁止携带危害列车运行安全或公共卫生的物品。 （7）其他禁止和限制旅客携带物品按照国家法律、行政法规、规章规定办理。 （8）违规携带上述物品，依照国家法律法规的规定处理。 2. 旅客违章携带物品按下列规定处理： （1）在发站禁止进站上车。 （2）在车内或下车站，对超过免费重量的物品，其超重部分应补收四类包裹运费。对不可分拆的整件超重、超大物品，动物，按该件全部重量补收上车站至下车站四类包裹运费	《铁路旅客运输规程》第五十二条、五十三条； 《铁路旅客运输办理细则》第五十一、五十二条； 《铁路货物运价规则》第五、二十一条
携带超大物品的处理		
携带物品品类违章的处理		

续表

实训任务	实训依据（规章内容提炼）	备注（实训依据来源）
携带物品品类违章的处理	（3）发现危险品或国家禁止、限制运输的物品，妨碍公共卫生的物品，损坏或污染车辆的物品，按该件全部重量加倍补收乘车站至下车站四类包裹运费。危险物品交前方停车站处理，必要时移交公安部门处理。对有必要就地销毁的危险品应就地销毁，使之不能为害并不承担任何赔偿责任。没收危险品时，应向被没收人出具书面证明。 （4）如旅客超重、超大的物品价值低于运费时，可按物品价值的50%核收运费。 （5）补收运费时，不得超过本次列车的始发和终点站。 3. 发现旅客违章携带物品（包括几人同时携带一件超重或超大物品）时，在车站，应拒绝进站或动员旅客办理托运；对已带入车内的，应补收运费，妥善安排，必要时可放入行李车内。 4. 对违章携带的物品补收运费时，一律填写客运运价杂费收据，注明日期、发到站、车次、事由、件数、重量。具体处理过程中，应本着实事求是的态度，区别不同的违章情况，妥善处理。对携带品超重不足5千克时，应免收运费。 5. 国家铁路的客运运价，以元为计算单位，不足一元的尾数按四舍五入处理（但半价票价，棚车票价，市郊单程票价及客运杂费的尾数保留至角）。对浮动票价应分别按票种处理尾数。 6. 行李、包裹运价的计价重量以5千克为单位，不足5千克按5千克计算	《铁路旅客运输规程》第五十二条、五十三条； 《铁路旅客运输办理细则》第五十一、五十二条； 《铁路货物运价规则》第五、二十一条

【实训案例】

实训任务1　携带超重物品的处理

实训案例1　携带普通超重物品的处理

2017年4月20日，××次（兰州—上海）列车天水站开车验票，发现旅客仇某持用当日当次陇西—郑州硬座票，携带提包1个，15 kg；纸箱1个，内装书籍15 kg。列车应如何处理？

题解：

1. 查里程：陕西—郑州：985 km。

2. 计算运价：携带30 kg，超重30 kg − 20 kg = 10 kg，补收四类包裹运费。10 kg四类包裹运费：$1.685 \times 10 = 16.85 \approx 16.90$ 元。

3. 客杂填写见票例。

注意：记事栏注明：携带品超重。

实训案例2　携带整件/不可拆分超重物品的处理

2017年3月5日，××次（石家庄—广州）列车郑州站开车验票发现3名旅客持用当日当次石家庄—长沙硬座车票，携带拖拉机零件1件，重35 kg，列车应如何处理？

题解：
1. 查里程：石家庄—长沙：1 306 km。
2. 计算运价：对整件超重的 35 kg 补收四类包裹运费：
   35 kg 四类包裹运费 2.166 × 35 = 75.81 ≈ 75.80（元）。
3. 填写客运运价杂费收据。
   注意：记事栏注明：不可分拆整件超重。

实训案例 3　携带普通超重价值低廉物品的处理

2017 年 2 月 7 日，××次（广州—兰州）列车，广州开车验票，一旅客持当日当次广州至郑州硬座票，携带 5 件橘子共重 50 kg，橘子当地价格 2.00 元/kg，列车应如何处理？

题解：
1. 查里程：广州—郑州：1 605 km
2. 计算运价：对携带超重的 30 kg 橘子补收四类包裹运费：
   30 kg × 2.585 元/kg = 77.55 元 ≈ 75.60 元
   30 kg 橘子本身价值：30 kg × 2.00 元/kg = 60.00 元 < 75.60 元
   按照物品价值的 50%核收运费：60.00 × 50% = 30.00 元
3. 填写客运运价杂费收据。
   注意：记事栏注明：携带低质物品，按物品本身价值 50%核收。

实训案例 4　携带品超重不足 5 kg 的处理

2017 年 5 月 11 日，××次普快列车（郑州—北京西，新空），北京西组织旅客出站时发现，1 名旅客持当日郑州—北京西本次列车车票 1 张，携带手提包 1 件 16.1 kg、纸箱 1 件 8.3 kg。请处理。

题解：
1. 携带品共重 16.1 kg + 8.3 kg = 24.4 kg，超重 4.4 kg。
2. 对携带品超重不足 5 kg 时，应免收运费。

实训任务 2　携带超大物品的处理

实训案例 1　携带整件超大物品处理

2017 年 4 月 5 日，××次（兰州—广州）列车，郑州开车后，发现一旅客持当日当次郑州—信阳新空客特快联合票一张，携带教具一个（长 80 cm、宽 60 cm、高 40 cm）重 8 kg，提包一个重 15 kg，请按章办理？

题解：
1. 查里程：郑州—信阳：302 km。
2. 计算运价：对超大的 8 kg 教具加倍补收四类包裹运费：
   80 cm + 60 cm + 40 cm > 160 cm；
   0.599 × 8 kg = 8.599 元 ≈ 8.60 元。

3. 填写客运杂费收据

  注意：记事栏注明：携带教具超大。

实训案例 2 携带不可分拆整件超大物品的处理

  2017 年 5 月 1 日，××次（石家庄—上海）列车邯郸站开车验票时发现 1 名旅客持用当日当次石家庄—西安客快速通票（新空客快速郑州止，客快速至到站），携带竹书架 1 个，长 70 cm、宽 30 cm、高 120 cm，重 14 kg，列车应如何处理？

  题解：

  1. 查里程：石家庄—郑州：408 km

  2. 计算运价：对超大的 14 kg 补收四类包裹运费：

    14 kg 四类包裹运费：$0.759 \times 14 = 10.626 \approx 10.60$ 元

  3. 填写客运运价杂费收据。

  注意：记事栏注明：竹书架长 70 cm、宽 30 cm、高 120 cm，共 220 cm，整件超大，重 14 kg。

实训案例 3 携带圆形超大物品的处理

  2017 年 3 月 1 日，承德站组织××次列车（石家庄—承德，新空）旅、客出站时发现，1 名旅客持保定—承德车票 1 张，携带 1 个圆桌（从怀柔送上的车，有家具城发票）直径为 85 cm，厚 2 cm，重 16 kg，请处理。

  题解：

  1. 查里程：怀柔—承德：188 km。

  2. 计算运价：旅客乘车时可免费携带的物品，每件长 + 宽 + 高不得超过 160 cm，圆桌的直径 × 2 + 厚度 = 85 × 2 + 2 = 172 cm > 160 cm，属超大物品，按该件全部重量及所乘区间补收四类包裹运费。

    1 kg 四类包裹运费：0.375 元

    16 kg 四类包裹运费：$0.375 \times 16 = 6.00$ 元

  3. 填写客运运价杂费收据。

  注意：记事栏注明：圆桌直径为 85 cm，厚 2 cm，重 16 kg，整件超大。

实训案例 4 携带超重超大物品处理

  ××次列车运行至大同站，一旅客携带一铁棍长 180 cm，重 26 kg，该旅客持大同至乌海客快票，列车应怎样处理？

  题解：

  1. 查里程：大同—乌海：811 km

  2. 计算运价：每千克 1.433 元，补收大同—乌海 26 kg 四类包裹运费：

    $1.433 \times 26 = 37.258 \approx 37.30$ 元。

  3. 填写客运运价杂费收据。

  注意：记事栏注明：铁棍长 180 cm，重 26 kg，整件超重超大。

实训案例 5 携带超重超大物品并夹带危险品的处理

2017 年 3 月 8 日，××次列车（兰州—上海，新空）陇西到站前，发现一旅客持当日当次兰州—郑州硬座车票，携带不可分拆配件 1 件，23 kg；背包 1 件，11 kg，内夹带发令纸若干；尖角易损车辆物品 1 件，5 kg。列车应如何处理？

题解：

1. 查里程：兰州—陇西：202 km。

   兰州—郑州：1 187 km。

2. 计算运价：

   11 kg 加倍四类包裹运费：0.412 × 11 = 4.532 ≈ 4.50 元。

$$4.50 \times 2 = 9.00 \text{ 元}$$

   23 kg 四类包裹运费：1.959 × 23 = 45.057 ≈ 45.10 元

   5 kg 加倍四类包裹运费：1.959 × 5 = 9.795 ≈ 9.8 元

$$9.80 \times 2 = 19.60 \text{ 元}$$

   合计：9.00 + 45.10 + 19.60 = 73.70 元

3. 填写客运运价杂费收据。

注意：记事栏注明：旅客携带不可分拆配件 1 件，23 kg，属整件超重；背包 1 件，11 kg，内夹带发令纸若干加四类运费移交陇西站；尖角易损物品 1 件，5 kg，全城补收加倍四类运费。

实训任务 3　携带物品品类违章的处理

实训案例 1　危险品或禁运品的处理

2017 年 5 月 8 日，××次（兰州—深圳）列车，西安站前验票，发现一旅客持当日当次宝鸡至淮滨新空客特快联合票一张，携带提包一个 15 kg（内装汽油 2 kg），纸箱一个内装书籍 17 kg，列车应如何处理？

题解：

1. 查里程：宝鸡—淮滨 887 km。

2. 计算运价：

   对携带 2 kg 汽油加倍补收（宝鸡—西安：173 km）

   四类包裹运费：2 kg × 0.335 元/kg × 2 = 1.34 元 ≈ 1.30 元

   （2）对超重的 10 kg 补收（宝鸡—淮滨：887 km）

   四类包裹运费：

   （15 − 2 + 17 − 20 = 10 kg × 1.559 元/kg = 15.59 元 ≈ 15.60 元

3. 填写客运运价杂费收据。

注意：记事栏注明：超过 10 kg，2 kg 汽油加倍补收四类包裹运费后交西安站处理。

实训案例 2　携带动物的处理

2017 年 3 月 30 日，××次（兰州—北京西，新空）列车，石家庄开车验票，发现一旅客持当日当次石家庄至北京西硬座票，携带小狗两只分别重 1.8 kg 和 2.3 kg，列车应如何处理？

题解：

1. 查里程：石家庄—北京西：277 km。
2. 计算运价：

    对携带 1.8 kg 和 2.3 kg 小狗补收四类包裹运费：

    1.8 kg + 2.3 kg = 4.1 kg 进位为 5 kg 补收（不足 1 kg 进位为 1 kg）

    5 kg × 0.519 元/kg = 2.595 元 ≈ 2.60 元
3. 填写客运运价杂费收据。

注意：记事栏注明：携带动物小狗两只。

实训案例 3 超剂量物品的处理

2017 年 4 月 10 日，××次列车（兰州—西安，新空）到达西安站组织旅客出站时发现，1 名旅客持当日本次列车兰州—西安车票，携带提包 1 件重 18 kg，内装发胶 36 瓶（每瓶 120 mL，0.08 kg），请处理。

题解：

1. 查里程：××次：兰州—西安：676 km
2. 计算运价：该旅客携带 36 瓶发胶，每瓶 120mL，应没收 35 瓶，应按 35 瓶发胶的重量加倍补收所乘区间四类包裹运费。

    1 kg 四类包裹运费：1.180 元，35 瓶发胶重 2.8 kg 按 3 kg 计费。

    3 kg 四类包裹运费：1.180 × 3 = 3.540 ≈ 3.50 元。

    加倍补收运费：3.50 × 2 = 7.00 元。
3. 填写客运运价杂费收据。

注意：记事栏注明：携带超剂量物品，加倍补收运费。

【技能训练】

一、相关理论知识

（一）填空

1. 如旅客超重、超大的物品价值低于运费时，可按物品价值的_____核收运费。
2. 在车内或下车站，对超过免费重量的物品，其超重部分应补收_____。
3. 对不可分拆的整件超重、超大物品，动物，按该件全部重量补收_____四类包裹运费。
4. 发现危险品或国家禁止、限制运输的物品，妨碍公共卫生的物品，损坏或污染车辆的物品，按该件全部重量_____补收乘车站至下车站四类包裹运费。
5. 危险物品交_____处理，必要时移交公安部门处理。
6. 没收危险品时，应向被没收人出具_____。
7. 补收运费时，不得超过本次列车的_____。
8. 发现旅客违章携带物品时，在车站，应_____或动员旅客办理托运；对已带入车内的，应_____，妥善安排，必要时可放入行李车内。
9. 对违章携带的物品补收运费时，一律填写_____。
10. 国家铁路的客运运价，以_____为计算单位，不足一元的尾数按四舍五入处理（但半价票价，棚车票价，市郊单程票价及客运杂费的尾数保留至角）。对浮动票价应分别按_____处理尾数。

（二）选择

1. 旅客可凭客票托运的行李在（　　）以内，按行李运价计算，对超过部分按行李运价加倍计算。

　　A. 100 kg　　　　B. 80 kg　　　　C. 60 kg　　　　D. 50 kg

2. 《铁路旅客运输规程》是依据（　　）制定的。

　　A. 《铁路旅客运输管理规则》　　　　B. 《铁路技术管理规程》
　　C. 《中华人民共和国铁路法》　　　　D. 《铁路旅客运输办理细则》

3. 外交人员免费携带品的最大重量为（　　）。

　　A. 20 kg　　　　B. 25 kg　　　　C. 30 kg　　　　D. 35 kg

4. 购买半价票的儿童免费携带品最大重量为（　　）。

　　A. 5 kg　　　　B. 10 kg　　　　C. 15 kg　　　　D. 20 kg

5. 随同成人旅行的免费儿童，其免费携带品最大重量为（　　）。

　　A. 5 kg　　　　B. 10 kg　　　　C. 15 kg　　　　D. 20 kg

6. 旅客携带品，每件物品外部尺寸长、宽、高之和最大不超过（　　）。

　　A. 140 cm　　　　B. 160 cm　　　　C. 180 cm　　　　D. 200 cm

7. 为方便旅客的旅行生活，可携带安全火柴（　　）乘车。

　　A. 2 盒　　　　B. 4 盒　　　　C. 6 盒　　　　D. 20 盒

8. 旅客可携带不超过（　　）的摩丝乘车。

　　A. 20 mL　　　　B. 60 mL　　　　C. 120 mL　　　　D. 600 mL

9. 旅客遗失物品向失主所在站转送时，物品重量超过规定重量时，到站按（　　）包裹补收运费。

　　A. 二类　　　　B. 三类　　　　C. 四类　　　　D. 品类

10. 行李每件的最大重量为（　　）。

　　A. 20 kg　　　　B. 30 kg　　　　C. 40 kg　　　　D. 50 kg

11. 旅客违章携带超重、超大物品且价值低于运费时，可按物品价值的（　　）核收运费。

　　A. 20%　　　　B. 30%　　　　C. 40%　　　　D. 50%

12. 为方便旅客的旅行生活，旅客可将不超过 120 mL 的（　　）带入车内。

　　A. 指甲油、香水、染发剂　　　　B. 摩丝、发胶、空气清新剂
　　C. 酒精、摩丝、染发剂　　　　　D. 冷烫精、卫生杀虫剂、空气清新剂

13. 为方便旅行生活，旅客可携带不超过（　　）的卫生杀虫剂、空气清新剂乘车。

　　A. 20 mL　　　　B. 100 mL　　　　C. 120 mL　　　　D. 600 mL

14. 每名旅客允许携带初生雏（　　）进站、上车。

　　A. 40 只　　　　B. 35 只　　　　C. 20 只　　　　D. 25 只

15. 为方便旅行生活，旅客可携带气体打火机（　　）乘车。

　　A. 2 个　　　　B. 5 个　　　　C. 8 个　　　　D. 10 个

16. 一名外交人员带一名不足 1.1 m 小孩乘车，他们可免费携带物品（　　）。

　　A. 45 kg　　　　B. 35 kg　　　　C. 20 kg　　　　D. 30 kg

17. 一名高位截肢的残疾人携带一名1.42 m儿童旅行，出站时乘一辆折叠式轮椅，其中折叠式轮椅重23 kg，两件行李重65 kg，该旅客应补运费的计重为（　　）kg。

  A. 58 kg   B. 65 kg   C. 45 kg   D. 35 kg

18. 旅客遗失物品需通过铁路向失主所在站转送时,物品在5 kg以内的免费转送,超过5 kg时,（　　）按品类补收运费。

  A. 发站   B. 列车   C. 到站   D. 中途站

19. 客运杂费由（　　）决定。

  A. 国务院   B. 铁路局
  C. 国务院铁路主管部门   D. 车站

20. 旅客可免费携带以下哪类物品？（　　）

  A. 12 mL指甲油   B. 榴莲   C. 鞭炮   D. 法令纸

21. 旅客携带品（　　）不超过200 cm。

  A. 长度   B. 杆状物品   C. 体积   D. 外部尺寸

22. 旅客遗失（　　），不办理转送。

  A. 残疾人折叠式轮椅   B. 手提包
  C. 行李卷   D. 水果3 kg

23. 遗失物品、暂存物品从收到日起，承运人对（　　）以内仍无人领取的物品应在车站进行通告。

  A. 10天   B. 30天   C. 90天   D. 180天

24. 旅客携带的（　　），不得带入车内。

  A. 水果   B. 动物   C. 蔬菜   D. 初生雏10只

25. 旅客携带品超过规定范围，对不可分拆的整件超重、超大物品，按该件全部重量补收（　　）四类包裹运费。

  A. 列车始发站至下车站   B. 上车站至列车终到站
  C. 上车站至下车站   D. 上车站至换乘站

26. 旅客的遗失物品，如旅客已下车，应编制客运记录，注明（　　）、件数等移交下车站。

  A. 品名   B. 名称   C. 物品   D. 重量

27. 对旅客随身携带的物品应动员放在行李架上，座位下面、并做到（　　），不妨碍其他旅客乘坐或通行。

  A. 大不压小   B. 堆码整齐   C. 整齐大方   D. 平稳牢固

28. 发现旅客携带能够损坏车辆的物品，按该件全部重量（　　）乘车站至下车站四类包裹运费。

  A. 50%补收   B. 30%补收   C. 加倍补收   D. 补收

29. 旅客将宠物小狗带入车内，小狗伤害其他旅客，由（　　）负责。

  A. 列车员   B. 携带者   C. 承运人   D. 工作人员

30. 旅客将宠物携带上车，应（　　）。

  A. 予以没收
  B. 编记录交前方站
  C. 补收四类包裹运费，应安排在列车通过台由旅客自己看管
  D. 应加倍补收四类包裹运费

31. 旅客遗失物品需要转送时应填写（　　）。
   A. 客运记录　　　　　　　　　　　　B. 行李、包裹交接证
   C. 客运记录和行李、包裹交接证　　　D. 铁路电报
32. 没收危险品时，应向被没收人（　　）。
   A. 编制客运记录　　　　　　　　　　B. 出具书面证明
   C. 交站处理　　　　　　　　　　　　D. 按品名、交前方站处理
33. 列车时刻表中符号"＝"表示列车（　　）。
   A. 不经过此站　　　　　　　　　　　B. 终到站
   C. 在该站不办理客运业务　　　　　　D. 在该站通过
34. 《铁路旅客运输服务质量规范》规定，有乘警的直通列车发现可疑旅客携带品及无人认领的物品时，通知（　　）。
   A. 列车长到场处理　　　　　　　　　B. 乘警到场处理
   C. 检车员到场处理　　　　　　　　　D. 安全员到场处理
35. 《管规》规定，移动旅客物品时，（　　）并对旅客的配合表示谢意。
   A. 应事先征得旅客同意　　　　　　　B. 不用征得旅客同意
   C. 随意移动　　　　　　　　　　　　D. 不能随意移动
36. 发现旅客违章携带妨碍公共卫生的物品时，按该件全部重量（　　）乘车站至下车站四类包裹运费。
   A. 60%补收　　B. 补收　　C. 50%补收　　D. 加倍补收
37. 对旅客已带入车内的超重、超大物品，列车应补收运费，必要时可放在（　　）。
   A. 列车通过台　　B. 行李车内　　C. 邮政车内　　D. 餐车内
38. 对旅客的遗失物品（　　）归还原主。
   A. 应设法　　B. 应该　　C. 不必　　D. 应积极
39. 为方便旅客的旅行生活，旅客可将不超过（　　）的发胶带入车内。
   A. 20 mL　　B. 100 mL　　C. 300 mL　　D. 120 mL
40. 客列车是指运送（　　）的列车。
   A. 旅客及行包、邮件　　　　　　　　B. 旅客
   C. 人员　　　　　　　　　　　　　　D. 行包、邮件
41. 对旅客已带入车内的猫、狗等宠物，应安排在（　　）由旅客自己照看。
   A. 座席（铺位）下　　　　　　　　　B. 行李车内
   C. 车厢内　　　　　　　　　　　　　D. 列车通过台

（三）判断

1. 残疾人用折叠轮椅按 50 kg 计算行李价。（　　）
2. 旅客行李包裹运送里程，根据客运统计原始单据记载的发、到站和经由，是按《旅客票价表》查定。（　　）
3. 《铁路客运运价规则》中全部运输费用包括旅客票价、行李、包裹运价。（　　）
4. 旅客乘坐动车组列车时，其携带品的外部最大尺寸：长、宽、高为 60、35、35 cm，杆形物品的长度不能超过 170 cm。（　　）
5. 《铁路旅客运输规程》适用于所有的铁路旅客和行李、包裹公共运输。（　　）

6. 重量超过 20 kg 的携带品不能带入列车内。（　　）
7. 对旅客违章携带物品补收运费时不得超过本次列车的始发站和终点站。（　　）
8. 残疾人旅行时以车代步的折叠式轮椅可免费携带并计入旅客携带品的重量范围。（　　）
9. 车站对于旅客有违章携带品时应拒绝进站或动员旅客办理托运。（　　）
10. 应办而未办理手续的带运包裹，应按旅客携带品处理。（　　）
11. 为方便旅客的旅行生活，旅客可将 100 mL 的摩丝带入车内。（　　）
12. 国际直通联运车厢内，禁止旅客随身携带动物。（　　）
13. 对携带品超重不足 5 kg 时，应按 5 kg 收费。（　　）
14. 旅客可免费携带国产香烟上限为 20 条。（　　）
15. 对违章携带的物品补收运费时，一律填写客运运价杂费收据，注明日期、发到站、车次、事由、件数、重量。具体处理过程中，应本着实事求是的态度，区别不同的违章情况，妥善处理。（　　）
16. 旅客可免费携带散装白酒乘车。（　　）
17. 旅客可限量携带安全火柴 2 小盒，普通打火机 5 个。（　　）
18. 旅客可限量携带法令纸乘车。（　　）
19. 旅客可限量携带 50 度白酒数量上限为 6 瓶。（　　）
20. 妨碍公共卫生（包括有恶臭异味）的物品是不能带上火车的如臭豆腐、榴莲等。（　　）

（四）简答

1. 哪些物品可以限量携带乘车？
2. 铁路旅客可以免费携带多少物品？
3. 铁路旅客乘车携带香烟有何规定？
4. 动物能否带上火车？
5. 国家铁路的客运运价计算单位有何规定？
6. 什么是客运杂费？
7. 铁路旅客能否携带折叠自行车乘车？
8. 铁路发现旅客携带免费重量的物品该如何处理？
9. 铁路旅客违章携带物品按规定该如何处理？
10. 铁路旅客能否携带白酒上车？

二、实操技能训练

1. 2017 年 5 月 10 日，××次（石家庄—哈尔滨）列车衡水站开车验票发现 1 名旅客持用当日当次石家庄—长春硬座车票，携带提包 1 个 15 kg，纸箱 1 个内装书籍 15 kg，列车应如何处理？

2. ××次列车，一外宾带一儿童，持银川至成都车票，携带一只提箱重 45 kg，列车应怎样补收？

3. ××次列车银川至平凉一名旅客携带免费儿童一名，携带背包一个重 38 kg，列车应如何处理？

4. 2017 年 5 月 1 日，××次列车（兰州—青岛，新空），兰州始发开车后验票，发现一旅客持当日当次兰州至咸阳新空客快速硬座票一张，随身携带土豆两袋 40 kg，当地价格 1.00 元/kg。列车如何办理？

5. 2017年4月30日，××次（石家庄—哈尔滨）列车衡水站开车验票发现1名旅客持用当日当次石家庄—长春硬座车票，携带40 kg赵县梨（当地价格1.20元/kg），列车应如何处理？

6. 2017年3月17日，××次列车（兰州—广州，快速）天水站前，发现一旅客持当日当次陇西—驻马店硬座票，携带不可分拆配件一件重23 kg，背包一件重11 kg（内夹带发令纸若干），尖角易损车辆物品一件重5 kg，列车应如何处理？

7. 2017年3月4日，××次（石家庄—哈尔滨）列车衡水站开车验票发现1名旅客持用当日当次石家庄—天津硬座车票，携带小狗1只重3.3 kg，列车应如何处理？

模块四技能训练答案

模块五　违章使用乘车证

【模块介绍】

模块主要设计了两个项目，常见票证真伪辨别和违章使用乘车证处理。具体涵盖铁路乘车证种类、铁路乘车证及其他相关证件查验、借用乘车证的处理、使用过期乘车证的处理、超过乘车证有效区间的处理、使用乘车证中途下车的处理以及伪造乘车证乘车的处理任务。并围绕各任务设计了相关小案例，从而使学生通过实际案例对如何辨别常见票证真伪以及如何处理违章使用乘车证有全方位的了解。

项目一　常见票证真伪辨别

【训练目标】

本项目主要依据现行铁路乘车证的相关规定，设计各类乘车证的相关案例，使学生们通过本部分的学习掌握乘车证的种类、请领、分发、申请、填发丢失处理等相关规定及处理流程，同时可以进行乘车证及其他铁路相关证件的快速查验。

【训练准备】

有效身份证件、各类乘车证样表、其他铁路相关证件模板、进站设备、（模拟）列车、对讲机、电话等动车组相关备品。

【训练内容】

实训任务	实训依据（规章内容提炼）	备注（实训依据来源）
铁路乘车证种类	1. 铁路乘车证种类： 硬席全年定期乘车证； 软席全年定期乘车证； 硬席临时定期乘车证； 软席乘车证； 硬席乘车证； 通勤乘车证； 就医乘车证； 便乘证； 探亲乘车证； 购粮乘车证用就医乘车证代用	《铁路乘车证管理办法》（铁劳〔1994〕142号） 《北京铁路局高速铁路旅客运输管理办法》（京铁客〔2015〕293号） 《关于做好2016年铁路乘车证换发工作的通知》（京劳电〔2015〕184号）

续表

实训任务	实训依据（规章内容提炼）	备注（实训依据来源）
铁路乘车证种类	2.乘车证的请领、分发：空白乘车证的请领和审批，实行定额管理办法。部根据各系统的不同需要，对部属单位和总公司所属局、院、厂定额发放空白乘车证；请领乘车证时须填写空白乘车证请领单一式三份，甲页存查，乙、丙页报送上级分发单位请领；分发单位核发时，应将发行的乘车证符号、号码、数量等要求的内容详细填入请领单，审核盖章后，乙页存查登记，丙页连同票证发给请领单位；各单位对领回的乘车证，应于5日内收点完毕。点收中若发现缺册、缺号、重号、印刷不清、错误和张数不符等情况，应在请领单甲页记入实收数量并编造点收记录一式二份，1份备查，1份连同不符票证的甲页请领单一并退寄分发单位。 3.乘车证的申请：职工、家属使用乘车证必须提出书面申请。临时定期、软席、硬席、探亲乘车证应先填写"乘车证申请书"；全年定期、定期通勤、通勤、通学、定期就医、购粮乘车证应统一填写"××乘车证申请名册"。申请书和申请名册各项内容要填写详细、清楚、不得涂改，填发人员对涂改后的申请书（申请名册）不予填发乘车证。申请书应与填发的乘车证相对应，内容必须一致并按顺序装订成册，按规定交付的有关证明应附在申请书后一并装订备查。 4.乘车证的填发：单页两联存根式乘车证用钢笔填写，字迹要工整、清晰、严禁填发使用涂改的乘车证；各种乘车证（全年、临时定期乘车证除外）每张只限填发1个到站。由始发站至达站有两个以上径路时应填写经由站。经由站只能填写一个站，走近径路时，经由可不填；如始发站至到达站有直通列车可乘，需走远径路的，应填写经由站，走远径路视为有效。填远经由走近径路时也视为有效；填发乘车证，乘车人员的姓名、性别、年龄、职务、工作证号码均应填写清楚，并要求乘车证（全年定期乘车证除外）的有效期间和出差证明、探亲证明等的外出时间一致；临时定期、软席、硬席乘车证使用人数有2人时，应都写上；超过2人时，须另在乘证下端粘附乘车证附带名单。职工的随同人员应写明称谓、姓名、性别、年龄，不能写×××等几名或×××外几名，并由填发人在骑缝处加盖名章。一张乘车证的使用人数不能超过10人。探亲乘车证、就医乘车证、便乘证每张使用人数可据实填写；乘车证上的"使用别"栏须根据外出任务或用途按下述项目填写，即：出差、驻勤、调转、搬家、入学、疗养、转院、学习、实习、施工等，乘车证上备用而不用的项目均应抹销；填发全年定期、定期通勤、通勤、通学乘车证均须粘贴使用人近期一寸半身免冠相片，并加盖填发单位钢印"填发单位"栏盖单位名称横戳；其他乘车证的"填发单位"栏应加盖填发单位"乘车证专用章"；各种乘车证在乘车证"计×人"上或相片下端加盖填发人名章；职工1人时不准同时填发、使用2张及以上乘车证；软席、硬席乘车证的始发站填写职工工作地；定期通勤、通勤、通学、定期就医、购粮乘车证的始发站填写职工、家属的居住地；便乘证的始发站填写职工工作地或退乘地；本年度的全年定期、定期通勤、通勤、定期就医、定期购粮乘车证，可延期使用到次年的一月十五日止；临时定期、软席、硬席、探亲乘车证的有效期间为3个月，可跨年填发。填发时应据实填写，不要一律都填3个月	《铁路乘车证管理办法》（铁劳〔1994〕142号） 《北京铁路局高速铁路旅客运输管理办法》（京铁客〔2015〕293号） 《关于做好2016年铁路乘车证换发工作的通知》（京劳电〔2015〕184号）

续表

实训任务	实训依据（规章内容提炼）	备注（实训依据来源）
铁路乘车证及其他相关证件查验	1. 铁路乘车证版面调整后，持证人在出入车站、办理签证、登乘列车时，必须同时交验铁路乘车证、身份证、工作证、出差证明（或与铁路乘车证使用类别相配套的有关证明），即持"四证"接受站车查验。 2. 站、车客运人员必须熟知乘车证使用的有关规定，认真查验乘车证填载项目和必须携带的有关证件和证明，并打查验标记。如有不符，视为无效，并有权扣留所持乘车证，按有关规定处理。 3. 对持用的全年、临时定期、通勤、定期通勤、通学、全年定期就医（购粮）和临时定期就医乘车证免打查验标记；其他乘车证均须于始乘站和返乘站予以剪口，列车内查验时应打查验标记，否则按客运有关规定办理。 4. 铁路各部门在列车上工作的各种特定证件（如铁路运输收入稽查证、客运监察证、铁路乘车证监察证等），只能作为工作凭证，均不能作为乘车的凭证。 5. 普速列车：持用临时定期、软席、硬席、探亲乘车证时，须由车站签证。车站对要求签证的人员应查验有关证件，临时定期乘车证在卡片上签证，软席、硬席乘车证在背面签证，对号列车应发给座位号。持用全年定期、定期通勤、通勤、通学、定期就医、购粮乘车证可免于签证。如要座位号时，可凭乘车证由车站发给座位号。 6. 高铁列车：持有各种铁路乘车证的铁路员工允许乘坐高铁、动车组车，但须办理签证。软席乘车证人员可以办理一等座席签证。 7. 持用软席、硬席、定期通勤、通勤、通学、定期就医、就医、购粮、探亲乘车证，除换乘外，中途下车无效。 8. 定期通勤乘车证1个月只限使用1次，不能提前或移作下月使用。 9. 持用通勤、探亲、就医乘车证，除换乘外，中途下车无效。签票应以乘车证票面的发、到站为准。 10. 符合一年一次探亲条件的职工，经本人申请，领导批准，可填发其本人工作地至探亲地点的探亲乘车证，经领导批准探亲假分两次使用的职工，第二次探亲时也可填发探亲乘车证。 11. 符合四年一次探亲条件的职工探亲乘车规定：职工供养的配偶、子女与其同行，可共同使用一张探亲乘车证，但其配偶、子女不得单独使用；职工在不享受探亲假和不影响正常生产（工作）的前提下，可每年使用一张探亲乘车证。其供养的配偶，子女同行时，可共同使用。如本人不用时，配偶、子女不得单独使用，也不能积存到次年使用两张；职工在不享受探亲假，四年中也不使用每年一张探亲乘车证的前提下，经领导批准，其供养的父母可使用一张其居住地至职工工作地的探亲乘车证。 12. 职工的父母或父母一方与职工的配偶同居一地时，父母不能与职工的配偶共同填发一张探亲乘车证去探望职工，更不能单独填发使用去探望职工。 13. 职工供养的未满18周岁的子女随同职工或职工供养的配偶、父母探亲时，可共同使用一张探亲乘车证，但职工子女不能单独使用。 14. 离、退休人员符合探亲规定条件的，可使用探亲乘车证。此种乘车证只限离、退休人员本人四年使用一次，不能与在职职工一样，在不享受探亲假的条件下，每年使用一张探亲乘车证	《铁路旅客运输服务质量监督监察办法》（铁运〔2002〕31号） 《北京铁路局旅客运输服务质量网络监督监察工作的规定》（京铁客〔2007〕346号） 《关于运输收入管理人员使用收入监察证的通知》（京铁收入〔2009〕684号） 《关于公布中铁电气化运管公司职工工作乘车凭证使用管理办法的通知》（京铁劳电〔2014〕2695号） 《关于转发中国铁路总公司《关于规范〈全国铁路通用乘车证〉使用有关事项》的通知》（京客电〔2016〕33号） 《北京铁路局登乘动车组司机室管理细则》（京铁机〔2014〕356号） 《铁路乘车证管理办法》（铁劳〔1994〕142号）

【实训案例】

实训任务 1　铁路乘车证种类

实训案例 1　乘车证的种类

铁路员工陈某因工作需要，必须经常在沈阳铁路局所管区段内的铁路沿线往返乘车，请问陈某需要申请哪类乘车证？

题解：

陈某应申请全年定期乘车证。原因如下：

1. 铁路乘车证的种类包括以下几种：

（1）硬席全年定期乘车证——浅蓝色，见图 5-1。

（2）软席全年定期乘车证——浅粉色，见图 5-2。

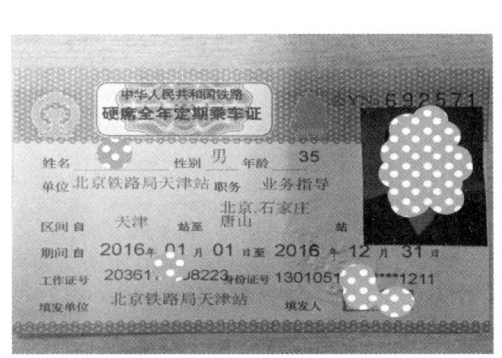　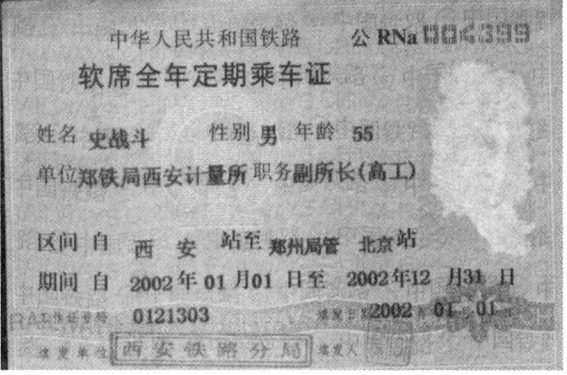

图 5-1　硬席全年定期乘车证　　　　图 5-2　软席全年定期乘车证

（3）硬席临时定期乘车证——浅蓝色，见图 5-3。

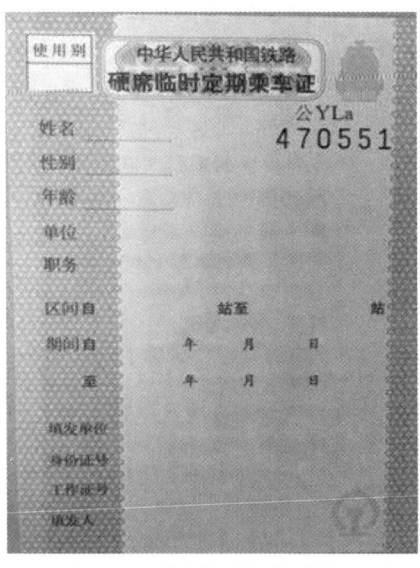

图 5-3　硬席临时定期乘车证

（4）硬席乘车证——浅蓝色，见图5-4。

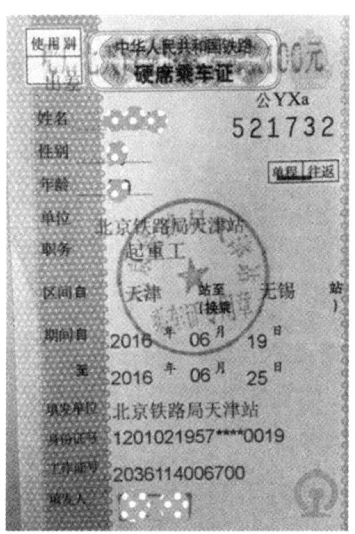

图5-4　硬席乘车证

（5）通勤乘车证——竖版浅黄色，见图5-5。

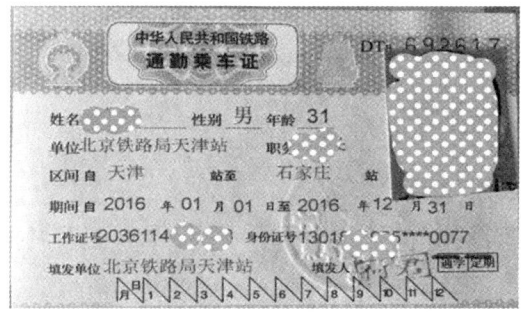

图5-5　通勤乘车证

（6）就医乘车证——浅黄色，见图5-6。

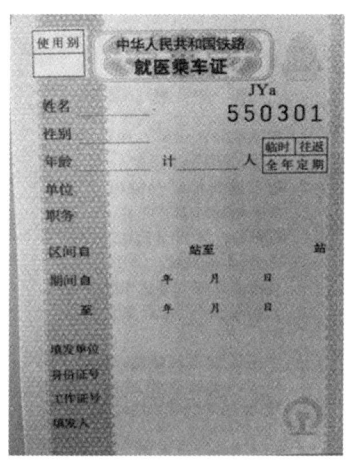

图5-6　就医乘车证

（7）便乘证——浅蓝色，见图5-7。

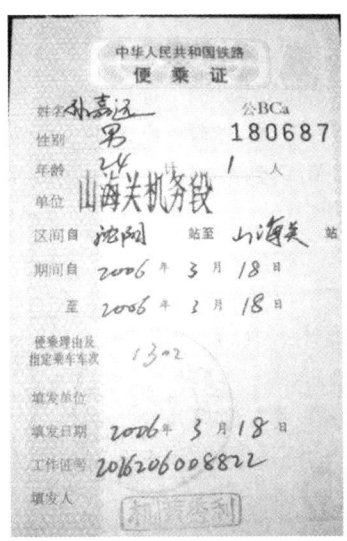

图 5-7　便乘证

（8）探亲乘车证——浅黄色，见图5-8。

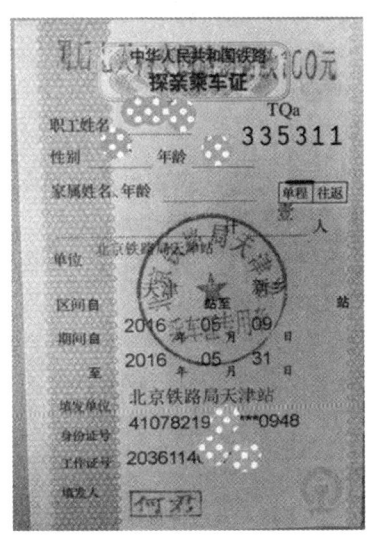

图 5-8　探亲乘车证

原定期通勤乘车证与通勤（学）乘车证合并；购粮乘车证用就医乘车证代替。

2．乘车证的使用范围如下：

（1）全年定期乘车证

凡因工作需要，必须经常在所管辖区段内铁路沿线往返乘车的铁路职工，可使用所管辖区段内的全年定期乘车证。铁路局机务、车辆、客运、列车段的运转主任、乘务主任、车队长、业务指导、指导员，公安押运队队长、押运人员、指导员，可使用其担当乘务区段内的全年定期乘车证。

持用全年定期乘车证的各铁路单位的领导及运输业务人员，确实经常赴直属上级机关或随车工作的,其乘车区间可填发管辖区段至直属上级机关所在地或乘务区段的终到站。

(2)临时定期乘车证

因工作需要短期内须在一定区段内连续往返乘车或一次出差到几个地点又不顺路的,可使用一定区段内的临时定期乘车证。临时定期乘车证的到站,除铁道部机关外,不能填"××局管内各站",更不能填"全国各站",应根据本次出差的实际需要填写。

一次出差到一条线的几个站,可填到最远站;一次出差到几条线又不顺路者,可按线填最远到站,但不能超过三个到站。

(3)软席、硬席乘车证

因工作需要一次性的外出乘车,可使用软席、硬席乘车证,乘车区段及期间按实际需要填发,单程或往返一次有效,除转乘外,中途下车无效。

(4)通勤乘车证

原定期通勤乘车证与通勤(学)乘车证合并。

职工工作地至家属居住地在 300 km 以内,上下班有适当列车可乘,不影响出勤、工作和休息的,需通勤时,可使用通勤乘车证。

沿线职工供养的子、女、弟、妹,由居住地至中、小学校在 50 km 以内,需要乘车通学时,同样可使用通勤乘车证。当地设有同等学校,原则上应就地入学。但按招生计划考入外地铁路重点中、小学就学的,居住地至学校在 200 km 以内的可使用通勤乘车证。

符合享受一年一次探亲待遇条件的职工,其工作地至家属居住地在 600 km 以内,能利用节假日或休班时间回家的,在不享受国家规定的探亲假的前提下,可填发通勤乘车证。

通勤乘车证的有效期间为一个历年。

(5)就医乘车证

在沿线居住的职工及其供养的直系亲属,如当地无铁路医疗单位,须赴负责本医疗区段的铁路卫生所、医院就医时,可使用定期就医乘车证。

沿线居住地无购粮点,需乘车到就近购粮点购粮时,铁路职工及其同居的供养直系亲属可使用定期购粮乘车证。随身携带的粮食重量以不超过客运规定重量为限。定期购粮乘车证用定期就医乘车证代替,"使用别"栏注明"购粮"字样。

就医乘车证一年填发一次,有效期间为一个历年。

(6)探亲乘车证

探亲乘车证是铁路职工及其供养的直系亲属探亲乘车凭证。

职工供养的配偶、子女与其同行,可共同使用一张探亲乘车证,但其配偶、子女不得单独使用。

职工在不享受探亲假和不影响正常生产(工作)的前提下,可每年使用一张探亲乘车证。

职工在不享受探亲假,四年中也不使用每年一张探亲乘车证的前提下,经领导批准,其供养的父母可使用一张其居住地至职工工作地的探亲乘车证。

(7)便乘证

机车乘务员、运转车长在规定担当乘务的区段内便乘时(不包括调车机车、小运转及出入厂取送机车),可由段、折返段乘务室、驻在所(站)值班员填发便乘证,按指定日期、车次一次乘车有效。便乘到达目的地后,应由值班员收回便乘证,予以注销,月末集中交回填发单位。

机车车辆在中途发生故障,机务段、车辆段检修工人去修理,应填发一次硬席乘车证,不能使用便乘证。

实训案例 2 乘车证的申请

职工、家属使用乘车证必须提出书面申请。临时定期、软席、硬席、探亲乘车证应先填写"乘车证申请书",(见图 5-9);全年定期、通勤、定期就医乘车证应统一填写"××乘车证申请名册",以"硬席全年定期乘车证申请名册"为例(见图 5-10)。

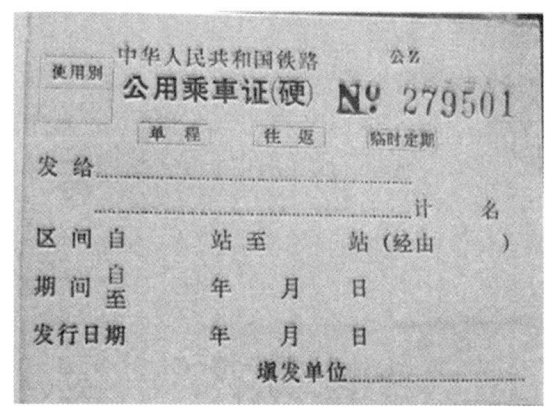

图 5-9 乘车证申请书

硬席全年定期乘车证申请名册

申请单位(公章):											年度
顺号	姓名	性别	年龄	单位部门名称	职务	起站	区间	工作证号码	乘车证号码	备注

图 5-10 硬席全年定期乘车证申请名册

2. 申请书和申请名册各项内容要填写详细、清楚,不得涂改,填发人员对涂改后的申请书(申请名册)不予填发乘车证。

3. 申请书应与填发的乘车证相对应,内容必须一致并按顺序装订成册,按规定交付的有关证明应附在申请书后一并装订备查。

实训案例 3 乘车证的填发

1. 除全年、临时定期乘车证外，其他乘车证每张仍填发一个到站，取消有关远近径路的规定，乘车证中的"经由"改为"换乘"，对因签证原因不能乘直达列车的，所在同一方向换乘站中转换乘一次。
2. 填发乘车证时，乘车人员的姓名、性别、年龄、职务、工作证号码均应填写清楚，并要求乘车证（全年定期乘车证除外）的有效期间和出差证明、探亲证明等的外出时间一致。
3. 实行一人一票制，除探亲、就医乘车证外，其他各种乘车证每张限一人使用。
4. 乘车证上的"使用别"栏须根据外出任务或用途按下述项目填写，即：出差、驻勤、调转、搬家、入学、疗养、转院、学生、实习、施工等，乘车证上备用而不用的项目均应抹销。
5. 填发全年定期、定期通勤、通勤、通学乘车证均须粘贴使用人近期一寸半身免冠相片，并加盖填发单位钢印。"填发单位"栏盖单位名称横戳。
6. 其他乘车证的"填发单位"栏应加盖填发单位"乘车证专用章"。
7. 职工一人不准同时填发、使用两张及以上乘车证。
8. 软席、硬席乘车证的始发站填写职工工作地；定期通勤、通勤、通学、定期就医、购粮乘车证的始发站填写职工、家属的居住地；便乘证的始发站填写职工工作地或退乘地。
9. 本年度的全年定期、定期通勤、通勤、定期就医、定期购粮乘车证，可延期使用到次年的一月十五日止。
10. 临时定期、软席、硬席、探亲乘车证的有效期间为三个月，可跨年填发。填发时应据实填写，不要一律都填三个月。

实训案例 4 乘车证的请领、分发

1. 空白乘车证的请领和审批，实行定期管理办法。部根据各系统的不同需要，对部属单位和总公司所属局、院、厂定额发放空白乘车证。
2. 请领乘车证时须填写空白乘车证请领单一式三份，甲页存查，乙、丙页报送上级分发单位请领；分发单位核发时，应将发行的乘车证符号、号码、数量等要求的内容详细填入请领单，审核盖章后，乙页存查登记，丙页连同票证发给请领单位。

各单位对领回的乘车证，应于五日内收点完毕。点收中若发现缺册、缺号、重号、印刷不清、错误和张数不符等情况，应在请领单甲页记入实收数量并编造点收录一式二份，一份备查，一份连同不符票证的甲页请领单一并退寄分发单位。

实训案例 5 违章批准和填发乘车证

对违章批准和填发各种乘车证，除追回乘车证外，要按下列标准进行罚款。
1. 全年定期乘车证：
（1）使用区段为全国各站的每张罚款 600 元；
（2）使用区段超出铁路局管范围的，每张罚款 400 元；
（3）其他乘车证每张罚款 200 元。
2. 临时定期乘车证：
（1）填发使用区段超出铁路局管范围的，每张罚款 200 元；
（2）填发使用区段在铁路局管范围内的，每张罚款 140 元。

3. 其他乘车证每张罚款 100 元。

4. 凡违章为路外人员审批、填发乘车证按上述标准视情况加倍罚款。

实训案例 6　乘车证丢失

对丢失乘车证者，除本人作出检查外，要按下列标准进行罚款。

1. 全年定期乘车证每张罚款 200 元。

2. 临时定期乘车证每张罚款 150 元。

3. 其他乘车证每张罚款 100 元。

4. 假报丢失乘车证按违章使用处理，若继续违章使用的还要给予纪律处分。

5. 丢失空白乘车证的罚款及票面经济损失的折算，原则按上述罚款标准办理，能落实票面直接经济损失的，应按票面经济损失办理。单位丢失空白乘车证，要及时向上一级主管部门报告并认真查处，视有关人员责任大小及经济损失程度，予以经济处罚及行政处分。处理结果须报上一级主管部门。由部或铁路局劳资部门向管内或有关各局发出通报，接到通报的局亦应及时向管内通报查扣丢失的乘车证。

6. 丢失定期通勤、通勤、全年定期就医（购粮）乘车证的，罚款后方可予以补发。

实训任务 2　铁路乘车证及其他相关证件的查验

实训案例 1　铁路员工免费乘车

2017 年 1 月 1 日，新入职铁路员工王某持铁路工作证试图从信阳东站免费搭乘 G310 次列车（重庆北—北京西）信阳东—北京西，前往北京西站。请问王某能否成功免费搭乘？

题解：

王某不能成功免费搭乘。

原因如下：

1. 铁路职工工作证与铁路职工乘车证不同，铁路职工工作证只代表了员工的工作单位，如果需要免费乘车的话必须要有乘车证。

2. 王某要享受免费乘车，必须"四证"齐全，即工作证（见图 5-11）、出差证明（见图 5-12）、领导批准的到达站的公免乘车证以及身份证。

图 5-11　铁路工作证

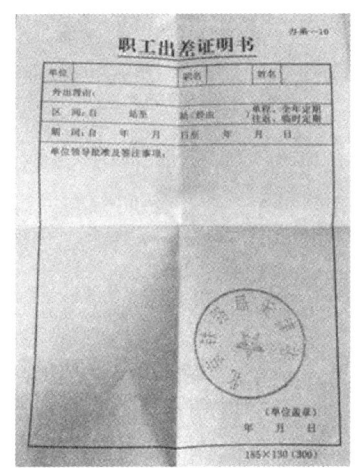

图 5-12　铁路职工出差证明

3. 王某即使有"四证",也不能全国"通游",只能限定在一定的区间内乘车。"四证"不全的铁路职工,即使有工作证等证件,也要自己掏钱买票。如有违规,将受到严厉的处罚。而伪造铁路证件乘车,扰乱铁路治安秩序,将会受到拘留的处罚。

实训案例 2　铁路员工家属证的办理

彭某为铁路员工,请问他的妻子可否办理家属证探亲?

题解:

1. 可以办理家属证,见图 5-13。

2. 原因如下:为规范符合使用乘车证条件的职工供养的直系亲属乘车,印发职工家属证。家属符合使用乘车证条件有两种情况,一是职工符合探亲条件,当年申请休探亲假且单位批准的,可携带供养的直系亲属。二是患病当地三级定点医疗机构无法医治需要到外地更高级别医院医治的。

3. 办理时需提供以下材料:

(1) 单位出具的探亲证明或者当地三级定点医疗机构的病情诊断结果及转院证明。

(2) 结婚证明及户口、身份证复印件。

(3) 居委会或街道办事处出具的申办人无固定工作或固定收入的证明。

(4) 家属近期免冠 1 寸登记照 1 张。

图 5-13　铁路职工家属证

实训案例 3 其他铁路相关证件查验

1. 中国铁路总公司客运监察证（见图 5-14）。

客运监察证的持证人员、填发和使用规定：持证人员必须是铁道部（中国铁路总公司）客运职能部门工作人员和铁道部（中国铁路总公司）聘任的客运监察及铁路局、确定的客运职能部门的客运监察人员。

客运监察证的有效期为一年，不跨年度填发，本年度客运监察证的有效期可延期使用至次年一月十五日。填写客运监察证使用区间的自至站名，必须与填写的铁路乘车证区间自至站名相一致。客运监察证的编号由铁路总公司统一进行。

除另有规定外，乘坐旅客列车免于签证。

图 5-14 中国铁路总公司客运监察证

2. 北京铁路局客运监察证（见图 5-15）。

客运监察由路局客运处根据任职条件考核、聘任，聘任期为一年。路局聘任的客运监察，由路局颁发证书、客运监察证、全年定期乘车证。

除另有规定外，乘坐旅客列车免于签证。

图 5-15 北京铁路局客运监察证

3. 中国铁路总公司收入稽查证（见图 5-16）。

（1）稽查人员的职责涉及。

检查运输收入预算的落实与执行情况；检查运输收入工作规范化执行及各项责任制的落实情况；检查堵漏保收工作的开展及相关政策的执行情况，检查堵漏保收奖的发放是否符合规定；指导站、段制订增运增收和堵漏保收措施；检查各项运输收入是否按规定正确核收；各种运输收入报表是否按规定填报；各项运输进款的列账、解缴、动支是否符合规定；检查各种客货运输票据的印制、请领、使用、交接、保管是否符合规定，客货运输票据账登销是否及时、正确以及各级票据库的管理是否规范；检查运输进款存放地点有无安全防范措施，是否建立现金交接、保管制度；检查铁路职工乘车证的填发和使用是否符合规定；检查债权债务的清理是否及时;检查是否存在人为原因造成票额浪费和列车虚糜而影响运输收入的行为;检查有关运输设备、设施、场地的各项出租、使用合同协议的签订和收费是否符合规定;检查无法交付货物、行李、包裹、货底、旅客遗失品的登记、交接、保管和变价收入上缴情况;调查违反运输收入纪律的违章违纪行为和运输收入事故,提出处理意见;检查其他与运输收入有关的工作。

(2)稽查人员凭稽查证,在执行稽查任务时,行使的职权

有权要求被检查单位介绍情况并接受检查,有权调阅与运输收入工作有关的各种账表、凭证、文件、资料。对于能够证明违纪事实的资料有权暂予封存和扣留,并出具查扣证明(以稽查工作记录代替)。

稽查工作中发现的违章违纪行为,在稽查现场有权予以制止;对查出的问题编制稽查工作记录,要求被查单位限期处理,必要时可拍发铁路电报向上级机关报告。

按照《铁路旅客运输规程》的规定,凭稽查证件、稽查臂章查验旅客(含铁路职工)各种乘车凭证。

有权参加责任单位对收入违纪问题的分析处理会议;对构成收入违纪行为的单位和个人,有权提出经济处罚和行政处分的建议(另有特别规定的除外);责任单位如无特别理由须按稽查人员提出的建议限期作出相应的处理,并将处理结果和整改措施报上级收入管理部门和稽查人员的派出单位。

稽查人员在执行任务乘车时,免于签证,不受车种、席别的限制。出入车站有关处所、使用铁路电话、拍发铁路电报均不受限制。

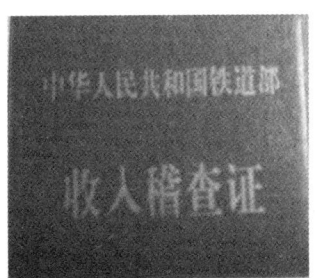

图 5-16　中国铁路总公司收入稽查证

4. 北京铁路收入稽查证(见图 5-17)。

检查北京铁路局所辖站段、旅客列车运输收入和客货运服务质量、路风、多元经营企业运输服务收费管理工作;出入车站和有关处所;通过站、车寄送文件、使用铁路电报电话;乘坐局管内各种旅客列车免于签证,不受车种、席别限制;本证不得转借他人,工作变动时及时交还此证。

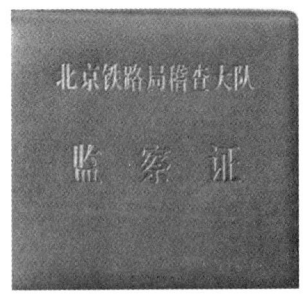

图 5-17　北京铁路收入稽查证

5. 中国铁路总公司安全监察证（见图 5-18）。

持中国铁路总公司安全监察证的安监人员可以乘坐各种列车（包括机车、轨道车），并免予签证；使用各种电话，遇有紧急事故时，可使用特急电话或拍发特急电报（凭发报人签字或盖章）；准予出入有关场所；通过单位领导，参加或召集有关安全会议；向有关部门和单位查阅案卷、记录、报表，借用必要的工具及仪器；按规定给安监人员配发个人劳动防护用品，根据工作需要配备必要的检测仪表、工具、用品和其他备品，逐步采用先进的检测手段；可在乘务员公寓食宿。

 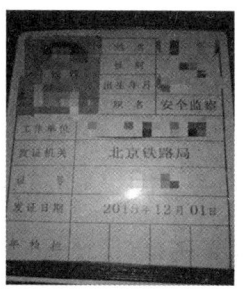

图 5-18　中国铁路总公司安全监察证

6. 中铁电气化运管公司职工工作乘车凭证（见图 5-19）。

北京铁路局工务、供电系统劳务输入人员因工作需要可使用"中铁电气化运管公司职工工作乘车凭证"；"中铁电气化运管公司职工工作乘车凭证"限证面记载人配合乘车卡片使用，限乘卡片指定的日期和车次（仅限由北京铁路局担当客运乘务的车次）并在北京铁路局管内工作使用；乘车凭证使用人遇有站车查验时，应将本证和本人工作证一并提供查验，持用与规定不符的证件，本证无效；持用乘车凭证应严格遵守铁路客运规章相关规定。只能乘坐硬座或动车组二等座。不得与旅客争座位；持用乘车凭证乘车如有违章使用、涂改、借用或证面字迹不清的视为无效，按无票处理并比照铁路乘车证罚款处理，没收证件，通知单位；需注意持此证人员的工作证均为单位自印。

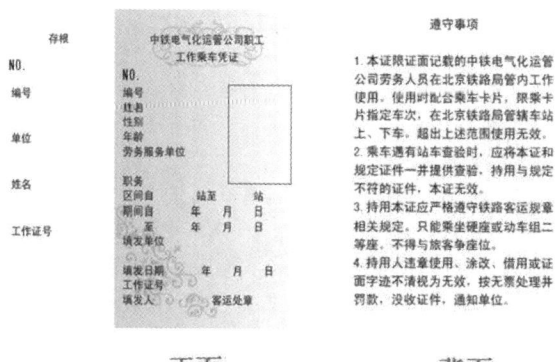

图 5-19　中铁电气化运管公司职工工作乘车凭证

7. 动车组司机室登乘证

（1）铁道部登乘人员。

检查工作的铁道部和司（局）领导；运输局装备部、基础部、调度部领导和专业技术人员，安监司专业监察人员；铁道科学研究院动车组、列控系统专业负责人员和技术主管人员。

（2）铁路局登乘人员。

检查工作的铁路局领导；机务、车辆、工务、电务、公安、调度专业负责人及技术主管人员；安监室负责人和专业监察人员。

（3）其他登乘人员。

动车组技术维护人员；行车安全装备技术维护人员；经批准的其他人员。

项目二 违章使用乘车证的处理

【训练目标】

通过本项目的学习，学生可以学会如何处理违章使用乘车证的相关情况。

【训练准备】

各类乘车证、有效身份证件、客运记录、客运运价杂费收据、现金、（模拟）列车、（模拟）出站口、（模拟）进站口等相关设施设备及文案材料。

【训练内容】

实训任务	实训依据（规章内容提炼）	备注（实训依据来源）
借用乘车证的处理	1. 违章使用乘车证，如：在票面上加添、涂改、转借、超过有效期限或有效区间乘车，未持规定的有关证明、证件或持伪造证明、证件的均按无票处理，要查扣其乘车证及有关证件。此外，单位还应追究其行政责任。对持用伪造乘车证者，一经发现，应立即查扣，并移交公安机关依法处理。超出规定条件使用乘车证者，也按违章使用处理。 2. 违章使用乘车证均要按所乘旅客列车的等级、席别、铺别、区间（单程或往返）及票面填写人数补收和加收票款。 3. 下列乘车证还应按票面记载的席别、区间，按照下列计算方法加收罚款：定期通勤乘车证，按票面填写乘车区间，自有效月份起至发现违章月份止，按每月一次往返的里程计算；全年定期乘车证、临时定期乘车证、通勤（学）乘车证。从有效日期（过期的从有效期终了的次日）至发现违章日期止，票面填写的乘车区间在一个铁路局以内的，按每日乘车50公里计算票价；乘车区间跨铁路局的，按每日乘车100公里计算票价，计算后低于50元的按50元核收；发现其他违章行为的，均按《客规》的规定相应处理。 4. 乘车证使用过程中发现的违章事项，当时处理不了的，由站、车编制客运记录连同查扣的乘车证及有关证件报本铁路局财务部门，由铁路局依据规定向违章职工单位发函并追补应收票款和罚款；违章职工单位接到函件，要查证落实严肃处理，并将应补票款和处理结果于30日内报送发函单位收入部门。如违章者单位未按来函要求补缴款额的，铁路局要报告上级机关督促违章者单位迅速处理，必要时要追究单位领导责任	《铁路旅客运输规程》 《铁路乘车证管理办法》第四十二条
使用过期乘车证的处理		
超过乘车证有效区间的处理		
使用乘车证中途下车的处理		
伪造乘车证乘车的处理		

【实训案例】

实训任务1　借用乘车证的处理

实训案例1　借用通勤乘车证

2017年3月15日，石家庄站组织××次列车（郑州—北京西，新空）旅客出站，发现1名旅客持借用他人的本年度邯郸—石家庄通勤乘车证，请问该如何处理？

题解：

1. 按无票处理。

无票：邯郸—石家庄161 km。

新空调硬座快速票价：24.50元

加收已乘区间应补票价50%票款：24.50×50% = 12.25≈12.30（元）

手续费：2.00元

小计：24.50 + 12.30 + 2.00 = 38.80（元）

2. 同时，按规定核收罚款，并没收乘车证及相关证件，编制客运记录上报铁路局收入稽核部。

罚款：邯郸和石家庄都在北京局管内，应按每日乘车50 km计算客票价

50 km非空硬座客票票价：3.00元

2017年1月1日—3月15日共计74天：3.00×74 = 222.00（元）

合计：38.80 + 222.00 = 260.80（元）

石家庄站打印"到达补"车票。事由：借用；记事：持用他人通勤乘车证乘车。

编制客运记录和客运运价杂费收据。

实训案例2　借用临时定期乘车证

2017年8月23日××次列车（空调，秦皇岛至临汾，经由北京、大同、太原）到达太原站，下车旅客出站时查出太原铁路工务段职工蒋某借用2017年6月1日至8月31日大同至太原临时定期乘车证Q0×××××，应如何办理？

题解：

1. 按无票处理。

无票处理：大同—太原355 km

空调硬座客普快票价：46.00元

加收50%票价：46×50% = 23.00（元）

2. 同时，按规定核收罚款，并没收乘车证及相关证件，编制客运记录上报铁路局收入稽核部。

罚款：6月1日—8月23日共计84天

84天50 km普通硬座客票票价：3.50×84 = 294.00（元）

手续费：2.00元

小计：46.00 + 23.00 + 294.00 + 2.00 = 365.00（元）

太原站打印"到达补"车票。事由：借用；记事：持用他人临时定期乘车证乘车。

编制客运记录和客运运价杂费收据。

实训案例3　借用定期通勤乘车证

2017年5月20日大同开运城××次空调列车到达太原站，旅客出站验票查出一名旅客借用太原铁路工程公司职工牛某2017年度大同至太原定期通勤乘车证DT×××××，应如何办理？

题解：

1. 按无票处理

无票：大同—太原355 km

空调硬座客快速票价：51.50元。

加收50%票价：51.50 × 50% = 25.75 ≈ 25.80（元）

2. 同时，按规定核收罚款，并没收乘车证及相关证件，编制客运记录上报铁路局收入稽核部。

罚款：每月一次往返里程：355.00 × 2 = 710（km）

按5个月补收普通硬座客票票价：40.00 × 5 = 200.00元

手续费：2.00元

小计：51.50 + 25.80 + 200.00 + 2.00 = 279.30（元）

编制客运记录和客运运价杂费收据。

实训案例4　借用硬座全年定期乘车证（跨局）

2017年8月12日××次列车（太原至上海，空调车）到上海，旅客出站，验票发现一旅客借用太原电务处吕某的2017年度太原至上海硬席全年定期乘车证公YX×××号。如何办理？

题解：

1. 按无票处理。

无票：太原—上海1 505 km

空调硬座客特快：180.50元

加收50%票款：180.50 × 50% = 90.25 ≈ 90.30（元）

2. 同时，按规定核收罚款，并没收乘车证及相关证件，编制客运记录上报铁路局收入稽核部。

乘车区间跨铁路局，按每日乘车100 km计算票价。

100 km硬座客票：6.50元

1月1日—8月12日为222天。

罚收222天硬座客票票价：6.50 × 222 = 1 443.00（元）

手续费：2.00元

小计：180.50 + 90.30 + 1443.00 + 2.00 = 1 715.80（元）

编制客运记录和客运运价杂费收据。

实训任务 2　使用过期乘车证的处理

实训案例 1　使用过期定期通勤乘车证的处理

2017 年 3 月 1 日，邯郸站组织××次列车（北京西—郑州，新空）旅客出站时发现，1 名旅客持用北京工务段陈某上年度北京—邯郸定期通勤乘证 DT×××××，请问该如何处理？

题解：

1. 按无票处理。

无票：

北京西—邯郸：442 km

新空硬座特快票价：64.50 元

加收已乘区间应补票价 50%票款：64.50 × 50% = 32.25 ≈ 32.30（元）

手续费：2.00 元

小计：64.50 + 32.30 + 2.00 = 98.80（元）

2. 同时，按规定核收罚款，并没收乘车证及相关证件，编制客运记录上报铁路局收入稽核部。

罚款：北京—邯郸往返里程 442 × 2 = 884（km）

非空硬座客票票价：47.00 元

自上年度 1 月—本年度 3 月，按 15 次往返计算：

47.00 × 15 = 705.00（元）

合计：98.80 + 705.00 = 803.80（元）

邯郸站打印"到达补"车票。事由：过期；记事：持过期定期通勤乘车证乘车。

编制客运记录和客运运价杂费收据。

实训案例 2　使用过期通勤乘车证的处理

2017 年 3 月 15 日，安阳站组织××次列车（北京西—郑州，新空）旅客出站时，发现 1 名旅客持本人上年度安阳—石家庄通勤乘车证 DTc×××××，请问该如何处理？

题解：

1. 按无票处理。

　　无票：石家庄—安阳：221 km

　　新空调硬座快速票价：37.50 元

　　加收已乘区间应补票价 50%票款：37.50 × 50% = 18.75 ≈ 18.80（元）

　　手续费：2.00 元

　　小计：37.50 + 18.80 + 2.00 = 58.30（元）

2. 同时，按规定核收罚款，并没收乘车证及相关证件，编制客运记录上报铁路局收入稽核部。

罚款：

安阳、石家庄分别属于郑州局、北京局，应按每日乘 100 km 计算客票票价。100 km 非空硬座客票票价：6.50 元因上年度通勤乘车证可延期使用至本年度 1 月 15 日，所以自本年 1 月 16 日至 3 月 15 日共计 59 天：$59 \times 6.50 = 383.50$（元）

合计：$58.30 + 383.50 = 441.80$（元）

安阳站打印"到达补"车票。事由：过期；记事：持用过期通勤乘车乘车。

编制客运记录和客运运价杂费收据。

实训案例 3　使用全年定期乘车证的处理

2017 年 3 月 10 日，石家庄站组织××次列车（北京西—成都，新空）旅客出站时发现，1 名旅客持北京西—石家庄的上年度全年定期乘车证 DTc×××××，请问该如何处理？

题解：

1. 按无票处理。

无票：北京西—石家庄 281 km

新空调硬座快速票价：43.50 元

加收已乘区间应补票价 50%票款：$43.50 \times 50\% = 21.75 \approx 21.80$（元）

手续费：2.00 元

小计：$43.50 + 21.80 + 2.00 = 67.30$（元）

2. 同时，按规定核收罚款，并没收乘车证及相关证件，编制客运记录上报铁路局收入稽核部。

罚款：北京、石家庄同属北京局，应按每日乘车 50 km 计算客票票价，50 km 非空硬座客票价：3.00 元。

因上年度全年定期乘车证可延期使用至本年度 1 月 15 日，所以自本年度 1 月 16 日至 3 月 10 日共计 54 天：$54 \times 3.00 = 162.00$（元）

合计：$67.30 + 162.00 = 229.30$（元）

石家庄站打印"到达补"车票。事由：无票；记事：持用过期全年定期乘车证乘车。

编制客运记录和客运运价杂费收据。

实训案例 4　使用过期往返硬席乘车证的处理

2017 年 8 月 26 日大同开运城××次新型空调列车到达太原站下车旅客出站，查出包头工务段职工柳某使用包头至太原往返硬席乘车证，票号 Y×××××××，有效日期 2017 年 6 月 17 日至 7 月 18 日，应如何办理？

题解：

太原 $\xrightarrow{355\text{ km}}$ 大同 $\xrightarrow{450\text{ km}}$ 包头，总里程：805 km。

往返里程：$805 \times 2.00 = 1\ 610$ km

空调硬座客快速票价：192.00（元）

加收已乘区间票价 50%票款：$192.00 \times 50\% = 96.00$（元）

手续费：2.00（元）

合计：$192.00 + 96.00 + 2.00 = 290.00$（元）

编制客运记录和客运运价杂费收据。

实训任务3　超过乘车证有效区间的处理

实训案例1　超过乘车证有效区间的处理

2017年3月1日,凯里站组织××次列车(重庆—宁波,新空)旅客出站时,发现1名旅客持重庆—贵阳的硬席临时定期乘车证YLc×××××(2月1日~3月10日),超过了乘车证有效区间乘车,请问该如何处理?

题解:

超过的区段应按无票处理:

××次:贵阳—凯里 188 km

新空调硬座快速票价:28.50(元)

加收已乘区间应补票价50%票款:28.50×50 = 14.25 ≈ 14.30(元)

手续费:2.00(元)

合计:28.50 + 14.30 + 2.00 = 44.80(元)

凯里站打印"到达补"车票。

事由:无票;记事:超过乘车证有效区间。

编制客运记录和客运运价杂费收据。

实训任务4　使用乘车证中途下车的处理

实训案例1　使用乘车证中途下车的处理

2017年4月1日,邯郸站组织××次列车(上海—石家庄,新空)出站时,发现安阳工务段职工赵某持用本年度安阳—石家庄的通勤乘车DTc×××××,中途下车,请问该如何处理?

题解:

持用通勤乘车证中途下车无效,按无票处理。

××次:安阳—邯郸 60 km

新空调硬座快速票价:11.50(元)

加收已乘区间应补票价50%票款:11.50×50% = 5.75 ≈ 5.80(元)

手续费:2.00 元

合计:11.50 + 5.80 + 2.00 = 19.30(元)

邯郸站打印"到达补"车票。事由:无票;记事:持用通勤乘车证中途下车

编制客运记录和客运运价杂费收据。

实训任务5　伪造乘车证乘车的处理

实训案例1　伪造乘车证乘车的处理

2016年12月1日,北京西站组织××次列车(重庆北—北京西,新空)旅客出站时,发现1名旅客持有明显伪造痕迹的郑州—北京的本年度全年定期乘车证DTc××××。请问该如何处理?

题解：

1. 按无票处理

无票：新乡—北京西 609 km

新空调硬座快速票价：81.00 元

加收已乘区间应补票价 50%票款：81.00 × 50% = 40.50 元

手续费：2.00 元

小计：81.00 + 40.50 + 2.00 = 123.50 元

2. 同时，按规定核收罚款，并没收乘车证及相关证件，编制客运记录上报铁路局收入稽核部。

罚款：郑州、北京分别属于郑州局、北京局，应按每日乘车 100 km 计算客票票价。

100 km 非空硬座客票票价：6.50（元）

1 月 1 日—12 月 1 日共计 336 天：6.50 × 336 = 2 184.00（元）

合计：123.50 + 2 184.00 = 2 307.50（元）

北京西站打印"到达补"车票。事由：无票；记事：持用伪造全年定期

乘车证乘车。并送交公安部门进行处理。

编制客运记录和客运运价杂费收据。

【技能训练】

一、相关理论知识

（一）填空

1. 职工工作地至家属居住地在_____km 以内，上下班有适当列车可乘，不影响出勤、工作和休息的，需通勤时，可使用通勤乘车证，有效期间为_____个历年。

2. 除全年、临时定期乘车证外，其他乘车证每张仍填发_____个到站，取消有关远近径路的规定，乘车证中的"经由"改为"_____"，对因签证原因不能乘直达列车的，所在同一方向换乘站中转换乘_____次。

3. 在沿线居住的职工及其供养的直系亲属，如当地无铁路医疗单位，须赴负责本医疗区段的铁路卫生所、医院就医时，可使用定期_____乘车证。

4. 乘车证使用过程中发现的违章事项，当时处理不了的，由站、车编制客运记录连同查扣的_____及有关_____报本铁路局财务部门，由铁路局依据规定向违章职工单位发函并追补_____。

5. 持用临时定期、软席、硬席、探亲乘车证时，须由车站_____。车站对要求签证的人员应查验有关证件，_____乘车证在卡片上签证，软席、硬席乘车证在背面签证，对号列车应发给座位号。

（二）选择

1. （　　）不属于特种乘车证。

　　A. 中国铁路免费乘车证

　　B. 中华人民共和国铁路免费乘车证

　　C. 全国铁路通用乘车证

　　D. 邮局押运人员免费乘车证

2. 定期通勤乘车证不能提前或移作下月使用。如节假日适逢月初或月末，乘车证的往返日期可跨及上月末或下月初，但起止时间不超过一周。（　　）。

　　A. 四周　　　　　B. 三周　　　　　C. 二周　　　　　D. 一周

3. 机车乘务员便乘时，必须携带机务段填发的（　　）。

　　A. 定期通勤乘车证　　　　　　　　B. 全年定期乘车证
　　C. 司机报单　　　　　　　　　　　D. 临时定期乘车证

4. 填发（　　）乘车证，须粘贴使用人近期一寸半身免冠照片，并加盖填发单位钢印。

　　A. 临时定期　　　B. 全年定期　　　C. 就医　　　　　D. 探亲

5. 退休人员使用铁路乘车证时，用（　　）代替工作证。

　　A. 单位证明　　　B. 退休证　　　　C. 身份证　　　　D. 医疗证

6. 乘坐火车，除车票外，还可以持铁路乘车证和（　　）乘车。

　　A. 车站书面证明　　　　　　　　　B. 客运记录
　　C. 列车书面证明　　　　　　　　　D. 特种乘车证

7. 定期通勤乘车证一个月只限使用（　　），不能提前或移作下月使用。

　　A. 1 次　　　　　B. 2 次　　　　　C. 3 次　　　　　D. 4 次

8. 除换乘外中途下车无效的乘车证是（　　）。

　　A. 全年定期乘车证　　　　　　　　B. 探亲乘车证
　　C. 临时定期乘车证　　　　　　　　D. 定期通勤乘车证

9. 丢失通勤乘车证，每张罚款（　　）。

　　A. 200 元　　　　B. 100 元　　　　C. 30 元　　　　　D. 300 元

10. 探亲乘车证（　　）。

　　A. 准乘除国际列车、特快列车以外的各种旅客列车
　　B. 有效期最长为两个月
　　C. 不能免费使用卧铺
　　D. 一张乘车证的使用人数不能超过 10 人

11. 探亲乘车证使用完毕应立即交回填发单位，如在有效期过后（　　）不交回者，按丢失乘车证处理。

　　A. 5 天　　　　　B. 7 天　　　　　C. 10 天　　　　　D. 12 天

12. 本年度的通勤乘车证可延期使用到次年的（　　）

　　A. 1 月 10 日　　B. 1 月 15 日　　 C. 1 月 20 日　　D. 1 月 30 日

13. 通学乘车证的有效期为一个学年，于每年新学年开始之日起（　　）内换发，在此期间新、旧乘车证可交替使用。

　　A. 10 日　　　　 B. 15 日　　　　　C. 25 日　　　　　D. 1 个月

14. 定期通勤乘车证有效期间为（　　）。

　　A. 一个历年　　　B. 3 个月　　　　C. 往返　　　　　D. 不得超过 3 个月

15. 持通学乘车证准乘（　　）。

　　A. 除国际、旅游列车以外的各种旅客列车
　　B. 除国际列车以外的各种旅客列车
　　C. 特快、快速和普通旅客列车
　　D. 快速和普通旅客列车

（三）判断

1. 2017年，路局停办家属证。（　　）
2. 持用通勤、探亲、就医乘车证，除换乘外，中途下车无效。（　　）
3. 持用乘车证必须签证。（　　）
4. 职工供养的配偶、子女与其同行，可共同使用一张探亲乘车证，但其配偶、子女不得单独使用。（　　）
5. 就医乘车证可以跨医院管辖的医疗区段，也可跨局。（　　）
6. 机车车辆在中途发生故障，机务段、车辆段检修工人去修理，可以使用便乘证。（　　）
7. 职工一人不准同时填发、使用两张及以上乘车证。（　　）
8. 临时定期、软席、硬席、探亲乘车证的有效期间为三个月，不可跨年填发。（　　）
9. 持用全年定期、临时定期、软席、硬席乘车证和便乘证，在正式或临时营业铁路上准乘各种旅客列车。（　　）
10. 职工（含路外符合使用乘车证的人员）出差、驻勤、开会、调转赴任、医疗转院（含职工供养的直系亲属）、疗养、护送、出入学校，以本人开始乘坐本次列车开车时刻计算，从二十时至次日凌晨七时之间，在车上过夜六小时（含六小时）或连续乘车超过十二小时（含十二小时）以上的，准予免费使用卧铺。（　　）

（四）简答

1. 2017年铁路职工家属证是否停办？办理范围及条件是什么？
2. 铁路职工及家属能无条件免费持乘车证乘坐火车吗？
3. 持乘车证准乘列车的规定是什么？
4. 持用乘车证需要签证吗？
5. 乘车证明的规定是什么？
6. 违章使用乘车证的处理？

二、实操技能训练

1. 2017年1月1日，兰州开往天水××次列车到达天水站前查验车票时，发现一名旅客借用兰州西机务段职工李宁本年度兰州至天水定期通勤乘车证DTa123456，列车应如何处理？
2. 对丢失乘车证者，除本人作出检查外，要按哪些标准进行罚款？
3. 稽查人员的职责范围涉及哪些方面？

模块五技能训练答案

模块六　列车编制客运记录

【模块介绍】

该模块分别对挂失补旅客乘车，列车上旅客丢失车票、证件，误售、误购、误乘、坐过站，旅客因病下车，无票乘车而又拒绝补票，列车上发现危险品、旅客遗失物品，列车上旅客受伤害等多种情况的客运记录编制方法进行介绍，并列举多个案例。

项目一　挂失补旅客乘车的处理

【训练目标】

熟悉挂失补旅客乘车的处理方式，客运记录编制要点和书写方式。

【训练准备】

客运记录。

【训练内容】

实训任务	实训依据（规章内容提炼）	备注（实训依据来源）
持挂失补车票正常到站乘车	1. 可办理挂失补的情况。 旅客购票后丢失车票时，符合以下条件的，可到车站售票窗口办理挂失补办手续： （1）提供购票时所使用的有效身份证件原件、原车票乘车日期和购票地车站名称； （2）不晚于票面发站停止检票时间前20分钟。 2. 二不可办理挂失补的情况。 旅客购票后丢失车票时，以下情形不办理挂失补办手续： （1）超过规定时间提出的； （2）原车票已经退票的； （3）已经挂失补办的。 3. 挂失补车票的发售、改签和退票的规定。 （1）车站确认旅客身份、车票等信息无误后，旅客应按原车票车次、席位、票价重新购买一张新车票。新车票票面标记"挂失补"字样。原车票已经改签的按改签后的车票办理挂失补办手续。 （2）新车票发售后，原车票失效。新车票不能改签，但可以退票；退票时按规定核收补票的手续费。新车票退票后，原车票效力恢复。 （3）旅客持新车票乘车时，应向列车工作人员声明。到站前，列车长确认该席位使用正常的，开具客运记录交旅客作为到站退票的凭证	《客运记录与铁路电报实务指南》第一章第三节

续表

实训任务	实训依据（规章内容提炼）	备注（实训依据来源）
持挂失补车票正常到站乘车	（4）旅客到站后24小时内，凭客运记录、新车票和购票时所使用的有效身份证件原件，至退票窗口办理新车票退票手续，按规定核收补票的手续费，不收退票费。 4. 挂失补办工作流程。 （1）车站指定专门售票窗口办理实名制车票挂失补办手续。旅客办理实名制车票挂失补办手续时，须提供购票时所使用的有效身份证件原件、原车票乘车日期和购票地车站等信息。售票员核实后，须将旅客姓名、有效身份证件名称、号码、原车票乘车日期、车次、车厢、席位和购票地车站等信息登记，经售票主任签字确认后方可办理。挂失新票制出后，登记新票票号。结账时，应对实名制车票挂失补办情况进行审核。 （2）列车接收到站车无线交互系统所提示的车票挂失信息后，对原车票和新车票组织重点查验。持"挂失补"车票的旅客，列车长经确认该席位使用正常的，应开具客运记录，记明旅客姓名、购票时所使用的有效身份证件号码、新车票票号及"席位使用正常，可办理退票"字样。如发现持原车票乘车的旅客时，应按已失效车票处理，按规定补收票款。 （3）车站出站口对持"挂失补"字样车票和客运记录的旅客，要及时引导至退票窗口办理退票手续。 （4）车站退票窗口，对办理"挂失补"字样车票退票的旅客，须核实客运记录以及"挂失补"字样车票、购票时所使用的有效身份证件原件、旅客一致性后，方可理退票，并核收补票的手续费。 5. 正常到站的挂失补客运记录模板 正常到站的挂失补客运记录应填写以下内容： "××××年××月××日，××次列车××站开车，旅客×××，身份证件号码×××…×××，持车票票号××××××（'挂失补'新车票票号），席位使用正常，可办理退票。" 下车站核实客运记录、"挂失补"车票和列车补越站车票、购票时所使用的有效身份证件原件及旅客本人一致后，按"挂失补"车票票面乘车区间及票价可退票，核收补票的手续费。退票手续办理站均应为"挂失补"车票票面列车的发站、到站或经停站	《客运记录与铁路电报实务指南》第一章第三节
持挂失补车票越站乘车	1. 越站时，列车应按规定办理越站手续，客运记录应填写以下内容： "××××年××月××日，××次列车××站开车，旅客×××，身份证件号码×××…×××，持车票票号××××××（'挂失补'新车票票号）自×××—××× 间席位使用正常，可办理退票；自××—××区间越站乘车，车票票号××××××。" 下车站核实客运记录、"挂失补"车票和列车补越站车票、购票时所使用的有效身份证件原件与旅客本人一致后，按"挂失补"车票票面乘车区间及票价可退票，核收补票的手续费。 2. 退票手续办理站均应为"挂失补"车票票面列车的发站、到站或经停站	《客运记录与铁路电报实务指南》第一章第三节

续表

实训任务	实训依据（规章内容提炼）	备注（实训依据来源）
持挂失补车票中途下车	1. 异地办理车票挂失补办手续，旅客购买新车票时。按规定收异地售票手续费。旅客持"挂失补"车票到站退票时，除核收补票的手续费外，异地售票手续费按规定不退。 2. 旅客挂失补办后持"挂失补"车票乘车，如中途下车时。列车长应在下车前开具客运记录交旅客。下车站核实客运记录、"挂失补"车票、购票时所使用的有效身份证件原件与旅客本人一致后，按"挂失补"车票票面乘车区间及票价办理退票，核收补票的手续费。 3. 退票手续办理站均应为"挂失补"车票票面列车的发站、到站或经停站。 4. 中途下车的挂失补客运记录应填写以下内容："××××年××月××日，××次列车××站开车，旅客×××，身份证件号码×××…×××，持车票票号×××××××（'挂失补'新车票票号），席位使用正常，可办理退票。"	《客运记录与铁路电报实务指南》第一章第三节

【实训案例】

实训任务1 持挂失补车票正常到站乘车

2017年1月14日G720次列车(哈尔滨西—大连北，沈阳铁路局沈阳客运段担当乘务工作)，旅客于××，身份证号2106231988×××0594，持沈阳站至辽阳站的挂失补车票，2车04B号二等座，票号T070172（车票样式见图6-1），如何编制列车客运记录？

图6-1 挂失补车票样式

注释：

1. 列车长编制客运记录时是在辽阳站到站之前确认席位使用正确的情况下才能进行的，所以编制记录时的日期为到站日期。

2. 客运记录中一定要注明"席位使用正常，可办理退票"。

列车编制客运记录，见示例6-1。

示例 6-1

| 沈阳铁路局 | 客统—1 |

客 运 记 录

第 0001 号

记录事由：挂失补到站退款

辽阳站：

  2017 年 1 月 14 日，G720 次列车沈阳站开车，旅客于××，身份证件号码 2106231988×× ××0594，持车票票号 T070172（'挂失补'新车票票号），席位使用正常，可办理退票。

  现移交你站，请按章办理。

特此记录

注：

1. 站、车需要编记录时均适用。
2. 本记录不能作为乘车凭证。

沈阳客运站段　站段　编制人员：　（印）　（沈局 XXX 沈客）

签收人员：　（印）

2017 年 1 月 14 日编制

实训任务 2　持挂失补车票越站乘车

2017 年 1 月 6 日，G215 次列车（天津西—上海虹桥，上海铁路局上海客运段担当乘务工作），天津西站开车后，旅客焦××，身份证号 3714221998×× ××1234，持天津西站至德州东站的挂失补车票，12 车 06F 号，票号 J024687（车票样式见图 6-2），要求越站乘车至上海虹桥，列车按规定补收德州东站至上海虹桥站的车票，票号 T070418（车票样式见图 6-3），列车如何编制客运记录？

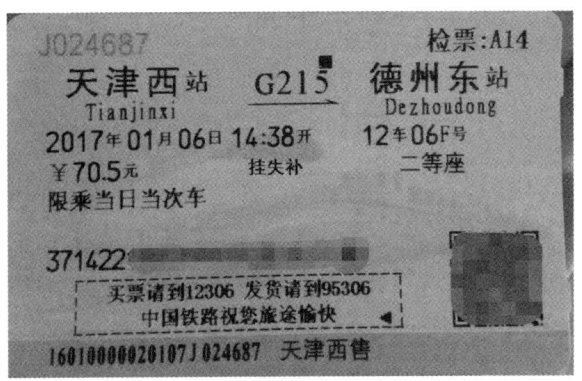

图 6-2　挂失补车票样式

```
T070418
德州东站 ——G215→ 上海虹桥站
2017年01月06日         无  座
￥438.5元
限乘当日当次车   随原票使用有效
含手续费2.0元    加收0.0元         事由：越站
原票：二等座
原发站：天津西
T1901000160312T070418    上局沪客补
```

图 6-3 补收车票样式

列车编制客运记录，见示例 6-2。

示例 6-2

上海铁路局　　　　　　　　　　客统—1

客 运 记 录

第 0002 号

记录事由：移交持挂失补车票越站乘车旅客

上海虹桥站：

2017 年 1 月 6 日，G215 次列车旅客焦××，身份证号 3714221998××××1234，持天津西站至德州东站的挂失补车票，12 车 06F 号，票号 J024687（'挂失补'新车票票号），自天津西站至德州东站区间席位使用正常，可办理退票；自德州东站至上海虹桥区间越站乘车，票号 T070418。现移交你站，请按章办理。

特此记录

注：
1. 站、车需要编记录时均适用。
2. 本记录不能作为乘车凭证。

上海客运　站　编制人员：　　　（印）
　　　　　　段
　　　　　　站　签收人员：　　　　（印）
　　　　　　段

2017 年 1 月 6 日编制

实训任务3 持挂失补车票中途下车

2017年1月14日G81次列车（北京西—贵阳北，北京铁路局北京客运段担当乘务工作），旅客于××，身份证号2106231988×××× 0594，持北京西站至贵阳北站的挂失补车票，1车02A号一等座，票号T091700（车票样式见图6-4），该乘客要求在长沙南站下车，经确认席位使用正常，如何编制列车客运记录？

注释：旅客要求在梅河口站下车，征得列车长同意，列车长编制客运记录时是在长沙南到站前确认席位使用正常的情况下才能编制，编制记录时间为到达长沙南站的时间。

列车编制客运记录，见示例6-3。

图6-4 挂失补车票样式

示例6-3

北京铁路局　　　　　　　客统—1

客 运 记 录

第0003号

记录事由：移交持挂失补车票中途下车旅客

长沙南站：

　　2016年5月26日，G81次列车旅客于××，身份证号2106231988××××0594，持北京西站至贵阳北站的挂失补车票，1车02A号一等座，票号T091700（'挂失补'新车票票号），要求在长沙南站下车，经确认席位使用正常，可办理退票。现移交你站，请按章办理。

特此记录

注：
1. 站、车需要编记录时均适用。
2. 本记录不能作为乘车凭证。

　　　　　　　　　　　　北京客运　站段　　编制人　XXX（沈局/沈客）（印）

　　　　　　　　　　　　　　　　　站段　　签收人员：　　　　（印）

2017年1月6日编制

项目二 列车上旅客丢失车票、证件的处理

【训练目标】

熟练掌握列车上旅客丢失车票、证件的处理办法及客运记录编制。

【训练准备】

客运记录。

【训练内容】

实训任务	实训依据（规章内容提炼）	备注（实训依据来源）
列车上纸质车票丢失后又找到原票	1. 旅客丢失车票应另行购票。在列车上应自丢失站起（不能判明时从列车始发站起）补收票价，核收手续费。旅客补票后又找到原票时，列车长应编制客运记录交旅客，作为在到站出站前向到站要求退还后补票价的依据。退票核收退票费。 2. 旅客丢失车票另行补票后又找到原票时，列车长应编制客运记录，连同原票和后补车票一并交给旅客，作为旅客在到站出站前退还后补车票的依据。列车长与车站办理交接时，车站不得拒绝。处理站在办理时，填写退票报告，并核收退票费，列车编制的客运记录随报告联一并上报	《铁路旅客运输规程》第九节 第四十三条 《铁路旅客运输办理细则》第九节第三十九条
列车上持电子客票乘车丢失二代居民身份证后又找到二代居民身份证	列车验票时，应核对旅客所持的居民身份证件及车票等信息；经确认没有旅客车票信息的，应当先行补票。旅客因居民身份证丢失、补票后，又找到居民身份证的，列车确认后开具客运记录交旅客，旅客持客运记录和居民身份证原件到下车站退票窗口退还后补车票，不收退票费。客运记录应填写旅客居民身份证号码、姓名、席位等有关内容	《铁路互联网售票暂行办法》第二十三条

【实训案例】

实训任务 1 列车上纸质车票丢失后又找到原票

2017 年 2 月 10 日，G1230 次列车（沈阳铁路局沈阳客运段担当乘务工作），沈阳站开车后，旅客刘××，身份证号 6224241989×××1234，自述在沈阳站购买的高铁车票二等座丢失，04 车 09C 号，列车按规定补收沈阳站至天津西站的二等座车票，票号 T070418（车票样式 6-5），滨海站开车后该旅客又找到了原沈阳站至天津西站的车票，票号 D040223（车票样式 6-6），列车如何编制客运记录？

图 6-5 车票样式

图 6-6 车票样式

列车编制客运记录，见示例 6-4

示例 6-4

沈 阳 铁 路 局　　　　　客统—1

客 运 记 录

第 0001 号

记录事由：移交丢失车票补票后又找到原票旅客

天津西站：

　　2017 年 2 月 10 日，G1230 次列车沈阳站开车后，旅客刘××，身份证号 6224241989×××
×1234，自述在沈阳站购买的高铁车票二等座丢失，04 车 09C 号，列车按规定补收沈阳站至天
津西站的二等座车票，票号 T070418，滨海站开车后该旅客又找到了原沈阳站至天津西站的车票，
票号 D040223，现移交你站，请按章办理。

特此记录

注：
1. 站、车需要编记录时均适用。
2. 本记录不能作为乘车凭证。

沈阳客运　　站段　　编制人　沈局 XXX 沈客 （印）

站段　　签收人员：　　　　（印）

2017 年 2 月 10 日编制

实训任务2　列车上持电子客票乘车丢失二代居民身份证后又找到二代居民身份证

2017年2月10日，G1230次列车（沈阳铁路局沈阳客运段担当乘务工作），旅客刘××持二代居民身份证通过自动检票闸机直接进站乘车，沈阳站开车后，二代居民身份证丢失无法找到，列车补办了一张沈阳站至天津西站的高铁二等座票，票号T070418（车票样式6-7）天津西站到站前该旅客找到二代居民身份证，经确认情况属实，列车如何编制客运记录？

列车编制客运记录，见示例6-5

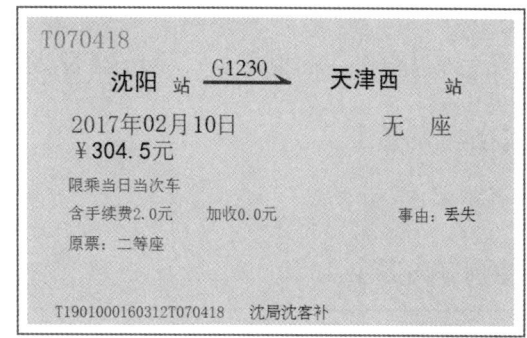

图6-7　车票样式

示例6-5

沈阳铁路局　　　　客统—1

客 运 记 录

第 0001 号

记录事由：移交丢失二代居民身份证补票后又找到身份证旅客

天津西站：

　　2017年2月10日，G1230次列车沈阳站开车后，旅客刘××二代居民身份证丢失无法找到，列车补办了一张沈阳至天津西站的高铁二等座票，票号T070418（车票样式6-7），天津西站到站前该旅客找到二代居民身份证，身份证号6224241989××××1234，经确认情况属实。

　　现移交你站，请按章办理。

特此记录

注：
1. 站、车需要编记录时均适用。
2. 本记录不能作为乘车凭证。

沈阳客运　　站段站段　　编制人　XXX　（印）

签收人员：　　　（印）

2017年2月10日编制

项目三 误售、误购、误乘、坐过站的处理

【训练目标】

熟悉车站误售、旅客误购、误乘、坐过站的处理办法及客运记录编写。

【训练准备】

客运记录。

【训练内容】

实训任务	实训依据（规章内容提炼）	备注(实训依据来源)
误售车票	1. 发生误售、误购的处理。 （1）发生车票误售、误购时，在发站应换发新票。在中途站、原票到站或列车内应补收票价时，换发代用票，补收票价差额。应退还票价时，站、车应编制客运记录交旅客，作为乘车至正当到站要求退还票价差额的凭证，并应以最方便的列车将旅客运送至正当到站，均不收取手续费或退票费。 （2）因站名相似或口音不同发生误售、误购时，站、车均应积极主动处理。应补收时，补收正当到站票价与已收票价的差额，收回原票。换发代用票。应退还时，凭原票和客运记录乘车至到站退款。	《铁路旅客运输规程》《铁路旅客运输办理细则》
误购车票	2. 误售、误购、误乘或坐过了站需送回时的处理。 （1）因误售、误购或误乘需送回时，承运人应免费将旅客送回。在免费送回区间，旅客不得中途下车。如中途下车，对往返乘车区间补收票价，核收手续费。	
误乘列车	（2）旅客因误售、误购、误乘或坐过了站需送回时，列车长应编制客运记录交前方停车站。车站应在车票背面注明"误乘"并加盖站名戳，指定最近列车免费返回。在免费送回区间，站车均应告之旅客不得自行中途下车。如中途下车，对往返乘车的免费区间，按返程所乘列车等级分别核收往返区间的票价，核收一次手续费。	
坐过站	3. 误售、误购、误乘或坐过了站有效期的计算。 《铁路旅客运输规程》规定：由于误售、误购、误乘或坐过了站在原通票有效期不能到达到站时，应根据折返站至正当到站间的里程，重新计算通票有效期。 4. 编制客运记录注意事项。 （1）误售、误购应退还票价时，将旅客移交旅客的正当到站。 （2）误乘、坐过站旅客移交前方停车站	

实训任务1 误售车票

2017年2月23日，G30次列车（合肥客运段担当乘务工作），合肥南站开车后（前方到站济南西），旅客刘××，身份证号6224241989×××1234，找到列车长声称自己实际到站是

镇江南站，合肥站误售了一张合肥南站至天津南站的高铁二等座票，票号 Z30D054034（车票样式如图 6-8），列车如何编制客运记录？

图 6-8　车票样式

列车编制客运记录，见示例 6-6

示例 6-6

上 海 铁 路 局　　　　　客统—1

客 运 记 录

第 0001 号

记录事由：移交误售车票旅客

济南西站：

　　2017 年 2 月 23 日，G30 次列车合肥南站开车后，旅客刘××，身份证号 6224241989×××
×1234，找到列车长声称自己实际到站是镇江南站，合肥站误售了一张合肥南站至天津南站的高
铁二等座票，票号 Z30D054034，现移交你站，请按章办理。

特此记录

注：
1. 站、车需要编记录时均适用。
2. 本记录不能作为乘车凭证。

合肥客运　　站段　站段　　编制人员 （印）

签收人员：　　　　（印）

2017 年 2 月 23 日编制

实训任务 2　误购车票

2017年2月23日，G329次列车（合肥客运段担当乘务工作），天津西站开车后（前方到站济南西站），旅客刘××，身份证号 6224241989×××1234，持天津西站至合肥南站的高铁二等座票，06车01B号，车票号 G000545（车票样式见图6-9），找到列车长声称自己在天津西站误购了车票，其实际到站是镇江南站，列车如何编制客运记录？

列车编制客运记录，见示例6-7。

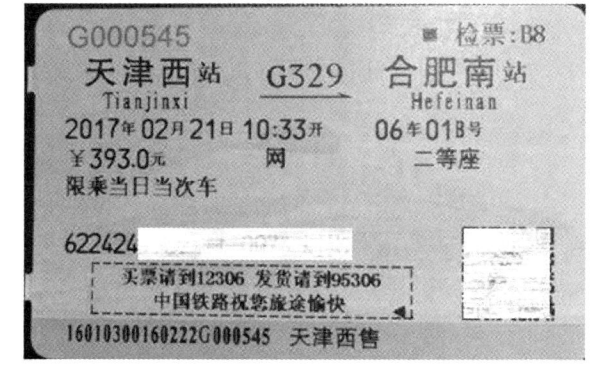

图 6-9　车票样式

示例 6-7

上海铁路局　　　　　　客统—1

客 运 记 录

第 0001 号

记录事由：移交误购车票旅客

沧州西站：

　　2017年2月21日，G329次列车天津西站开车后，旅客刘××，身份证号 6224241989××××1234，持天津西站至合肥南站的高铁二等座票，06车01B号，车票号 G000545，找到列车长声称自己在天津西站误购了车票，其实际到站是镇江南站。

　　现移交你站，请按章办理。

特此记录

注：
1. 站、车需要编记录时均适用。
2. 本记录不能作为乘车凭证。

合肥客运　站段　　　编制人员：　（印）

　　　　　站段　　　签收人员：　（印）

2017年2月21日编制

实训任务 3　误乘列车

2017 年 2 月 21 日，G213 次列车（上海客运段担当乘务工作），天津西站开车后（前方到站沧州西站），乘务员发现旅客王××，身份证号 6224241989×××1234，持当日 G329 次（天津西—福州，高铁）天津西站至合肥南站的高铁二等座票，06 车 01B 号，车票号 G000545（车票样式见图 6-10），误乘本趟列车，列车如何编制客运记录？

列车编制客运记录，见示例 6-8。

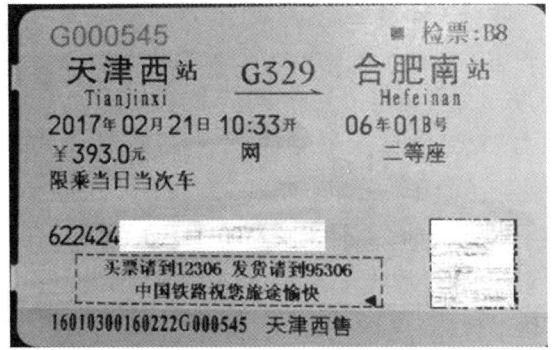

图 6-10　车票样式

示例 6-8

上海铁路局　　　　　　　　　　　　　客统—1

客 运 记 录

第 0001 号

记录事由：移交误乘旅客

沧州西站：

　　2017 年 2 月 21 日，G213 次列车天津西站开车后，发现旅客王××，身份证号 6224241989×××1234，持当日 G329 次天津西站至合肥南站的高铁二等座票，06 车 01B 号，车票号 G000545，误乘本趟列车。

　　现移交你站，请按章办理。

特此记录

注：
1. 站、车需要编记录时均适用。
2. 本记录不能作为乘车凭证。

合肥客运　站　编制人员：　　　　　（印）
　　　　　段
　　　　　站　签收人员：　　　　　（印）
　　　　　段

（印：上局 XXX 合客）

2017 年 2 月 21 日编制

实训任务4　坐过站

2017年1月14日,G8011次列车(沈阳客运段担当乘务工作),沈阳站开车后(前方到站开原西站),旅客于×,身份证号2106231970×××2356,持辽阳站至沈阳站的高铁二等座票,05车03F号,票号W086864,(车票样式见图6-11),找到列车长,称坐过了站,列车如何编制客运记录?

列车编制客运记录,见示例6-9。

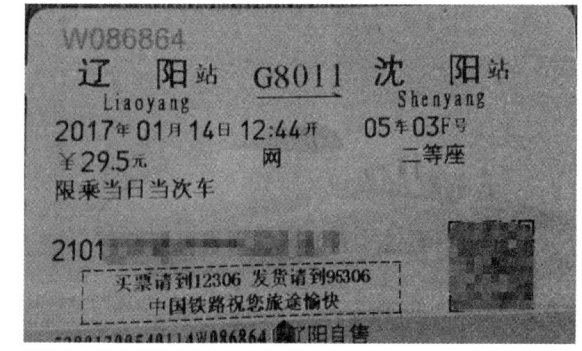

图6-11　车票样式

示例6-9

沈　阳　铁　路　局　　　　　客统—1

客　运　记　录

第 0001 号

记录事由:移交坐过站旅客

开原西站:

　　2017年1月14日,G8011次列车沈阳站开车后,旅客于×,身份证号2106231970××××2356,持辽阳站至沈阳站的高铁二等座票,05车03F号,票号W086864,找到列车长,称坐过了站,拒绝补票,现移交你站,请按章办理。

特此记录

注:
1. 站、车需要编记录时均适用。
2. 本记录不能作为乘车凭证。

　　　　　　　　　　　　　　　沈阳客运　站段站段

编制人员:　　　(印)

签收人员:　　　(印)

2017年2月10日编制

项目四　旅客因病下车的处理

【训练目标】

熟悉旅客因病下车的处理办法及客运记录编制。

【训练准备】

客运记录。

【训练内容】

实训任务	实训依据（规章内容提炼）	备注（实训依据来源）
旅客因病下车的处理	1. 在列车上，旅客因病不能继续旅行时，列车长应编制客运记录交中途有医疗条件的车站。同行人同样办理。 2. 发生旅客伤病时，提供协助。通过广播寻求医护人员帮助，情形严重的，报告客调。 3. 发现行为、神情异常旅客时，重点关注，配备乘警的列车通知乘警到场处理；未配备乘警的列车由列车长处理，情形严重时交列车运行前方停车站处理。 4. 发现行为、神情异常旅客时，通知乘警到场处理。对无同行人监管的行为、神情异常旅客，列车长可采取必要的看护措施，列车长编制客运记录交其到站或换乘站处理，情形严重时交列车运行前方停车站处理；有同行人时应介绍安全注意事项，并予以协助。 5. 编制客运记录注意事项 （1）旅客因病不能继续旅行时： ① 有同行人时，在客运记录中注明同行人的姓名、性别、住址、身份证号码、车票、票号等主要事项； ② 无同行人不能自理时，在客运记录中附上旅客车票、有效身份证携带品清单等，连同客运记录一并交与车站。 （2）发现行为、神情异常旅客时： ① 持有车票的旅客突发行为、神情异常时，除特殊情况外不得转交中途站，并且列车长指派专人进行看护，防止发生意外。 ② 无同行人不能自理时，在客运记录中附上旅客车票、有效身份证、携带品清单等，连同客运记录一并交与车站。 ③ 切忌不进行交接，让行为、神情异常旅客自行出站	《铁路旅客运输办理细则》 《铁路旅客运输服务质量规范》

实训任务　旅客因病下车的处理

实训案例 1　突发疾病

2017 年 2 月 21 日，G329 次列车（上海客运段担当乘务工作），天津西站开车后（前方到站沧州西站），旅客王××，身份证号 6224241989×××× 1234，持天津西站至合肥南站的高铁二等座票，06 车 01B 号，车票号 G000545（车票样式见图 6-12），突发疾病，旅客要求下车治疗，列车如何编制客运记录？

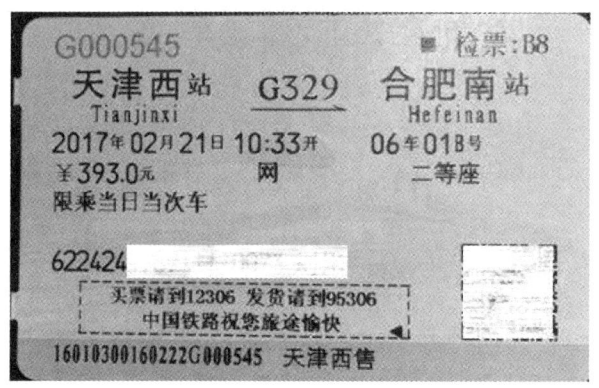

图 6-12 车票样式

列车编制客运记录,见示例 6-10

示例 6-10

上海铁路局　　　　　客统—1

客 运 记 录

第 0001 号

记录事由：移交突发疾病旅客

沧州西站：

　　2017 年 2 月 21 日，G329 次列车天津西站开车后，旅客王××，身份证号 6224241989××××1234，持天津西站至合肥南站的高铁二等座票，06 车 01B 号，车票号 G000545，突发疾病，列车已广播找医生进行简单救治，旅客要求下车治疗，现交你站，请协助转送医院。

　　附：天津西站至合肥南站有效车票一张，票号 G000545。

特此记录

注：
1. 站、车需要编记录时均适用。
2. 本记录不能作为乘车凭证。

　　　　　　　　合肥客运　　站段　　编制人员：　　（印）

　　　　　　　　　　　　　　　站段　　签收人员：　　（印）

（印章：上局 XXX 合客）

2017 年 2 月 21 日编制

实训案例 2 行为、精神异常

2017年2月21日,G329次列车(上海客运段担当乘务工作),旅客王××,身份证号6224241989×××?1234,持天津西站至合肥南站的高铁二等座票,06车01B号,车票号G000545(车票样式见图6-13),天津西站开车后该旅客突然神情异常,列车如何编制客运记录?

列车编制客运记录,见示例6-11。

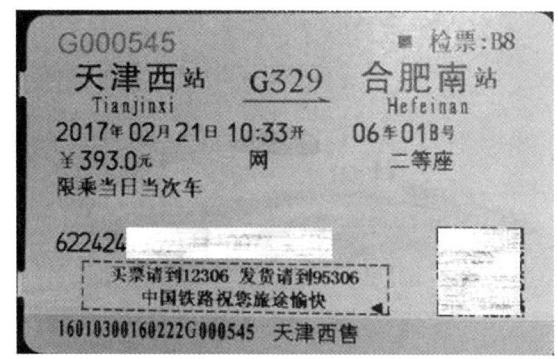

图6-13 车票样式

示例6-11

上海铁路局　　　　　　客统—1

客 运 记 录

第 0001 号

记录事由:移交神情异常旅客

合肥南站:

　　2017年2月21日,G329次列车,旅客王××,身份证号6224241989×××1234,持天津西站至合肥南站的高铁二等座票,06车01B号,车票号G000545,天津西站开车后该旅客突然申请异常,经查无同行人,携带背包一个(会同乘警清点背包内有洗漱用品一袋、随身衣物三件、充电宝一个、钱包一个),现移交你站,请按章办理。

　　附:1. 天津西站至合肥南站有效车票一张,票号G000545;

　　　　2. 携带物品清单一份。

特此记录

注:
1. 站、车需要编记录时均适用。
2. 本记录不能作为乘车凭证。

合肥客运　　站段　　编制人员:　　　　(印)

　　　　　　站段　　签收人员:　　　　(印)

2017年2月21日编制

项目五 无票乘车而又拒绝补票的处理

【训练目标】

熟悉乘客无票乘车而又拒绝补票的处理办法及客运记录编制。

【训练准备】

客运记录。

【训练内容】

实训任务	实训依据（规章内容提炼）	备注（实训依据来源）
无票乘车而又拒绝补票的处理	1. 对无票乘车而又拒绝补票的人，列车长可责令其下车并应编制客运记录交县、市所在地车站或三等以上车站处理（其到站近于上述到站时应交到站处理）。车站对列车移交或本站发现的上述人员应追补应收和加收的票款，核收手续费。 2. 列车上对拒绝补票的人，应编制客运记录交列车前方县、市三等以上车站处理，但不能超过无票人员的到站。车站对列车移交和本站发现的人员应按章追补票价，对当时无力补票的应设法通过其单位或家属帮助补交票款。 3. 编制客运记录注意事项：列车填记客运记录时，内容要写"无票人员"不能填写"无票旅客"	《铁路旅客运输规程》《铁路旅客运输办理细则》

实训任务　无票乘车而又拒绝补票的处理

2017年1月2日，G30次列车（合肥—北京南，合肥客运段担当乘务工作），济南西站开车后验票（前方停车站天津南站），在03车04A号座位发现一名无票人员，自述从合肥站上车，拒绝补票，列车如何编制客运记录？

列车编制客运记录，见示例6-12。

示例 6-12

上 海 铁 路 局　　　　　　客统—1

客 运 记 录

第 0001 号

记录事由：移交无票人员

天津南站：

　　2017 年 1 月 2 日，G30 次列车济南西站开车后验票，在 03 车 04A 号座位发现一名无票人员，身份证号码 2106231990×××5672，自述从合肥站上车，拒绝补票，现移交你站，请按章办理。

特此记录

注：
1. 站、车需要编记录时均适用。
2. 本记录不能作为乘车凭证。

合肥客运　　站段　　编制人员：　　　（印）

　　　　　　　站段　　签收人员：　　　（印）

（印：上局 XXX 合客）

2017 年 1 月 2 日编制

项目六　列车上发现危险品的处理

【训练目标】

熟悉列车上发现危险品的处理办法及客运记录编制。

【训练准备】

客运记录。

【训练内容】

实训任务	实训依据（规章内容提炼）	备注（实训依据来源）
列车上发现危险品的处理	1. 列车上发现危险品的相关规定。 （1）发现危险品或国家禁止、限制运输的物品，妨碍公共卫生的物品，损坏或污染车辆的物品，按该件全部重量加倍补收乘车站至下车站四类包裹运费。危险物品交前方停车站处理；必要时移交公安部门处理。对有必要就地销毁的危险品应就地销毁，使之不能危害并不承担任何赔偿责任。没收危险品时，应向被没收人出具书面证明。 （2）发现旅客携带品可疑及无人认领的物品时，配备乘警的列车通知乘警到场处理；未配备乘警的列车由列车长处理，对危险品做好登记、保管及现场处置，并交前方停车站（公安部门）处理。 2. 编制客运记录注意事项。 （1）列车上发现旅客携带危险品时，必须将危险品移交列车最近前方停车站。 （2）客运记录中要注明"列车按规定加倍补收四类包裹运费"	《铁路旅客运输规程》 《铁路旅客运输服务质量规范》

实训任务　列车上发现危险品的处理

实训案例 1　列车上发现危险品的处理

2017 年 2 月 10 日，G1230 次列车（沈阳铁路局沈阳客运段担当乘务工作），沈阳站开车后（前方到站盘锦北站），乘务员整理行李时，在 04 车 09 排座位上发现汽油一瓶，经询问是 04 车 09C 号的旅客刘××携带的，身份证号 6224241989××××1234，持沈阳站至天津西站的二等座车票，票号 D040223（车票样式 6-14），列车如何编制客运记录？

图 6-14　车票样式

列车编制客运记录，见示例 6-13。

示例 6-13

| 沈阳铁路局 | 客统—1 |

客 运 记 录

第 0001 号

记录事由：移交危险品

盘锦北站：

　　2017年2月10日，G1230次列车沈阳站开车后，乘务员整理行李时，在04车09排座位上发现汽油一瓶，请询问是04车09C号的旅客刘××携带的，身份证号6224241989×××1234，持沈阳站至天津西站的二等座车票，票号D040223，列车按规定加倍补收四类包裹运费，现将汽油移交你站，请按章办理。

　　附：汽油一瓶。

特此记录

注：
1. 站、车需要编记录时均适用。
2. 本记录不能作为乘车凭证。

沈阳客运　站段　站段

编制人员：　　（印）

签收人员：　　（印）

2017年2月10日编制

项目七　旅客遗失物品的处理

【训练目标】

熟悉列车上发现旅客遗失物品的处理办法及客运记录编制。

【训练准备】

客运记录。

【训练内容】

实训任务	实训依据（规章内容提炼）	备注（实训依据来源）
	1. 旅客遗失物品处理的相关规定。 （1）《铁路旅客运输规程》规定：对旅客的遗失物品应设法归还原主。如旅客已经下车，应编制客运记录，注明品名、件数等移交下车站。不能判明时，移交列车终点站。 客流量较大的车站应设失物招领处。失物招领处对旅客遗失物品应妥善保管，正确交付。遗失物品需通过铁路向失主所在站转送时，物品在5千克以内的免费转送；超过5千克时，到站按品类补收运费；但对《铁路旅客运输规程》第五十二条中所列物品及食品不办理转送。 （2）《铁路旅客运输办理细则》规定：对旅客遗失物品应设法归还失主。如旅客已经下车，应编制客运记录，详细注明品名、件数等移交下车站，不能判明旅客下车站时，移交列车终点站。 车站对本站发现或列车移交的遗失物品，应在遗失物品登记簿上详细登记，注明日期、地点、移交车次、品名、包装及内含物品、数量、重量、交物人、经办人、处理结果等内容。 客流量较大的车站应设遗失物品招领处，遗失物品招领处应有明显的招领揭示。对遗失物品应妥善保管，正确交付。失主来领取时，应查验身份证，核对时间、地点、车次、品名、件数、重量，确认无误后，由失主签收，并记录身份证号码。 拾到现金应开具"客运运价杂费收据"（以下简称"客杂"）并上交，并在登记簿内注明"客杂"收据号码，当失主来领取时，开具退款证明书办理退款。 遗失物品需要通过铁路向失主所在站转送时，内附清单，物品加封填写客运记录和行李、包裹交接证，交列车行李员签收。 遗失物品中的危险品、国家禁止或限制运输的物品、机要文件应立即移交公安机关或有关部门处理，不办理转送。 鲜活易腐物品和食品不负责保管和转送。 2. 编制客运记录注意事项 旅客遗失物品要会同乘警共同清点后，编制物品清单交于车站	铁路旅客运输规程 铁路旅客运输管理细则

实训任务　旅客遗失物品的处理

实训案例1　不能判明旅客下车站的情况处理

2017年1月25日，G129次列车（北京南—上海虹桥，上海铁路局上海客运段担当乘务工作）终到上海虹桥站后，列车员在08车04排上空行李架上拾到黑色行李包裹1件，会同乘警共同清点，内有未开封香烟1条、未开封泡面1盒、水杯1个、未开封的茶叶礼盒1个，列车如何编制客运记录？

列车编制客运记录，见示例6-14。

示例 6-14

上海铁路局　　　　　客统—1

客 运 记 录

第 0002 号

记录事由：移交遗失物品

上海虹桥站：

　　2017年1月25日，G129次列车终到上海虹桥站后，列车员在08车04排上空行李架上拾到黑色行李包裹1件，会同乘警共同清点（内有未开封香烟1条、未开封泡面1盒、水杯1个、未开封的茶叶礼盒1个），现移交你站，请按章办理。

特此记录

注：
1. 站、车需要编记录时均适用。
2. 本记录不能作为乘车凭证。

上海客运　　站段　　编制人员 （印）

站段　　签收人员：　　　　（印）

2017年1月25日编制

实训案例 2　能判明旅客下车站的情况处理

2017年2月24日，G129次列车（北京南—上海虹桥，上海铁路局上海客运段担当乘务工作）终到上海虹桥站后，接上海铁路局上海客运值班员的通知，旅客陈XX在南京南站下车时将一台银色iPad遗失在05车09A座位前的袋子里，请列车协助查找，找到后将物品移交到南京南站，返还旅客下车站，列车如何编制客运记录？

列车编制客运记录，见示例6-15。

示例 6-15

上海铁路局　　　　　客统—1

客 运 记 录

第 0002 号

记录事由：移交遗失物品

上海虹桥站：

  2017 年 2 月 24 日，G129 次列车终到上海虹桥站后，接上海铁路局上海客运值班员的通知，旅客陈××将物品遗忘在列车上，经会同乘警共同查找，在 05 车 09A 座位前的袋子里找到一台 iPad，现移交你站，请协助返还南京南站。

特此记录

注：
1. 站、车需要编记录时均适用。
2. 本记录不能作为乘车凭证。

上海客运　　　站段　　　编制人员：　XXX（印）

　　　　　　　　站段　　　签收人员：　　　（印）

2017 年 1 月 6 日编制

项目八　列车上旅客受伤害的处理

【训练目标】

熟悉列车是旅客受伤后的处理办法及客运记录编制。

【训练准备】

客运记录。

【训练内容】

实训任务	实训依据（规章内容提炼）	备注（实训依据来源）
列车上旅客受伤害的处理	1. 处理旅客人身伤害或携带品损失时，应当坚持实事求是、依法依规、就近及时的原则。 2. 列车、车站发生旅客人身伤害时，站车工作人员应当到场查看旅客伤害情况，报告列车长、站长组织救护，稳定人员情绪，维护现场秩序。 3. 因旅客伤害需交车站处理时，应移交前方县、市所在地车站或者当地具备公共医疗条件的停车站；需要提前报告运行所在铁路局客运调度时，由客运调度通知车站做好救护准备工作。 4. 旅客不同意在前款规定的停车站下车处理时，应当由旅客出具拒绝下车治疗的书面声明，并按规定收集两份及以上证人证言。 5. 列车因旅客伤害严重需紧急停车处理或发生 3 人以上疑似食物中毒的，应立即报告运行所在铁路局客运调度。接到报告后，客运调度应当立即根据列车长提出的要求，通知有关车站及值班主任（列车调度员），需要停车处理的停车处理，并报告本铁路局客运处。 6. 列车发现旅客在区间坠车时应当立即停车按照本办法第四条处理，并通知就近车站或将受伤旅客移交就近车站。需要防护时，按有关规定处理。 7. 不具备停车条件或者迟延发现的，列车长应当报告运行所在铁路局客运调度，客运调度员接到报告后立即通知值班主任，值班主任通知相关列车调度员和铁路公安局指挥中心，由列车调度员和铁路公安局指挥中心分别通知邻近车站及车站铁路公安派出所派人寻找。列车运行至前方停车站时，列车长应拍发电报，向发生地和列车担当铁路局主管部门报告。 8. 车站对本站发生的及列车移交的伤害旅客，应当及时联系当地医疗急救机构或送就近医院抢救。 发生医疗费用时，应当根据对责任的初步判断，属于旅客自身责任或第三人责任的，由旅客或第三人支付医疗费用；暂不能区分责任或者责任人不明、无力承担的，经处理站站长或者车务段段长批准，可用站进款垫付。 动用站进款时，填写或补填"运输进款动支凭证"（财收—29），10 日内由核算站或车务段财务拨款归还。 9. 受伤旅客经现场抢救无效死亡，或对站内、区间发现的旅客尸体，经医疗部门或公安机关确认死亡，公安机关现场勘查结束后，车站应当转送殡仪馆存放（在此之前，车站应将尸体转移至适当地点并派人看守），并尽快通知其家属。尸体存放原则上不超过 10 日。 死者身份不清且在地（市）级以上报纸刊登寻人启事后 10 日仍无人认领的，应当根据铁路公安机关书面意见处理尸体；系不法侵害所致的，应当根据铁路公安机关书面意见并商死者家属意见后处理尸体。	《铁路旅客人身伤害及携带品损失处理暂行办法》

续表

实训任务	实训依据（规章内容提炼）	备注（实训依据来源）
列车上旅客受伤害的处理	对死者的车票、衣物、随身携带物品等应当妥善保管，并于善后处理时一并转交其继承人；死者身份不明或者家属拒绝到站处理的，按无法交付的物品处理。 外国人在铁路站车死亡的按照《关于转发〈民政部、外交部、公安部关于外国人在华死亡后处理程序有关问题的实施意见〉的通知》（公法〔2008〕25号）处理。 10. 发生旅客人身伤害、需要保护现场时，应当及时采取措施保护现场，禁止与救援、调查无关的人员进入。必要时，可请求地方政府协助。 11. 发生旅客人身伤害后，列车长、站长应当及时组织现场查验，全面搜集、梳理相关证据资料，检查旅客所持车票的票种、票号、发到站、车次、有效期及有效身份证件信息等，描绘现场旅客定位图，收集不少于两份同行人或见证人的证言及查验记录、现场照片、录像等其他相关证据，形成比较完整的证据链，能够证明发生的过程和原因，初步明确性质，并妥善保管。 旅客或第三人能够说明事件发生经过或责任的，应当由其出具书面材料，并签字确认。涉及违法犯罪或者旅客死亡的，由铁路公安机关组织现场勘查。 证人应当具有完全民事行为能力。证人证言中应当记录证人的姓名、性别、年龄、地址、联系方式、有效身份证件信息等内容。有医务工作人员参加救治时，应当由其出具参与救治经过的证言。 证言、证据应当真实，能够反映发生的时间、地点、过程、原因和结果。 12. 列车向车站移交伤害旅客时，车站不得拒绝接收。 办理移交手续时，列车应当编制客运记录和旅客携带物品清单一式两份，一份由列车存查，一份连同车票、证明材料、相关证人或其联系方式等一并移交。客运记录应载明日期、车次，旅客姓名、性别、年龄、国籍、民族、职业、单位、有效身份证件号码、联系方式、住址，车票种类、号码、发站、到站、车厢、席位，受伤地点、受伤原因、受伤部位，处理简况，以及证据材料清单等内容。因时间来不及记明前述内容时，可在客运记录中简要记明日期、车次、下交原因，并必须在3日内向处理单位补交有关材料。特殊情况来不及编制客运记录时，列车长或其指定的专人应随同伤害旅客下车办理交接。涉及第三人时，应将第三人同时交站处理。 对已经控制的违法、犯罪嫌疑人，应当及时移交车站铁路公安派出所。 13. 列车发现精神异常旅客时，应重点关注，并按规定交到站或下车站妥善处理。列车运行途中，旅客有同行成年人的，应要求其同行成年人看护；无同行成年人时，应指派专人看护。必要时，可安排在适当位置看护。 车站发现进站乘车的旅客精神异常时，可不予其进站乘车，并为其办理退票手续。	《铁路旅客人身伤害及携带品损失处理暂行办法》

续表

实训任务	实训依据（规章内容提炼）	备注（实训依据来源）
列车上旅客受伤害的处理	14. 旅客在法定时限内索赔且能够证明伤害是在铁路旅客运输过程中发生的，受理单位应及时通知发生单位，并本着方便旅客的原则，移交旅客就医所在地车站或旅客发、到站处理，被移交站应当受理。发生单位应当在 10 日内搜集并向处理单位移交相关证据材料。 15. 在站内或区间线路上发现有坠车旅客时，发现或接到通知的车站应当迅速通报有关列车。有关列车接到通报后，应当立即调查。 发生列车应当按照本办法规定收集相关证据材料或旅客携带物品，并向处理单位移交。 16. 对下列情形造成的旅客人身伤害应当立即向铁路公安机关报警： （1）杀人、抢劫、抢夺、强奸、爆炸、纵火、绑架、结伙斗殴、寻衅滋事、故意伤害、击打列车、故意损毁、移动站车设备等违法犯罪行为。 （2）因散布谣言、谎报险情、疫情、警情、扬言放火、爆炸、投放危险物质、或者非法阻拦行车、堵塞通道等，引起公共秩序混乱。 （3）火灾、爆炸、中毒等治安灾害事故。 （4）精神病人肇事肇祸，醉酒滋事行为。 （5）自然灾害。 （6）铁路设备、设施故障造成的事故。 17. 发生旅客人身伤害及携带品损失且有下列情形之一的，应当及时通知铁路公安机关： （1）应当控制、约束违法犯罪嫌疑人和扣押相关涉案物品的； （2）应当保护现场、维持秩序、协同救助的； （3）应当由铁路公安机关介入调查、获取证据、查明原因的； （4）引发治安纠纷或者酿成群体性事件并影响站车秩序，应当及时处置的； （5）造成旅客死亡的	《铁路旅客人身伤害及携带品损失处理暂行办法》

实训任务　列车上旅客受伤害的处理

实训案例 1　烫伤旅客的处理

2017 年 2 月 24 日，G129 次列车（北京南—上海虹桥，上海铁路局上海客运段担当乘务工作）上海虹桥站到站前，旅客张××，身份证号 2105221968×××6789，持北京南站至上海虹桥站的高铁车票，06 车 08A 号二等座，票号 Y069346，在为同行儿子张一（男，3 岁）泡面时，不慎将面碰倒，造成其子大腿内侧烫伤，列车如何编制客运记录？

列车编制客运记录，见示例 6-16。

示例 6-16

上海铁路局　　　　客统—1

客运记录

第 0002 号

记录事由：移交烫伤旅客

上海虹桥站：

　　2017年2月24日，G129次列车上海虹桥站到站前，旅客张××，身份证号2105221968×××× 6789，持北京南站至上海虹桥站的高铁车票，06车08A号二等座，票号Y069346，在为同行儿子张一，男，3岁，泡面时，不慎将面碰倒，造成其子大腿内侧烫伤，列车采取简单包扎处理，现移交你站，请按章办理。

　　附：1. 北京南站至上海虹桥站的高铁车票，票号Y069346。

　　　　2. 旁证材料两份。

特此记录

注：
1. 站、车需要编记录时均适用。
2. 本记录不能作为乘车凭证。

　　　　　　　　　　　　上海客运　　站　　编制人员：×××（印）
　　　　　　　　　　　　　　　　　　段
　　　　　　　　　　　　　　　　　　站
　　　　　　　　　　　　　　　　　　段　　签收人员：　　　（印）

2017年2月24日编制

实训案例2　挤伤手旅客的处理

2017年2月24日，G129次列车（北京南—上海虹桥，上海铁路局上海客运段担当乘务工作）济南西站到站前，旅客张××，男，29岁，身份证号2105221988×××6789，持北京南站至上海虹桥站的高铁车票，06车08A号二等座，票号Y069346，上厕所关门时不慎将旅客孙××，身份证号2202111970×××7829，持德州东至宿州东05车08A号二等座票，票号Y094672，右手中指夹伤，列车如何编制客运记录？

列车编制客运记录，见示例6-17。

示例6-17

```
上海铁路局                     客统—1
```

客 运 记 录

第 0002 号

记录事由：移交夹伤旅客

济南西站：

  2017年2月24日，G129次列车济南西站到站前，旅客张××，男，29岁，身份证号2105221988××××6789，持北京南站至上海虹桥站的高铁车票，06车08A号二等座，票号Y069346，上厕所关门时不慎将旅客孙××，身份证号2202111970××××7829，持德州东至宿州东05车08A号二等座票，票号Y094672，右手中指夹伤。

  附：1. 北京南站至上海虹桥站、德州东至宿州东的高铁车票，票号Y069346；Y094672。

    2. 旁证材料两份。

特此记录

注：
1. 站、车需要编记录时均适用。
2. 本记录不能作为乘车凭证。

上海客运段站段 编制人员：XXX（印）

签收人员：（印）

2017年2月24日编制

实训案例3 紧急制动撞伤旅客

  2017年2月25日，G102次列车（上海虹桥—北京南，上海铁路局上海客运段担当乘务工作）天津南站到站前，列车进道岔时，车体晃动，造成旅客孙××（女，22岁，身份证号3422241995××××6723，持宿州东至天津南站的高铁车票，05车02B号二等座，票号1X058293）在起身去洗手间时，撞在车座扶手处，造成肋骨处擦伤，列车如何编制客运记录？

  列车编制客运记录，见示例6-18。

示例 6-18

```
                        上 海 铁 路 局              客统—1

                     客 运 记 录
                                         第 0002 号
```

记录事由：移交撞伤旅客

天津南站：

  2017年2月25日，G102次列车在天津南站到站前，列车进道岔时，车体晃动，造成旅客孙××，女，22岁，身份证号3422241995×××6723，持宿州东至天津南站的高铁车票，05车02B号二等座，票号1X058293，在起身去洗手间时，撞在车座扶手处，造成肋骨处擦伤。

  附：1. 宿州东至天津南站的高铁车票1X058293。

    2. 旁证材料两份。

                  特此记录

注：

1. 站、车需要编记录时均适用。
2. 本记录不能作为乘车凭证。

        上海客运　　站段　　编制人员：×××（印）

            　　站段　　签收人员：　　　（印）

                 2017年2月25日编制

实训案例4　行李架物品掉落砸伤旅客

  2017年2月25日，G102次列车（上海虹桥—北京南，上海铁路局上海客运段担当乘务工作），列车运行在常州北至南京南间，05车02排行李架上的两袋真空包装的大米掉落，砸到旅客李××的头部（女，25岁，身份证号3422241993×××6763，持宿州东至天津南站的高铁车票，05车02B号二等座，票号1X058293），该乘客自述头晕恶心，伤口处持续疼痛，列车该如何编制客运记录？

  列车编制客运记录，见示例6-19。

示例 6-19

上 海 铁 路 局　　　　　客统—1

客 运 记 录

第 0002 号

记录事由：移交受伤旅客

天津南站：

  2017 年 2 月 25 日，G102 次列车（上海虹桥——北京南，上海铁路局上海客运段担当乘务工作），列车运行在常州北至南京南间，05 车 02 排行李架上的两袋真空包装的大米掉落，砸到旅客李××的头部，女，25 岁，身份证号 3422241993×××6763，持宿州东至天津南站的高铁车票，05 车 02B 号二等座，票号 1X058293，该乘客自述头晕恶心，伤口处持续疼痛。

  附：1. 宿州东至天津南站的高铁车票 1X058293。

    2. 旁证材料两份。

                     特此记录

注：

1. 站、车需要编记录时均适用。
2. 本记录不能作为乘车凭证。

       上海客运　　站段　　编制人员：XXX　（印）

            　　站段　　签收人员：　　　（印）

2017 年 2 月 25 日编制

实训案例 5　厕所内撞伤旅客

  2017 年 2 月 10 日，G1230 次列车（沈阳铁路局沈阳客运段担当乘务工作），沈阳站到站时（前方到站盘锦北站），旅客文××（身份证号 6224241989×××1234，持沈阳站至天津西站的二等座车票，04 车 09C 号，票号 D040223）在上厕所过程中，列车到站停车，不慎被晃倒，头部撞在前方墙壁，致使头部流血，沈阳站发车后该乘客找到列车员进行包扎处理，列车如何编制客运记录？

  列车编制客运记录，见示例 6-20。

示例 6-20

沈阳铁路局　　　　　　　客统—1

客 运 记 录

第 0001 号

记录事由：移交撞伤旅客
盘锦北站：
　　2017年2月10日，G1230次列车在沈阳站到站时，旅客文××，身份证号6224241989××××1234，持沈阳站至天津西站的二等座车票，04车09C号，票号D040223，在上厕所过程中，列车到站停车，不慎被晃倒，头部撞在前方墙壁，致使头部流血，沈阳站发车后该乘客找到列车员进行包扎处理。
　　附：1. 沈阳站至天津西站车票一张，票号D040223。
　　　　2. 旁证材料一份。

特此记录

注：
1. 站、车需要编记录时均适用。
2. 本记录不能作为乘车凭证。

沈阳客运　　　站段　　　编制人员： XXX （印）

　　　　　　　站段　　　签收人员：　　　（印）

2017年2月10日编制

【技能训练】

一、相关理论知识

（一）填空

1. 旅客购票后丢失车票时，可到车站售票窗口办理挂失补办手续的情况有：（1）提供购票时所使用的_____、_____和_____；（2）不晚于票面发站停止检票时间前____分钟。

2. 车站确认旅客身份、车票等信息无误后，旅客应按原车票____、____、____重新购买一张新车票。

3. 挂失补办后的新车票票面标记_____字样。原车票已经改签的按_____的车票办理挂失补办手续。

4. 旅客到站后___h内，凭客运记录、新车票和购票时所使用的有效身份证件原件，至退票窗口办理新车票退票手续，按规定核收补票的手续费，不收退票费。

5. 持"挂失补"车票的旅客，列车长经确认该席位使用正常的，应开具客运记录，记明旅客姓名、购票时所使用的有效身份证件号码、新车票票号及_____字样。

6. 旅客丢失车票应另行购票。在列车上应自_____补收票价，核收手续费。

7. 发生车票误售、误购时，在发站应换发___。在中途站、原票到站或列车内应补收票价时，换发_____，补收票价差额。

8. 车站应在车票背面注明"误乘"并加盖站名戳，指定_____列车免费返回。

9. 针对无票乘车人员，列车填记客运记录时，对其称呼要写_____。

10. 对旅客的遗失物品，如旅客已经下车，应编制客运记录，注明品名、件数等移交_____。

11. 列车上拾到现金应开具_____。

（二）选择

1. 旅客购票后丢失车票时，哪些情形不办理挂失补办手续？（　　　）
    A. 超过规定时间提出的；
    B. 原车票已经退票的；
    C. 不晚于票面发站停止检票时间前 20 min。
    D. 已经挂失补办的。

2. 旅客办理实名制车票挂失补办手续时，须提供哪些信息？（　　　）
    A. 有效身份证件原件　　　　　　B. 原票票号
    C. 购票地车站　　　　　　　　　D. 原车票乘车日期

3. 旅客丢失车票另行补票后又找到原票时，列车长应编制客运记录，连同（　　　）一并交给旅客，作为旅客在到站出站前退还后补车票的依据。
    A. 原票和后补车票　　　　　　　B. 后补车票
    C. 原票　　　　　　　　　　　　D. 旁证材料

4. 在免费送回区间，站车均应告之旅客不得自行中途下车。如中途下车，对往返乘车的免费区间，按返程所乘列车等级核收（　　　）费用。
    A. 往返区间的票价　　　　　　　B. 最近上车站至下车站的票价
    C. 核收一次手续费　　　　　　　D. 往返区间的票价以及一次手续费

5. 遗失物品需要通过铁路向失主所在站转送时，内附清单，物品加封填写客运记录和（　　　），交列车行李员签收。
    A. 拾到者联系方式　　　　　　　B. 行李、包裹交接证
    C. 乘务员签章　　　　　　　　　D. 行李、包裹登记簿

6. 处理旅客人身伤害或携带品损失时，应当坚持（　　　）原则
    A. 恪尽职守、就近及时　　　　　B. 以人为本、热心服务
    C. 实事求是、以人为本　　　　　D. 实事求是、依法依规、就近及时

7. 旅客不同意在前款规定的停车站下车处理时，应当由旅客出具（　　　），并按规定收集（　　　）份证人证言。
    A. 保证自愿承担后果的书面声明，三份
    B. 不追求承运人责任的书面保证，三份
    C. 拒绝下车治疗的书面声明，两份及以上
    D. 后果自负的书面保证，两份及以上

8. 列车因旅客伤害严重需紧急停车处理或发生（　　）人以上疑似食物中毒的，应立即报告运行所在铁路局客运调度。

  A. 2   B. 3   C. 5   D. 15

9. 列车发现精神异常旅客时，应重点关注，并按规定交（　　）站妥善处理。

  A. 到站   B. 下车站   C. 到站或下车站   D. 下车

10. 列车向车站移交伤害旅客时，列车应当编制客运记录和旅客携带物品清单一式两份，一份由列车存查，一份连同（　　）等一并移交。

  A. 车票、证明材料、   B. 车票、车票相关证人

  C. 车票、证明材料、相关证人或其联系方式   D. 证明材料、相关证人或其联系方式

（三）判断

1. 挂失补新车票发售后，原车票依然有效。（　　）
2. 挂失补新车票不能改签，但可以退票。（　　）
3. 挂失补新车票退票后，原车票效力恢复。（　　）
4. 车站退票窗口，对办理"挂失补"字样车票退票的旅客，出站时直接办理退票，并核收补票的手续费。
5. 旅客因居民身份证丢失，补票后，又找到居民身份证的，列车确认后开具客运记录交旅客，旅客持客运记录和居民身份证原件到下车站退票窗口退还后补车票，核收退票费。（　　）
6. 因误售、误购或误乘需送回时，承运人应免费将旅客送回。（　　）
7. 对无票乘车而又拒绝补票的人，列车长可责令其下车并应编制客运记录交县、市所在地车站或三等以上车站公安局处理。（　　）
8. 列车上发现旅客携带危险品时，必须将危险品移交列车最近的前方停车站。（　　）
9. 遗失物品中的危险品、国家禁止或限制运输的物品、机要文件应立即移交公安机关或有关部门处理，不办理转送。（　　）
10. 遗失物品中鲜活易腐物品和食品应妥善保管。（　　）

（四）简答

1. 什么是客运记录？
2. 旅客误乘如何处理？
3. 旅客挂失补办后持"挂失补"车票乘车，如中途下车应如何处理？
4. 旅客丢失车票应如何处理？
5. 因误售、误购或误乘需送回时，如何处理？

二、实操技能训练

1. 2016年12月23日，G6731次列车（北京西—邯郸东，石家庄客运段担当乘务工作）旅客张××，身份证号 6224241987××××0305，持北京西站至石家庄站的挂失补车票，05车12F号，票号T098756，列车如何编制客运记录？

2. 2017年3月2日，G107次列车（北京南—上海虹桥，上海客运段担当乘务工作）徐州东站开车后（前方停车站滁州站），旅客梁××，身份证号 4222011987××××5763，持北京南站至济南西站的车票，08车09A号，票号F056794，找到列车长表示坐过了站，列车如何编制客运记录？

模块六技能训练答案

模块七　列车拍发铁路电报

【模块介绍】

本模块主要介绍超员及旅客伤害电报的拍发，站车交接处理，列车班组客货票据明细填写，客运管理信息系统及站车无线交互系统的应用。

项目一　超员电报

【训练目标】

熟练掌握电报的拍发要求及局管内及跨局列车超员时的电报拍发。

【训练准备】

电报。

【训练内容】

实训任务	实训依据（规章内容提炼）	备注(实训依据来源)
超员电报	1. 铁路电报的等级。 铁路电报等级按电报的性质和急缓程度，分为以下七种： （1）特提电报（TT）：指特别紧急的命令、指示，处置重大突发事件等性质的电报。受理后即行办理，从受理到送达用户原则上不超过 2 小时。 （2）特急电报（TJ）：指非常紧急的命令、指示，处理较大突发事件等的电报。从受理到送达用户原则上不超过 4 小时。 （3）加急电报（JJ）：指中国铁路总公司、铁路总公司直属公司、铁路局和工程局的紧急命令、指示、时间紧迫的会议通知、列车改点、变更到站和收货人、车辆甩挂、超限货物运行及行车设备施工、停用、开通、限速的电报，国际公务电报及其他时间紧迫的电报。从受理到送达用户原则上不超过 8 小时。 （4）平急电报（PJ）：指一般性命令、指示、会议通知性质的电报。从受理到送达用户原则上不超过 24 小时。 （5）限时电报（X）：指限定时间到达的电报，根据需要与可能，由用户与电报所商定，在附注栏内填记送、交、收电单位的时间，如限时 8 时 30 分，应写"XS8.30"。 （6）列车电报（L）：指处理列车业务，必须在列车到达以前或在列车到达当时送交用户的电报。 （7）国际联运电报（G 或 C）：指处理国际铁路运输业务的电报，办理时限同特急电报。中朝报代码为 C，其他代码为 G。从受理到出口原则上不超过 4 小时	《铁路旅客列车服务质量规范》

续表

实训任务	实训依据（规章内容提炼）	备注(实训依据来源)
超员电报	2. 发报权限。 下列单位和人员有权制发电报： （1）铁路总公司和铁路总公司机关各部门、各直属机构、驻外单位、控股公司； （2）铁路总公司所属单位，所属单位机关各部门、各直属机构、驻外单位、控股公司； （3）铁路局所属站段或同级单位； （4）站段与运输有直接关系的生产部门（车站、折返段、救援列车、商检、货运营业部、列检所、公寓等）制发电报权限，由铁路局批准； （5）执行列车乘务的负责人员，包括列车长、车辆乘务员、随车机械师等； （6）铁路公安系统各单位（公安局、公安处、公安派出所、乘警队等）； （7）执行公务的各级监察、稽查、审计人员。 3. 发报范围。 （1）铁路总公司（包括铁路总公司各部门、各直属机构）发报范围不限； （2）铁路总公司所属单位可向铁路总公司所属其他同级单位及其所属站段发报，但不得发至全路各站段； （3）铁路局所属站段（或同级单位）可向本局或外局发报。基层站段向所属车间、班组（工区）制发电报权由铁路局规定； （4）站段（或同级.单位）所属机构可向本局和外局与其有直接工作关系的运输生产单位或其所属机构发报； （5）担当列车乘务工作的负责人员（列车长、乘警长、车辆乘务员等工作人员）执乘时，根据工作需要，可向有关站段、车站、铁路局调度和公安部门发报； （6）铁路公安系统各单位（公安局、公安处、公安派出所、乘警队等）根据工作需要可以向有关单位发报； （7）拍发给铁路乘务人员的电报，必须指定能够代其负责收转的铁路单位。 4. 不准拍发电报的情况。 （1）处理个人私事的电报； （2）已经有文电的重复通知； （3）由于工作不协调，互相申告（执行列车乘务工作的负责人，在列车运行向上级领导汇报列车运行中发生的问题不在此限）的电报； （4）不符合规定的电报版式或书写格式的电报； （5）未签订服务协议的非铁路单位制发的电报； （6）非铁路单位超过服务协议规定业务范围的电报。 5. 列车上常见拍发铁路电报的情况。 （1）列车超员； （2）旅客烫伤（自身责任、第三人责任和铁路责任造成的）； （3）铁路设备设施损坏造成旅客伤害	《铁路旅客列车服务质量规范》

续表

实训任务	实训依据（规章内容提炼）	备注（实训依据来源）
超员电报	（4）旅客挤伤手（自身责任、第三人责任和铁路责任造成的）； （5）紧急制动造成旅客伤害； （6）行李架上物品掉下砸伤旅客； （7）行为、神情异常人员（或旅客）跳车； （8）行李车内货物满载； （9）终到站未办理造成货物倒塌； （10）紧急制动造成货物倒塌； （11）有货无票顶件运输。 6. 铁路电报的拟稿要求。 （1）要有明确的发报单位。 主送单位：应为电文所列事项的直接承办者或汇报事项时所涉及的直接有关上级部门。 抄送单位：应为电文所列事项须呈报的上级单位及涉及的有关领导、部门和单位。一般应抄送本段及有关局主管部门，需要时抄送铁路总公司主管部门。 （2）要求。 编拟电报稿要做到电文通顺，文字简练，中心意思突出；标点符号完整、准确；字体清新；电文开头应注明发生日期、车次、区间；电报要求不超过500字；拍发电报应一式两份，并盖章、签字留存。 （3）文稿体裁。 ① 公文式，即以公文形式陈述文电内容。 ② 书信式，是现在通用的格式。其特点如写书信，在电报稿纸上，给谁发报开头就写谁。 运用准确的标点符号，是完成一份电文稿件的重要手段，句号、逗号、分号、冒号、引号、括号、省略号等符号，不漏点、错点。 7. 对列车乘务人员拍发电报要求。 （1）列车乘务人员执乘期间需拍发电报时，可委托经停车站代发电报，并在电报原告空白处填写证件名称、号码或加盖可证明发报人身份、职务的印章。委托车站转交拍发的电报，如有不符合规定或内容有疑问时，由被委托的车站工作人员负责解释或处理。 （2）执行非图定列车乘务工作的负责人拍发电报时,应写明经由区间，并在附注栏内注明本次列车在发站的开车时间。同一区段内不得重复拍发同一内容的电报。 8. 注意事项 （1）主送单位：应停售、停剪的车站。 （2）抄送单位： ① 跨局列车抄送铁路总公司客运营销处、主送单位中车站所属铁路局客运处，管内列车只抄送本局客运处。 ② 超员电报必须抄送客运调度（以下简称客调），因为客调是铁路旅客运输日常工作的组织者和指挥者，在保证旅客列车按运行图行车，加强旅客计划运输组织工作，完成旅客及行包运输任务等方面起着重要作用。 ③ 抄送担当乘务列车所属客运段	《铁路旅客列车服务质量规范》

【实训案例】

实训任务　超员电报

实训案例 1　跨局高铁列车超员电报

2016 年 8 月 15 日 G1405 次列车（上饶—广州南），8 节编组，南昌西站开车后，车内旅客 780 人，列车如何拍发铁路电报？（G1405 次列车站顺：上饶、鹰潭北、抚州东、南昌西、新余北、萍乡北、长沙南、衡阳东、韶关、广州南）

电报样式如示例 7-1 所示。

示例 7-1

铁　路　电　报

电报统-1

发报所	电报号码	组数	等级	日期	时分	附注

主送：萍乡北站至广州南站 G1405 次各停车站

抄送：中国铁路总公司，南昌铁路局客运处、广铁集团客运处、客调、南昌客运段：

　　2016 年 8 月 15 日 G1405 次列车在南昌西站开车后，车内旅客 780 人，超出规定人数，为确保行车及人身安全，望上述各站见电后停止售剪车票（固定票额除外）。

G 1405 次列车长于新余北站
2016 年 8 月 15 日

（印章：南局 XXX 南客）

抄收　时　分　号

实训案例 2　局管内高铁列车超员电报

2017 年 3 月 27 日 G7598 次列车（合肥南—宁波），8 节编组，南京南站开车后，车厢内旅客共计 789 人，列车如何拍发电报？（G7598 次列车站顺：合肥南—全椒—南京南—镇江南—常州北—无锡东—苏州北—上海虹桥—松江南—嘉兴南—杭州东—绍兴北—宁波）

电报样式见示例 7-2 所示。

示例 7-2

铁 路 电 报

电报统-1

发报所	电报号码	组数	等级	日期	时分	附注

主送：常州北站至宁波站 G7598 次各停车站
抄送：上海铁路局客运处、客调、南京客运段

　　2016 年 3 月 27 日 G7598 次列车，南京南站开车后，车厢内旅客共计 789 人，超出规定人数，为确保行车及人身安全，望上述各站见电后停止剪售车票（固定票额除外）。

G7598 次列车长于镇江南站

2017 年 3 月 27 日

抄收　时　分　号

项目二　旅客伤害电报

【训练目标】

该项目主要训练旅客伤害电报的拍发，了解旅客伤害事故的处理及电报拍发要求和注意事项。

【训练准备】

纸质电报表格。

【训练内容】

实训任务	实训依据（规章内容提炼）	备注(实训依据来源)
旅客伤害电报	1. 旅客人身伤害相关规定 《铁路旅客人身伤害及携带品损失处理暂行办法》（铁运〔2012〕319 号）中发生旅客人身伤害相关规定： （1）《铁路旅客人身伤害及携带品损失处理暂行办法》适用于中华人民共和国境内铁路旅客运输过程中发生的旅客人身伤害及携带品损失处理。 （2）处理旅客人身伤害或携带品损失时，应当坚持实事求是、依法依规、就近及时的原则	《铁路旅客人身伤害及携带品损失处理暂行办法》

续表

实训任务	实训依据（规章内容提炼）	备注（实训依据来源）
旅客伤害电报	（3）列车、车站发生旅客人身伤害时，站车工作人员应当到场查看旅客伤害情况，报告列车长、站长组织救护，稳定人员情绪，维护现场秩序。 （4）因旅客伤害需交车站处理时，应移交前方县、市所在地车站或者当地具备公共医疗条件的停车站；需要提前报告运行所在铁路局客运调度时，客运调度通知车站做好救护准备工作。 （5）列车因旅客伤害严重需紧急停车处理或发生3人以上疑似食物中毒的，应立即报告运行所在铁路局客运调度。接到报告后，客运调度应当立即根据列车长提出的要求，通知有关车站及值班主任（列车调度员），需要停车处理的停车处理，并报告本铁路局客运处。 （6）旅客在区间坠车不具备停车条件或者迟延发现的，列车长应当报告运行所在铁路局客运调度，客运调度员接到报告后立即通知值班主任，值班主任通知相关列车调度员和铁路公安局指挥中心，由列车调度员和铁路公安局指挥中心分别通知邻近车站及车站铁路公安派出所派人寻找。列车运行至前方停车站时，列车长应拍发电报，向发生地和列车担当铁路局主管部门报告。 （7）发生旅客人身伤害、需要保护现场时，应当及时采取措施保护现场，禁止与救援、调查无关的人员进入。必要时，可请求地方政府协助。 （8）发生旅客人身伤害后，列车长、站长应当及时组织现场查验，全面搜集、梳理相关证据资料，检查旅客所持车票的票种、票号、发到站、车次、有效期及有效身份证件信息等，描绘现场旅客定位图，收集不少于两份同行人或见证人的证言及查验记录、现场照片、录像等其他相关证据，形成比较完整的证据链，能够证明发生的过程和原因，初步明确性质，并妥善保管。 旅客或第三人能够说明事件发生经过或责任的，应当由其出具书面材料，并签字确认。 涉及违法犯罪或者旅客死亡的，由铁路公安机关组织现场勘查。 证人应当具有完全民事行为能力。证人证言中应当记录证人的姓名、性别、年龄、地址、联系方式、有效身份证件信息等内容。 有医务工作人员参加救治时，应当由其出具参与救治经过的证言。 证言、证据应当真实，能够反映发生的时间、地点、过程、原因和结果。 （9）列车向车站移交伤害旅客时，车站不得拒绝接收。 办理移交手续时，列车应当编制客运记录和旅客携带物品清单一式两份，一份由列车存查，一份连同车票、证明材料、相关证人或其联系方式等一并移交。客运记录应载明日期、车次，旅客姓名、性别、年龄、国籍、民族、职业、单位、有效身份证件号码、联系方式、住址，车票种类、号码、发站、到站、车厢、席位、受伤地点、受伤原因、受伤部位、处理简况，以及证据材料清单等内容。因时间来不及证明前述内容时，可在客运记录中简要记明日期、车次、下交原因，并必须在3日内向处理单位补交有关材料	《铁路旅客人身伤害及携带品损失处理暂行办法》

续表

实训任务	实训依据（规章内容提炼）	备注(实训依据来源)
旅客伤害电报	特殊情况来不及编制客运记录时，列车长或其指定的专人应随同伤害旅客下车办理交接。涉及第三人时，应将第三人同时交站处理。 对已经控制的违法、犯罪嫌疑人，应当及时移交车站铁路公安派出所。 （10）列车发现精神异常旅客时，应重点关注，并按规定交前方到站或下车站妥善处理。列车运行途中，旅客有同行成年人的，应要求其同行成年人看护；无同行成年人时，应指派专人看护。必要时，可安排在适当位置看护。 车站发现进站乘车的旅客精神异常时，可不予其进站乘车，并为其办理退票手续。 （11）旅客在法定时限内索赔且能够证明伤害是在铁路旅客运输过程中发生的，受理单位应及时通知发生单位，并本着方便旅客的原则。移交旅客就医所在地车站或旅客发、到站处理，被移交站应当受理。发生单位应当在10日内搜集并向处理单位移交相关证据材料。 （12）在站内或区间线路上发现有坠车旅客时，发现或接到通知的车站应当迅速通报有关列车。有关列车接到通报后，应当立即调查。 列车应当按照规定收集相关证据材料或旅客携带物品，并向处理单位移交。 （13）车站、列车发生旅客人身伤害时，可用电话向所在单位或上级主管部门报告概况；但发生重伤以上旅客人身伤害时，应在第一时间以短信方式向所属铁路局主管部门报告，随后向有关铁路局主管部门拍发速报，并逐级向上级主管部门和宣传部门报告。 报告（含速报）内容主要包括： ① 发生日期、时间、车次、地点、车站、区间里程。 ② 伤亡旅客的姓名、性别、年龄、国籍、民族、职业、单位、有效身份证件号码、联系方式、住址以及车票种类、号码、发站、到站、车厢、席位等基本情况。 ③ 发生经过、旅客伤亡及现场处理简况。 2. 拍发铁路电报注意事项 （1）主送单位：责任单位及处理单位。 （2）抄送单位：事故发生地和列车担当铁路局客运处及担当列车乘务客运段。 （3）收集的旅客书面材料时，证人应当具有完全民事行为能力。证人证言中应当记录证人的姓名、性别、年龄、地址、联系方式、有效身份证件信息等内容（特别是旅客的姓名、身份证号、联系方式和住址尤为重要），取证时要有公安人员参加。同时有医务工作人员参加救治时，应当由其出具参与救治经过的证言	《铁路旅客人身伤害及携带品损失处理暂行办法》

【实训案例】

实训任务　旅客伤害电报

实训案例 1　烫伤电报

2017 年 2 月 24 日，G129 次列车（北京南—上海虹桥，上海铁路局上海客运段担当乘务工作）天津南站开车后，旅客张××，身份证号 2105221968×××ｘ6789，持北京南站至上海虹桥站的高铁车票，06 车 08A 号二等座，票号 Y069346，在为同行儿子张一（男，3 岁）泡面时，不慎将面碰倒，造成其子大腿内侧烫伤，伤势较重，旅客要求下车治疗，列车如何拍发铁路电报？

电报样式见示例 7-3 所示。

示例 7-3

铁 路 电 报

电报统-1

发报所	电报号码	组数	等级	日期	时分	附注

主送：德州东站

抄送：天津、北京铁路局客运处、上海客运段

　　2017 年 2 月 24 日，G129 次列车天津南站开车后，旅客张××，身份证号 2105221968×××ｘ6789，持北京南站至上海虹桥站的高铁车票，06 车 08A 号二等座，票号 Y069346，在为同行儿子张一，男，3 岁，泡面时，不慎将面碰倒，造成其子大腿内侧烫伤，伤势较重，旅客要求下车治疗，列车编制了××号客运记录将旅客移交德州东站，特此电告。

G129 次列车长于德州东
2017 年 2 月 24 日

（印章：上局 ×××沪客）

抄收　时　分　号

2. 局管内列车发生旅客烫伤。

2017 年 2 月 24 日，G7213 次列车（苏州—上海，上海铁路局上海客运段担当乘务工作）苏州园区站到站前，旅客张××，身份证号 2105221968×××ｘ6789，持苏州站至上海虹桥站的高铁车票，06 车 08A 号二等座，票号 Y069346，在为同行儿子张一（男，3 岁）泡面时，不慎将面碰倒，造成其子大腿内侧烫伤，伤势较重，旅客要求下车治疗，列车如何拍发铁路电报？

电报样式见示例 7-4。

示例 7-4

铁 路 电 报

电报统-1

发报所	电报号码	组数	等级	日期	时分	附注

主送：苏州园区站

抄送：上海铁路局客运处、上海客运段

  2017年2月24日，G7213次列车苏州园区站到站前，旅客张××，身份证号2105221968××××6789，持苏州站至上海虹桥站的高铁车票，06车08A号二等座，票号Y069346，在为同行儿子张一，男，3岁，泡面时，不慎将面碰倒，造成其子大腿内侧烫伤，伤势较重，旅客要求下车治疗，列车编制了××号客运记录将旅客移交苏州园区站，特此电告。

G7213次列车长于苏州园区站

2017年2月24日

抄收　时　分　号

实训案例2 列车上第三人责任造成旅客挤伤手

  2017年2月24日，G129次列车（北京南—上海虹桥，上海铁路局上海客运段担当乘务工作）济南西站到站前，旅客张××，男，29岁，身份证号2105221988××××6789，持北京南站至上海虹桥站的高铁车票，06车08A号二等座，票号Y069346，上厕所关门时不慎将旅客孙××，身份证号2202111970××××7829，持德州东至宿州东06车08A号二等座票，票号Y094672，右手中指夹伤，列车如何拍发电报？

  电报样式见示例7-5。

示例 7-5

铁 路 电 报

电报统-1

发报所	电报号码	组数	等级	日期	时分	附注

主送：济南西站

抄送：德州东站、北京铁路局客运处、上海客运段

　　2017年2月24日，G129次列车济南西站到站前，旅客张××，男，29岁，身份证号2105221988×××6789，持北京南站至上海虹桥站的高铁车票，06车08A号二等座，票号Y069346，上厕所关门时不慎将旅客孙××，身份证号2202111970×××7829，持德州东至宿州东05车08A号二等座票，票号Y094672，右手中指夹伤，列车采取简单包扎处理，编制了××号客运记录将旅客移交济南西站。特此电告。

G129次列车长于济南西站

2017年2月24日

抄收　时　分　号

2. 局管内列车旅客挤伤手。

2017年2月24日，G7213次列车（苏州—上海，上海铁路局上海客运段担当乘务工作）苏州园区站到站前，旅客张××，男，29岁，身份证号2105221988×××6789，持苏州至苏州园区站的高铁车票，06车08A号二等座，票号Y069346，上厕所关门时不慎将旅客孙××，身份证号2202111970×××7829，持苏州至上海虹桥站05车08A号二等座票，票号Y094672，右手中指夹伤，列车如何拍发电报？

电报样式见示例7-6。

示例 7-6

铁 路 电 报

电报统-1

发报所	电报号码	组数	等级	日期	时分	附注

主送：苏州园区站

抄送：上海铁路局客运处、上海客运段

　　2017年2月24日，G7213次列车苏州园区站到站前，旅客张××，男，29岁，身份证号2105221988××××6789，持苏州至苏州园区站的高铁车票，06车08A号二等座，票号Y069346，上厕所关门时不慎将旅客孙××，身份证号2202111970××××7829，持苏州至上海虹桥站05车08A号二等座票，票号Y094672，右手中指夹伤，列车采取简单包扎处理，编制了××号客运记录将旅客移交苏州园区站。特此电告。

G7213次列车长于苏州站发
2017年2月24日

抄收　时　分　号

实训案例 3　紧急制动撞伤旅客

1. 跨局列车紧急制动撞伤旅客

2017年2月25日，G102次列车（上海虹桥—北京南，上海铁路局上海客运段担当乘务工作）天津南站到站前，列车进道岔时，车体晃动，造成旅客孙××，女，22岁，身份证号3422241995××××6723，持宿州东至天津南站的高铁车票，05车02B号二等座，票号1X058293，在起身去洗手间时，撞在车座扶手处，造成肋骨处擦伤，列车如何拍发电报？

电报样式见示例7-7。

示例 7-7

铁 路 电 报

电报统-1

发报所	电报号码	组数	等级	日期	时分	附注

主送：天津南站

抄送：济南西站、北京铁路局客运处、上海客运段

  2017年2月25日，G102次列车天津南站到站前，列车进道岔时，车体晃动，造成旅客孙××，女，22岁，身份证号3422241995×××6723，持宿州东至天津南站的高铁车票，05车02B号二等座，票号1X058293，在起身去洗手间时，撞在车座扶手处，造成肋骨处擦伤，列车采取简单包扎处理，编制了××号客运记录将旅客移交天津南站。特此电告。

G102次列车长于天津南站

2017年2月24日

抄收　时　分　号

2. 管内列车紧急制动撞伤旅客。

2017年2月25日，G6703次列车（北京西—石家庄，北京铁路局石家庄客运段担当乘务工作）正定机场站到站前，列车进道岔时，车体晃动，造成旅客孙××，女，22岁，身份证号3422241995××××6723，持北京西至石家庄站的高铁车票，05车02B号二等座，票号1X058293，在起身去洗手间时，撞在车座扶手处，造成肋骨处擦伤，列车如何拍发电报？

电报样式见示例7-8。

示例 7-8

铁 路 电 报

电报统-1

发报所	电报号码	组数	等级	日期	时分	附注

主送：正定机场站

抄送：北京铁路局客运处、石家庄客运段

2017年2月25日，G6703次列车正定机场站到站前，列车进道岔时，车体晃动，造成旅客孙××，女，22岁，身份证号3422241995××××6723，持北京西至石家庄站的高铁车票，05车02B号二等座，票号1X058293，在起身去洗手间时，撞在车座扶手处，造成肋骨处擦伤，列车采取简单处理，编制了××号客运记录将旅客移交正定机场站。特此电告。

G6703次列车长于正定机场站

2017年2月25日

抄收　时　分　号

实训案例 4　行李架物品掉落砸伤旅客

1. 跨局列车行李架物品掉落砸伤旅客。

2017年2月25日，G102次列车（上海虹桥—北京南，上海铁路局上海客运段担当乘务工作），列车运行在常州北至南京南间，05车02排行李架上的两袋真空包装的大米滑落，砸到旅客李××的头部，女，25岁，身份证号3422241993××××6763，持宿州东至天津南站的高铁车票，05车02B号二等座，票号1X058293，该乘客自述头晕恶心，伤口处持续疼痛，列车该如何拍发电报？

电报样式见示例7-9。

示例 7-9

铁 路 电 报

电报统-1

发报所	电报号码	组数	等级	日期	时分	附注

主送：南京南站

抄送：常州北站、北京铁路局客运处、上海客运段

  2017年2月25日，G102次列车运行在常州北至南京南间，05车02排行李架上的两袋真空包装的大米滑落，砸到旅客李××的头部，女，25岁，身份证号3422241993×××6763，持宿州东至天津南站的高铁车票，05车02B号二等座，票号1X058293，该乘客自述头晕恶心，伤口处持续疼痛，列车采取简单处理，编制了××号客运记录将旅客移交南京南站。特此电告。

G102次列车长于南京南站

2017年2月25日

抄收 时 分 号

2. 管内列车行李架物品掉落砸伤旅客。

2017年2月25日，G6703次列车（北京西—石家庄，北京铁路局石家庄客运段担当乘务工作）正定机场站到站前，05车02排行李架上的两袋真空包装的大米滑落，砸到旅客李××的头部，女，25岁，身份证号3422241993××××6763，持北京西至石家庄站的高铁车票，05车02B号二等座，票号1X058293，该乘客自述头晕恶心，伤口处持续疼痛，列车该如何拍发电报？

电报样式见示例7-10。

示例 7-10

铁 路 电 报

电报统-1

发报所	电报号码	组数	等级	日期	时分	附注

主送：正定机场站

抄送：北京铁路局客运处、石家庄客运段

  2017年2月25日，G6703次列车正定机场站到站前，05车02排行李架上的两袋真空包装的大米滑落，砸到旅客李××的头部，女，25岁，身份证号3422241993×××6763，持北京西至石家庄站的高铁车票，05车02B号二等座，票号1X058293，该乘客自述头晕恶心，伤口处持续疼痛，列车采取简单处理，编制了××号客运记录将旅客移交正定机场站。特此电告。

G6703次列车长于正定机场
2017年2月25日

（京局 ××× 石客）

抄收　时　分　号

项目三　站车交接处理

【训练目标】

该项目主要训练列车上常见案例的站车交接处理。

【训练准备】

模拟站车交接场地、客运记录等相关材料。

【训练内容】

实训任务	实训依据（规章内容提炼）	备注（实训依据来源）
列车向车站移交疾病、死亡旅客	1. 站车交接重点： （1）站车交接前，要充分预想到各种可能情况，提前预习、掌握相关规章规定。 （2）认真核对客运记录是否与事实相符，有无可疑问题，旁证材料是否齐全，内容是否无误。 （3）时刻铭记"以站保车"的要求，不得以任何理由阻碍列车开车。 （4）充分发挥车站公安作用。 （5）及时拨打 120（避免出现未及时救治责任），必要时及时垫付抢救押金。及时通知殡仪馆派车拉尸。 （6）必须清楚精神病旅客交接要求，与家属或列车交接精神病旅客，必须书面签字，写明旅客信息。 2. 发生旅客人身伤害和急病时： （1）发生旅客人身伤害和急病时，站、车均应千方百计抢救。列车须向车站移交时，旅客急病和无票人员发生伤害时，开具客运记录。因特殊情况来不及编写客运记录的，列车必须在三日内向事故处理站补交有关材料。 （2）旅客或无票人员在站内或列车上发生急病时，应立即送医院抢救。如死亡则妥善处理尸体，保管遗物，通知家属。其费用原则上由本人或家属负担。 （3）因下列原因造成的旅客身体损害承运人不承担责任：①不可抗力；②旅客自身健康原因造成的或者承运人证明伤亡是旅客故意、重大过失造成的。 （4）车站对本站发生、发现或列车移交的受伤旅客应及时送附近或有救治条件的医院抢救；送铁路医院时可凭加盖有车站公章的客运记录与医院办理就医手续；送地方医院须先缴纳押金时，可用站进款垫付；动用站进款时，填写或补填"运输进款动支凭证"，5 日内由核算站或车务段财务拨款归还。 （5）站车间应协调配合，发生问题应本着以站保车的原则积极处理。站、车发生纠纷，在责任、原因不明时，站、车双方均不得以任何理由阻碍开车，造成列车晚点。 （6）旅客因病，在通票有效期内，出具医疗单位证明或经车站证实时，可按医疗日延长有效期，但最多不超过 10 天；卧铺票不办理延长，可办理退票手续；同行人同样办理。 3. 旅客遭受意外事故以致死亡： （1）旅客遭受意外事故以致死亡者，应由其配偶、子女、父母或完全依赖该旅客供养者，取具铁路局的证明文件，必要时还须取具居住地政府之户籍证明，向保险公司或其特约代理处申请给付保险金，如遇领款人之间发生争执时，应按照上列顺序决定给付人。 （2）押运犯人乘车的规定：遇有押运犯人乘车时（特别快车除外），车站和押运人应主动与列车长联系，站车工作人员应向押	

续表

实训任务	实训依据（规章内容提炼）	备注（实训依据来源）
列车向车站移交疾病、死亡旅客	运人介绍安全注意事项，并采取安全措施，安排在列车较安全、便于看管的地点（车站和押运人员应与车长联系，安排在列车一端），公安人员应予以协助。 4. 列车上发生旅客人身伤害事故： （1）列车上发生旅客人身伤害事故，应当将受伤旅客移交三等以上车站（在区间停车处理时为就近车站）处理，车站不得拒绝受理。列车向车站办理移交手续时，编制客运记录一式两份（一份存查，一份办理站、车交接），连同车票、随身旅客携带品清单、证据材料一起移交。旅客人身伤害事故系因斗殴等治安或刑事案件所致，列车乘警应在客运记录上签字。 （2）受伤旅客在现场抢救无效死亡或在站内、区间发现的旅客尸体，经公安机关或医疗部门确认死亡后，车站应当暂时派人看守并尽快转送殡仪馆存放。对死者的车票、衣物等应当妥善保管并通知其家属来站处理。如死者身份、地址不清或家属不来时，或死亡原因系伤害致死需立案侦察时，可根据公安机关的意见处理死者尸体，必要时应对尸体做法医鉴定。尸体存放原则上不超过七天	
列车向车站移交精神病患者、弃婴的处理	1. 列车内发现无人护送的精神病旅客： （1）列车内发现无人护送的精神病旅客，列车长指派专人看护，公安人员应予以协助，移交到站或换乘站处理。不得转交中途站。发现有人护送的精神病旅客，乘务人员应向护送人员介绍安全注意事项，并予以协助。 （2）车站对列车上交下的无人护送的精神病旅客，由车站客运、公安共同负责处理。如需继续乘车时，车站客运、公安共同派人护送至到站转地方处理，如无直通车时，送至第一个换车站，由换车站继续转送。 （3）列车上发现弃婴（弃童）时，列车工作人员应报告列车长和乘警，乘警应认真了解情况。对确无家庭、监护人线索的弃婴（弃童），列车乘警应编制记录交三等以上车站派出所。车站派出所对于列车移交或本站发现的弃婴（弃童），经本所或辖区公安部门查找确实无线索的，持拾捡报案证明及查找经过等相关材料（包括列车乘警编制订票记录），经当地民政部门批准并依法办理相关手续后，6周岁以下的送往当地儿童福利院、综合性社会福利院或民政部门指定的机构；超过 6 周岁的送往当地救助管理站、流浪未成年人救助保护中心或民政部门指定的机构。车站派出所向社会福利部门移送弃婴（弃童）时，当地社会福利机构、救助机构应主动接收，不得收取任何费用。 （4）站、车发现单独旅行的突发急病和精神病旅客时，列车长应积极寻找医生对其进行救治，同时编制客运记录交三等以上车站。在下交前，列车长应指定专人对其进行看护，乘警应配合，防止发生意外。车站对于列车移交或在本站发现的上述人员，及时送当地医疗救治定点医院，危重病人（含弃婴、弃童）应送至就近医院救治。当地民政部门或救助管理站接到医院通知后应及时派人前往医院进行后续处理	

【实训案例】

实训任务 1　列车向车站移交疾病、死亡旅客

实训案例 1　列车向车站移交昏迷旅客的处置

2017 年 1 月 14 日 G397 次列车到达滨海北车站后列车编制客运记录移交一名突发急病昏迷旅客肖××，男，25 岁，持北京南—葫芦岛北二等座票一张，该旅客无同行人，随身携带行李箱一个，无其他物品。车站客运人员接到通知后立即拨打 120 急救电话，列车到达后客运人员与列车办理交接并派人随 120 护送急病旅客到达医院进行救治，因该旅客身上无现金，于是车站为旅客交付急救押金。在救治过程中，车站积极与家属取得联系，后家属与 1 月 15 日赶到车站，车站向家属办理了旅客随身携带物品和退票现金的交接手续后，收回垫付的救护费用。

题解：

处理技巧及重点：

1. 及时拨打 120 急救电话。
2. 积极施救并及时通知家属（通过旅客手机查询、或通过 114 查号联系旅客身份证所在地公安配合查询）。仔细检查客运记录，记录内容是否完整、正确，情况是否论述清楚，如无法确定旅客是否死亡，应要求列车在记录中注明"人已昏迷，状态不清"字样。
3. 旅客无同行人且无现钱时，车站先垫付抢救押金。
4. 由于旅客急病不属于铁路责任造成的伤害，因此费用应由旅客本人或家属承担，在家属到达后应向家属收回垫付的有关费用。
5. 做好急病旅客车票的处理工作。
6. 向家属交还旅客随身携带行李及票款。
7. 旅客在治疗期间所需的一切费用，应由旅客自己负担，但本人确实无力负担的，经局主管领导同意后可由铁路垫付。

实训案例 2　列车向车站移交突发疾病死亡旅客的处置

2017 年 2 月 3 日 17 点 10 分左右，蔡家坡车站接到调度通知××次列车移交一名急病旅客后，领班立即拨打了 120 急救电话，列车到达时车站客运人员及 120 急救医生已到达二站台接车，列车上由软卧车厢抬下一名急病旅客，经 120 医生当场确诊，该旅客已经死亡。随同家属 6 人得知急病旅客死亡后，行为过激，其中 3 人卧轨阻止列车开行，另外 3 人强行将死者抬上列车，要求继续旅行至目的地。客运人员与站勤公安无法控制事态，于是客运值班员立即通知车站站长，站长通知公安所所长后公安所立即出动警力赶赴现场与车站人员共同制止家属卧轨行为并对家属做思想工作，要求家属将死亡旅客尸体抬下列车，但家属坚决不同意，于是车站公安上车强行将死亡旅客尸体抬下列车，有效地控制了现场事态，此事件共计处理了 25 分钟。车站当场未与列车办理交接，而是要求列车长下车办理交接。

题解：

处理技巧及重点：

1. 车站接到信息后第一时间拨打 120 电话，并记录拨打电话时间。
2. 与列车交接时，要认真核对客运记录内容。如果 120 急救医生现场确认急病旅客死亡后，

应要求列车在客运记录上注明,并向 120 索要旅客死亡证明。同时立即通知殡仪馆并组织人员将旅客尸体抬放至安全地点进行看护。防止出现家属在公共场合停尸威胁铁路给钱的情况出现。

3. 家属行为过激,要采取果断措施,必须通知公安人员将旅客尸体强行抬下列车,有效控制现场安全,不得以任何理由延误列车的开行。

4. 要求列车派人与车站办理交接,如果列车未派人下车处理或交接资料不全。车站可及时拍发速报,通知相关单位、所属路局客运处和有关公安部门,要求列车段在 3 日内补齐资料并派人到站处理。

5. 旅客发生急病死亡列车向车站移交尸体时车站必须接收,不得推诿"扯皮",耽误列车开行。

6. 疾病死亡旅客所产生费用由旅客家属承担。

7. 做好死亡旅客家属的安抚工作,耐心解释相关规定,积极帮助家属办理车票改签业务。

实训案例 3　列车向车站移交死亡旅客的处置

2017 年 5 月 24 日××次由蔡家坡车站开车后,两名维吾尔族男孩在合肥市公安局公安分局和合肥市救助管理站押解人员护送途中自行打开列车运行方向左侧洗脸间车窗跳下,其中一名较小男孩买尔旦·司马依(该男孩父母均去世,由姨妈负责赡养)由于头部磕向站台,当场死亡,于是车站派人看护尸体,并及时将尸体存放在殡仪馆。事故责任在死者本人身上,由合肥市公安分局和合肥市救助站与死者家属达成赔偿协议,一次性处理完毕,铁路未支付任何费用。

题解:

处理技巧及重点:

1. 拍发事故速报,与前方站联系,要求车长及押解人员及时返回,列车编制客运记录与车站办理交接。

2. 要求押解单位向殡仪馆支付尸体存放费用。

3. 通知家属,应认真审核家属有关户籍证明。

4. 尊重民族习俗,严禁盲目火化尸体。

5. 告之家属有关规定,由家属与押解单位达成赔偿协议。

实训案例 4　列车向车站移交自杀旅客的处置

2017 年 5 月 31 日,旅客王某持××次郑州至兰州硬座客票(14 车无座)自郑州车站上车,在列车运行至咸阳开车后,该旅客在 14 与 15 号车厢连接处突然从袖口内拿出刀插入自己的上腹部后倒地。事发后,列车迅速组织对该旅客进行救护,一方面通过列车广播寻找医生;另一方面将情况立即向客调报告,请求在有医疗条件的车站停车抢救。6 月 1 日 0:30 分蔡家坡车站接客调通知:××次列车临时停车,交受伤旅客一名。车站立即拨打 120 急救电话,0:48 分列车到达后,车站站长、客运人员与 120 医护人员共同接车,经医护人员现场确认旅客王某已死亡。

题解:

处理技巧及重点:

1. 拍发速报时注意主送、抄送单位要齐全。

2. 通知家属不来时,应通过地方公安部门进行配合。

3. 确认死亡旅客是否属于刑事案件，如刑事案件致死应在公安部门侦破完毕后方可处理。

4. 站车交接时列车编制客运记录必须编制移交死亡旅客（必须写明死因），不得以其他理由办理交接。

实训任务 2　列车向车站移交精神病患者、弃婴的处理

实训案例 1　列车向车站移交、弃婴的处理

2016 年 8 月 16 日蔡家坡车站××次列车到达后，列车长由车上带下一名精神不正常女孩，口头告之客运人员让其出站，客运人员询问旅客无票，立即要求其继续上车，但此时列车已快启动，车长上车，客运人员询问："交人为何不编记录"，车长答到："来不及了，在前方站编好后捎过来"随之上车。客运领班立即向客运值班员汇报，由于该车为本局担当列车于是立即向客运处进行了汇报。于是，车站人员暂时负责对精神病旅客进行看护，后列车长返回后将该旅客带走。

题解：

处理技巧及重点：

1. 列车不得向中途站移交无人护送的精神病旅客，有记录交接中途站不签认，无记录交下后车站应派人看护无人护送精神病旅客，并及时告之列车速来处理。

2. 对于无人护送的精神病旅客所持车票到站为列车的中途站时，中途站不得拒接。接下后车站应及时通知精神病旅客监护人及时领回，并严格执行出站缴票、销票制度。

3. 弃婴、弃童应由车站派出所处理。

项目四　列车班组客货票据明细填写

【训练目标】

该项目主要学习列车班组客货票据的明细填写。

【训练准备】

客货票据。

【训练内容】

实训任务	实训依据（规章内容提炼）	备注 （实训依据来源）
列车班组客货票据明细填写	客运票据明细账（简称票据账）是铁路局和站、段等级掌握客货票据及运单、标签等有价表格的主要账簿。每本账的封皮后面附有：经管员一览表（财收-5-1）和客货票据账目录（财收-5-2）。 1. 基本要求 （1）保持账簿完整和账面整洁，不得挖补、粘贴、涂改、毁损张页，未经收入科管账人员同意不得更换任何张页。 （2）不得使用圆珠笔登账，发生差错时以双红线划销，在其上部填写正确内容后，加盖更正人名章。文字书写错误只划销更正错误部分，其他错误必须将该项内容全部划销更正	

【实训案例】

实训任务　列车班组客货票据明细填写

实训案例 1　经管人员一览表填写

经管人员一览表如图 7-1 所示。

1. 左上角：填写“×××”铁路局。

2. 单位名称栏：填写“×××客运段×次×组”，多个车次填写主车次。

3. 账簿名称栏：填写“客货票据明细账”。

4. 账簿页数栏：填写式样为“自第 1-1 页至第 4-×页止，共计 96 页”。

5. 使用日期栏：起始日期填该账簿实际启用日期，终止日期填写该账簿终止使用的实际日期，账簿在用期间的终止日期不填。

6. 单位领导签章栏：在起始日期下方与起始日期前端对齐，盖该账簿启用日的车队长章，发生队长变更时在后面依次盖新队长章，底边对齐，中间留有 5 mm 空隙。

7. 经管人员职别栏：填写管理该账簿人员的职名，一般为“列车值班员”，没有列车值班员的班组应为“列车长”。

8. 姓名、经管或接管日期、签章栏：填写管理该账簿人员的姓名、实际经管或接管起始日、盖章。

9. 移交日期、签章栏：填写管理该账簿人员向他人移交账簿的实际日期、盖章，未发生移交事项时此栏不填。

10. 移交后，接管人员按第 7 款规定在下一行填写有关内容。

中华人民共和国铁道部
哈尔滨铁路局

经管人员一览表

财收-5-1

单位名称	xxx客运段 XX 车队 XXXX 车次 XX 组				
账簿名称	客 货 票 据 明 细 账 XXX				
账簿页数	自第 1-1 页起至第 4-×× 页止，共计 ×× 页				
使用日期	自2016年01月01日起至　年　月　日				
单位领导签章	（加盖本车队队长名章，如有更换，接续加盖）				
经管人员职别	姓名	经管或接管日期	签章	移交日期	签章
列车值班员	王 X X	2016 年 01 月 01 日	（签字并盖章）	2016 年 05 月 03 日	（签字并盖章）
列车值班员	张 X	2016 年 05 月 04 日	（签字并盖章）	2016 年 06 月 01 日	（签字并盖章）
列车长	李 X	2016 年 06 月 02 日	（签字并盖章）	2016 年 06 月 21 日	（签字并盖章）
列车值班员	刘 X	2016 年 06 月 22 日	（签字并盖章）	年　月　日	
		年　月　日		年　月　日	

图 7-1　经管人员一览表

实训案例 2　客货票据账目录

客运票据账目录（见图 7-2）左上角填“× × ×”铁路局，右上角页码从第 1 页起顺序编码。

目录内票种顺序为：代用票、计算机票、区段票、客杂收据。各栏填写方法：第一行：账页号填“1-1”；票据名称填“代用票”；单位填车次组别，如“T184/ T183-1”“6601/6602-2”，多个车次套乘填写主车次；附注栏无特殊情况不填。第二行：“2-1；计算机票”。第三行：“3-1；区段票”。第四行：“4-1；客杂收据”。未配备以上某种票据的班组也同样填记。增加票种时依次填写。从第二行起单位栏不重复填写，其他栏同第一行。每个票种在目录里显示的顺序、页码与账页内该票种的设置位置必须一致。

中华人民共和国铁道部　　　　财收—5—2

哈尔滨铁路局　　**客货票据账目录**　　第 1 页

账页号	票据名称	单位	页数	附注	账页号	票据名称	单位	页数	附注
1-1	代用票	T18/T17-6	20						
2-1	计算机票		20						
3-1	区段票		2						
4-1	客杂收据		20						

注：“单位”栏根据账簿设置要求填记站段或营业窗口名称。

图 7-2　客货票据账目录

实训案例 3　账页填写

客货票据明细账如图 7-3 所示。

1. 账簿登销必须依据记账凭证，确保账证相符。发生错误时必须先复核或更改记账凭证，确认无误后再登销或更改账簿。本账簿的记账凭证有客货票据领发单，车内补票移交报告，借出、借入票据的客运记录和电报，铁路局的调账通知书，票据事故处理文电，票据返库时发票人员的签字等。

2. 左上角：填写“× × ×”铁路局。票据库栏不填。票据种类栏按设置在该页的实际票种填写：现有“代用票”“计算机票”“区段票”“客杂收据”四种，增加票种时，增加的票种也应即时建立账页，按此方法填写。

3. 右上角：编号栏，代用票账页依次填写“1-1，1-2，1-3……”；计算机票帐页依次填写“2-1，2-2……”；区段票账页依次填写“3-1，3-2……”，客杂收据账页依次填写“4-1，4-2……”。

未配备以上某种票据的班组用一张账页（两页）占用顺位。增加票种时依次填写。窗口/班组栏，填写车次班组，如“T184/ T183-1”“6601/6602-2”，多个车次套乘填写主车次。

4. 上中部站段栏：填“×××客运段”。

5. 领收方（登账）和使用终了日期栏：

（1）结转票据。在“核转日期”栏填记从前一本账簿向该账簿结转的实际日期，在“收到日期”栏填记原收到日期，在“票据”各栏相应填写所结转过来票据的符号、实际起止号和实际张数。分次领取的票据、一次领取但票号不连续或符号不同的票据应分行结转。

（2）领收票据。在“收到日期”栏填记实际收到的日期，在“票据”各栏相应处填写所领取票据的符号、起止号和张数。分次领取的票据、一次领取但票号不连续或符号不同的票据应分行填记。

（3）中途借票。运行途中遇临时情况需向本段其他班组、其他段列车班组或中途站借用票据时，须填发客运记录简要写明原因、借用票种和实际点收的符号、起止号、张数。借入的票据按领收票据的方式登入领收方。

（4）结转、领取和借入票据均应按领取的先后顺序逐行登账，不得中间空行。

（5）领收方的每笔（每行）票据使用完了时，在“使用终了日期”栏填记实际用完日期。

6. 使用方（销账）、结存数量及记事栏：

（1）使用方应趟结趟销，在“使用日期”栏填记终到日期，“票据”各栏相应处填记本趟使用的符号、起止号、使用数量，在“结存数量”栏减少所使用的数量。

（2）按照先进先出的次序使用和销账。使用方的最初起号应从领收方的最初起号开始使用，这两个起号是一致的。

（3）当趟没有使用票据时，“起号”栏从左下角至右上角划斜线，将上趟符号和止号落下，发售“数量”栏填“0”，结存数量不变。

中华人民共和国铁道部
哈尔滨 铁路局
票据库
票据种类：代用票

客货票据明细账

站段：xxx客运段

财收—5—3
编号：1-1

窗口/班组：T18/T17-6

领收								使用终了日期	使用					结存数量	记事
核转年月	收到日期	请领或领发单		票据					使用日期	票据					
		站编号	局编号	符号	起号	止号	数量			符号	起号	止号	数量		
2013.01	2012.03.01	1		A	100347	100350	4	2012.03.26	2012.03.05	A	100347	/	0	4	
	2012.03.07	15		U	000050	000100	50	xxxx.xx.xx	2012.03.07	A	100347	/	0	54	
									2012.03.12	A	100347	/	0	54	
									2012.03.14	A	100347	100347	1	53	
									2012.03.19	A	/	100347	0	53	
									2012.03.21	A	/	100347	0	53	
									2012.03.26	A	100348	(完) 100350	3	50	
									2012.04.02	u	000050	/	0	50	
									2012.04.04	u	000050	000052	3	47	

图 7-3 客货票据明细账

结转或领取票据后，第一趟或第一趟起连续几趟未使用的，将其符号、首号填入符号、起号栏，止号栏划斜线，使用“数量”栏填“0”，结存数量栏不变。一笔票据上趟已用完，该启用下一笔票据时，当趟或当趟起连续几趟未使用票据的，也按此方法记账。

（4）发生票据毁损、灭失、被盗事故时，按票据使用的方式销账，正常记载损失票据的符号、起止号、数量，减少结存数量，在记事栏注明湿损、灭失、被盗时间及责任者，待铁路局批准后再按批准文号“局 × 号文”补记入记事栏。

（5）发生借出票据时，凭借用班组列车长开具的客运记录销账，正常记载借出票据的符号、起止号、数量，减少结存数量，在记事栏注明“× 月 × 日借给 × 段 × 次 × 组”，并发电报向有关收入管理部门、站段报告票据借出情况，说明借出票种、符号、起止号、张数。主送借入票据的站、段和局收入稽查处，抄送本段和本局收入稽查处。终到后将客运记录交段收入科管账人员，复印件经管账人员签字盖章后留存，粘贴在票据账的末页背面，接到借票电报后按电报号码在记事栏补记入“× 号电”。

（6）发生票据返回票库时，按票据使用的方式销账，正常记载返库票据的符号、起止号、数量，减少结存数量，并在记事栏注明“返库”或“返收入”字样。发票人员接收时应在记事栏签字或盖章。

（7）当趟使用票据符号不同、票号不连续（包括跳号使用）、原因不同（如借出、票据毁损、灭失）的，均应分行销账。

（8）每笔（领收方的每行）票据使用完了（包括非正常使用），均应在使用方 “止号”栏右上角盖“完”红色戳记，规格：直径 5 mm，圆边线宽 0.4 mm，字体为宋体，如图 7-4 所示。

7. 结存数量栏：

（1）结转、领取、借入票据，乘务中使用、损失、借出票据均应在该事项发生后第一次销账时增加、减少结存数量。

（2）休乘期间发生票据返库、损失的，必须在当日销账并减少结存数量。

（3）结存数量始终保持与班组剩余票据的总数相符。

中华人民共和国铁道部
哈尔滨 铁路局
票据库
票据种类：代用票

客货票据明细账

站段：xxx客运段

财收—5—3
编号：1-2
窗口/班组：T18/T17-6

领收								使用终了日期	使用					结存数量	记事
核转年月	收到日期	请领或领发单		票据					使用日期	票据					
		站编号	局编号	符号	起号	止号	数量			符号	起号	止号	数量		
									2012.04.11	U	000053 ~~000052~~	000055	2	45	
									……	.	…	……	.	..	
									……	.	……	……	.	..	
									xxxx.xx.xx	U	000056	000100（完）	45	0	返收入xxx

图 7-4 客货票据明细账截止

项目五 客运管理信息系统应用

【训练目标】

该项目主要学习客运管理信息系统客户端的使用。

【训练准备】

手机、客运管理信息系统系统 APP。

【训练内容】

实训任务	实训依据（规章内容提炼）	备注（实训依据来源）
客运管理信息系统应用	功能概述： 1. 登录选择所属单位，填写登录信息，登录系统。 2. 检测版本：可点击取消跳过该步骤：速报：右上角菜单中选择模板，按流程填写并发送。 3. 乘务日志：加载数据，右上角菜单中选择对应项进行填报、提交。 4. 站车交互：直接开启站车交互软件。 5. 铁路电报：获取最新电报模板，点击相应模板进入详情，按照提示填写、提交，并通过历史记录获取签收状态。 6. 上水管理：获取上水计划，填写实际上水、备注，提交信息。 7. 缺水通知（严重缺水）：选择前方上水站，写入严重缺水车厢号等，提交，缺水记录查询签收状态。 8. 直供电：选择车次、始发日期，加载数据，更改相应日期，提交。 9. 站通讯录：选择车次，加载数据。 10. 证件查询：填写证件号（身份证），查询，点击所需证件进入详情页。 11. 征信查询：证件号或者人名二选一，查询对应信息，默认时间为一年内。 12. 综合管理：离线文件查询可利用关键字搜索。 13. 车地通讯：收取地面发布的命令信息，提交多媒体信息，类微信聊天。 14. 菜单·重置软件：删除缓存以及登录信息，重新进行系统的登录操作。 15. 菜单·清空数据：清除不需要的文件和数据库信息。 16. 菜单·设置车赶场角讯：开启或者关闭定位、通讯功能。 17. 菜单·重置站车通道：登录站车平台，亲测，建议退乘后重新进入软件。 18. 底部·更换车次：进入车次选择界面，重新挑选当前车次。 19. 底部·登乘信息：显示当前登录人员的信息以及最新定位信息。 20. 底部·退乘：退出当前用户，结束作业流程	

续表

实训任务	实训依据（规章内容提炼）	备注（实训依据来源）
客运管理信息系统应用	21. 其他·宿营车：管理宿营车内人员定位。 22. 其他·列车时刻：查询某一车次的详细信息。 23. 其他·视频记录：本机视频记录。 24. 其他·出乘考试：班组出乘前的抽查考试系统。 25. 其他·多媒体谏报：提交多媒体信息。 26. 其他·技术支持：客管系统手持终端的技术支持小站，提供博客、留言板等。 27. 其他·干部添乘系统：出乘、项点录入、退乘等。 28. 初次安装该新版软件时，需要将原来的版本手动卸载，然后再安装；如果发现无法正常安装软件时，需将手机本身该软件的低版本手动卸载，再尝试安装	

【实训案例】

实训任务　客运管理信息系统应用

实训案例 1　软件登录

软件安装后界面如图 7-5 所示，图 7-6 显示的图标，点击后会直接打开客运管理信息系统软件；可以按住后拖动位置；有些手机不显示该图标，可在手机设置中与通知相关的设置中进行开启。

图 7-5　软件界面

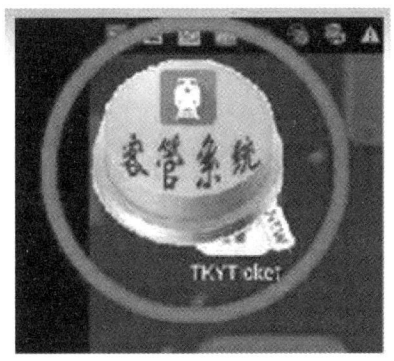

图 7-6　图标

登录流程：
1. 首次使用时，设置所属单位、通道、定位与通信等信息。
2. 填写个人工号、密码、手机号等。如图7-7所示。

选用站车交互通道的用户，定位通信一栏可暂时关闭，如有需要，可重置软件后重新选择，也可在主页面的菜单中开启。如果提示失败等信息，可点击取消按钮，直接进入登录界面。

图7-7 登录界面

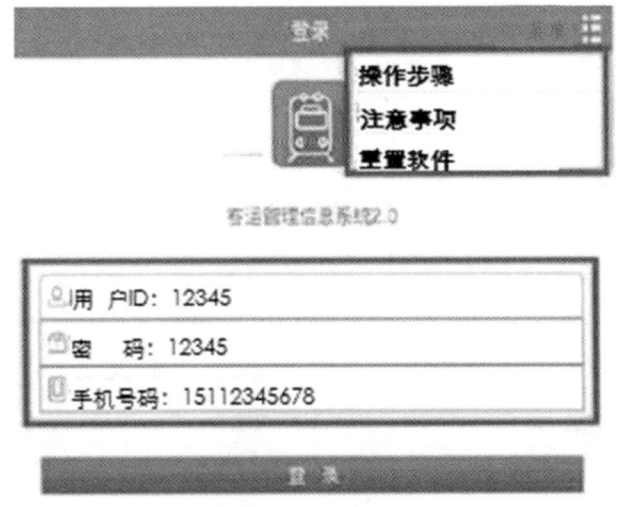

图7-8 菜单

右上角菜单中，如图7-8所示，有相关事宜的介绍：
1. 重置软件：将软件进行信息重置以及缓存清理。

2. 手机号码：输入能够及时联系的手机号。

点击车次选择框，如图 7-9 所示，在下拉菜单中选择当前车次。车次不存在或车次相关信息有误，请检查地面系统车次选择功能中的数据，是否为旧数据、过期数据、所属车队选错：

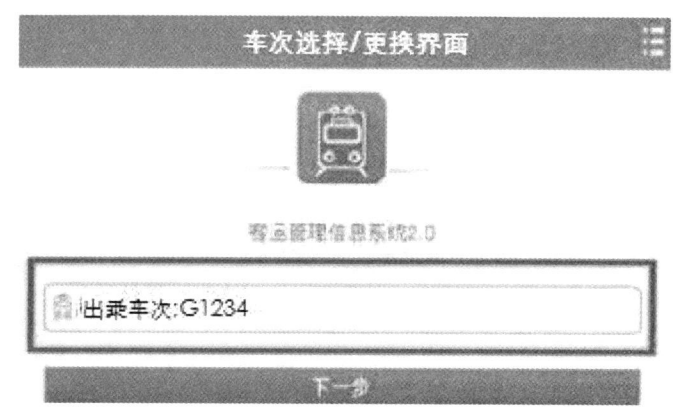

图 7-9　车次选择界面

主界面右上角菜单中，如图 7-10 所示，有相关事宜介绍：
1. 清空数据：清空相关的数据库和文件。
2. 设置车地通信：开启和关闭定位、车地通信等功能。
3. 重置站车通道：适用于选择了站车通道的用户，用于登录站车平台，最好退出后重新登录软件，由于站车通道的特殊性，如果出现无法登陆、发送等异常情况，建议采取重试，或等网络畅通后再重试等方法。

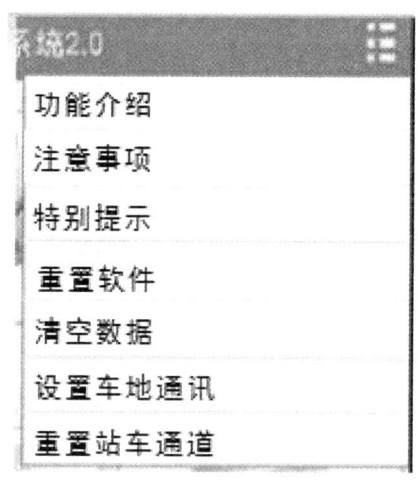

图 7-10　主界面菜单

页面底部选项：
1. 更换车次功能，用于切换车次和重新加载对应车次的途经站。
2. 登乘信息，显示当前登乘记录以及 GPS 的工作情况：可通过记录的时间判断当前软件工作情况。
3. 版本更新：检测是否存在新版本，如果存在，可下载更新。

4. 退乘：退出软件，并结束定位。

实训案例 2　列车速报

点击右上角菜单，如图 7-11 所示，从弹出的列表中选择对应的信息模板，如图 7-12 所示，如需查看历史速报，在菜单中选择历史速报即可。

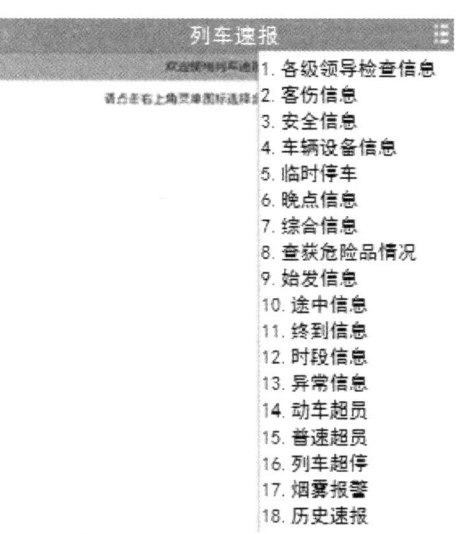

图 7-11　列车速报界面

按照提示框的提示信息进行数据填报；
信息类型可提供速报信息的归类，有利于地面系统的数据统计。
填报完毕后点击提交按钮，进行数据提交。
如发送失败，可重试，或检查当前网络状况，如使用站车通道。

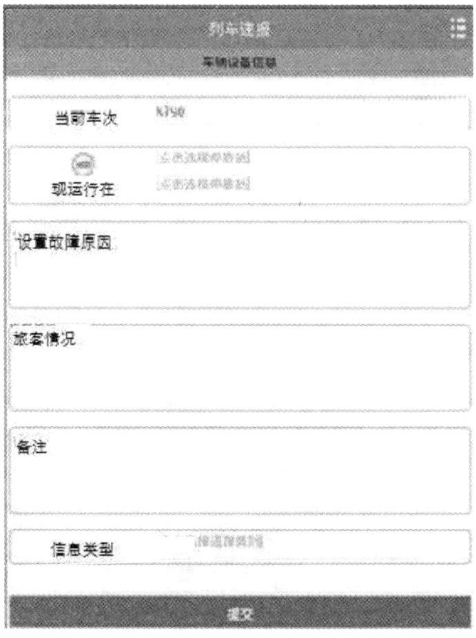

图 7-12　列车速报模板

201

实训案例 3　乘务日志

右上角菜单中选择需要查看、填报的条目，如图 7-13 所示：

在信息显示界面点击需要修改的文本框，输入相关数据信息，点击确定即可；每个条目填报完毕后，如果需要提交到地面系统，点击提交，提示成功即可；也可保存后，当班组退乘时依次对各个条目进行提交。

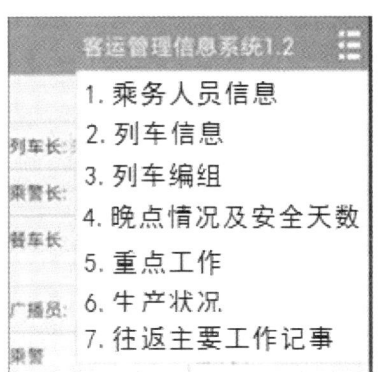

图 7-13　乘务日志示意图

如果出现该提示信息，表示没有获取到乘务信息，如图 7-14，可能是当前班组使用时未在出退乘之间，也可能是未填写乘务信息：

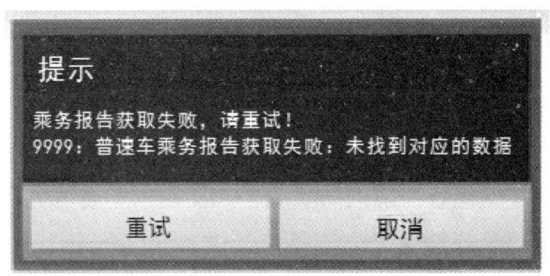

图 7-14　未获取到乘务信息示意图

实训案例 4　站车交互

如果与站车交互软件在同一款手机上使用，可通过此按键打开站车交互软件，如图 7-15：

图 7-15　站车交互软件图

初次使用会获取对应的电报模板；如果模板不是最新，可通过点击获取电报模板按钮来获取最新的电报模板；历史电报会加载发送成功的电报的签收信息，也可将未发送成功的数据进行重新发送；点击对应的电报模板，进入模板的详情页，按照流程填报。

主送单位必须填写完整，软件会根据主送单位来生成对应的抄送单位；如果发送单位有误，可能是地面系统未及时挑选到最新的有效车次等信息；保存：保存到本地，待网络稍好时再发送；提交：发送到相关接收端，如果失败，会自动保存到本地；电报具有及时性，建议及时发送，以免影响正常工作。

实训案例 5 上水管理

选择始发车次、始发日期，点击查询来获取对应的上水计划；如果已经获取过计划，会直接加载本地数据；如果不存在对应车次，点击更新上水车次来获取上水的相关车次；填报：点击对应的文本框，在弹出的输入框中输入相关信息，如图 7-16 所示，点击确定即可保存到本地，如需提交，点击与之对应的提交按钮即可；每天数据只能填报一次，如果地面系统已经有相关数据，则不允许在手机端修改，可返回地面系统修改；反馈信息显示提交失败后的相关信息。

图 7-16 缺水通知填报界面图

如果出现提示"该车次不存在相关上水站信息"，表示未获取到上水站信息，需要填报人员自行确认前方上水站。

实训案例 6 直供电

选择填报车次、始发日期，如图 7-17 所示，选择对应的填报功能，如果存在本地数据，会直接加载对应数据，否则提示是否加载最新的填报计划。

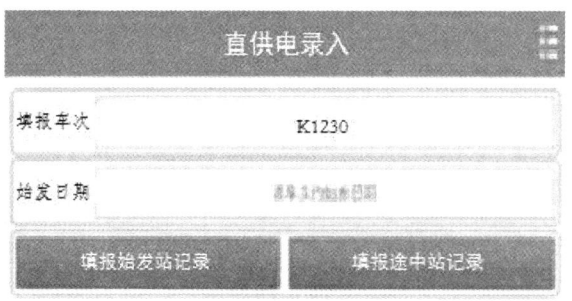

图 7-17 直供电示意图

更改对应的时间日期,程序自动换算其他数据,点击提交即可。
如果填报有误,可返回地面系统进行修改。
如果系统中存在数据,则不允许在手机端修改。

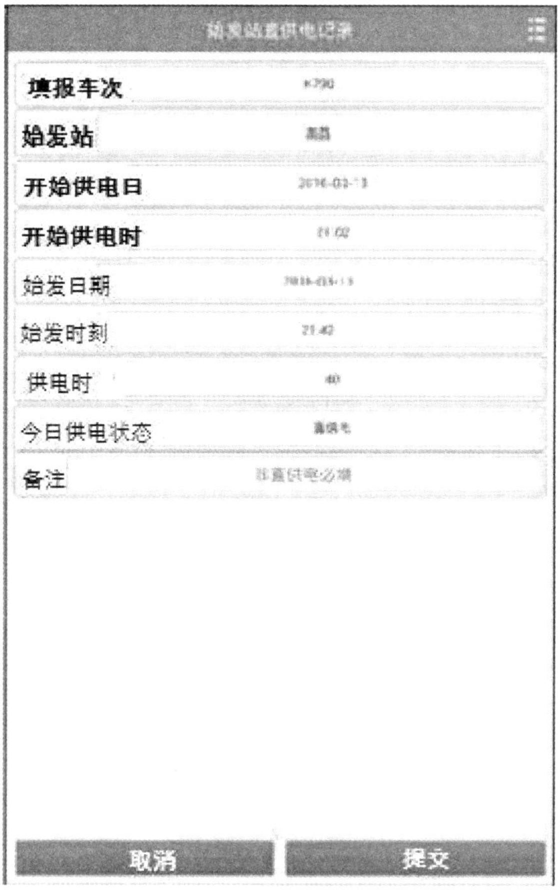

图 7-18 始发站直供电记录示意图

更改对应的时间日期,程序自动换算其他数据,点击提交即可。
如果填报有误,可返回地面系统进行修改。
如果系统中存在数据,则不允许在手机端修改。
加载成功后,通过选择不同的换挂站,来填报不同的途中供电信息。

实训案例 7　站通讯录

选择对应的车次，点击查询按钮，如果存在本地数据，会直接调取，如图 7-19 所示，否则加载网络数据。

如果本地数据陈旧，可点击更新数据按钮加载最新的相关数据信息。

图 7-19　停靠站值班电话表示意图

实训案例 8　证件查询

填写证件号，点击查询按钮，会罗列出与该证件号相关的证件信息，目前只提供客运监察证的查询。

点击需要查看的证件，即可查看详细信息，如图 7-20 所示。

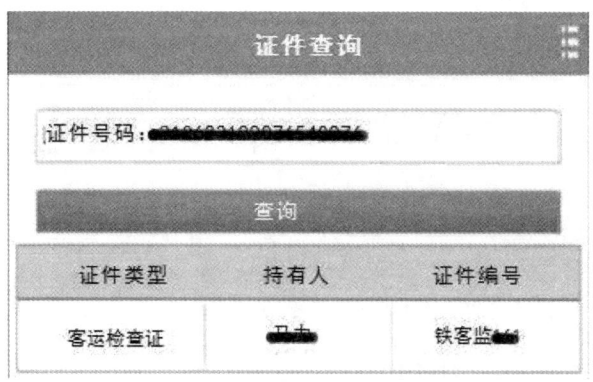

图 7-20　证件查询示意图

详细信息页面显示的信息均为有效信息，如图 7-21 所示。

图 7-21 证件查询详情页面图

实训案例 9　征信查询

证件号可精确查询指定人员的信息。

姓名可模糊查询同名同姓的相关人员信息，如图 7-22 所示。

只能使用证件与姓名的其中一个条件，并且如果证件号不为空，默认使用证件号查询。

图 7-22　征信查询界面示意图

实训案例 10　综合管理

离线文件的信息查询系统。

顶部为各单位自定义图片展播。

六个模块按照指定的文件放置方式，放置对应的文件资源，如图 7-23 所示。

需要哪个版块的资源，点击进入即可，也可根据关键字进行简单的数据搜索。

图 7-23　综合管理示意图

进入规章文电模块，如图 7-24、图 7-25 所示。

可按照需求查询相应的文件，也可通过下方的查询功能通过关键字查询。

图 7-24　相应文件列表图

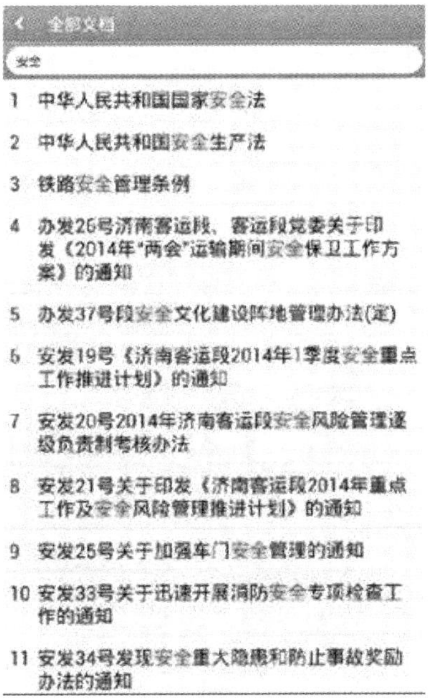

图 7-25 文件查询示意图

项目六 站车无线交互系统应用

【训练内容】

实训任务	实训依据（规章内容提炼）	备注（实训依据来源）
站车无线交互系统应用	手持终端设备支持 GSM/GSM-R 无线网络，支持 GPRS 数据通信；运行于 Android 4.0 及以上版本的操作系统；显示屏为触摸屏，尺寸为 4.3 英寸以上；运行内存为 1 GB 以上；可扩展存储空间为 4 GB 以上；配备 500 万及以上像素摄像头等组件	《Android 版终端软件使用说明》

【实训案例】

实训任务 站车无线交互系统应用

实训案例 1 软件安装

下载"客运站车.apk"安装包；卸载手机 SD 卡，装载到读卡器，连接电脑在 SD 卡根目录下新建"客运站车"文件夹，将安装包拷贝到"客运站车"文件夹下；卸载读卡器上的 SD 卡后装载到手机上；操作手机系统，在手机 SD 卡里找到安装包并点击进行安装，安装完成后手机屏幕上将出现如图 7-26 所示图标。

图 7-26 软件图标

点击【客运站车无线交互系统】图标,程序将启动。

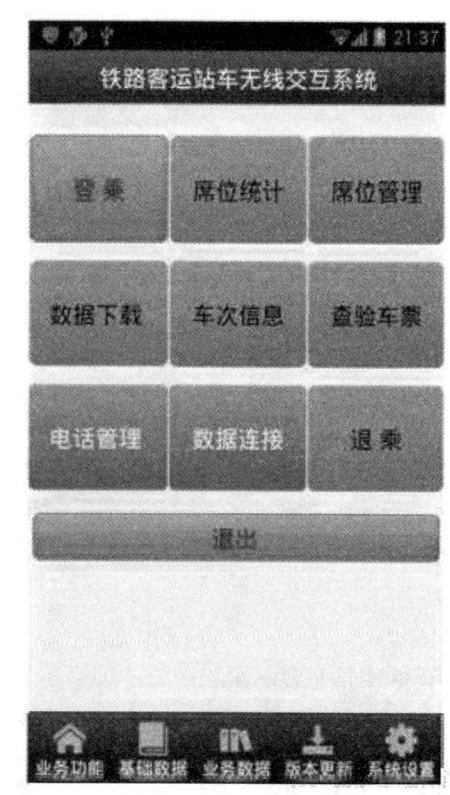

图 7-27 软件界面

程序启动成功后进入系统主界面,如图 7-27 所示。

中间业务功能区域显示了系统的主要业务功能按钮,按钮通过文字标明业务功能。按钮上通过颜色区分功能是否可以使用:蓝色按钮表示该功能按钮为静态功能,总是可以使用的;绿色和灰色文字按钮为动态功能,绿色表示该功能按钮在当前状态下可以使用,灰色表示该功能按钮在当前状态下不可以使用。

下方系统功能区域以图标方式列出了常用的功能按钮,分别为【业务功能】【基础数据】【业务数据】【版本更新】【系统设置】按钮。

点击下方系统功能区域的【版本更新】按钮，进入"版本更新"界面，在此界面可以查看版本数据的下载状况。

图 7-28　版本信息

当前版本信息显示了当前版本的版本号，封装号，封装日期，有效期等信息。如图 7-28 所示。最新版本信息显示了最新发布版本的版本号，封装号，封装日期，有效期等信息。

点击图 7-27 中【电话管理】，进入电话管理界面，可切换飞行模式与正常模式，当经过网络信号不稳定的线路之后，在网络信号正常的地方仍无法正常通讯时，设定【飞行模式】，然后再关闭【飞行模式】，使设备通讯恢复正常。

点击图 7-27 中【数据连接】进入数据连接界面，勾选数据连接打开，不勾选时关闭数据连接。

实训案例2　登　乘

点击下方系统功能区域的【业务功能】按钮，进入业务功能界面（如图 7-29，同系统主界面），在此界面点击对应的功能按钮可以进入相应的业务功能界面。

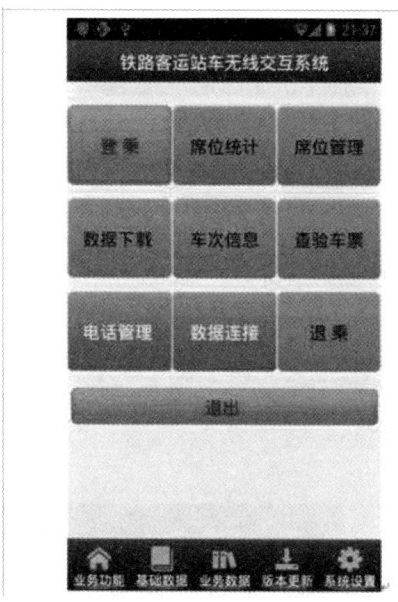
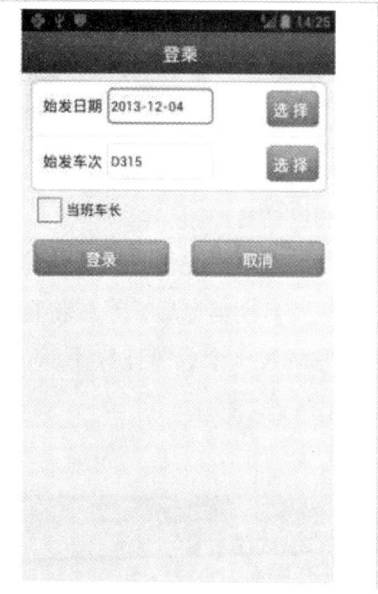

图 7-29　系统主界面　　　　　图 7-30　登乘界面

系统初始状态是指系统没有进行过登乘操作或者完成一次匹配的登乘、退乘操作的情况；初始状态下，进入系统主界面下方可看到【登乘】【电话管理】【数据连接】按钮为绿色，代表该功能可以使用，其余动态功能按钮均不可点击；如果系统上次操作的最终状态已经登乘并且没有进行退乘操作，那么系统保持上次退出时的业务功能状态。

初始状态下点击【登乘】按钮，屏幕上会显示登乘界面，如图 7-30、7-31 所示。默认为当班车长登乘，【当班车长】复选框为选中状态。

以下是操作说明。

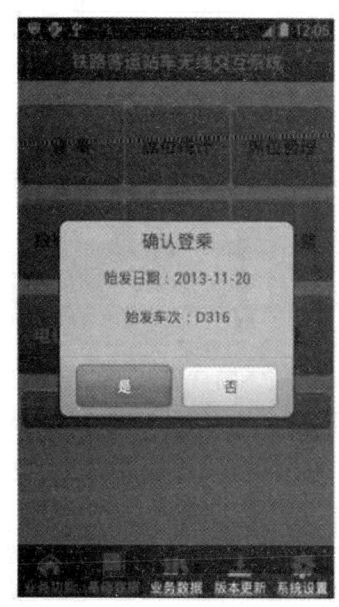

图 7-31　登乘界面　　　　　图 7-32　确认登乘界面

211

【始发日期】输入框：输入列车始发日期或点击【选择日期】选择始发日期。

【始发车次】输入框：输入始发车次或点击【选择车次】选择始发车次。

匿名登乘时，【当班车长】复选框为未选中状态，如图7-30所示。

当班车长登乘时，【当班车长】复选框为选中状态，如图7-31所示。需要选择路局、客运段以及填写姓名和电话号。

点击【登录】按钮，系统将弹出确认输入信息的提示窗口，如图7-32所示。

确认输入车次及日期信息后，系统将自动通过无线网络APN数据连接通道连接到服务器，进行设备验证、GSM-R卡信息验证等安全操作后自动登录至站车系统后台服务，自动开始数据下载。

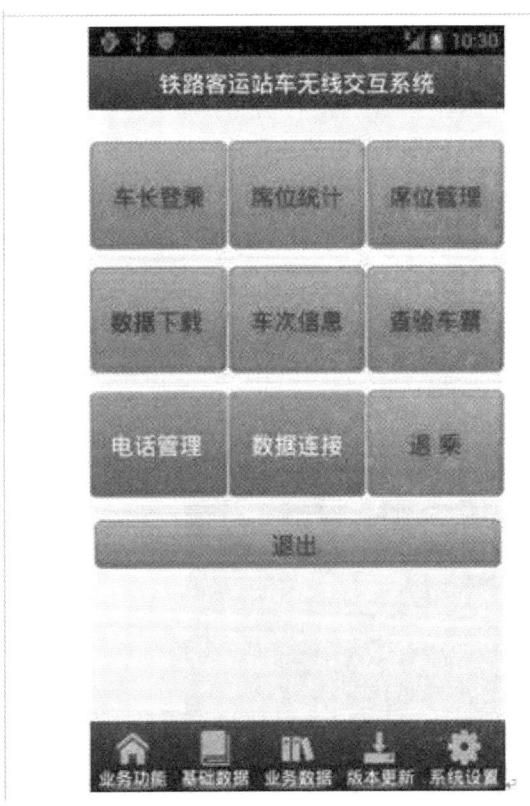
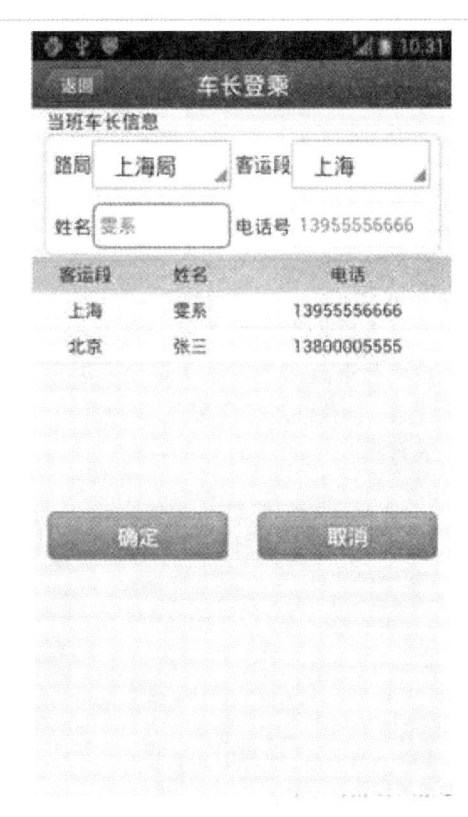

图7-33　匿名登乘成功界面　　　　　图7-34　车长登乘界面

匿名登乘成功后，所有动态功能按钮为绿色可点击状态，【登乘】按钮自动变为【车长登乘】，如图7-33所示；点击【车长登乘】按钮后进入车长登乘界面，如图7-34所示。录入相关车长信息后，点击【确定】按钮系统完成当班车长登乘，车长登乘成功后，【登乘】按钮自动变为【车长信息】，如图7-35所示。点击【车长信息】按钮进入车长信息界面，车长信息不可修改，如图7-36所示。

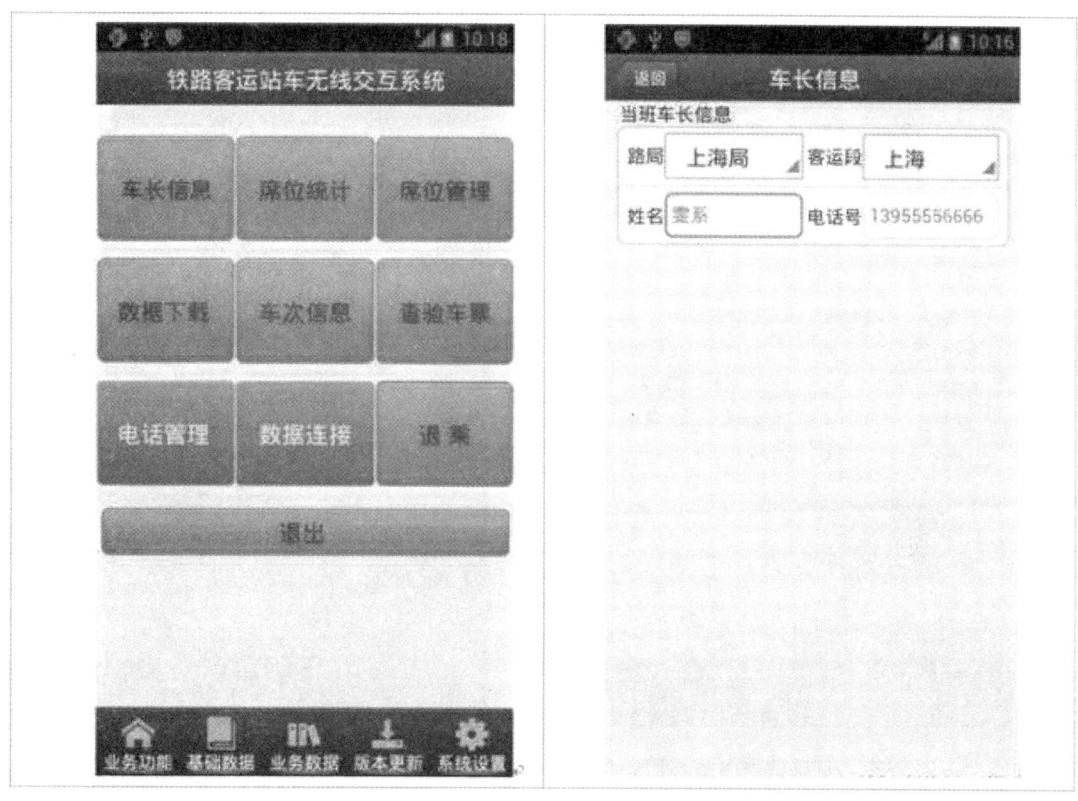

图 7-35　车长登乘成功界面　　　　　图 7-36　车长信息界面

实训案例 3　数据下载

该软件可查看基础数据、业务数据、版本更新数据的下载情况,屏幕显示分为两个区域:上方为固定提示信息的显示区域,下面为表格展示的数据下载状态区域。

操作说明:

固定提示信息区域内显示的信息为登乘后车次相关信息,包括始发日期、始发车次等,不可更改和操作。当数据下载状态区域的表格信息超出屏幕显示范围时,可以通过滑动屏幕完成对数据的完整查看。

手工操作下载,如果点击未完成的下载数据项,可以进行数据的手动下载。

点击下方系统功能区域的【基础数据】按钮,进入【基础数据】界面,在此界面可以查看基础数据的下载状况,如图 7-37 所示。

如果点击未完成的下载数据项,可以手动下载数据,弹出提示框,如图 7-38 所示。

点击下方系统功能区域的【业务数据】按钮,进入"业务数据"界面,在此界面可以查看业务数据的下载状况,如图 7-39 所示。注意:下载完毕后才可以查看业务数据下载状况。

如果点击未完成的下载数据项,可以手动下载数据,如图 7-40 所示。

213

图 7-37 基础数据下载界面

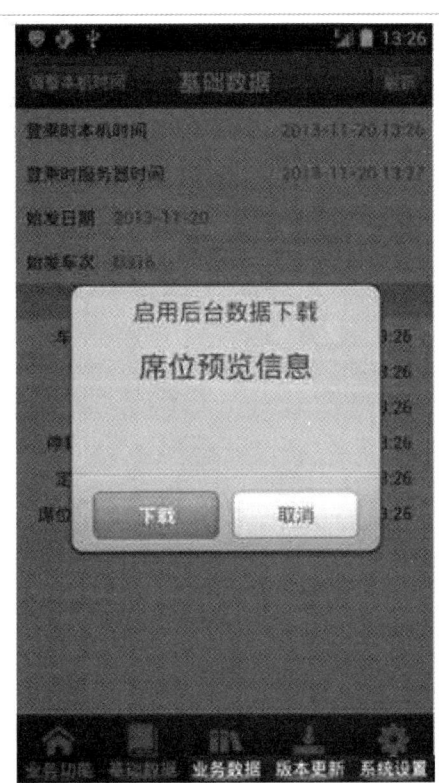

图 7-38 手动下载提示框

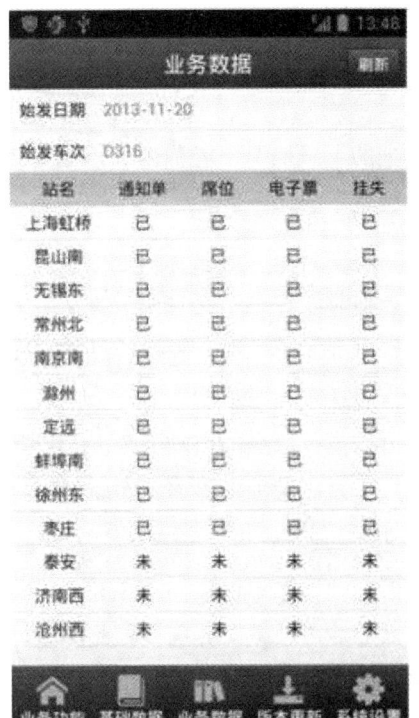

图 7-39 业务数据下载界面

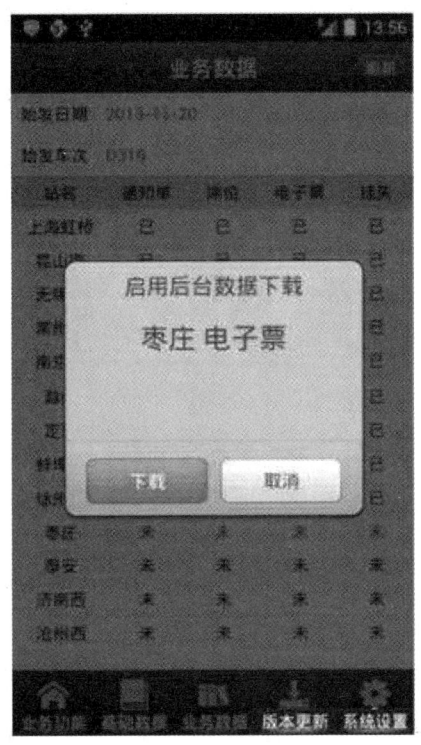

图 7-40 业务数据手动下载界面

实训案例 4 席位统计

界面介绍：

进入席位统计功能后，屏幕上以表格为主要方式显示了电子化的乘车人数【通知单】、【车内人数】和【密度表】，如图 7-41 所示。

屏幕显示分为三部分：上方为固定提示信息区域，中间为以表格形式展现的数据区域，下方为包括标签、按钮和下拉选择框在内的操作区域。

操作说明

固定提示信息区域内显示的信息为登乘后车次的相关信息，包括车站、发车时间等，不可更改和操作。

当数据区域内的表格信息超出屏幕显示范围时，可以通过拖动或者点击数据区域的滚动条完成对数据的完整查看。

通知单是按车次沿途发站进行的数据组织，可以通过选择车站下拉列表来进行不同站间通知单信息的切换，如图 7-42 所示。

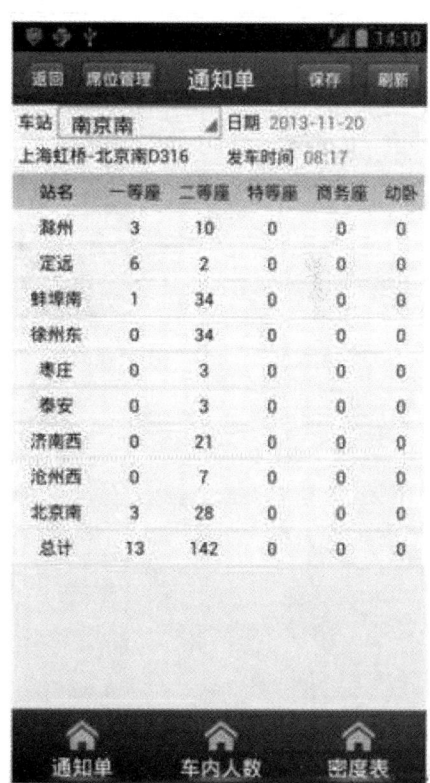

图 7-41 席位统计界面 　　　　　 图 7-42 通知单界面

通过点击【车内人数】【密度表】标签页，进行车内人数、密度表视图的切换，点击【车内人数】标签页后的界面，如图 7-43 所示。

图 7-43 车内人数界面　　　　图 7-44 密度表界面

过站为灰色，当前站为白色，未到站为蓝色。

点击【密度表】标签页后的界面，如图 7-44 所示。

【通知单】【车内人数】【密度表】可以通过点击【保存】按钮进行保存，如图 7-45 所示。

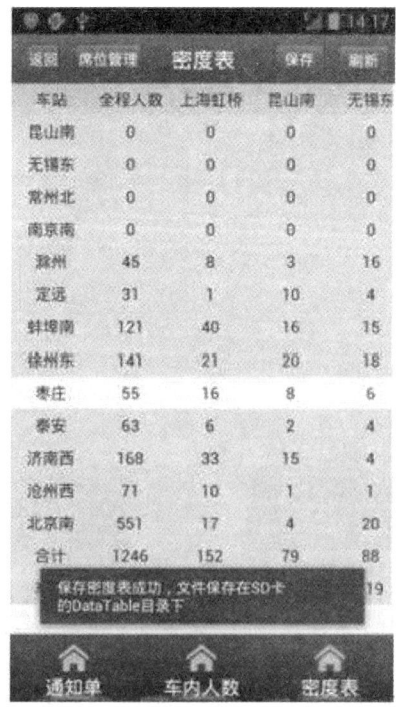

图 7-45 密度表保存界面

实训案例 5　席位管理

席位管理所需的席位数据，是终端系统根据登录车次信息按停靠站时间点进行自动下载的。

操作说明：

进入席位管理功能后，显示车厢定员浏览界面，分为三个操作区域：上方为车厢信息查询条件区域，中间为席位信息列表区，下方为信息提示和功能操作区，如图 7-46 所示。信息查询条件区，可以通过选择【当前站】条件来进行席位的筛选，操作结果将在席位信息列表区实时显示；席位信息列表区中显示车厢、实际人数、空闲人数、网售、特殊票、挂失票信息，并以颜色来区分该车厢的可补情况，红色为不可补，蓝色为空闲，如果为紫色则车厢有可补席位。

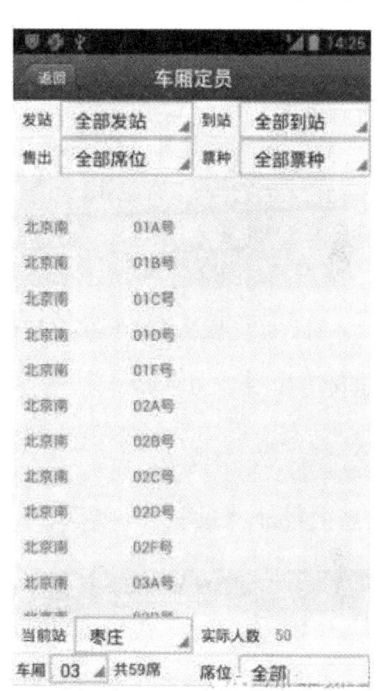

图 7-46　车厢定员查询界面　　图 7-47　详细席位信息

点击某一车厢数据可以进入该车厢浏览详细席位信息，例如点击了上图中的【03 号】后出现 03 号车厢详细席位浏览界面，如图 7-47 所示。

详细席位浏览界面，分为三个操作区域：上方为席位信息查询条件区域，中间为席位信息列表区，下方为信息提示和功能操作区。信息查询条件区，可以通过选择【发站】【到站】【售出】【票种】等条件来进行席位的筛选，操作结果将在席位信息列表区实时显示；席位信息列表区中席位显示以【限售站/到站】+【席位号】的方式进行显示，并以颜色来区分该席位的可补情况，红色为不可补，蓝色为空闲，紫色为未售可补，橙色为已售可补。

当想查看其他车厢席位时，可通过车厢下拉菜单中的相应选择来直接转到指定车厢，如图 7-48 所示。点击席位信息列表区内席位可以浏览该席位的详细信息，例如通过点击【北京南 01F 号】获取信息，如图 7-49 所示。详细席位信息展现包括发站、到站、限售站、车厢、席位、席别、票别及票状态等详细信息。如果该席位为"未售""空闲"或者"可补"则【补票操作】可以使用，【发站】【到站】【票种】下拉框会自动刷新该票的可售区间和可用票种（免票不可补）。

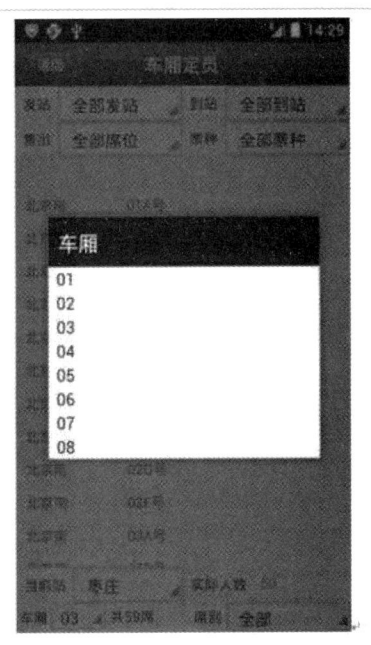

图 7-48 查看其他车厢定员信息　　　　图 7-49 席位详细信息

【席位定员】如图 7-50 所示。

实训案例 6　车次信息

车次信息主界面，如图 7-51 所示。

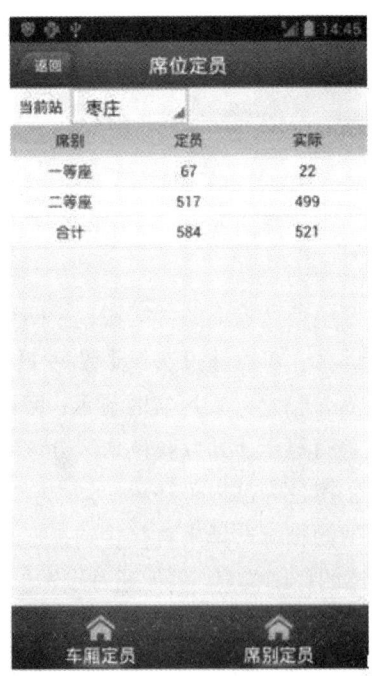
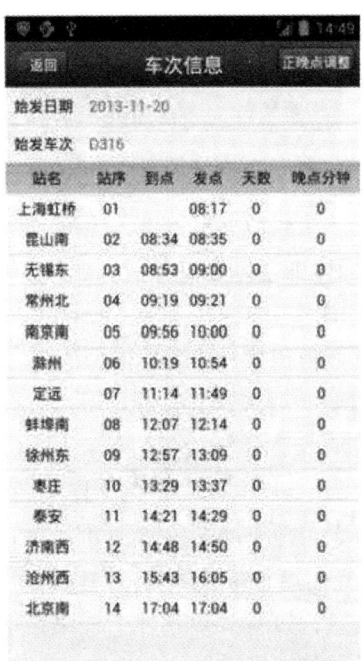

图 7-50 席别定员界面　　　　图 7-51 车次信息主界面

如果列车出现晚点，终端系统仍然会根据准点时间进行下载轮询，会出现频繁的轮询错误。为了避免由晚点造成的大量提前轮询，可以通过晚点调整推迟轮询时间。晚点设置将作用于各个后续站，所以，一旦晚点状态变化，要进行修正。

点击【整晚点调整】按钮，进入界面，如图 7-52 所示。界面输入以"分"为数值单位，"0"表示准点，选择下拉框中要调整的站名，选择调整本站或调整后续站，正数表示晚点时间如图 7-53，选择早点复选框表示提前时间如图 7-54 和图 7-55 所示，点击【保存】即保存生效，点击【取消】即返回车次信息主界面。

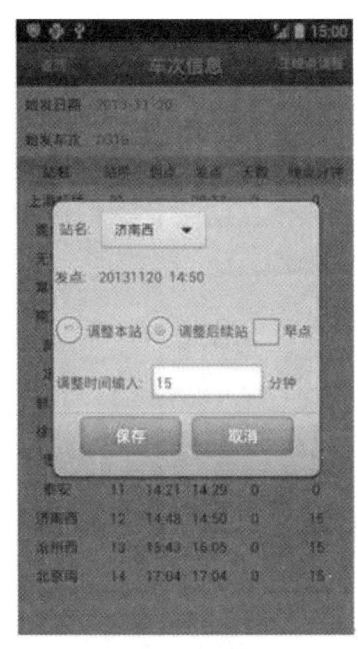

图 7-52　整晚点调整

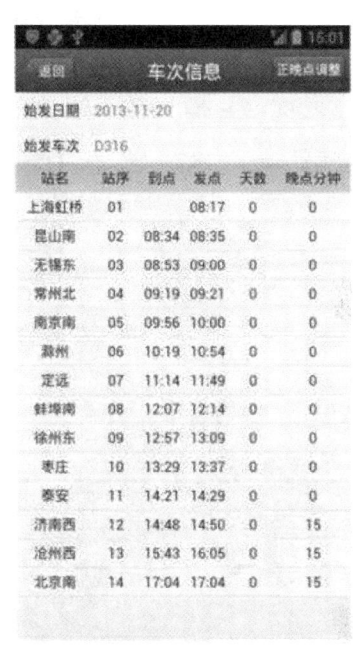

图 7-53　正晚点时间

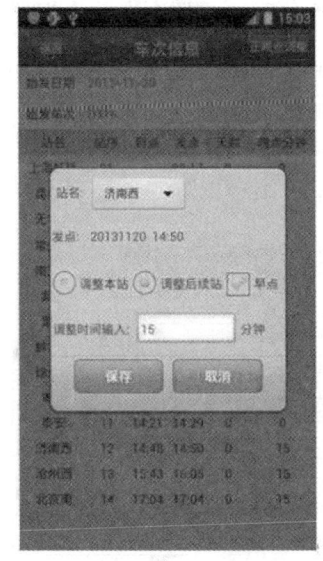

图 7-54　时间调整界面

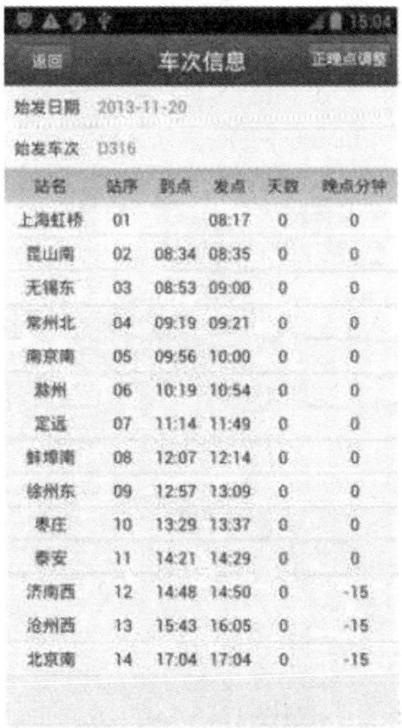

图 7-55　主界面

点击车次信息的某一行数据，会进入这一行对应车站的整晚点调整，例如点击【南京南】这行数据，可以快速调整本站及后续站的整晚点信息，如图 7-56、7-57 所示。

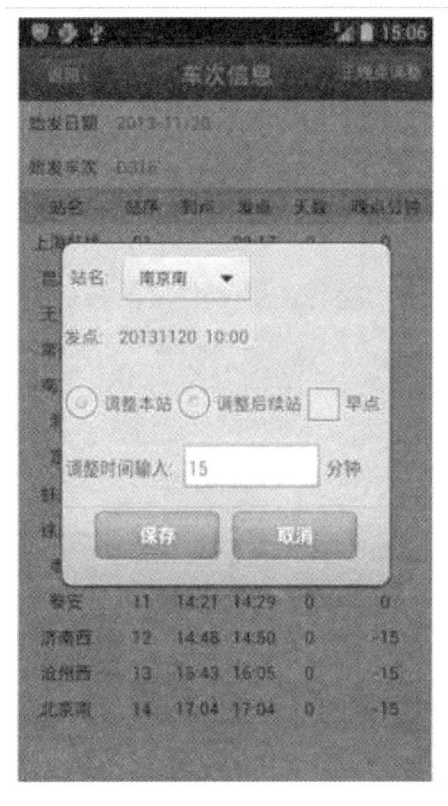

图 7-56　整晚点调整　　　　　　　　　　图 7-57　调整后信息

实训案例 7　查验车票

查验车票页面包括四个功能项，见以下电子票信息图中下方四个选项为【电子票】【挂失票】【验票】【银通卡】，分别提供本趟列车电子票查询、挂失票查询、电子票验票、车票二维码扫描验票、中铁银通卡查询功能。

1. 电子票。

电子票信息查询可通过输入证件号后 6 位进行，也可通过选择车厢、发站等条件筛选电子票信息。输入后 6 位证件号码会自动查询结果，无需其他操作。点击【清空】可以将输入框中已输入的证件号消除。如图 7-58 ~ 7-61 所示。

图 7-58　电子票信息查询

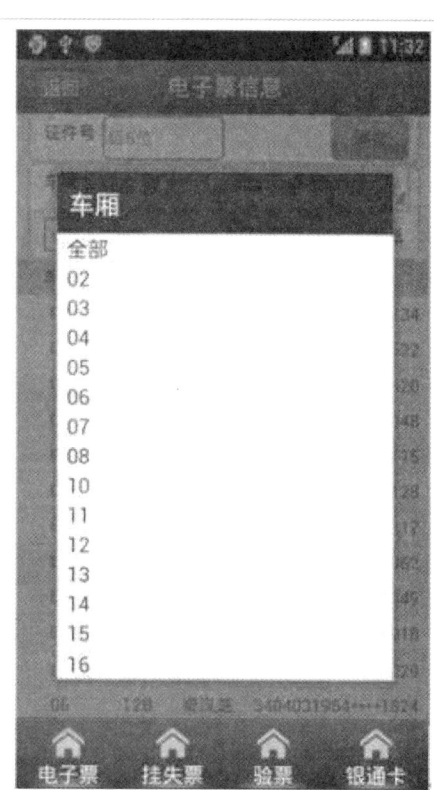

图 7-59　选择车厢

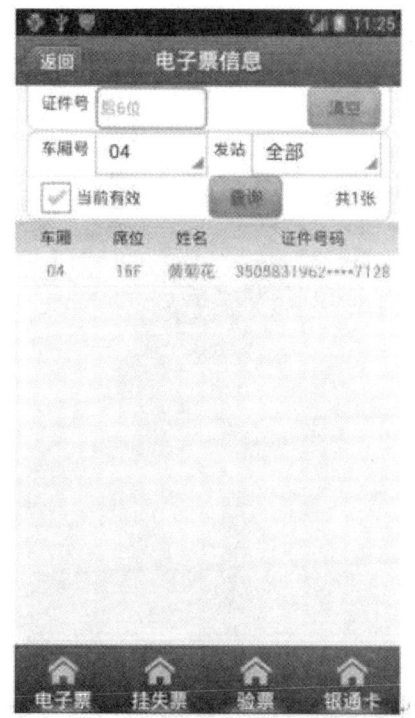

图 7-60　电子票详细信息查询

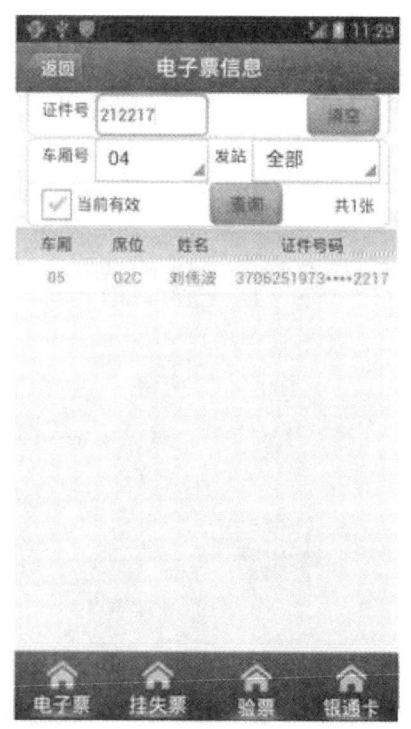

图 7-61　电子票详细信息查询

查询结果中"红色信息"表示当前已到达站在该电子票的乘车区间内，此电子票仍然有效；"灰色信息"表示当前已到达站已经超出该电子票的乘车区间，持此电子票的乘客应该已经下车了。【当前有效】选项可帮助筛选出当前已到达站在该电子票的乘车区间内的红色信息。如图7-62、7-63 所示。

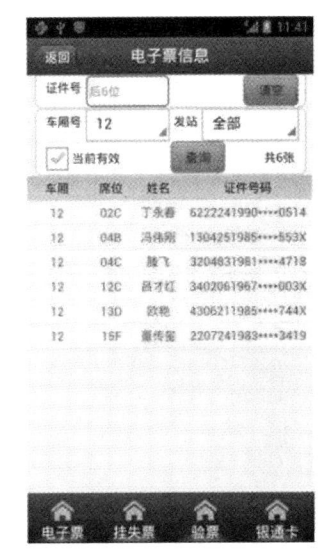 

图 7-62　红色信息筛选　　　　　　图 7-63　红色信息筛选

单击查询结果信息一行可以查看该电子票的详细信息，如图 7-64 所示。

2. 挂失票。

挂失票信息查询（如图 7-65 所示）与电子票查询操作方式基本一致，请参考电子票查询的相关内容。

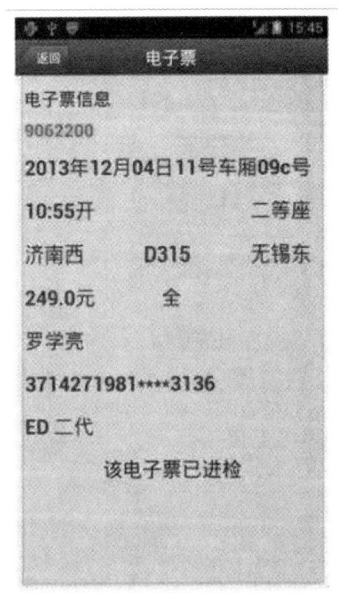 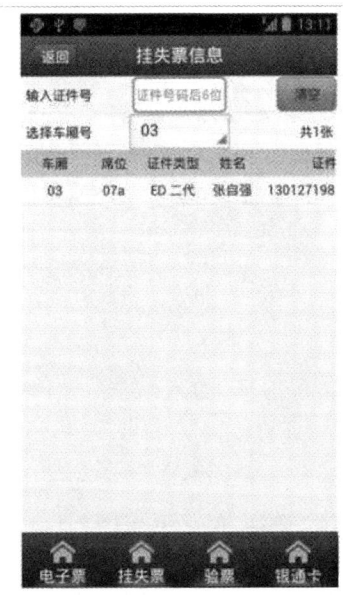

图 7-64　电子票详细信息　　　　　　图 7-65　挂失票查询

3. 验票。

验票界面（如图 7-66 所示）功能包括电子票订单信息查询、二维码验票。

查询电子票订单信息时，需要输入完整的电子票乘车人的证件号码，点击【选择日期】选择乘车日期后，点击【查询】按钮，如图 7-67 所示。

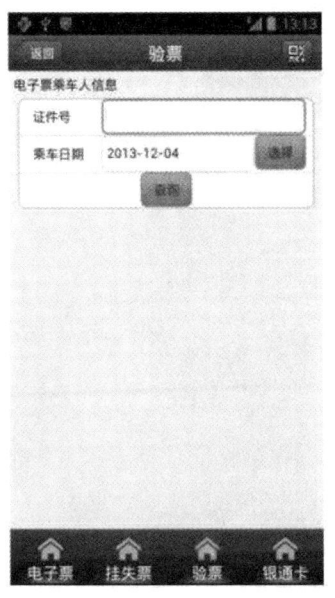

图 7-66　电子票验票界面

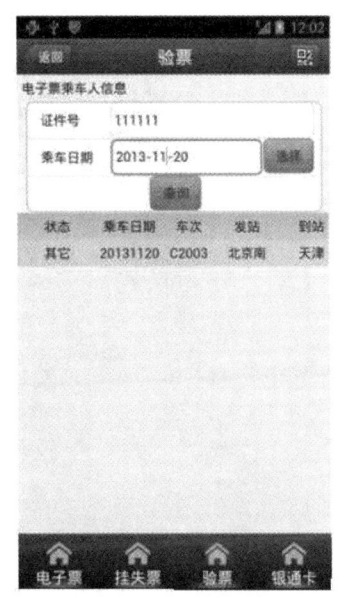

图 7-67　查询信息

点击验票界面右上角的扫描车票【二维码】按钮会进入摄像头扫描二维码模式，将摄像头对准车票二维码，尽量保持手机的稳定度，摄像头自动对焦、扫描成功后会显示车票二维码中的详细信息，如图 7-68、7-69 所示。

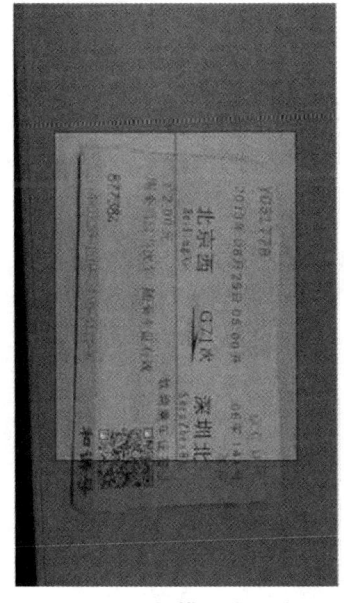

图 7-68　扫描二维码验票

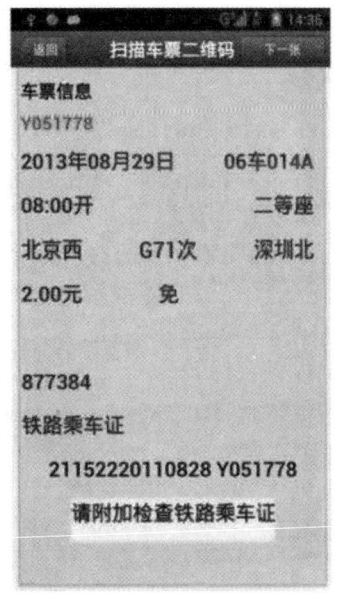

图 7-69　验票详细信息

4. 银通卡。

银通卡查询可通过输入卡号后 4 位、乘车日期、车次、进站名查询银通卡刷卡进站记录（卡号、进站码、进站名、闸机号、检票日期、检票时间、车次日期、站车次、席别、车厢号、席位号）。点击【清空】可以将对应的输入框清空。如图 7-70 所示。

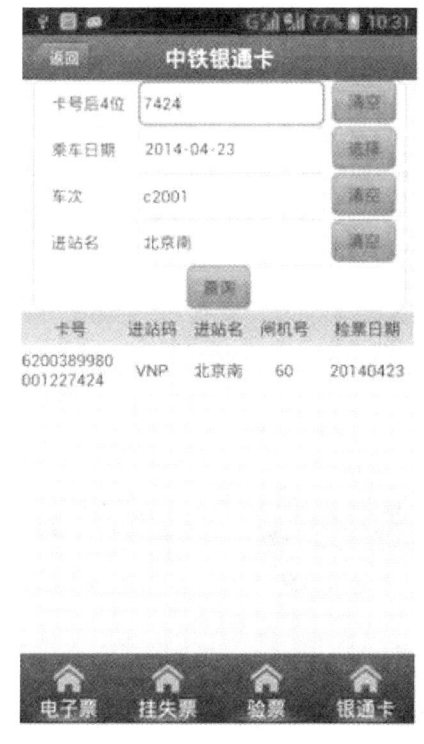

图 7-70　银通卡验票界面

实训案例 8　异常处理

由于以下各种原因引起的重新启动并不会影响软件系统的使用：

1. 出现网络异常引起应用软件挂起无法进行操作，请先在任务管理器中强制结束程序然后重启程序。

2. 其他异常操作引起应用软件挂起无法进行操作，请先在任务管理器中强制结束程序然后重启程序。

3. 出现电池没电引起的自动关机情况，更换电池后重启。

4. 将系统数据下载及界面操作状态在关机前保存，程序重新启动后将自动进入主界面并恢复关机前的操作状态。

实训案例 9　乘车意外险查询

选择一下证件类型，输入证件号码，点击查询，如图 7-71 所示。

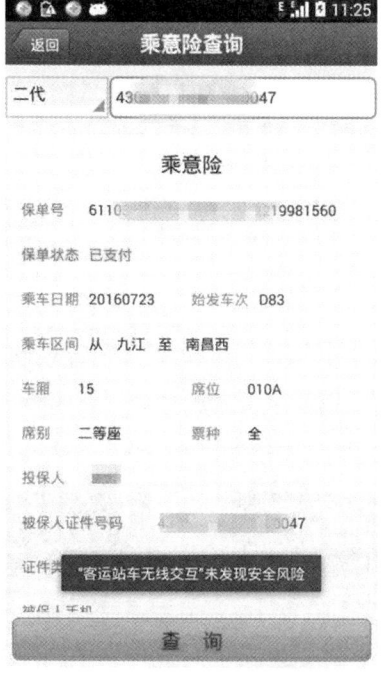

图 7-71 乘意险查询

实训案例 10 席位置换查询

临时调整列车时，已经卖掉车票的席位需要进行更换，即换车底。

席位置换，查询按钮，如图 7-72 所示。

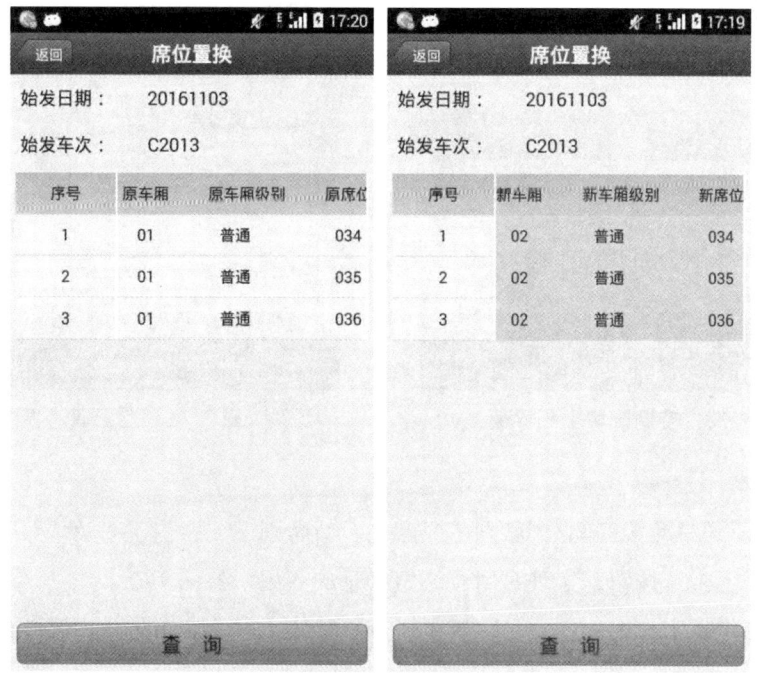

图 7-72 席位置换

系统将自动查询本车次、登乘始发日期的换车底信息，左侧为原席位信息，向右滑动查看新席位信息。

实训案例 11　客运记录

该系统可以实现将原来纸质的客运记录电子化，既可以实现无纸质办公又可以简化工作程序。

1. 空调故障。

当空调故障引发的退空调差时，选择"车厢号""故障区间""席位"，填写下"备注"信息（可选）。点击"上报"按钮，对空调故障信息进行登记，如图 7-73 所示。如若登记错误点击右上角"记录"按钮，查看登记记录，点击登记内容就可以进行取消，如图 7-74 所示。

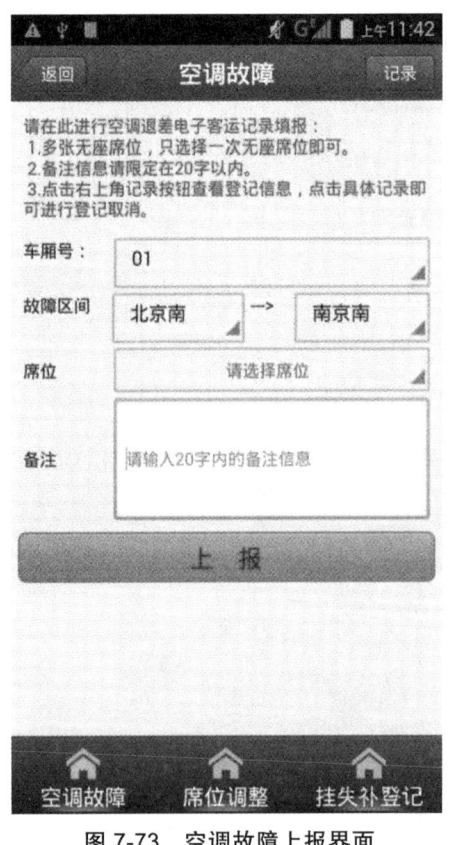 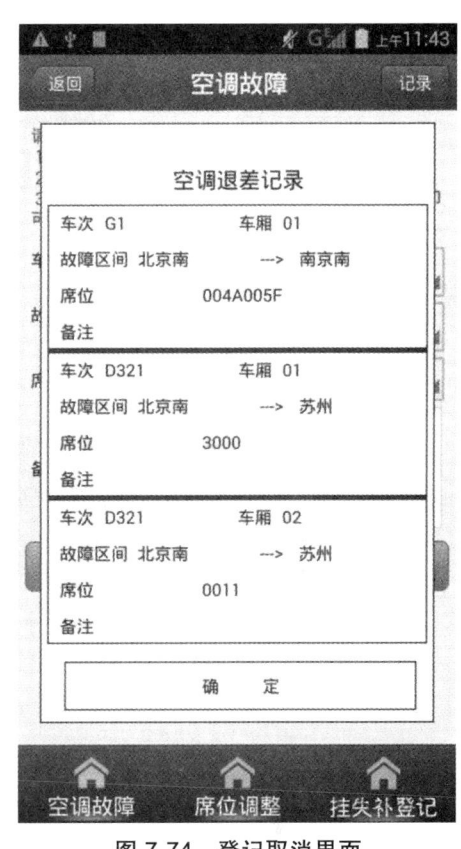

图 7-73　空调故障上报界面　　　　　　图 7-74　登记取消界面

2. 席位调整。

选择"车厢号""故障区间""席别（原席别、新席别）""席位"以及填写下"备注"信息（可选）。点击"上报"按钮，实现对席位调整信息的登记，如图 7-75。

如若登记错误点击右上角"记录"按钮，查看具体记录，点击记录内容即可进行取消，如图 7-76。

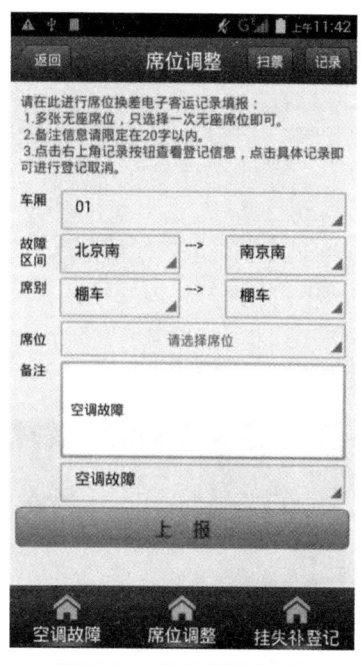
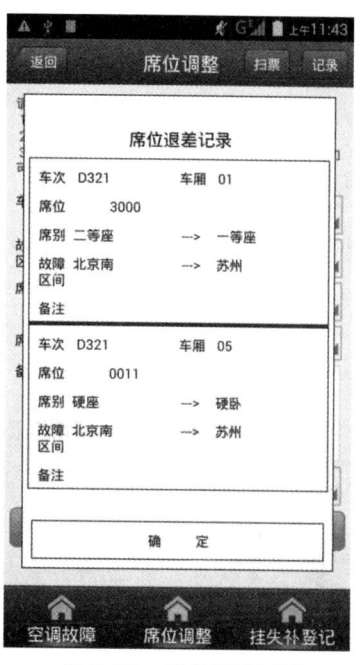

图 7-75　席位调整界面　　　　　　　　图 7-76　席位调整取消

3. 挂失补登记。

每站更新数据后，可能会产生一些挂失补的车票。列车长将对原票使用情况进行排查，而经查验，挂失原票未在同一列车乘车使用的，就可以在客运记录的挂失补登记功能里对查验到的挂失补车票进行登记，

这样就会在后台生成挂失补电子客运记录。帮助乘客朋友有效进行补票退票等业务的开展。

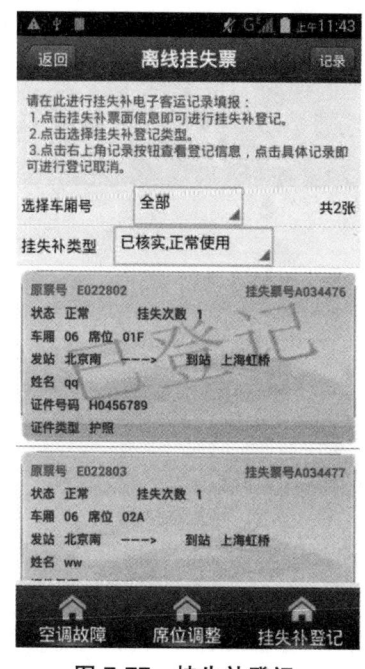
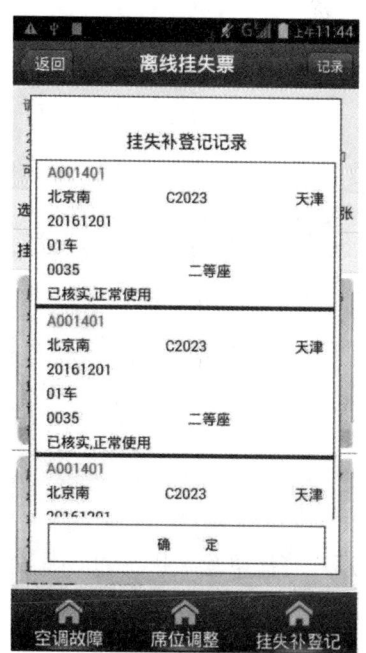

图 7-77　挂失补登记　　　　　　　　　图 7-78　登记取消

选择"挂失补类型",点击挂失票票面信息,进行登记,如图 7-77 所示。

如果不小心选错了类型,登记错了车票,点击右上角"记录"按钮,查看具体登记信息,点击登记内容进行取消,如图 7-78 所示。

实训案例 12　退　乘

当一次列车作业完成后,通过退乘操作终端系统自动清理本次操作的相关数据,并与地面系统交互完成退出释放相关资源,为下次业务的开始做准备。退乘成功后将进入系统初始状态。

界面介绍:

点击【退乘】,系统弹出退乘确认提示窗口,如图 7-79、7-80 所示。

图 7-79　退乘界面

图 7-80　退乘确认界面

操作说明:

点击【是】后,系统自动清理相关文件并从地面系统退出。退出成功后,返回到系统初始状态。

实训案例 13　退出程序

退出程序,将保留登乘状态和已下载的数据。再次启动程序时,将恢复到退出前的状态。

界面介绍:

如果需要退出程序运行,请点击【退出】,系统弹出退出确认提示窗口,如图 7-81、7-82 所示。

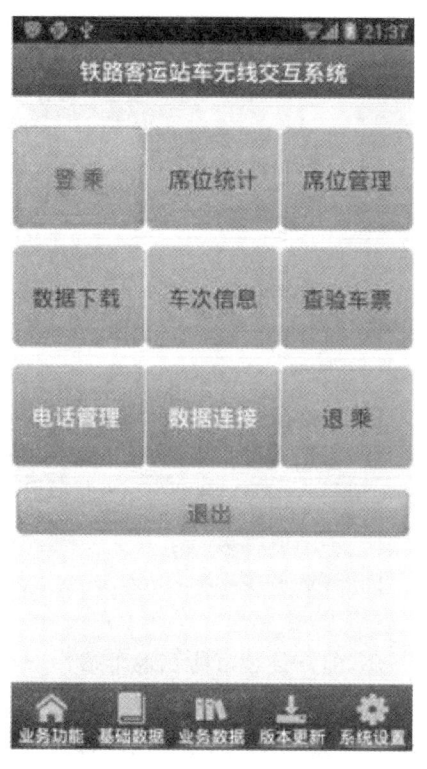

图 7-81　退出程序界面

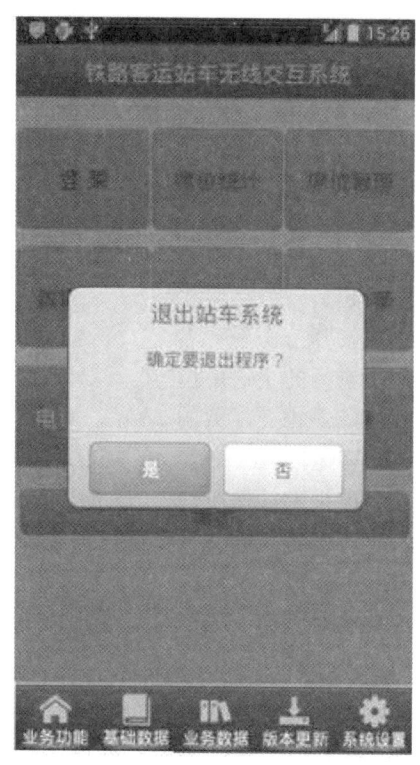

图 7-82　确认退出界面

操作说明：

点击【是】后，系统自动清理相关文件并从系统退出。退出成功后，返回到应用程序启动界面。

【技能训练】

一、相关理论知识

（一）填空

1. 铁路电报等级按电报的性质和急缓程度，分为七种：_____、_____、_____、_____、_____、_____、_____。
2. 列车上发生旅客人身伤害事故，应当将受伤旅客移交_____。
3. 列车上发生旅客人身伤害事故，列车向车站办理移交手续时，编制_____一式两份（一份_____，一份_____），连同_____一起移交。
4. 站、车发现单独旅行的突发急病和精神病旅客时，列车长应积极寻找医生对其进行救治，同时编制_____交_____车站。
5. 旅客因病，在通票有效期内，出具医疗单位证明或经车站证实时，可按医疗日数延长有效期，但最多不超过_____天。
6. 发生旅客人身伤害、需要保护现场时，应当及时采取措施保护现场，禁止_____进入。
7. 客运票据明细账的封皮后面附有：_____、_____。
8. 客运票据明细账簿登销必须依据_____，确保账证相符。

229

9. 客运票据明细账簿发生错误时必须先复核或更改_____，确认无误后再登销或更改账簿。

10. 客运票据明细账簿的记账凭证有_____、_____、_____、_____、_____、_____。

（二）选择

1. 列车上常见拍发铁路电报的情况：（　　）
   A. 超员　　　　　　　　　　　　B. 旅客烫伤
   C. 旅客挤伤手　　　　　　　　　D. 工作不协调，互相申告

2. 超员电报的主送单位（　　）
   A. 应停售、停剪的车站　　　　　B. 车站值班员
   C. 客运段　　　　　　　　　　　D. 客运调度

3. 超员电报的抄送单位（　　）
   A. 应停售、停剪的车站　　　　　B. 车站值班员
   C. 客运段　　　　　　　　　　　D. 客运调度

4. 因旅客受到伤害需交车站处理时，应移交（　　）。
   A. 下一停车站　　　　　　　　　B. 前方县、市所在地车站
   C. 当地具备公共医疗条件的停车站　D. 终点站

5. 列车因旅客伤害严重需紧急停车处理或发生（　　）人以上疑似食物中毒的，应立即报告运行所在铁路局客运调度。
   A. 3　　　　　B. 5　　　　　C. 7　　　　　D. 10

6. 铁路伤害电报的主送单位（　　）
   A. 责任单位与处理单位　　　　　B. 事故发生地
   C. 担当列车乘务客运段　　　　　D. 列车担当铁路局客运处

7. 铁路伤害电报的抄送单位（　　）
   A. 责任单位与处理单位　　　　　B. 事故发生地
   C. 担当列车乘务客运段　　　　　D. 列车担当铁路局客运处

8. 下列（　　）原因造成的旅客身体损害承运人不承担责任
   A. 不可抗力
   B. 旅客自身健康原因造成的
   C. 承运人证明伤亡是旅客故意、重大过失造成的
   D. 第三责任人造成

9. 客运管理信息系统系统都有哪些功能？（　　）
   A. 乘务日志　　　　　　　　　　B. 站车交互
   C. 铁路电报　　　　　　　　　　D. 上水管理

10. 站车无线交互系统都有哪些功能（　　）
    A. 席位统计　　B. 车次信息　　C. 车票查验　　D. 上水管理

（三）判断

1. 铁路总公司的铁路电报拍发范围是下级各铁路局，各铁路局再下达至各站段。（　　）

2. 拍发给铁路乘务人员的电报，必须指定能够代齐负责收转的铁路单位。（　　）

3. 对于已经有文电的通知,必要时可以拍发铁路电报重申一遍。(   )
4. 旅客在列车上因为个人原因烫伤、挤伤,乘务协助其进行处理,但不需要拍发电报。(   )
5. 电报要求不超过 500 字。(   )
6. 列车乘务人员执乘期间需拍发电报时,不可委托经停车站代发电报。(   )
7. 《铁路旅客人身伤害及携带品损失处理暂行办法》适用于中华人民共和国境内铁路旅客运输过程中发生的旅客人身伤害及携带品损失处理。(   )
8. 客运票据明细账不得使用圆珠笔登账,发生差错时以双红线划销,在其上部填写正确内容后,加盖更正人名章。(   )
9. 结转、领取和借入票据均应按领取的先后顺序登账,中间可以空行。(   )
10. 站车无线交互系统可以提供本趟列车电子票查询、挂失票查询、电子票验票、车票二维码扫描验票、中铁银通卡查询功能。(   )

(四)简答题
1. 站车交接重点是什么?
2. 列车上发生旅客人身伤害事故应如何处理?
3. 站、车发现单独旅行的突发急病和精神病旅客时应该如何处理?

二、实操技能训练

1. 2017 年 3 月 27 日 G7598 次列车(无锡东—宁波),8 节编组,无锡东站开车后,车厢内旅客共计 789 人,列车如何拍发电报?
2. 2017 年 2 月 24 日,G129 次列车(北京南—上海虹桥,上海铁路局上海客运段担当乘务工作)济南西站开车后,旅客张××,身份证号 2105221968×××6789,持北京南站至上海虹桥站的高铁车票,06 车 08A 号二等座,票号 Y069346,不慎烫伤,伤势较重,旅客要求下车治疗,列车如何拍发铁路电报?
3. 2017 年 2 月 24 日,G129 次列车(北京南—上海虹桥,上海铁路局上海客运段担当乘务工作)宿州东站到站前,旅客张××,男,29 岁,身份证号 2105221988×××6789,持北京南站至上海虹桥站的高铁车票,06 车 08A 号二等座,票号 Y069346,上厕所关门时不慎将旅客孙××,身份证号 2202111970×××7829,持德州东至宿州东 06 车 08A 号二等座票,票号 Y094672,右手中指夹伤,列车如何拍发电报?

模块七技能训练答案

模块八　实名制挂失补车票的处理

【模块介绍】

本模块主要设计了两个项目,实名制挂失补车票处理和铁路失信处理。具体涵盖乘车前丢失车票挂失补业务、列车办理挂失补车票业务、到站办理挂失补车票业务、失信行为界定、失信行为处理以及失信异议处理任务。并围绕各任务设计了相关小案例,从而使学生通过实际案例对实名制挂失补车票处理以及铁路失信处理有全方位的了解。

项目一　实名制挂失补车票处理

【训练目标】

本项目主要依据现行铁路车票实名制相关规定,列举列车上以及进出站检票前办理挂失补车票业务的案例,使学生们通过本部分的学习更好地掌握有关"挂失补"相关规定、流程和技能。

【训练准备】

车票、挂失补车票、有效身份证件、无效身份证件、客运记录、现金、查询终端交互系统、(模拟)售票厅、(模拟)列车、(模拟)出站口、(模拟)进站口、对讲机、电话等动车组相关备品。

【训练内容】

实训任务	实训依据(规章内容提炼)	备注(实训依据来源)
乘车前丢失车票挂失补业务	1. 旅客丢失车票应另行购票。在列车上应自丢失站起(不能判明时从列车始发站起)补收票价,核收手续费。旅客补票后又找到原票时,列车长应编制客运记录交旅客,作为在到出站站前向到站要求退还后补票价的依据。退票核收退票费。 2. 提供购票时所使用的有效身份证件原件、原车票乘车日期和购票地车站名称。 3. 不晚于票面发站停止检票时间前20分钟。(新规是"旅客需在车票票面发站停止售票前") 4. 2017年1月1日铁总新规: (1)旅客需在车票票面发站停止售票前,到车站售票厅指定窗口办理挂失补办手续。办理时,须提供购票时使用的有效身份证件原件、购票地(取票地)车站名称、乘车日期、车次、发到站信息	《客规》第四十三条 《铁路旅客运输办理细则》第三十八条、三十九条 《铁路互联网售票暂行办法》第二十条

续表

实训任务	实训依据（规章内容提炼）	备注(实训依据来源)
乘车前丢失车票挂失补业务	（2）经车站确认旅客的身份、车票等信息无误后，按原车票车次、席位、票价重新购买一张新车票。新票票面信息与原车票一致，并加注"挂失补"字样。 上车后，旅客需主动向列车工作人员声明，经列车核验"挂失补车票"、购票时所使用的有效身份证件原件与乘车人一致并在到站前确认未发现原车票被他人使用后，给旅客开具客运记录，与"挂失补车票"一并作为退票的凭证。 （3）到站后，旅客需主动向车站出站口工作人员声明，配合工作人员进行查验，并于24小时内办理退票手续。办理时，凭客运记录、"挂失补车票"和购票时所使用的有效身份证件原件退回"挂失补车票"票款，铁路部门不收退票费，只收取2元手续费，同时收回"挂失补车票"和客运记录	《客规》第四十三条 《铁路旅客运输办理细则》第三十八条、三十九条 《铁路互联网售票暂行办法》第二十条
列车办理丢失车票挂失补业务	2017年1月1日铁总新规： 1. 能够查询到购票信息：乘客需主动向列车工作人员声明，经列车查验乘车人、购票时所使用的有效身份证件原件、购票信息一致后，列车长为乘客办理挂失补办手续，只收取2元手续费（退票时不退还），票面标注"车票丢失"字样。到站前核验席位使用正常后，给乘客开具客运记录；到站后，凭票面标注"车票丢失"字样车票、客运记录和购票时所使用的有效身份证件原件办理出站检票手续。 2. 查不到购票信息：乘客需主动向列车工作人员声明，如列车未查询到乘客的购票信息，需先办理补票。到站前核验席位使用正常后，给乘客开具客运记录；到站后，24小时内凭客运记录、后补车票和购票时所使用的有效身份证件原件，到退票窗口，经车站核实无误后，退还后补车票与原票乘车区间一致部分的票价和列车补票手续费，车站收取2元手续费	《客规》第四十三条 《铁路旅客运输办理细则》第三十八条、三十九条 《铁路互联网售票暂行办法》第二十条
出站检票前丢失车票挂失补业务	2017年1月1日铁总新规： 1. 乘客需主动向列车工作人员声明，如列车未查询到乘客的购票信息，需先办理补票。到站前核验席位使用正常后，给乘客开具客运记录。 2. 到站后，24小时内凭客运记录、后补车票和购票时所使用的有效身份证件原件，到退票窗口，经车站核实无误后，退还后补车票与原票乘车区间一致部分的票价和列车补票手续费，车站收取2元手续费	《客规》第四十三条 《铁路旅客运输办理细则》第三十八条、三十九条 《铁路互联网售票暂行办法》第二十条

【实训案例】

实训任务1　乘车前丢失车票挂失补业务

实训案例1　票面乘车站办理车票挂失补

2017年1月5日7:00，北京南站，旅客王某不慎遗失其网购的本人当日G113次列车（北京南—上海虹桥，8：53 开）6 车 2A 号二等座车票。王某及铁路方面该如何办理？

题解：

1. 旅客王某需在车票票面发站停止售票前，到北京南站售票厅指定窗口办理挂失补办手续。

2. 提供本人有效身份证件原件、购票地（取票地）车站名称、乘车日期、车次、发到站信息。

3. 车站确认王某的身份、车票等信息无误后，按原车票车次、席位、票价重新购买一张新车票。新票票面信息与原车票一致，并加注"挂失补"字样。

4. 上车后，王某需主动向列车长声明。

5. 经列车核验"挂失补车票"、购票时所使用的有效身份证件原件与乘车人一致并在到站前确认未发现原车票被他人使用后，给王某开具客运记录。

6. 到站后，王某需主动向车站出站口工作人员声明，配合工作人员进行查验，并于 24 小时内办理退票手续。

7. 王某需凭客运记录、"挂失补车票"和购票时所使用的有效身份证件原件办理退票手续，退回"挂失补车票"票款。

8. 铁路部门收取 2 元手续费，同时收回"挂失补车票"和客运记录。

实训案例 2 票面乘车站身份证及车票均丢失办理车票挂失补

2017 年 1 月 10 日，旅客张某在济南不慎遗失公文包，内含本人身份证及当日乘车火车票一张。车票为网购的 G1567 次列车（济南西—商丘，20：46 开）6 车 5B 号二等座车票。张某及铁路方面该如何处理？

题解：

1. 旅客张某需在办理挂失补手续前，到济南西站售票厅铁路公安制证窗口办理临时身份证。

2. 旅客张某凭借临时身份证，在车票票面发站停止售票前，到济南西站售票厅指定窗口办理挂失补办手续，并提供购票地（取票地）车站名称、乘车日期、车次、发到站信息。

3. 车站确认张某的身份、车票等信息无误后，按原车票车次、席位、票价重新购买一张新车票。新票票面信息与原车票一致，并加注"挂失补"字样。

4. 上车后，张某需主动向列车长声明。

5. 经列车核验"挂失补车票"、购票时所使用的有效身份证件原件与乘车人一致并在到站前确认未发现原车票被他人使用后，给张某开具客运记录。

6. 到站后，张某需主动向车站出站口工作人员声明，配合工作人员进行查验，并于 24 小时内办理退票手续。

7. 张某需凭客运记录、"挂失补车票"和购票时所使用的有效身份证件原件办理退票手续，退回"挂失补车票"票款。

8. 铁路部门收取 2 元手续费，同时收回"挂失补车票"和客运记录。

实训案例 3 票面乘车站持他人身份证办理车票挂失补

2017 年 1 月 7 日，牛某将在 12：19 分和老乡王某从贵阳北站乘坐 G2933 次列车到昆明南站，车票系牛某使用本人身份证网购而得，进站前由于身份证和车票均丢失需要办理车票挂失补，牛某出示王某的身份证进行办理车票挂失补，车站工作人员是否给牛某办理挂失补手续？如果不能办理，牛某该怎么办？

题解：

1. 铁路工作人员不能为牛某办理挂失补手续。因牛某不能提供购票时所使用的有效身份证件原件，证、人、购票记录不一致。

2. 牛某需在办理挂失补手续前，到贵阳北站售票厅铁路公安制证窗口办理临时身份证。

3. 牛某凭借临时身份证，在车票票面发站停止售票前，到贵阳北站售票厅指定窗口办理挂失补办手续，并提供购票地（取票地）车站名称、乘车日期、车次、发到站信息。

4. 车站确认牛某的身份、车票等信息无误后，按原车票车次、席位、票价重新购买一张新车票。新票票面信息与原车票一致，并加注"挂失补"字样。

5. 上车后，牛某需主动向列车长声明。

6. 经列车核验"挂失补车票"、购票时所使用的有效身份证件原件与乘车人一致并在到站前确认未发现原车票被他人使用后，给牛某开具客运记录。

7. 到站后，牛某需主动向车站出站口工作人员声明，配合工作人员进行查验，并于24小时内办理退票手续。

8. 牛某需凭客运记录、"挂失补车票"和购票时所使用的有效身份证件原件办理退票手续，退回"挂失补车票"票款。

9. 铁路部门收取2元手续费，同时收回"挂失补车票"和客运记录。

实训案例4 票面乘车站持无效身份证件办理车票挂失补

2017年1月6日，李某到合肥南站售票窗口（可办理挂失补），称其所持G1738次列车车票（合肥南—无锡东）丢失，并出示其驾照办理挂失补手续，铁路工作人员是否应该给他办理？

题解：

1. 铁路工作人员不能为李某办理挂失补手续。因为驾照不属于有效证件的范畴。

2. 旅客车票实名制的有效证件包括：居民身份证、临时身份证、户口簿、中华人民共和国旅行证、中国人民解放军军人保障卡、军官证、武警警官证、士兵证、军队学员证、军队文职干部证、军队离退休干部证、按规定可使用的有效护照、港澳居民来往内地通行证、中华人民共和国来往港澳通行证、台湾居民来往大陆通行证、大陆居民往来台湾通行证、外国人居留证、外国人出入境证、外交官证、领事馆证、海员证、外交部开具的外国人身份证明、地方公安机关出入境管理部门开具的护照报失证明、铁路公安部门填发的乘坐旅客列车临时身份证明，1.5 m以上16岁以下未成年人有效身份证件还包括学生证。

3. 李某可使用驾照去合肥南站售票厅铁路公安制证窗口办理临时身份证。然后再去办理挂失补手续。

实训案例5 票面乘车站办理车票挂失补手续前办理临时身份证明

旅客在票面乘车站办理车票挂失补手续时，需要出示有效身份证明（见图8-1），那么该如何办理临时身份证明呢？

题解：

1. 首先，需准备一寸彩照一张，可在车站售票处自助照相机器处照相。

2. 然后，找到位于车站售票厅的铁路公安制证窗口，提供旅客姓名、性别、出生年月、籍贯、有效身份证件号码等信息。如果旅客忘记自己的身份证号码，可以打电话询问家人。

3. 最后到可办理挂失补售票窗口办理相关后续手续后方可乘车。

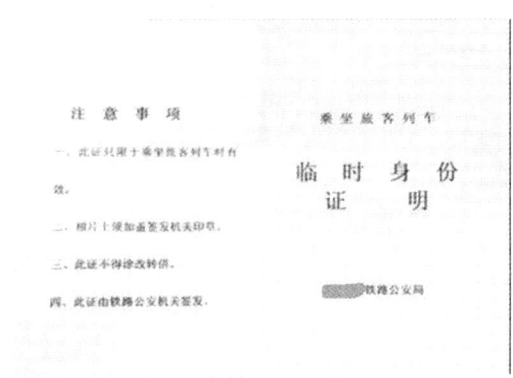

图 8-1　乘坐旅客列车临时身份证明

实训案例 6　办理异地票挂失补

2017 年 2 月 11 日 13：00，吉林站，1 名旅客到售票（办理挂失补）窗口提出其所持本人 12 日 G4907 次列车（北京南—蚌埠南，6：15 开）车票不慎丢失。如何办理？

题解：

1. 该旅客需到吉林站售票厅指定窗口办理挂失补办手续。

2. 铁路工作人员核对旅客购票时所使用的有效身份证件原件与旅客本人信息一致后，按照旅客提供原票面实名制信息原件、乘车日期和购票地（取票地）车站名称，通过售票系统查询原票信息是否属实，时间是否符合要求。

3. 铁路工作人员核收原票票面票价，因丢失车票属异地票，因此需要核收 5.00 元异地售票手续费（用定额小票核收，票面不显示），重新打印车票 1 张，票面基本信息与原票一致，增加"挂失补"字样。

4. 旅客持挂失补车票乘车。

实训案例 7　办理异地票儿童票挂失补

2017 年 2 月 11 日 13：00，吉林站，1 名旅客到售票（办理挂失补）窗口提出其所持本人 12 日 G4907 次列车（北京南—蚌埠南，6：15 开）车票不慎丢失。另携带的 1 名身高 1.3 m 儿童的儿童票也一同丢失。如何办理？

题解：

1. 该旅客需到吉林站售票厅指定窗口办理挂失补办手续。

2. 铁路工作人员核对购票时所使用的有效身份证件原件与旅客本人一致后，按照旅客提供原票面实名制信息原件、乘车日期和购票地（取票地）车站名称，通过售票系统查询原票信息。

3. 如果原票系通过 12306 网站购买，且儿童票取票时票面打印有同行成人有效身份信息，可以办理挂失补手续；反之，如原票系通过售票窗口发售，且儿童票未使用有效身份证件购票时，成人车票可以办理挂失补办手续，儿童票不能办理挂失补办手续。

4. 铁路工作人员核收原票票面票价，因丢失车票属异地票，因此每张票需要核收 5.00 元异地售票手续费，重新打印车票 1 张，票面基本信息与原票一致，增加"挂失补"字样。

5. 旅客可持挂失补车票乘车。

实训案例 8　办理始发改签异地票挂失补

2017 年 2 月 11 日 13：00，吉林站，1 名旅客到售票（办理挂失补）窗口提出其所持本人 12 日 G4907 次列车（北京南—蚌埠南，6：15 开）车票（始发改签车票）不慎丢失。询问能否办理挂失补手续？

题解：

1. 该旅客需到吉林站售票厅指定窗口办理挂失补办手续。
2. 铁路工作人员需要核对购票时所使用的有效身份证件原件与旅客本人一致后，按照旅客提供原票面实名制信息原件、乘车日期和购票地（取票地）车站名称，通过售票系统查询车票信息是否属实，原车票已经改签的按改签后的车票办理挂失补办手续。
3. 时间符合要求，办理车票挂失补手续，需核收原票票面票价，因丢失车票属异地票，因此每张票需要核收 5.00 元异地售票手续费，重新打印车票 1 张，新票票面基本信息与原票一致。
4. 票面不打印"始发改签"字样，只打印"挂失补"字样。
5. 旅客可持挂失补车票乘车。

实训案例 9　挂失补车票要求始发改签

2017 年 3 月 1 日 18：00，贵阳站，1 名旅客到售票（办理挂失补）窗口提出其所持本人 2 日 G8512 次列车（重庆北—成都，10：30 开）重庆北—成都东 8 车 1B 号二等坐票挂失补车票，要求改签至当日 G8528 次列车车票，如何办理？

题解：

1. 该旅客需到贵阳站售票厅指定窗口咨询办理挂失补办手续相关事宜。
2. 因挂失补的新车票不能办理始发改签、变更到站手续，因此不予办理。

实训案例 10　挂失补车票后找到原票改签（或退票）

2017 年 4 月 1 日 5：00，1 名旅客到售票（办理挂失补）窗口提出其所持本人当日 D5105 次列车（重庆北—成都东，7：51 开）重庆北—成都东 03 车 01A 号商务座票及挂失补车票，声称办理挂失补车票后又找到原车票了，要求改签 4 日 D367 次列车车票，如何办理？

题解：

1. 旅客办理实名车票挂失补办后，又找到原票，且旅客需要办理退票或改签手续时，铁路工作人员须先办理挂失补车票退票，退还票面票价，核收 2.00 元补票手续费。恢复原票效力。
2. 铁路工作人员核对购票时所使用的有效身份证件原件与旅客本人一致后，办理原票始发改签手续。票价多退少补，不收其他费用。
3. 如旅客要求退原车票时，先将挂失补车票办理退票后，再对原车票按照《客规》退票相关规定办理退票手续。

实训任务 2　列车办理丢失车票挂失补业务

实训案例 1　列车上丢失车票办理挂失补（能够查询到购票信息）

旅客仇某 2017 年 3 月 2 日持当日 G312 次列车（广州南—成都东）广州南—天门南 4 车 14B 一等座车票乘车，上车后不久车票不慎遗失，仇某以及铁路工作人员该如何处理？

题解：

1. 仇某应主动向列车工作人员声明（乘坐高铁动车时应向列车长声明）。

2. 列车长需查验相关信息。经查验，乘车人、购票时所使用的有效身份证件原件、购票信息一致后，列车长为仇某办理挂失补办手续，并收取2元手续费，票面标注"车票丢失"字样。

3. 到站前核验席位使用正常后，列车长给仇某开具客运记录。

4. 到站后，仇某应主动向车站出站口工作人员声明，配合工作人员进行查验。凭票面标注"车票丢失"字样车票、客运记录和购票时所使用的有效身份证件原件办理出站检票手续

5. 车站收回客运记录，列车收取的2元手续费不予退还。

实训案例2　列车上丢失车票办理挂失补（未能查询到购票信息）

旅客卜某2017年3月2日持当日G312次列车(广州南—成都东)广州南—天门南4车14B一等座车票乘车，上车后不久车票不慎遗失，卜某以及铁路工作人员该如何处理？

题解：

1. 卜某需主动向列车工作人员声明（乘坐高铁动车时应向列车长声明）。

2. 列车长需查验相关信息。如未查询到卜某的购票信息，卜某需先办理补票。

3. 到站前核验席位使用正常后，再给卜某开具客运记录。

4. 到站后，卜某需主动向车站出站口工作人员声明，配合工作人员进行查验。并于24小时内，凭客运记录、后补车票和购票时所使用的有效身份证件原件，到退票窗口，经车站核实身份信息及乘车日期、车次等原票、后补购票信息，确认有购票记录及已购车票有效后，退还后补车票与原票乘车区间一致部分的票价和列车补票手续费，车站收取2元手续费，收回客运记录。

实训案例3　旅客持站售挂失补车票上车

2017年1月10日，旅客宁某在太原南站办理完当日G2602次列车（太原南—沈阳北）太原南—沈阳北7车19B二等座挂失补车票后，持挂失补车票乘坐7:43发车的G2602次列车，上车后，宁某该如何做？

题解：

1. 宁某上车后要主动声明本人是持站售挂失补车票上车的。

2. 列车长需核验挂失补车票、购票时所使用的有效身份证件原件与旅客的一致性。

3. 经核实，票、证、人一致，且未发现原车票被他人使用的，列车长应开具电子客运记录，向客票系统发送席位使用情况的确认信息。

4. 若因信号不畅、机器故障等原因无法开具电子客运记录的，开具纸质客运记录交旅客。

5. 同时告知旅客须在到站（途中下车和越站乘车均为下车站）后24小时内凭客运记录、挂失补车票和购票时所使用的有效身份证件原件到沈阳北站售票厅退票窗口办理退票手续。

实训案例4　旅客持站售挂失补车票上车（票、证、人不一致）

2016年10月10日，G2602次列车（太原南—沈阳北）从太原南发车后，列车工作人员开始验票。发现旅客翟某持7车19B二等座车票坐6车2A二等座，且翟某所持车票为旅客宁某丢失车票，且已经进行了挂失补处理。请问，翟某和铁路工作人员应该如何处理？

题解：

1. 票、证、人不一致的按无票处理。发现原票被他人使用的，原票使用人按无票处理。持

用低等级的车票乘坐高等级列车铺位、座席时,补收所乘区间的票价差额。需要加收票价50%的票款

2. 所以翟某应补票。补票金额为433×(1+50%)=649.5元,手续费:2元。

实训任务3　出站检票前丢失车票挂失补业务

实训案例1　出站检票前丢票挂失补

2017年2月14日,旅客习某从杭州东车站持G1874次车票(杭州东—西安北)乘车,到西安旅游,出站检票前,发现车票丢失,习某该如何处理?

题解:

1. 习某需主动向车站声明,并配合车站工作人员进行查验。

2. 出站口具备车票信息查询条件的,当场核查购票记录,有购票记录,已购车票有效,乘车日期、车次相符,票、证、人一致,实际乘车区间未超过已购车票乘车区间,并且没有出站检票记录的,办理挂失补办手续。

3. 核收2元手续费,票面标注"车票丢失"字样。旅客习某可凭该车票和购票时所使用的有效身份证件原件出站。

4. 不符合前述条件的,须按规定补票后出站。

实训案例2　挂失补车票到站退票

2017年3月9日21:40,旅客蔡某在南京车站持本人9日D3126次列车(深圳北—南京)深圳北—南京8车10F号二等座挂失补车票以及列车长编制客运记录1份,要求退票,铁路工作人员应如何办?

题解:

1. 旅客蔡某找到退票窗口,提出退票要求。

2. 铁路工作人员通过售票系统查询旅客提供挂失补车票信息,核对购票时所使用的有效身份证件原件与旅客本人一致后,办理退票手续。

3. 铁路工作人员需收回客运记录和"挂失补"车票,随退票报告报上级收入部门,退还挂失补车票票面票价574元,核收2.00元补票手续费,不收退票费。

4. 若为异地办理的"挂失补"车票到站退票时,除核收补票的手续费外,异地售票手续费按规定不退。

实训案例3　挂失补车票越站退票

2017年3月1日10:00,株洲西站,1名旅客到退票窗口持本人当日G1101次列车(武汉—广州南)武汉—长沙南4车13D号二等座挂失补车票1张,列车长编制客运记录1份,列车补当次列车长沙南—株洲西二等座越站票1张,要求退票,如何办?

题解:

1. 核实相关信息。核实车站、核实客运记录、"挂失补"车票和列车补越站车票、购票时所使用的有效身份证件原件是否与旅客本人一致

2. 上述资料核实无误后,退还"挂失补"车票票面乘车区间武汉至长沙南的G1101次列车二等座票价164.5元,核收补票手续费2.00元。

实训案例 4　身份证丢失办理挂失补车票退票

2017 年 3 月 20 日，旅客崔某在长沙南站持本人当日 G530 次列车（南宁东—北京西）永州—长沙南 4 车 14A 座一等座挂失补车票 1 张，列车长编制客运记录 1 份，要求退票，但其本人身份证在出站时不慎丢失，车站工作人员是否予以退票？

题解：

1. 不能直接退票，需要旅客崔某先去长沙南站办理临时身份证明。
2. 崔某带着临时身份证明和挂失补车票到退票窗口办理退票，退还"挂失补"车票票面乘车区间永州至长沙南的 G530 次列车一等座票价 164.5 元，核收补票手续费 2.00 元。
3. 铁路工作人员同时收回客运记录和"挂失补"车票，并随退票报告报上级收入部门。

项目二　铁路失信处理

【训练目标】

通过本项目的学习，学生可以了解并判断铁路主要失信行为的范畴，知道如何处理失信行为，以及了解处理失信异议的流程。

【训练准备】

车票、挂失补车票、有效身份证件、无效身份证件、客运记录、现金、查询终端交互系统、（模拟）售票厅、（模拟）列车、（模拟）出站口、（模拟）进站口等相关设施设备。

【训练内容】

实训任务	实训依据（规章内容提炼）	备注(实训依据来源)
失信行为界定	1. 铁路运输企业要制定《铁路旅客信用记录管理办法》，对扰乱铁路站车运输秩序且危及铁路安全、造成严重社会不良影响，或依据相关法律、法规应予以行政处罚的行为，以及查处的倒票、制贩假票、使用伪造、冒用或者无效的残疾人证、残疾军人证、学生证等证件购票乘车，持伪造、过期等无效车票或者冒用挂失补车票乘车，无票、越站（席）乘车且拒不补票等违反铁路规章的失信行为进行记录。 2. 失信行为主要包括：扰乱铁路站车运输秩序且危及铁路安全、造成严重社会不良影响；在动车组列车上吸烟或者在其他列车的禁烟区域吸烟；倒卖车票、制贩假票；冒用优惠（待）身份证件、使用伪造和无效优惠（待）身份证件购票乘车；持伪造、过期等无效车票或冒用挂失补车票乘车；无票乘车、越站（席）乘车且拒不补票；依据相关法律、法规应予以行政处罚的行为。 3. 对无票乘车而又拒绝补票的人，列车长可责令其下车，并应编制客运记录交县、市所在地或三等以上车站处理，车站对列车移交或本站发现的上述人员应追补应收和加收的票款，核收手续费	《关于加强交通出行领域信用建设的指导意见》； 《铁路旅客信用记录管理办法（试行）》； 《铁路旅客运输安全规程》第 46 条

续表

实训任务	实训依据（规章内容提炼）	备注(实训依据来源)
失信行为处理	1. 建立城市交通信用记录。交通运输部门要建立城市公共交通驾驶人和乘务员、网约车平台公司和从业人员、道路客运联网售票平台的信用基础信息数据库，并制定经营者、从业人员和乘客失信行为认定办法。对查处的具有扰乱公共交通秩序、逃票等乘客不文明行为记入信用记录，对公共交通和出租汽车从业人员的违法违规行为记入信用记录。对公交驾驶人和乘务人员的模范行为记入信用记录。 2. 被执行人不履行法律文书确定的义务的，人民法院可以对其采取或者通知有关单位协助采取限制出境，在征信系统记录、通过媒体公布不履行义务信息以及法律规定的其他措施。 3. 铁路部门还将记录当事人个人身份信息，纳入铁路旅客信用信息记录管理	《关于加强交通出行领域信用建设的指导意见》； 《民事诉讼法》第225条； 《铁路旅客信用记录管理办法（试行）》
失信异议处理	旅客可通过12306客服电话或由所在地车站通过12306客服电话向实施信息采集的铁路单位书面提出异议申请	《铁路旅客信用记录管理办法（试行）》

【实训案例】

实训任务1　失信行为界定

实训案例1　失信行为判断

旅客陈某2017年2月25日，D2244次列车（成都东—福州）从成都东发车后，列车工作人员开始验票。发现旅客陈某持5车10B二等座车票坐3车2A二等座，且陈某所持车票为旅客化某丢失车票，且已经进行了挂失补处理。请问，陈某这种行为是否为失信行为？失信行为都包括哪些行为？

题解：

1. 陈某的行为是失信行为。
2. 失信行为主要包括：扰乱铁路站车运输秩序且危及铁路安全、造成严重社会不良影响；在动车组列车上吸烟或者在其他列车的禁烟区域吸烟；倒卖车票、制贩假票；冒用优惠（待）身份证件、使用伪造和无效优惠（待）身份证件购票乘车；持伪造、过期等无效车票或冒用挂失补车票乘车；无票乘车、越站（席）乘车且拒不补票；依据相关法律、法规应予以行政处罚的行为。

实训案例2　真假火车票判断

旅客丁某2017年4月3日，13：40持D8804次列车（乌鲁木齐—哈密）从乌鲁木齐南站检票准备登车，被检票人员发现并确认其所持车票为假票，请问如何判断火车票真伪？

题解：

1. 如果车票是红票：可以遵循"一看、二摸、三照、四搓、五对"的原则进行检验。具体而言，"一看"是要仔细辨认，真票底纹图案上印有"中国铁路"和"CR"等防伪隐形文字及字符;"二摸"是指真票手感平顺、光滑;假票手感粗糙有凸出感;"三照"是先要逆光照着看,车票上有无铁路的路徽水印,假票站名、票价、车次等处有裂缝,或者有重叠;"四搓"是指真票采用了特制的专用纸张,柔韧、挺括,用手把它卷成圆形搓一搓,放开就会恢复原状;"五对"是指可以拿真火车票来仔细对照比较。

2. 如果车票是蓝票:可以遵循"一摸、二看、三扫"的原则进行检验。具体而言,"一摸"是指触摸票面,假票粗糙真票顺畅,此外假票的纸张偏厚些;"二看"是指看票面字迹是否清晰;"三扫"是指扫描票面的二维码,真票的二维码与身份信息是相对应的,假票身份信息与票面的不一致。

实训任务 2 失信行为处理

实训案例 1 无票乘车且拒不办理补票

旅客穆某 2017 年 3 月 21 日于四平东站乘坐 G1264 次列车(郑州东—哈尔滨西)四平东—哈尔滨西 3 车 1A 二等坐票去往哈尔滨西。由于乘车前车票丢失且未办理相关手续直接上车,在列车检票过程中被发现,列车长要求其补票,但穆某拒不办理,请问铁路方面应如何处理?

题解:

1. 对无票乘车而又拒绝补票的穆某,列车长可责令其下车,并应编制客运记录交县、市所在地或三等以上车站处理。情节严重的送交公安部门处理。
2. 车站对列车移交或本站发现的上述人员应追补应收和加收的票款,核收手续费。
3. 对无票、越站(席)乘车且拒不补票等违反铁路规章的失信行为进行记录。

实训案例 2 使用伪造车票乘车(故意)

旅客柳某 2017 年 2 月 13 日于福州南持伪造 D382(福州南—上海虹桥)福州南—上海虹桥 5 车 19A 座二等车票乘车,上车后声称车票丢失并进行挂失补被发现,请问铁路该如何处理?

题解:

1. 按无票处理,需补票,除手续费外,还需要加收票价 50% 的票款,另收手续费 2.00 元。
2. 送交公安部门处理。伪造或者倒卖伪造的车票、船票、邮票或者其他有价票证数额较大,处二年以下有期徒刑、拘役或者管制,并处或者单处票证价额一倍以上五倍以下罚金;数额巨大的,处二年以上七年以下有期徒刑,并处票证价额一倍以上五倍以下罚金。倒卖车票、船票,情节严重的,处三年以下有期徒刑、拘役或者管制,并处或者单处票证份额一倍以上五倍以下罚金"。一般来讲,车票票面数额累计 2 000 以上,或者数量累计五十张以上的,便涉嫌上述犯罪。
3. 对于持伪造、过期等无效车票或冒用挂失补车票乘车等违反铁路规章的失信行为进行记录。

实训案例 3 使用伪造车票乘车(不知情)

旅客邓某 2017 年 4 月 3 日,13:00 持 D8804 次列车(乌鲁木齐—哈密)从乌鲁木齐南站检票进站,被检票人员发现并确认其所持车票为假票,但邓某本人之前并不知情,请问,邓某该怎么办?

题解：

1. 在被告知是假票后，邓某应立刻向当地的铁路公安报警，并协助调查。

2. 邓某需将假火车票上交给铁路警方。

3. 邓某应立即通过正规渠道（比如火车站售票处）重新购买火车票，然后在停止检票前进站登车。

实训案例4　冒用挂失补车票乘车

2017年3月27日，G1380次列车（昆明南—杭州东）从昆明南发车后，列车工作人员开始验票。发现旅客石某持当日7车20B二等座车票坐6车2A二等座，且石某所持车票为旅客毛某丢失车票，且已经进行了挂失补处理。请问，石某和铁路工作人员应该如何处理？

题解：

1. 按无票处理，需补票，除手续费外，还需要加收票价50%的票款，另收手续费2.00元。

2. 所以石某应补票。补票金额为806×（1+50%）=1 209元，手续费：2.00元。

3. 对于持伪造、过期等无效车票或冒用挂失补车票乘车等违反铁路规章的失信行为进行记录。

实训案例5　铁路对失信行为的处理

旅客蒋某家中老人生病，急需蒋某从广州赶回上海。蒋某想购买G1306次列车（广州南—上海虹桥）一等车票一张，在证件齐全且有余票的前提下，铁路不予销售，蒋某被告知在2017年2月10日乘坐G72次列车（广州南—北京西）出行时在车上吸烟，被工作人员发现并纳入信用记录。请问，铁路对失信行为是如何处理的？蒋某未来要承担什么样的后果？

题解：

1. 铁路旅客信用信息记录保存期限为5年，铁路部门将严格按规定向国家、地方相关部门和有关征信机构提供。失信乘客在5年内，不得享受铁路高消费服务。

2. 蒋某未来5年内，不能乘坐G字头列车以及D字头列车一等座。随着信用网络的完善，涉及个人信用的环节都有可能受到影响。

实训任务3　失信异议处理

实训案例1　对失信认定有异议（旅客）

旅客常某于2017年4月1日持当日G86（广州南—上海虹桥）长沙南—上海虹桥7车10B二等坐票乘车，期间由于在列车上吸烟被工作人员发现并纳入信用记录，常某不认同该认定，请问常某该怎么办？

题解：

1. 常某如有异议，可通过12306客服电话或由所在地车站通过12306客服电话向实施信息采集的铁路单位书面提出异议申请。

2. 信息采集的铁路单位自收到申请之日起20个工作日内向申请人作出书面答复。

实训案例 2 对失信异议的处理（铁路）

旅客常某于 2017 年 4 月 1 日持当日 G86（广州南—上海虹桥）长沙南—上海虹桥 7 车 10B 二等坐票乘车，期间由于在列车上吸烟被工作人员发现并纳入信用记录，常某不认同该认定，并通过 12306 客服电话向实施信息采集的铁路单位书面提出异议申请。请问铁路方面会如何处理？

题解：

1. 信息采集的铁路单位自收到申请之日起 20 个工作日内向申请人作出书面答复。
2. 经审查确认旅客信用信息错误、遗漏的，将予以纠正。
3. 铁路旅客信用信息记录保存期限为 5 年，铁路部门将严格按规定向国家、地方相关部门和有关征信机构提供。

【技能训练】

一、相关理论知识

（一）填空

1. 铁路红票（真票）底纹图案上印有_____和_____等防伪隐形文字及符号。
2. 铁路红票，_____票手感平顺、光滑；_____票手感粗糙有凸出感。
3. 票面乘车站办理车票挂失补时，车站需确认旅客身份、车票等信息无误后，按原车票车次、席位、票价重新购买一张新车票。新票票面信息与原车票一致，并加注"_____"字样。
4. 办理挂失补手续的旅客到站后需要在到站_____小时内办理退票手续。
5. 办理挂失补手续的旅客到站后需提供_____、"_____"和购票时所使用的有效身份证件原件办理退票手续，退回"挂失补车票"票款。

（二）选择

1. 列车上检票时，对持各种乘车证的旅客须核对相应的（　　）。
   A. 身份证　　　　B. 残疾证　　　　C. 工作证　　　　D. 证件
2. 铁路旅客运输合同的凭证是（　　）。
   A. 铁路乘车证、特种乘车证
   B. 车票、铁路乘车证、特种乘车证
   C. 车票
   D. 车票、铁路乘车证
3. 因（　　）产生退票时，应收退票费。
   A. 线路中断　　　　　　　　　　B. 误售车票
   C. 旅客伤、病不能继续旅行　　　D. 卧铺重号
4. 下列哪项除按无票处理外还应送交公安部门处理（　　）。
   A. 持失效车票乘车　　　　　　　B. 持伪造车票乘车容
   C. 持站台票上车　　　　　　　　D. 拒绝补票
5. 旅客丢失车票另行补票后又找到原票时，列车长应编制客运记录，连同（　　）一并交给旅客。
   A. 原票　　　　　　　　　　　　B. 代用票

C. 原票和后补车票　　　　　　　　D. 后补车票

6. 由于站车工作人员工作失误，造成旅客车票丢失时，站车均应（　　）。
　　A. 旅客重新买票　　　　　　　　B. 工作人员重新买票
　　C. 填发代用票　　　　　　　　　D. 编制客运记录

7. 列车检验电子客票票时，通过旅客所持的（　　），核对铁路电子客票及证件等信息。
　　A. 有效身份证件原件或复印件　　B. 有效身份证件原件
　　C. 二代居民身份证复印件或原件　D. 二代居民身份证原件

8. 无票乘车时，补收（　　）起至到站止车票票价，并加收已乘区间应补票价50%的票款，核收手续费。
　　A. 发现站　　　　　　　　　　　B. 自发现的前方站
　　C. 自乘车站（不能判明时自始发站）D. 自列车始发站

9.《客规》规定，旅客进站检票前丢失实名制车票，首选办理（　　）。
　　A. 应另行购票　　B. 不用买票　　C. 按有票对待　　D. 挂失补

10.《车票实名制管理办法》规定，持"挂失补"车票乘车的旅客，到站后（　　）小时内，凭客运记录、新车票和购票时所使用的有效身份证件原件，至退票窗口办理新车票退票手续。
　　A. 24　　　　　　B. 6　　　　　　C. 48　　　　　　D. 12

11.《车票实名制管理办法》规定，"挂失补"车票发售后，原车票（　　）。
　　A. 收回　　　　　B. 有效　　　　　C. 仍可以乘车　　D. 失效

12. 在同一列车同一座位上同时发现持当日当次票面有"挂失补"字样的车票和原票，（　　）。
　　A. 原票有效　　　　　　　　　　　B. 另行补票
　　C. 票面有"挂失补"字样的车票有效　D. 两张票都有效

13.《车票实名制管理办法》规定，一张有效身份证件同一乘车日期（　　）实名制车票。
　　A. 可以购买两张同一车次　　　　B. 只能购买一张同一车次
　　C. 可以购买若干张同一车次　　　D. 可以购买一张同一车次

14. 旅客指持有（　　）的人和同行的免费乘车儿童。根据铁路货物运输合同押运货物的人视为旅客。
　　A. 车票　　　　　　　　　　　　B. 乘车证
　　C. 铁路有效乘车凭证　　　　　　D. 乘车凭证

15. 旅客持失效车票乘车时，除按规定补票，核收手续费外，还必须加收已乘区间应补票价（　　）的票款。
　　A. 20%　　　　　B. 40%　　　　　C. 30%　　　　　D. 50%

16. 旅客补票后又找到原票时，列车长应编制客运记录交旅客，作为在（　　）出站前向到站要求退还后补票价的依据。退票核收退票费。
　　A. 下车站　　　　B. 丢失站　　　　C. 始发站　　　　D. 到站

17. 持用（　　）的车票乘车时，除按无票处理外还要送交公安部门处理。
　　A. 失效　　　　　　　　　　　　B. 伪造或涂改
　　C. 低等级　　　　　　　　　　　D. 不符合减价优待

18.《铁路旅客运输管理规则》规定，对在不准吸烟处所吸烟的旅客，客运人员应（　　）。
　　A. 进行劝阻　　B. 给予处罚　　C. 严禁乘车　　D. 驱出候车室

（三）判断

1. 逆光照着铁路红票（真票）看，车票上一定有铁路的路徽水印。（   ）
2. 《客规》规定，旅客有义务遵守国家法令和铁路运输规章制度，听从铁路车站、列车工作人员的引导。（   ）
3. 列车乘务员应做好不吸烟车厢宣传，对在车厢内吸烟的旅客应及时进行劝阻，对屡教不改的旅客可予以罚款处理。（   ）
4. 按规定实行火车票实名购买、查验制度的，旅客应当凭有效身份证件购票乘车，对车票所记载身份信息与所持身份证件或者真实身份不符的持票人，铁路运输企业无权拒绝其进站乘车。（   ）
5. 《车票实名制管理办法》规定，成年人持儿童票乘车按无票处理。（   ）
6. 列车验票时发现票、证、人不一致的旅客，按无票处理。（   ）
7. 持用伪造或涂改的车票乘车时，除按无票处理外并送交公安部门处理。（   ）
8. 车站对列车移交或本站发现的无票乘车而又拒绝补票的人员应追补应收和加收的票款，不收手续费。（   ）

（四）简答

1. 旅客持"挂失补办"车票如何查验？
2. 旅客持"挂失补办"车票乘车，票、证、人不一致时如何处理？
3. 旅客持"挂失补办"车票乘车客运记录如何编制？
4. 在列车上丢失实名制车票纸质客运记录开具的要求是什么？
5. 旅客在列车上发现车票丢失如何处理？
6. 旅客责任，未持纸质车票，如何核实票、证、人是否一致？如何处理？
7. 旅客责任，未持纸质车票乘车，票、证、人一致，到站为外局如何处理？
8. 铁路责任，发站向列车移交未持纸质车票乘车的旅客，并提供了"发站电子客票信息"和客运记录，列车如何处理？
9. 铁路责任，发站向列车移交未持纸质车票乘车旅客，未提供"发站电子客票信息"，只提供了客运记录，如何处理？
10. 旅客声明持二代身份证乘车，发到站均具备二代身份证进出站检票条件的，如何处理？
11. 旅客声明持二代身份证乘车，到站不具备二代身份证进出站检票条件的，如何处理？
12. 出乘领取票据由谁领取，如何交接，领取后到列车的过程有何要求？
13. 中途遇有异常情况，当班值班员不能继续工作也不能进行交接的，票据票款如何处理？
14. 铁路失信行为有哪些？
15. 对失信行为信用信息记录有异议的旅客如何操作？
16. 铁路如何处理旅客对失信行为信用信息记录提出的异议？
17. 如何辨别车票的真伪？
18. 售票窗口发售实名制"挂失补"车票时收取手续费吗？
19. 实名制"挂失补"车票在发站退票时收取退票费吗？
20. 实名制"挂失补"车票在到站退票时收取退票费吗？
21. 实名制"挂失补"车票退票时，退异地票手续费吗？
22. 实名制"挂失补"车票在发站开车前，在任意站均可办理退票吗？

23. 旅客实名制车票丢失后，不想再补办，已丢失车票能否办理退票？
24. 旅客在列车上丢失实名制车票后，能否办理挂失？
25. 在列车上，发现实名制"挂失补"的原车票，原车票的"票、证、人"一致时，该车票有效吗？
26. 在列车上，发现实名制"挂失补"新车票的"票、证、人"不一致时，该车票有效吗？
27. 旅客购买的实名制车票票面发站为列车始发站，丢失后想在某沿途站办理挂失，其办理时限是该沿途站停止检票时间前20分钟吗？
28. 实名制"挂失补"车票只能在该列车途径各停车站发售吗？
29. 发售实名制"挂失补"车票时，如果办理站与票面发站为非同城时，是否收取异地票手续费？
30. 旅客持"挂失补"车票到站后，没有列车开具的客运记录可以办理退票手续吗？
31. 实名制"挂失补"只能由乘车人本人办理吗？
32. 实名制"挂失补"用铁路公安制证口开具的临时乘车证明可以办理吗？
33. 旅客持"挂失补"车票乘车，如中途下车时，中途站是否只退其未乘区间车票票价？
34. 旅客持"挂失补"车票未乘车，是否可以在开车后退票？
35. 车站根据旅客提供的信息找不到需要挂失的车票怎么办？

二、实操技能训练

1. 2017年3月3日，徐州开往上海的列车D305上，旅客秦某称其所持当日D305（徐州—上海）5车2B二等座车票上车后实名制车票丢失，该如何处理？
2. 售票员办理挂失补车票出票前，要向旅客说明哪些事情？
3. 挂失车票的最晚时间"不晚于票面发站停止检票时间前20分钟"怎么理解？
4. 旅客持证件复印件可以办理实名制"挂失补"车票的退票手续吗？
5. 旅客持实名制"挂失补"车票正常到站下车后，又通过其他交通方式到达列车下一停靠站要求退票时，是否为其办理？

模块八技能训练答案

模块九　重点旅客服务实训

【模块介绍】

本模块主要训练对外籍旅客进行服务的过程和方法以及相关的英文表达、对重点旅客进行服务的相关规定和注意事项、对少数民族和不同宗教信仰的旅客提供服务的特色要求以及列车接待工作的相关事宜，以达到为旅客提供优质服务的目标。

项目一　外籍旅客服务

【训练目标】

熟悉外籍旅客申办银通卡和使用的方法与步骤并且能够在外籍旅客需要时为其提供必要的帮助；熟练掌握运用英语办理高铁快运以及国境站手续的表达；能够运用英语解决动车组列车运行过程中的各种问题。

【训练准备】

中铁银通卡章程、《北京铁路局高铁快运运输管理办法》、银通卡、护照、港澳通行证、台湾居民往来大陆通行证、行李包裹、车票、餐车等动车组服务相关备品。

【训练内容】

实训任务	实训依据（规章内容提炼）	备注（实训依据来源）
银通卡的申购及购票方法	1. 外籍旅客申购中铁银通卡条件及手续 （1）具有完全民事行为能力的个人，可凭有效身份证件到售卡网点申购中铁银通卡。如委托他人代办，购买人须持本人及申购人有效身份证件至售卡网点办理。 （2）购卡时使用的有效身份证件范围：按规定可使用的有效护照。港澳居民来往内地通行证；台湾居民来往大陆通行证。 （3）外籍购买人购买中铁银通卡，应按规定出示有效身份证件，认真阅读并同意本章程后，填写购卡申请表，经售卡网点审核通过后可购买中铁银通卡。 2. 外籍旅客使用银通卡购票的方法： （1）铁路安装有POS机的售票窗口。 （2）支持银行卡支付的自助售票机。 （3）中国铁路客户服务中心网站（www.12306.cn）等渠道。 （4）中铁银通卡刷卡乘车	中铁银通卡章程第二章、第四章、第七章

续表

实训任务	实训依据（规章内容提炼）	备注（实训依据来源）
国境站手续办理	1. 礼貌的欢迎旅客，热情、耐心地回答旅客的询问，使用礼貌用语，为国际列车旅客提供快速、专业、人性化的服务，确保安检工作的快速进行。 2. 帮助国际列车旅客办理海关手续 3. 回答旅客关于国际列车车票的询问。 4. 用英语向乘客解释相关的铁路法规	
高铁列车英语服务	随着我国国际化水平的不断提高，高铁作为对外服务窗口，对乘务人员的英语服务能力也有了更高的要求。通过一些实用性练习，循序渐进提升客运服务英语会话水平，为外籍旅客提供更加优质的服务	

【实训案例】

实训任务 1　银通卡的申购及购票方法

实训案例 1　银通卡的申购

中铁银通卡申购手续：（The Purchase procedures of China Railway Expresspay Card）

1. 携带有效身份证件到售卡网点；

（Carry a valid documents to the sales outlets）

办卡时可使用中华人民共和国第二代居民身份证、港澳居民来往内地通行证、台湾居民来往大陆通行证、有效护照四种有效证件。

（Four valid documents including：the second generation of the People's Republic of China identity card、Hong Kong and Macao residents travel to and from the Mainland、Taiwan residents travel to mainland China、a valid passport.）

帮他人代办，需持申办人及代办人的有效身份证件至售卡网点申办。

（It is neccessary to take the valid documents of both applicant and agent to the sales outlets.）

中铁银通卡的售卡网点主要为推行使用中铁银通卡的指定高铁线路上的火车站以及指定的中国银行网点。

（The sales outlets：the train stations of designated high-speed rail line and designated Chinese bank outlets.）

2. 填写一份《中铁银通卡申请表》。见表 9-1。

（Fill in the form《China Railway Expresspay Card Application Form》）

3. 收费；（Charge）

首次办卡需一次性充值 330 元，其中 300 元为预存款，30 元为办卡押金。除此之外，该卡收取年费 10 元/卡，退卡费 20 元/卡，补卡费 10 元/卡。见表 9-2。

(The first card needs a one-time recharge 330 yuan, of which 300 yuan for the pre-deposit, 30 yuan for the card deposit. In addition, the card charged an annual fee of 10 yuan / card, refund fee 20 yuan / card, make up card fee 10 yuan / card.)

表 9-1　中铁银通卡申请表

中铁银通卡申请表

（*为必填项，选择项在□打√）

申领人信息

*姓　　名 _____

　拼　　音 _____

*证件类型　□第二代居民身份证　□护照　□港澳居民来往内地通行证　□台湾居民来往大陆通行证

*证件号码 _____

*手机号码 _____

　E-mail 地址 _____

　通讯地址 _____

申办卡种

*卡面选择：　□金卡（刷卡乘车时，按一等座票价扣款）

　　　　　　□银卡（刷卡乘车时，按二等座票价扣款）

卡片充值（购卡时金卡须充值 500(含)元以上、银卡须充值 300(含)元以上）

*本次充值：

　　□电子现金_____元　**芯片中的电子现金不记名、不挂失**，用于刷卡乘车，最高限额1000元

　　□联机账户_____元　（联机账户可正常办理挂失业务，用于购买车票，最高限额5000元）

　　　　　　注：1. 电子现金和联机账户可复选，两账户资金合计限额5000元。
　　　　　　　　2. 为确保联机账户资金安全，**申领卡后请及时修改密码**。

代办人身份资料（若为代办，请填写代办人身份资料）

*姓　　名 _____　　*联系电话 _____

*证件类型　□第二代居民身份证　□护照　□港澳居民来往内地通行证　□台湾居民来往大陆通行证

*证件号码 _____

申领人（代办人）签名 _____　日期____年____月____日

（本人保证上述填写信息真实无误，且已阅读并同意遵守中铁银通卡章程）

以下由受理单位填写

经办人签名 _____　　　　　　　日期____年____月____日

（第一联　受理单位留存）

表 9-2　中铁银通卡收费标准

收费项目（charging items）	金额（fee）
押金（deposit）	30 元/卡（30 yuan / card）
年费（annual fee）	10 元/卡（10 yuan / card）
退卡费（refund fee）	20 元/卡（20 yuan / card）
补卡费（make up card fee）	10 元/卡（10 yuan / card）

实训案例 2　银通卡购票

持卡人凭中铁银通卡可以在以下渠道购票：
(Cardholders will be able to purchase tickets in the following channels：)
1. 铁路安装有 POS 机的售票窗口；
(Rail ticket window installed with POS machine；)
2. 支持银行卡支付的自助售票机；
(Self-service ticket machines that support bank card payments；)
中国铁路客户服务中心网站（www.12306.cn）等渠道。
(China Railway Customer Service Center website（www.12306.cn））
购票交易以联机方式完成，实时从联机账户中完成扣款，交易时需通过密码验证。
(Ticketing transactions completed by style of online and deducted from the online account in real-time. The transactions need to pass the password verification.)
中国铁路客户服务中心网站（www.12306.cn）购票流程如下所示：
(The purchase process is as follows：)
登陆 http：//www.12306.cn 网站后操作如下：
(After landing the website（http：//www.12306.cn），the operation is as follows：)
（1）注册用户（Registration）；
（2）登录（Enter）；
（3）点击"订票"（Click on "booking"）；
（4）点击"支付"（Click on "payment"）；
（5）选择"中铁银通卡"（Choose "China Railway Expresspay Card"）；
（6）输入卡号、密码（输入密码时需先下载安装插件）、持卡人姓名；
(Enter the card number、password （enter the password after downloading the installation plugin）、the cardholder's name）
（7）输入短信验证码（通过办卡时预留的手机号码获取）；
(Enter the verification code from SMS）
（8）确认支付后订票成功，记住订单号；
(Confirm the success of the booking after payment，remember the number of order）
（9）凭火车票使用人有效证件至铁路车站窗口或自助设备取票。
(Collect ticket from rail ticket window or automatic ticket machine by valid documents of ticket user）

实训任务2 国境站手续办理

实训案例1 在出入境联检大厅入口

1. P——Passenger 旅客   C——Clerk   客运员

C：Hello. Are you going to Hong Kong?

P：Yes，we arrived here at last.

C：How many members in all?

P：Four. This is my friend. She comes to see us off.

C：Excuse me，this is the limited zone. Your friend has to stop here.

P：OK. By the way，where is the toilet?

C：100meters ahead on the left.

C：你好，您要去香港么？

P：对，我终于到这儿了。

C：一共几个人啊？

P：四位，这位是我的朋友，她是来送我们的。

C：不好意思，这里是口岸限定区域，送客的人员请止步。

P：好的，顺便问一下，洗手间在哪里？

C：再往前走100米左边就是。

2. P——Passenger 旅客   C——Clerk   客运员

P：Could you tell me when we can go through the customs formalities?

C：It will begin at 9：15 a.m.

P：When will it stop?

C：At 10：20 p.m.

P：What credentials are required for going through the customs formalities?

C：Your passport，departure card and health certificate.

P：I see. Thank you very much.

P：请问什么时候开始办理验关手续？

C：上午9：15开始。

P：什么时候停止呢？

C：晚上10：20。

P：办理验关手续需要什么手续？

C：需要你的护照、出境登记卡和检验检疫身体健康表。

P：我知道了，非常感谢。

3. P——Passenger 旅客   C——Clerk   客运员

P：Excuse me. Is there a duty free shop here?

C：No. There isn't any duty free shop in the joint inspection hall. But there are duty-free cigarettes and wines on the train.

P：I see. Can I go out to buy some food and drinking?

C: Sure. Take your passport with you and follow the "staff's passage", show your passport to the frontier inspection staff and then you can go out. Please do remember coming back by 12:40 p.m.

P: 打扰了,这里有免税店吗?

C: 不,联检厅里没有,但是列车上有免税的烟和酒。

P: 知道了。我能出去买些食物和饮料吗?

C: 可以。拿着您的护照,走"工作人员通道",向边检工作人员出示您的护照,然后就可以出去了。请记得在12点40分之前回来。

实训案例2 出境检票

1. P——Passenger 旅客　C——Clerk　客运员

P: My god, my certificate expired. What can I do with my ticket?

C: Can you have a new one within seven days?

P: I'm afraid not. Can I refund my ticket?

C: Please go through refunding formalities at the International Ticker Office. Half-price of the ticker fare shall be charged according to corresponding regulations.

P: Is there any other train of the same class to Hong Kong?

C: Yes. You can buy a new ticket at the International Ticker Office.

P: Where is the International Ticker Office?

C: Please turn right at the gate, and take the lift at the entrance to the third floor. The International Ticker Office is on the right behind the red display screen.

P: Thank you very much.

C: You're welcome.

P: 天啊,我的证件到期了。我的车票该怎么办呢?

C: 您的证件在7天内能重新办好吗?

P: 恐怕不能!我能退票吗?

C: 请您到国际售票处办理退票手续,根据相关规定要收取50%的退票费。

P: 还有其他同等级的车能到香港吗?

C: 有,您可以从国际售票处购买一张新的车票。

P: 到国际售票处怎么走啊?

C: 在门口向右拐,从进站口坐电梯上三楼,在右侧红色显示屏的后面就是国际售票处。

P: 非常感谢。

C: 不客气。

实训案例3 出入境行李托运与提取

1. P——Passenger 旅客　C——Clerk　客运员

P: Could you tell me where I can register my luggage for Guangzhou and Kowloon?

C: For Guangzhou, you can register your luggage at the Luggage Office behind the China Construction Bank. For Kowloon, you have to register you luggage at the Entry-Exit Joint Inspection Hall at the west part of the first floor.

P: When can I register my luggage?

C: You can register your luggage to Guangzhou 6 hours before train departurem, while you can register your luggage to Kowloon as soon as you go through customs formalities. For more information, please inquire at the Luggage Office.

P: OK. Thanks a lot.

P: 请问在哪里办理去广州和九龙的行李托运？

C: 往广州的行李托运，在"建设银行"后面的行李托运处办理。往九龙的行李托运，在一楼西侧的"出入境联检大厅"办理。

P: 什么时候可以办理？

C: 往广州的托运在开车6小时之前办理，往九龙的托运在验关时就可以办理。具体规定请向托运处咨询。

P: 好的，谢谢您。

2. P——Passenger 旅客　C——Clerk　客运员

C: Hello. Your ticket, please.

P: OK. Here you are. By the way, I have had my luggage checked. Could you tell me where I can claim it?

C: First of all, you need go through the customs inspection formalities at the inspection and quarantine office as well as the frontier inspection office. Then, please go forward and turn left, you can find the luggage office.

P: Thanks a lot.

C: My pleasure.

C: 您好，请出示车票。

P: 好的，给您。顺便问一句，我办理了行李托运，请问在哪里取行李？

C: 首先，您先去办理检验检疫和边防检查的验关手续，然后再往前走左边就是行李提取处。

P: 多谢。

C: 不客气。

实训案例4　特殊情况处理

1. P——Passenger 旅客　C——Clerk　客运员

P: Could you help me? I've lost my wallet and can't pay for the ticket.

C: Which country do you come from? Have you contacted with your consulate?

P: Not yet. I don't know where our consulate is.

C: What's your nationality? Maybe I can try to contract them for you.

P: I'm an Iranian.

C: Wait a minute, please. Please turn right at the gate and go forward about 100 meters, and then you can see a large bus station. You can take bus No.15 and get off at the Military Museum

Stop. After that, you can get on the bus No.1 or No.7 and get off at Ritan Road Stop. Then turn left at the traffic light.

P: OK. Thanks a lot.

P: 您能帮我吗？我的钱包丢失了，没有路费了！

C: 您来自哪个国家，联系您的领事馆了吗？

P: 还没有，我不知道领事馆在哪里。

C: 您是哪国人？或许我可以试试帮您联系他们。

P: 我是伊朗人。

C: 请稍等。从门口向右转，大约前走100米，就能看到一个大型的公共汽车站。您可以乘坐15路公共汽车在军事博物馆站下车，之后，您可以乘坐1路或7路公共汽车在日坛路站下车。在交通信号灯处左转。

P: 好的，非常感谢！

2. P——Passenger 旅客　C——Clerk 客运员

P: Excuse me. I want to go to Kowloon. How can I get to the waiting room? I'm in a hurry.

C: Go downstairs, please. Turn right at the gate and go forward about 20 meters. On your left, you will find the Entry-Exit Joint Inspection Hall. But there are 10 minutes before train departure. Entry-exit formalities have been stopped.

P: Why?

C: According to relevant regulations, entry-exit formalities shall be stopped 20 minutes before train departure. I'm so sorry that you are too late.

P: Oh, my god. What shall I do then?

C: Please go to window No.4 at the International Ticket Office to change or refund your ticket.

P: How can I get there?

C: In the middle of the two gray marble columns, there is a red display screen. The International Ticket Office is behind the display screen.

P: Thank you very much.

C: You're welcome.

P: 打扰了，我想到九龙去。候车室怎么走，我要赶时间！

C: 请下楼，出大门往右拐，大约前走20米，在左侧就是出入境联合检验厅。不过，现在离开车时间还有10分钟了，已经停止办理出入境手续了。

P: 为什么？

C: 根据相关规定，开车前20分钟停止办理出入境手续。很抱歉，您来得太晚了！

P: 我的天哪，那怎么办才好？

C: 请到国际售票处4号窗口办理车票改签或者退票。

P: 怎么走？

C: 在两个灰色大理石圆柱中间，有一个红色显示屏。国际售票处就在显示屏的后面。

P: 非常感谢。

C: 不客气。

实训任务3　高铁列车英语服务

实训案例1　检票上车（Boarding the Train）

1. Show me your ticket, please!
   请出示您的车票。
2. Thank you, welcome aboard.
   谢谢，欢迎您乘车。
3. How long can I get on board before train departure, please?
   请问，我可以提前多长时间上车？
4. You may get on board ××minutes before the train leaves.
   您可以在火车出发前××分钟上车。
5. We are very sorry that we do not know the reason for delay, and we will inform you if there is any news.
   非常抱歉，我们不清楚晚点的原因，一有任何消息，我们会通知大家。
6. Take your tickets out for punching, please.
   请拿出车票来剪票。
7. Please get your tickets ready.
   请将车票准备好。
8. Passengers for Train G12, please go to the boarding gate and get ready for boarding.
   乘坐G12次列车的旅客，请到检票口准备上车。
9. Staff will inform you when ticket checking begins.
   开始检票时，工作人员将会通知您。
10. Ticket checking starts 30 minutes before the train leaves. Wait a moment, please.
    列车开车前30分钟开始检票，请稍等一会儿。
11. Now your ticket is punched. Keep it, please and be careful.
    现在您的车票已经剪了，请收好，小心慢走。
12. Your ticket was valid for yesterday's train, but it's no longer valid.
    您的车票是昨天的，但已经失效了。
13. Please buy a child-ticket for your daughter.
    请给您的女儿买张儿童票。
14. Ladies and gentlemen, attention, please. The station announces the boarding of Express Train G11 for Shanghai. Passengers for this train, please get your tickets ready and go to Boarding Gate 2. You are advised to make sure that you've nothing left behind in the waiting room. Thank you.
    女士们、先生们，请注意。本站开往上海的G11次列车开始检票上车了。乘坐这趟列车的旅客们，请准备好车票，前往2号检票口。请旅客们确认没有把任何东西遗忘在候车室，谢谢。
15. Attention, please. The station announces the boarding of Express Train G55 for Nanjing. Passengers for this train please go to Boarding Gate 5. Thank you.
    旅客们请注意，由本站开往南京的G55次列车开始检票上车了。乘坐这趟列车的旅客请前往5号检票口，谢谢。

实训案例2　致欢迎词（Welcome Announcement）

1. Dear passengers：

I'm the Chief Conductor of Train G4. I'd like to welcome your arrival on behalf of all the crew members. Please check your ticket again and make sure you have taken the right train. If you have any questions or difficulties，please tell us. We will try our best to serve for you. It's our pleasure to provide you with high quality service. We sincerely wish you a nice and unforgettable journey.

尊敬的旅客们：

我是本次 G4 列车的列车长。我谨代表全体车组人员欢迎您的到来。请您再次核对您的车票确保您没坐错车。如果您有任何问题或困难，请告诉我们，我们会尽力为您服务。为您提供优质的服务使我们的荣幸。我们衷心祝您有个难忘的旅程。

2. C——Conductor　列车员　　P——Passenger　乘客

　　C：Good morning，madam.

　　P：Good morning!

　　C：My name is Liu Nan，the conductor of this carriage. Nice to meet you.

　　P：I'm Mary. Nice to meet you，too.

　　C：Mary，have you been to Shanghai?

　　P：Actually，I'm a stranger here. It's my first time to China.

　　C：You must travel around the city in this period. If you have any questions or difficulties while traveling，please tell us. We'll try our best to help you.

　　P：OK，thank you.

　　C：Wish you a pleasant journey.

　　P：Thank you for your kindness.

　　C：At your service.

　　C：女士，上午好。

　　P：上午好。

　　C：我叫刘楠，是本节车厢的列车员。见到您很高兴。

　　P：我叫玛丽。很高兴认识你。

　　C：玛丽，您去过上海吗？

　　P：实际上，我对这儿很陌生，这是我是第一次来中国。

　　C：这段时间您一定要好好游览这个城市。如果您在旅途中有任何问题或者困难，请告诉我们。我们会尽力帮助您。

　　P：好的，谢谢。

　　C：祝您旅途愉快。

　　P：非常感谢。

　　C：愿意为您效劳。

3.（to the passengers in the sleeping cars）

Good morning，ladies and gentlemen，I am Li Bing，your conductress. Welcome to take our train. Now let me introduce the service facilities for you. This is the switch for ceiling light and that one is for bedside lamp. There is a volume-control knob for the loudspeaker on the wall, the TV is controlled by the studio, and this is the call button, in case you have questions or are in need of anything, feel free to request assistance by pressing the call button. Thank you.

（向卧铺车厢乘客致辞）

上午好，女士们先生们！我是本车厢的列车员李冰。欢迎乘坐本次列车。现在让我来为大家介绍一下服务设施。这是吊灯开关，那是床头灯开关。墙上有扬声器的音量旋钮，电视是由广播室控制的，这是呼叫按钮，以防您有问题或有需要，请随时按铃寻求帮助，谢谢。

4. Dear passengers:

Welcome to Ji'nan. The train is G63 and the destination is Nanjing South Railway Station. Now, the staff are at your service, offering hot water to passengers. Please get your cups ready when we come to you. A cup of hot water carries our best wishes and sincere greeting to you. Have a nice trip!

亲爱的旅客们：

欢迎来到济南。本次列车是 G63 次，终点站是南京南站。现在，我们的工作人员随时为您效劳，为您提供热水，当我们到您身边时，请您把杯子准备好。愿一杯热水，送去我们美好的祝福与真挚的问候。祝您旅途愉快。

实训案例 3　设施设备介绍（Equipment Introduction）

1. Would you mind if I give you a brief introduction to the equipment and facilities in the carriage?

   您是否介意我介绍一下车厢的设施设备？

2. C——Conductor 列车员　　P——Passenger 乘客

   P：How to use the electric water heater?

   C：Just press the red button and here comes the water. The water is hot, please be careful.

   P：这个电茶炉怎么用？

   C：您按一下这个红色按钮就出水了，水烫，您小心一点。

3. C——Conductor 列车员　　P——Passenger 乘客

   P：Excuse me, where could I find the washroom?

   C：Please follow me.

   P：请问盥洗室在哪里？

   C：请随我来。

4. C——Conductor 列车员　　P——Passenger 乘客

   P：How could I get to the toilet?

   C：Please keep going ahead. Then you can see it at the other end of the carriage. There is one between carriage 1 and carriage 2.

   P：请问卫生间怎么走？

   C：您往前走，在车厢另一端。1 车与 2 车连接处有一个。

5. C——Conductor 列车员　　P——Passenger 乘客

   P：Is this the only accessible toilet in the train?

   C：Yes, there is only one in carriage 5.

P：全列就这一个是无障碍卫生间吗？

C：对，全列就 5 车厢这一个。

6. C——Conductor 列车员　　P——Passenger 乘客

    P：How is a VIP seat better than a first class seat?

    C：It is a quieter and more comfortable, and offers a personal service. Besides, you can look into the driver's cabin.

    P：VIP 座位比一等座位好在哪？

    C：这边更安静，环境更舒适，并且有专人服务，而且您还可以看到驾驶室。

7. The timetable and speed of the train, travel and security tips are shown on the electronic screens installed at both ends of the carriage. Please pay attention to them.

    每节车厢的两端均设有电子显示屏，显示列车时速、安全提示、发到站时间等旅行常识，请您关注。

8. There is a socket under the aisle seats in the first class carriage.

    一等车每个外侧坐席下都设有电源插座。

9. C——Conductor 列车员　　P——Passenger 乘客

    P：Excuse me, it's cold. Could you please turn up the air-conditioner? I don't want to get a cold.

    C：OK. I will talk to the machinist immediately.

    P：太凉了，能把温度调高点吗？容易感冒啊。

    C：好的，我马上与机械师联系。

实训案例 4　安全巡视（Rounds of Security）

1. C——Conductor 列车员　　P——Passenger 乘客

    C：Excuse me.

    P：What is the matter?

    C：Please don't lean out of the window, it is very dangerous.

    P：OK. Thank you.

    C：Is this your big bag?

    P：Yes. What is wrong?

    C：I am afraid that it is dangerous to hang it on the small hook. Please don't hang anything heavy on the coat-hook. The coat-hook is for light things, such as caps, coats.

    P：Sorry. Where should I put my bag?

    C：Sir, you can put your bag on the rack.

    P：But there is something important in my bag, I want to take a nap after a while, so I want to keep it by my side.

    C：But maybe it is safer to put your bag on the rack, because it is very obvious.

    P：Ok. I will accept your advice.

    C：Thank you for your consideration.

C：打扰了。

P：怎么了？

C：请不要探身窗外，很危险的。

P：好的，谢谢。

C：这是您的大袋子吗？

P：是的。怎么了？

C：把它挂在小钩子恐怕是很危险的。请不要在衣帽钩上挂重东西。衣帽钩是用于挂帽子、衣服这样的轻物的。

P：对不起。我应该把它放在哪儿呢？

C：先生，您可以把您的袋子放在行李架上。

P：但是在我的袋子里有重要的东西，过一会儿我想睡一下，所以我想把它放在旁边。

C：但是或许把袋子放在行李架上更安全，因为这是很明显的。

P：好的，我将接受您的建议。

C：谢谢您的体谅。

2. Excuse me, the train is running. Please do not lean against the door.
   您好，列车运行中，请您不要倚靠车门，以免发生危险。

3. The train is running very fast, please be careful when walking in the train
   车速较快，您在车内行走时请注意安全。

4. Sir, the train is running very fast. Please take good care of your child and be careful.
   先生，车速较快，请您看管好小朋友，注意安全。

5. The floor in the toilet is slippery. Please mind your steps.
   卫生间地面较滑，请您注意安全。

6. Please do not fill your cup too full. Otherwise, you may get scalded.
   接热水时请不要过满，以防烫伤。

7. C——Conductor 列车员   P——Passenger 乘客

   P：Could I smoke in the toilet?

   C：I'm sorry, Sir. It's a no smoking train. So you are not allowed to smoke in the toilet. Thank you for your cooperation.

   P：卫生间能吸烟吗？

   C：抱歉先生，这车是全列禁烟，卫生间也不能吸烟，感谢您的配合！

8. Excuse me, your luggage is too big. Could you please put it in the vacant place in the last row or in the Left Luggage?
   打扰一下，您这行李太大了，可以放到最后一排空挡处或大件行李处吗？

实训案例 5 票务服务（Ticket service）

1. P——Passenger 乘客 S——Ticket seller 售票员

S：Good morning! what can I do for you?

P：I'd like to book a ticket to Shanghai.

S：When will you go?

P: I'd like a ticket for today.

S: Sorry, there is no ticket left today. What about tomorrow or the day after tomorrow?

P: Tomorrow is better.

S: There are CHR train, direct express train, express train and ordinary train to Shanghai, which one would you like?

P: CHR train, please.

S: OK, The fare is 245 yuan.

P: Here you are.

S: Here is your ticket and the change, please check it.

P: Thank you very much.

S: My pleasure.

S: 早上好，我能为您做点什么呢？

P: 我想要订一张去上海的车票。

S: 您准备什么时候出发？

P: 我想订一张今天的票。

S: 不好意思，今天的票卖完了。明天或后天的可以吗？

P: 最好是明天的票。

S: 到上海有高铁、直达特快、特快和普通列车，您想坐哪种呢？

P: 高铁。

S: 好的，票价是245元。

P: 给您。

S: 这是您的车票和找零，请核对。

P: 非常感谢。

S: 不客气。

2. P——Passenger 乘客　S——Ticket seller 售票员

(About a HSR ticket cancellation)

P: Excuse me. Could you do me a favor?

S: Of course.

P: My wife has bought this HSR ticket. But because of something urgent to deal with, may I cancel this ticket for her?

S: Yes, certainly. Let me look at your ticket. Oh, there is still some time before train's departure. According to the regulation, you have to pay a refund service charge that is 20% of the ticket fare.

P: All right.

S: As this is your wife's ticket, you need to show us her ID card.

P: Here you are.

S: Thank you. And here is the ticket fare.

P: Many thanks.

S: My pleasure.

（关于高铁票退票）

P: 打扰了，能帮我个忙吗？

S：当然可以。

P：我太太买了这张高铁票。但是由于有紧急事情需要处理，我可以帮她退票吗？

S：是的，当然可以。让我看看您的票。哦，距离发生还有一段时间。根据规定，您需要支付 20%的退票费。

P：好的。

S：由于这是您太太的车票，您需要出示她的身份证。

P：给您。

S：谢谢。这是您的退款。

P：非常感谢。

S：不客气。

3. Is there any high-speed train to Dali?
   请问到大理有高铁吗？

4. One-way/single ticket is 245 yuan, round-trip / return ticket is 490 yuan.
   单程票 245 元，往返票价 490 元。

5. Where could I buy the ticket?
   我可以在哪里可以买到车票？

6. When does the last train for Suzhou leave tomorrow?
   明天开往苏州的最后一趟列车什么时候出发？

7. How many days in advance could I book a train ticket?
   我可以提前几天预订车票？

8. Where am I supposed to buy my ticket after the normal time?
   我应该在哪里补票？

9. Could I buy a ticket after I get on the train?
   我可以上车后补票吗？

10. You have to change another train at Shanghai Railway Station.
    您要在上海站换乘另一趟列车。

11. All seat tickets for Jinan are sold out. Would you have a standing-room-only ticket instead?
    去济南的座票都卖完了。您要站票吗？

12. Can I get a refund of my ticket?
    我可以退票吗？

13. You will have to pay the refund service charge, that is 10% of the ticket fare.
    您需要付票价 10%的退票费。

14. How much is the service fee/charge?
    服务费是多少？

15. A：Could I get the ticket on the day we want to leave?
    当天买车票可以买到吗？

    B：Yes. But not on holiday.
    是的，除了节假日。

16. Please go to Window No.10 for students' tickets.
    请到 10 号窗口购买学生票。

17. Could I buy a student ticket for my daughter? She is out today.
    我能帮我女儿买一张学生票吗？她今天外出了。

18. You are required to buy two children's tickets.
    您需要购买2张儿童票。

19. One first-class seat, please. Can I use my credit card here?
    一张一等座，我可以用信用卡吗？

20. I'm sorry. We could only receive cash here.
    对不起，我们只收现金。

实训案例6 餐饮服务（Dining car service）

1. P——Passenger 旅客   A——Attendant 服务员
A：Good afternoon. Welcome to our dining car. Would you like to have supper or have a reservation?
P：I want to have dinner with 5 friends.
A：I am sorry. All the big tables are already taken. Would you mind sitting separately or waiting a few minutes? Several seats are not occupied over there.
P：We want to have supper together.
A：Ok. If the big table is available, I will tell you as soon as possible. I am sorry I have given you so much trouble.
P：Never mind.
（10 minutes later）
A：I am sorry to have kept you waiting. We have got so many people today. A big table is available now. This way, please!
P：Thank you. May I take the order now?
A：Yes, here is the menu.
A：下午好。欢迎来到餐车。你们是想吃晚餐还是有预订呢？
P：我想和五位朋友一起吃晚饭。
A：很抱歉。所有的大桌子都被占用了。你们介意分开坐或是等几分钟吗？那边的那几个位子是空的。
P：我们想要一起吃晚饭。
A：好的。如果有大桌子了，我会尽快告诉您。很抱歉给您添了这么多麻烦。
P：没关系。
（10分钟后）
A：很抱歉让您久等了。今天我们的客人太多了。现在有大桌子了。请这边走。
P：谢谢。我现在可以点菜么？
A：是的，这是菜单。

2. I want to go to the dining car.
   我要去餐车。

3. Excuse me. Do you sell food on the train?
   打扰了，这车上有售餐的吗？

4. Our breakfast is served from 6：30 to 8：00.
   从 6 点半到 8 点供应早餐。

5. You can buy snacks on the train.
   您可以在火车上买到小吃。

6. Carriage 10 is the dining car. It mainly sells fast food.
   10 号车厢是餐车，主要售卖快餐。

7. Have a seat，please. The menu is on the table.
   请坐，菜单在桌子上。

8. Waiter，I'd like a table for four，please.
   服务员，我想要一张四人桌。

9. A：What do you have here?
   餐车有什么吃的？
   B：We have set meal and soup，and we also have bread and milk. Which do you prefer?
   我们有套餐和汤，还有面包牛奶，您喜欢什么？

10. A：A set meal and soup，please.
    请来份套餐和汤吧。
    B：OK，please wait a moment.
    好的，请等一会。

11. A：Is there anything else you want to have?
    您还需要其他的吗？
    B：No，thank you.
    不需要了，谢谢。

12. Could you recommend me some dishes?
    您能给我推荐几道菜么？

13. Which flavor would you prefer，sweet or hot?
    您喜欢什么味儿的？甜的还是辣的？

14. A：Are these free?
    这些是免费的吗？
    B：I'm sorry. They are not free.
    不好意思，不是免费的。

15. A：Do you serve something to drink?
    你们供应喝的吗？
    B：Yes. We have cola，black tea，green tea and mineral water.
    是的，我们有可乐、红茶、绿茶和矿泉水。

16. A：Do you serve box meals?
    你们供应盒饭吗？

17. We have Pork with vegetable，beef and potato，chicken and meat ball. I hope you will enjoy it.
    我们有梅菜扣肉、土豆牛肉、宫爆鸡丁和红烧丸子套餐。希望您喜欢。

18. Here are some cookies，nut，plum，jerky. What would you like?
    有一些饼干、坚果、梅子、肉干，您需要点什么？

19. Many kinds of snacks are served on the train, such as peanuts, sunflower seeds and instant noodles.
    火车上供应多种零食,比如花生,瓜子和方便面。

20. A：Are there any melons or fruits?
    有瓜果吗？
    B：We supply strawberry, litchi and watermelon that are in season.
    我们供应草莓、荔枝和西瓜这些当季的水果。

21. Do you have instant noodles?
    有方便面吗？

22. A：How many tins of beer would you like?
    您要几听啤酒？
    B：3 tins, please.
    请来3听。

23. I want to have a bowl of porridge and two plates of fried rice.
    我想要一碗粥和二盘炒饭。

24. There will be enough time for you to have breakfast.
    您有足够的时间吃早餐。

25. A：May I have a straw?
    可以给我一个吸管吗？
    B：I'm sorry. There are no straws on the train. Would you like a paper cup instead?
    不好意思。车上没有吸管,有纸杯您需要吗？

26. A：What would you like, cold drink or hot drink?
    您想要冷饮还是热饮？
    B：I'll take some cool drink.
    我要冷饮。

27. A：How much is it? / How much should I pay for it ?
    我得付多少钱？
    B：20 Yuan. Thank you. Please enjoy it yourself.
    收20元整,谢谢。请享用。

28. I lose my appetite because of train sickness.
    我晕车,没胃口。

实训案例7　重点旅客服务（Special passenger service）

1. Passenger：Would you please find a convenient seat for my friend? He is disabled, you know.
   旅客：我有位朋友是残疾人,坐哪里比较方便？
   Crew member：Please wait a minute. I'll arrange a nearest seat for him.
   列车员：请您稍等,我帮你调换个座位,就近就座吧。

2. Crew member：Mind you steps and walk slowly. The platform is slippery. Let me help you with the baggage.
   列车员：站台比较滑您下车时要注意,您慢一点,我来帮您拿行李。

Passenger: Thanks for your help.

旅客：好的，谢谢您的帮助。

3. Passenger: Hello, my family members can not walk too much. Could you please tell me the closest exit?

旅客：您好，我的家人腿脚不方便，你可以告诉我哪里出站最近吗？

Crew member: Sir, please wait for me outside this carriage after we get to the station. I'll take you to the accessible lift.

列车员：先生，一会到站，您在这节车厢外等我一会，我带您乘无障碍电梯。

4. Passenger: We have a disabled person with us. Could you please get us a wheelchair?

旅客：我们有位残疾人，能帮我们联系轮椅吗？

Chief: No problem. The wheelchair will be waiting for you on the platform.

列车长：好的没问题，把轮椅拿到站台上等您。

5. Crew member: Hello, the train is running very fast. Please take good care of your child and be careful.

列车员：您好，车速很快，请您看管好小朋友，注意安全。

实训案例8 应急服务（Emergency service）

1. P——Passenger 旅客　C——Clerk 客运员 P：Excuse me. Is there any emergency? C：I am sorry. This is temporary stop now. P：Why? I am a little nervous. C：We apologize to you for any inconvenience. But calm down, please. I don't know the reason for the delay. We'll inform you as soon as we get the news.P：Bad luck.C：（After 2 minutes）Dear passengers, the train can not move on for the signal system problem. On behalf of the railway, I make an apology to all of you sincerely. Thanks for your cooperation.P：What should we do if the emergency happens? C：In case of emergency, please stay calmly and follow the instructions of the staff. But I believe that the problem will be solved soon.P：I hope so!C：Thank you for your consideration.P：打扰了。有要紧的事吗？C：很抱歉。现在是临时停车。P：为什么？我有点紧张。C：给您带来不便，我们向您道歉。但是请安静，我不知道耽误的原因。我们一有消息就会立刻通知您。P：真不幸。C：（2分钟后）旅客们大家好，由于信号系统问题，列车不能继续运行。我代表铁路，向您表示诚挚的歉意。谢谢您的合作。P：如果发生了紧急的事情，我们该怎么做呢？C：万一发生紧急情况，请保持冷静，听从工作人员的指示。但是我相信问题很快会被解决的。P：但愿是这样！C：谢谢您的体谅。

2. P——Passenger 旅客　C——Clerk 客运员 P: Excuse me. Could you do me a favor? C: What is the trouble? P: My 5-year-old son Liu Ming is lost. What should I do? C: Please don't worry about it. I can help you find your child by broadcasting an announcement. Please write down the baby's name, your own name and your carriage number. Above all, what are the characteristics of your son? P: Ok. He is five years old, with a white T-shirt and blue jeans. Let me write down the information on the paper. C: Madam, I'll make an announcement for looking for your child. I will inform you as soon as there is any news. P: Thank you. C: Wait a moment… (Attention, please! A five-year old boy was lost from his family. The boy wears a pair of blue jeans and a white T-shirt. His mother is waiting for him in the car 8. Please take the boy to the car 8 if you meet the child.)P: Thank

you very much. C：Wait a moment. I believe you will get good news soon. P：Thanks a lot. P：打扰了。您能帮我一个忙吗？C：怎么了？P：我5岁的儿子刘明丢了，我该怎么办呢？C：别担心。我可以通过广播帮您找孩子。请写下您孩子的名字，您本人的名字以及您的车厢号。最重要的是，您的儿子有什么特征？P：好的。他五岁了，穿着白色的T恤和蓝色的牛仔裤。我把这信息写到这张纸上。C：女士，我将发公告寻找您的孩子。一有任何消息，我就会通知您。P：谢谢。C：请等一会儿……（旅客们，请注意。一名5岁的男孩跟家人走散了。这名小男孩身穿一条蓝色牛仔裤和白色的T恤，他的妈妈正在八号车厢等他。如果您见到这个孩子，请把他带到八号车厢。）P：非常感谢。C：等一会儿，我相信您很快就会收到好消息的。P：非常感谢。

3. P——Passenger 旅客 C——Clerk 客运员 D——Doctor 医生 C：Excuse me. Is there anything wrong with you？P：Yes，I feel a little dizzy and very tired. Is there any doctor on the train？C：Yes. I will call a doctor for you. Wait a moment，please.（Two minutes later）D：You look rather pale. P：Yes. My whole body feels uncomfortable. I feel nausea and vomiting. I have this kind of feeling all the way. D：Are you carsick？ P：Yes. Should I take some medicine？ D：Take some motion-sickness medicine，and you will be all right soon. P：Thank you. D：Take some motion-sickness medicine with you next time，just in case. P：Thank you for your advice.C：打扰了。您有什么不舒服吗？P：是的，我感觉有点晕还很累。车上有医生吗？C：是的，我将给您叫个医生来。请等一会儿。（两分钟后）D：您看起来脸色不好。P：是的，我全身不舒服。我恶心、想吐。一路上我一直这种感觉。D：您晕车吗？P：是的，我应该吃点药吗？D：吃点晕车药，您很快就会好的。P：谢谢。D：下次带点晕车药，以防万一。P：谢谢您的建议。

4. A：How is your appetite？你胃口如何？B：I don't feel like eating anything./ I have no appetite. 我什么都不想吃。/我没胃口。

5. I am running a fever./ I have got a fever. /I feel feverish. 我在发烧。

6. I cut my finger，do you have a band-aid？我把手划伤了，有创可贴吗？

7. Take two tablets every eight hours. 每八小时服2片。

8. Take two pills three times a day before meal. 每天饭前吃2片，一天三次。

9. Go home and have a rest for a week at least. 回家至少休息一个星期。

10. I am carsick. 我晕车。

11. A：I have a heart attack. 我心脏病犯了。B：I'll call an ambulance for you at once. 我马上联系为您叫救护车。

12. Hope you recover soon. 祝你早日康复。

13. A：Is there any doctor on the train？列车上有医生吗？B：Sorry，there isn't. But I can try to find a doctor among the passengers by broadcast. 对不起，没有。但我会试着通过广播在旅客中为您寻找医生。

14. Here is a doctor. He happens to take this train. The doctor will examine you in a minute. 这位是医生，他碰巧今天乘车，这位医生马上给您检查。

15. A：I can't find my wallet. 我的钱包丢了。B：I am sorry to hear that. 听到这个我很难过。

16. A：I lost my wallet in the dining car，what should I do？我的钱包丢在餐车了，我应该怎么做呢？B：Tell the conductor and he or she will help you to look for it. 告诉列车员，他或她会帮你找的。

17. A：What is the temperature in the coach？车厢内的温度是多少？B：It is about 20 degrees centigrade. 大约20摄氏度。

18. Please keep quiet on the train. 请勿在车厢内大声喧哗。

19. The water on the train is used up and the water tank will be refilled at the next station. 车上的水用完了，在下一站水箱会重新装满水。

20. The toilet is at each end of the coach and it is opposite to the wash-room. 厕所在每节车厢的末端，在洗脸间的对面。

21. This is a toilet for the disabled, equipped with handrail and emergency call button. 这里是残疾人卫生间，里面设有扶手、紧急呼叫按钮。

项目二 重点旅客服务

【训练目标】

熟悉一般重点旅客和特殊重点旅客的服务标准并能为重点旅客提供优质的服务；掌握通过12306途径预约重点旅客服务的步骤并能够为相应乘客提供优质服务；熟悉并掌握动车组站车重点旅客交接服务的流程，达到动车组列车服务质量要求。

【训练准备】

动车组列车服务质量规范、客运车间重点旅客服务流程（〔2015〕7号）、乘务人员对讲机、爱心送站卡、担架、轮椅、《重点旅客登记簿》、《特殊重点旅客服务交接簿》、手持终端等动车组重点旅客服务相关备品。

【训练内容】

实训任务	实训依据（规章内容提炼）	备注(实训依据来源)
一般重点旅客服务	1. 一般重点旅客：指老幼病残孕且有同行人陪同的旅客，或无需工作人员全程护送，需车站提供优先服务的旅客。 2. 无送站人员的一般重点旅客。 （1）验证口客运员：要主动上前服务，正确引导至所乘列车指定的检票口，与检票员做好交接。 （2）检票客运员：检票前进行宣传，对于一般重点旅客优先安排检票进站，并通知站台值班员，必要时由检票客运员护送至站台上车。 3. 有送站人员的一般重点旅客。 （1）验证口客运员：确认为重点旅客之后，允许一名送站人员进站，并告知到高架候车区的服务台领取"爱心送站卡"。 （2）服务台客运员：确认为重点旅客之后，按照相应规定发放"爱心送站卡"。 （3）检票口客运员：检票前进行宣传，对于一般重点旅客优先安排检票进站，送站人员凭"爱心送站卡"进站。 （4）出站口客运员：对送站人员凭"爱心送站卡"允许送站人员出站，并收回"爱心送站卡"。对接站人员按照规定使用接站系统，提供重点旅客接站服务。 4. 对重点旅客做到"三知三有"（知座席、知到站、知困难，有登记、有服务、有交接）	客运车间重点旅客服务流程（〔2015〕7号） 动车组列车服务质量规范第7.11.12条

续表

实训任务	实训依据（规章内容提炼）	备注(实训依据来源)
特殊重点旅客服务	1. 需要特殊照顾的重点旅客：盲人和靠辅助器具如担架、轮椅行动的旅客，需要工作人员特殊照顾或者全程护送的旅客。 2. 为有需求的特殊重点旅客联系到站提供担架、轮椅等辅助器具，及时办理站车交接。 3. 验证口客运员：要热情上前，主动询问，验证口值班员（或派专人）将其引导到重点旅客候车区，与服务台人员进行交接，安排重点旅客休息室（或爱心候车区）休息。 4. 服务台客运员：要认真填写《重点旅客登记簿》，对送站人员登记发放"爱心送站卡"。发现需与列车交接的特殊重点旅客，服务台客运员要将重点旅客情况报告给值班室。重点旅客休息室有旅客时，服务台人员要每15分钟巡视一次，提供开水等服务等并保持卫生清洁。乘车时，要根据值班站长安排，利用担架、轮椅等服务用品对重点旅客提供必要服务。 5. 值班站长室客运员：接到服务台客运员报告或发现需与列车交接的特殊重点旅客，按照值班站长要求填写特殊重点旅客服务交接簿（以下简称"三联单"），并由值班站长进行签字确认。 6. 值班站长：由值班站长派专人负责护送特殊重点旅客检票上车，同时通知站台值班员与列车长办理签字确认手续，然后将三联单的车站自存联交回值班室，由值班室人员在《特殊重点旅客通报服务台帐》上登记，并通知服务台工作人员将三联单内容填记在《重点旅客登记簿》上。 7. 涉及交接班时间，由值班室人员、服务台人员分别对休息区内的特殊重点旅客按照特殊重点旅客通报服务台账所填写的内容，做好对岗交接	客运车间重点旅客服务流程（〔2015〕7号） 动车组列车服务质量规范第7.11.12条
12306预约的重点旅客服务	1. 车间干部（含车间日勤人员）：接到客运科转交的12306重点旅客预约服务工单（以下简称预约工单），需按照客运科的要求在客运科《重点旅客登记簿》上进行签认。 2. 车间干部（含车间日勤人员）：将预约工单传真至值班站长室，原件注明值班站长姓名及传真时间后，交由车间负责服务的专员留存。 3. 值班站长：接到预约工单的值班站长负责第一时间与重点旅客联系，了解其出行日期、车次、所需帮助等，并将值班站长室电话告知旅客。当班的值班站长负责按照旅客预约的日期车次，比照特殊重点旅客处理流程进行相应服务。 4. 值班站长室客运员：在《特殊重点旅客通报服务台账》上进行登记，需填写特殊重点旅客服务交接簿（以下简称"三联单"）交站台值班员，将预约工单进行留存并认真办理交接。 5. 站台值班员：按照值班站长安排与列车认真交接需接送的重点旅客，按照旅客的实际需要提供必要的接送站服务。 6. 各班值班室客运员接班时，均要认真核对预约工单及《特殊重点旅客通报服务台账》，了解当班及下一个班的预约服务情况，实行首问负责制	客运车间重点旅客服务流程（〔2015〕7号）

续表

实训任务	实训依据（规章内容提炼）	备注（实训依据来源）
站车重点旅客服务交接	1. 接到通知的特殊重点旅客。 （1）值班站长：根据通知的车次、到达日期、车厢号、旅客的具体情况和服务需求（轮椅、担架、救护车、人工服务等），提前做好特殊重点旅客接站准备工作。 （2）站台值班员：做好站车交接工作，认真核对好特殊重点旅客服务交接簿（以下简称"三联单"），并组织专人安全稳妥地将旅客送出站。然后将三联单交值班室，由值班室人员按其内容认真填写《特殊重点旅客通报服务台账》。 （3）重点旅客如需中转换乘时： ① 值班站长：安排旅客到重点旅客休息区，指派专人协助办理购票或改签手续。 ② 值班室人员：按新的日期、车次、到站、席别重新填写特殊重点旅客通报服务台账和三联单. ③ 检票（站台）客运员：做好送车及站车交接工作。 2. 车上临时移交的重点旅客 （1）站台值班员：列车临时移交重点旅客时，通知值班站长，并按照特殊重点旅客服务交接簿中相关内容详细询问旅客信息报值班室。 （2）值班站长室客运员：填写特殊重点旅客通报服务台账（遇旅客需中转时一并填写三联单）并由值班站长组织人员妥善做好出站或送车工作。 3. 交接班要求 （1）特殊重点旅客：值班站长、服务台人员分别作为重点交接事项进行重点交接，对未完成的服务在交接本上重点登记。接班人员接班时，需了解特殊重点旅客未尽事宜，接班值班站长指派专人进行服务。 （2）一般重点旅客：交接班人员在岗上进行交接，做到知位置、知困难，提供旅客所需服务。 （3）列车移交的重点旅客：由接到重点旅客的客运人员负责全程服务后，方可交班	客运车间重点旅客服务流程（〔2015〕7号）

【实训案例】

实训任务1　一般重点旅客服务

实训案例1　一般重点旅客服务流程

一般重点旅客是指老幼病残孕且有同行人陪同的旅客，或无需工作人员全程护送，需车站提供优先服务的旅客。铁路对于一般重点旅客的服务流程见图9-1。

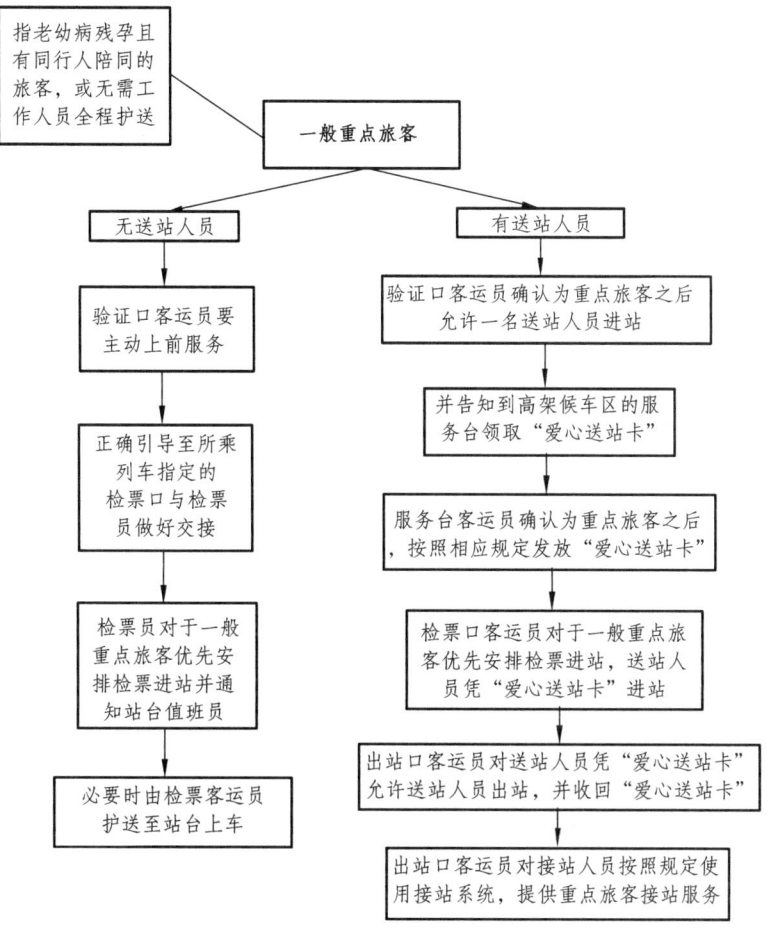

图 9-1 一般重点旅客的服务流程图

实训案例 2　老年旅客服务规范

1. 上车时要主动帮助提拿、安放随身携带物品，乘务员在前方引导入座。

2. 乘务员应主动介绍车厢服务设备、卫生间的位置。

3. 旅途中经常去看望，主动问候，工作空余时多与他们交谈消除老人的寂寞，需要饮水时，应送水到座位。

4. 如老人需要用卫生间应及时给予搀扶、引导。

5. 将要到达目的地时，提前提示老人不要遗忘物品，到站主动搀扶下车，与接站人员做好交接。如图 9-2 所示。

图 9-2 老年旅客服务图

实训案例 3　儿童旅客服务规范

1. 开车后提示带小朋友的旅客看管好孩子，不要让他们在车内跑跳，并进行相关的安全提示。

2. 列车运行速度快，注意不要让孩子站在座椅、靠背、扶手上，以免摔倒、撞伤。

3. 为了保证孩子的安全,要叮嘱孩子不要触碰电茶炉、车门、灭火器等设备设施,不要将手伸进垃圾箱内。

4. 如发现家长忽视对孩子的看管,要及时引导小孩回到家长身边,再次叮嘱提示家长,以免发生意外。

5. 加强车内巡视,随时关注儿童旅客的举动,做好相应服务工作。

6. 年龄较小儿童进入卫生间时,应动员家长陪同。如图9-3所示。

图 9-3　儿童旅客服务图

实训案例 4　患病旅客服务规范

1. 乘务员应主动帮助旅客调整合适的坐席,便于同行人照顾。

2. 旅途中经常去看望、主动问候、及时为旅客提供帮助。

3. 如乘客是精神病患者,应告知同行人注意事项,如遇旅客有异常情况,及时采取措施,防止伤害其他旅客。

4. 到站前及时提示旅客做好下车准备,不要遗忘物品,并搀扶其下车,与接站人员或车站工作人员做好交接。

实训案例 5　残疾旅客服务规范

1. 乘务员应主动介绍车厢服务设备、卫生间的位置,帮助残疾旅客将拐杖等用具放置到合适位置。

2. 旅途中经常去看望、主动问候、需要饮水时,应送水到座位。

3. 如残疾旅客需要用卫生间时应及时给予搀扶、引导。

4. 到站前及时提示旅客做好下车准备,不要遗忘物品,并搀扶其下车,与接站人员或车站工作人员做好交接。如图9-4所示。

图 9-4 残疾旅客服务图

实训案例 6　孕妇旅客服务规范

1. 孕妇上车时要主动帮助提拿、安放随身携带物品,乘务员在前方引导入座,注意调节通风口。

2. 应根据需要多提供清洁袋,并及时清理,随时给予照顾。

3. 下车时乘务员主动提拿行李,送至车门。

4. 旅行途中,关注孕妇旅客的情况,随时提供帮助。如图 9-5 所示。

图 9-5　孕妇旅客服务图

实训案例 7　"爱心送站卡"的发放及登记

"爱心送站卡"(见图 9-6)是车站派发给重点旅客送站人员的通行凭证,服务台客运员派发出"爱心送站卡"后要进行登记,记录在《爱心卡登记台账》上。

《爱心卡登记台账》：由高铁场值班员负责,服务台客运员填记并保管。此台账主要记载一般重点旅客的送站人员信息。每周一将服务台账交给车间负责服务的专员。

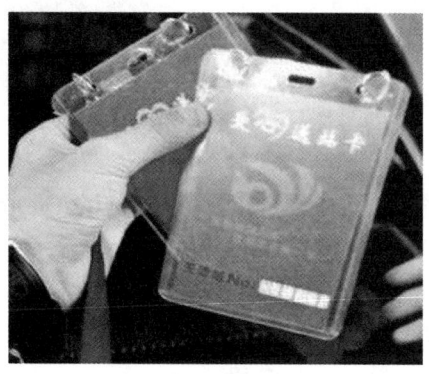

图 9-6　"爱心送站卡"

实训案例 8　《重点旅客登记簿》的填写

《重点旅客登记簿》：由高铁场值班员负责，服务台客运员填记并保管。每月 1 日高铁值班员负责更换新册。此登记簿主要记载客运车间每日服务的特殊重点旅客，与列车交接的三联单号码需记载在备注栏内。如图 9-7 所示。

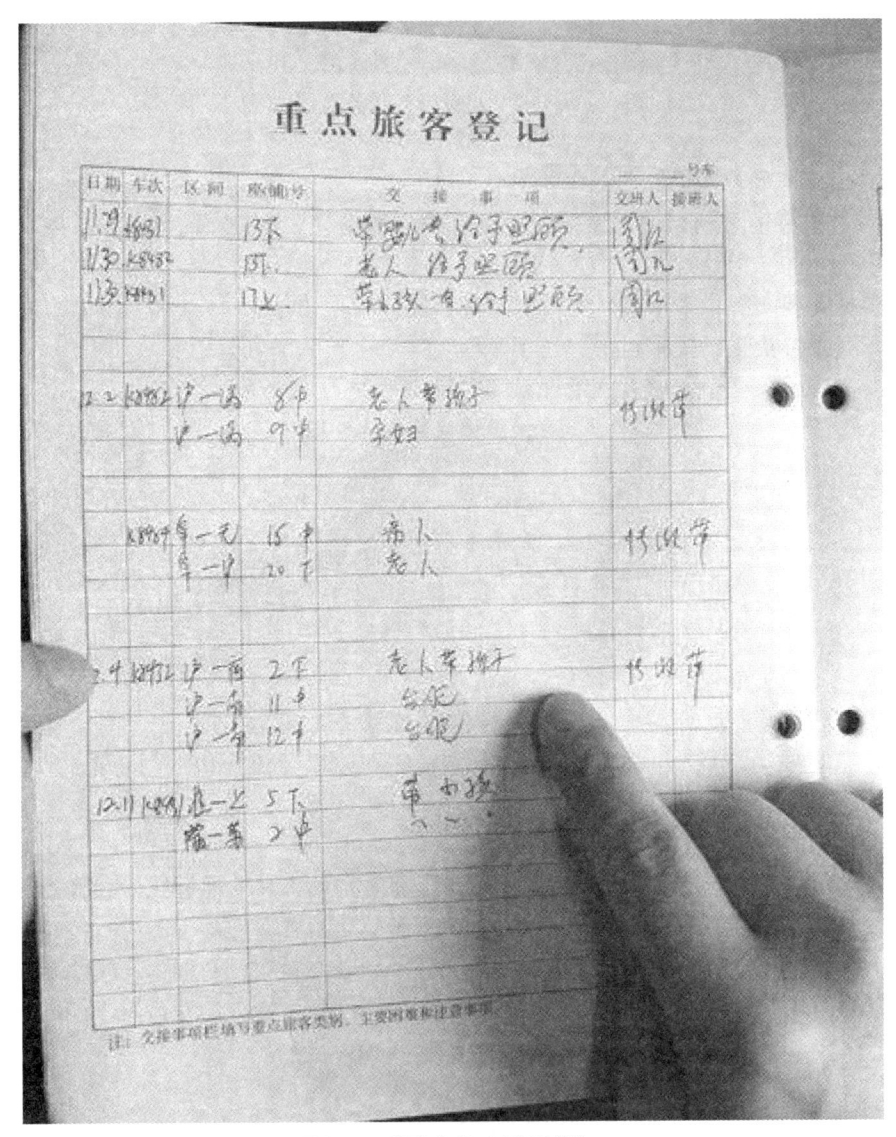

图 9-7　《重点旅客登记簿》

实训任务 2　特殊重点旅客服务

实训案例 1　特殊重点旅客服务流程

特殊重点旅客是指盲人和靠辅助器具如担架、轮椅行动的旅客，需要工作人员特殊照顾或者全程护送的旅客。铁路对于特殊重点旅客的服务流程如图 9-8 所示。

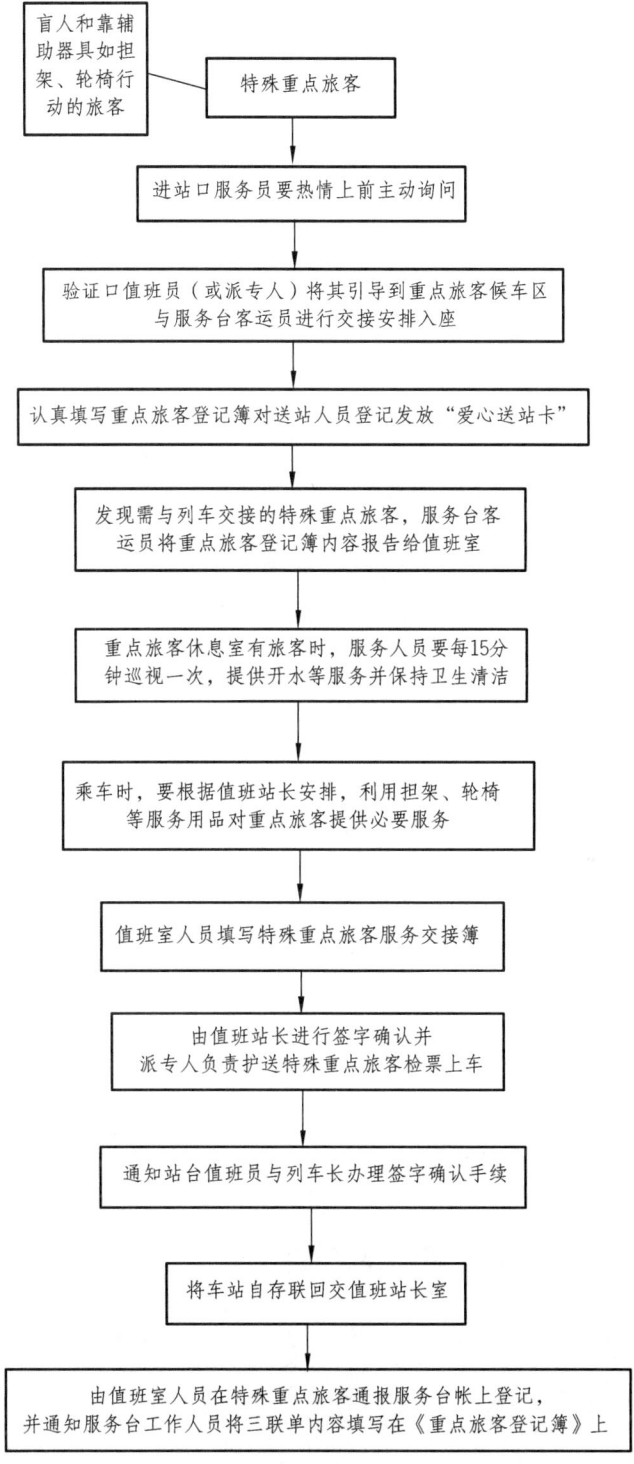

图 9-8 特殊重点旅客的服务流程图

实训案例 2 对盲人旅客的服务原则

1. 耐心——等候盲人旅客表达其所需的求助信息和困难程度。

2. 态度——因为是这样的特殊人群,盲人旅客对于外界的感受比正常人要相对明显,敏感程度也相对较高,所以为盲人旅客服务的同时应注重情绪、语气、动作、表达方式。

3. 速度——服务盲人旅客的同时车厢乘务员如若没有重要工作应暂放手头事务,第一时间为盲人旅客提供帮助。

4. 表达——语言用词得体,表达时尽量减少敏感词汇,注意措辞,得体大方。

5. 方法——在盲人旅客抱怨和无助时,应询问事情的原因,不做单方面的安慰,抓住事物本质给予最大化帮助。见图9-9。

图9-9 盲人旅客服务图

实训案例3 《特殊重点旅客服务交接簿》的填写

《特殊重点旅客服务交接簿》(简称"三联单"):由值班站长负责,值班室客运员填记并保管。此单主要用于与列车交接。12306转交的预约工单,需与列车交接时必须填记此单。见图9-10。

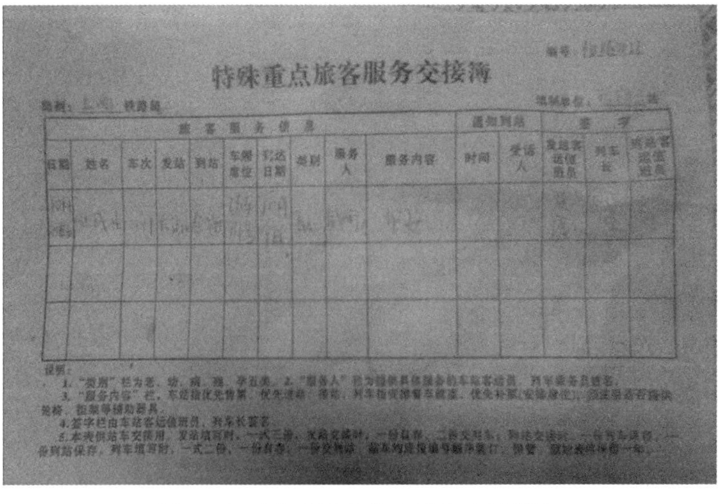

图9-10 《特殊重点旅客服务交接簿》

实训任务 3　12306 预约的重点旅客服务

实训案例 1　重点旅客 12306 预约进站流程

一些老弱病残幼孕重点旅客乘坐火车的时候需要提前预约，否则将和普通旅客一同进站，这样很容易发生危险，那么特殊重点旅客如何提前预约进站呢？

题解：

1. 首先，用户进入 12306 官方网站，点击新版售票选项。进入到新版售票的界面。见图 9-11。

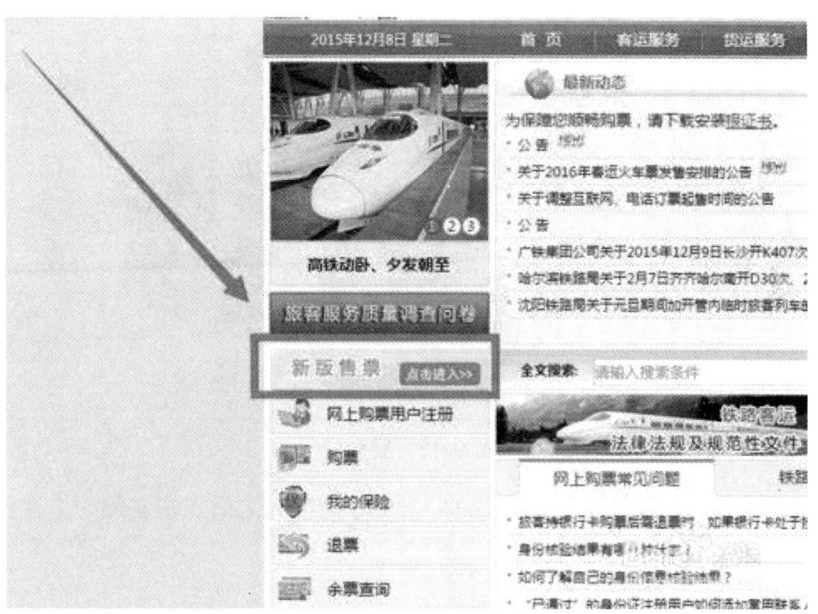

图 9-11　重点旅客 12306 预约进站流程图

2. 进入到新版售票界面后，用户点击界面右上角箭头所指处的【登录】选项。见图 9-12。

图 9-12　新版售票界面图

3. 在登录界面上，用户输入自己的用户登录名、登录密码和验证码，完成登录操作。见图 9-13。

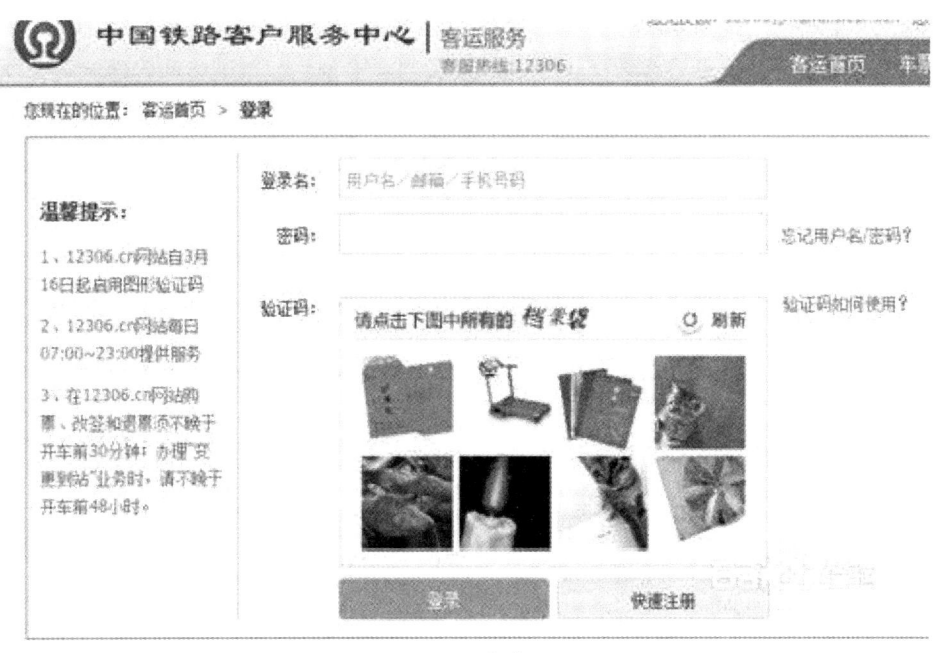

图 9-13　登陆图

4. 完成登录操作后，用户进入到【我的 12306】选项，之后点击左侧的【重点旅客预约】选项。见图 9-14。

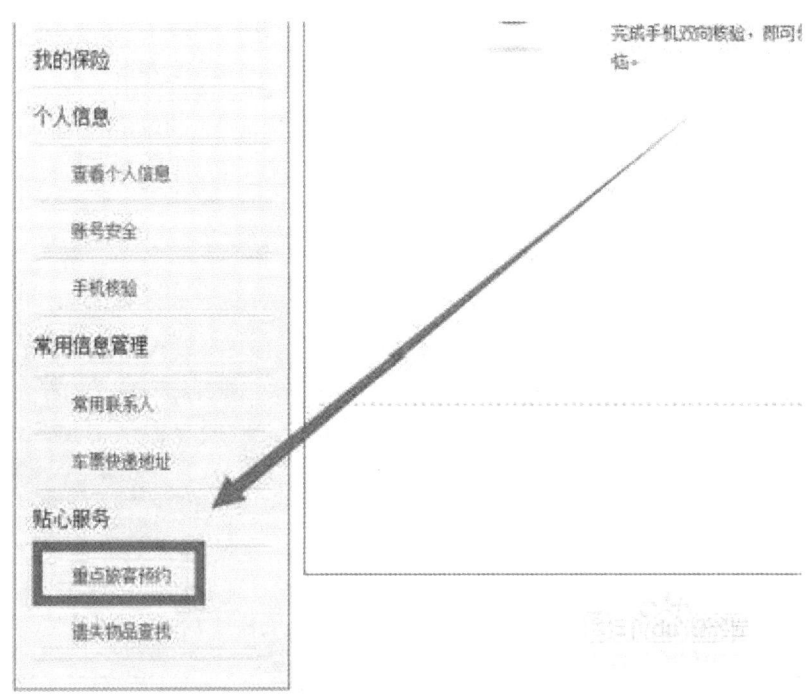

图 9-14　重点旅客预约图

5. 用户在使用重点旅客预约服务的时候，需要认真阅读重点旅客预约可以享受的权利和义务，之后点击同意。见图 9-15。

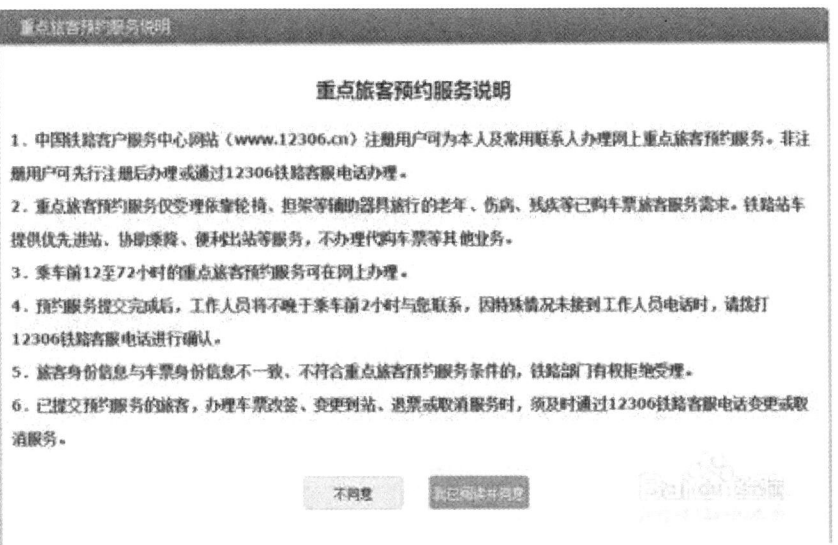

图 9-15　重点旅客预约服务说明图

6. 点击同意后，用户就可以填写一张重点旅客预约服务单了，提交审核通过后，重点旅客就可以享受提前进、离站，携带导盲犬等特殊服务了。见图 9-16。

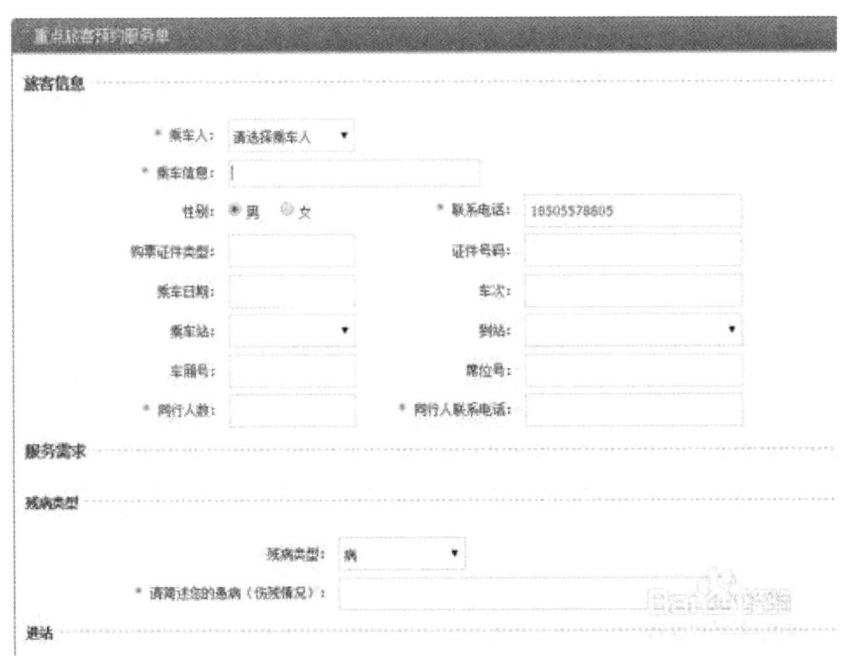

图 9-16　重点旅客预约服务单

实训案例 2　12306 预约重点旅客服务流程

车站对通过 12306 进行网上预约的重点旅客提供以下服务，见图 9-17。

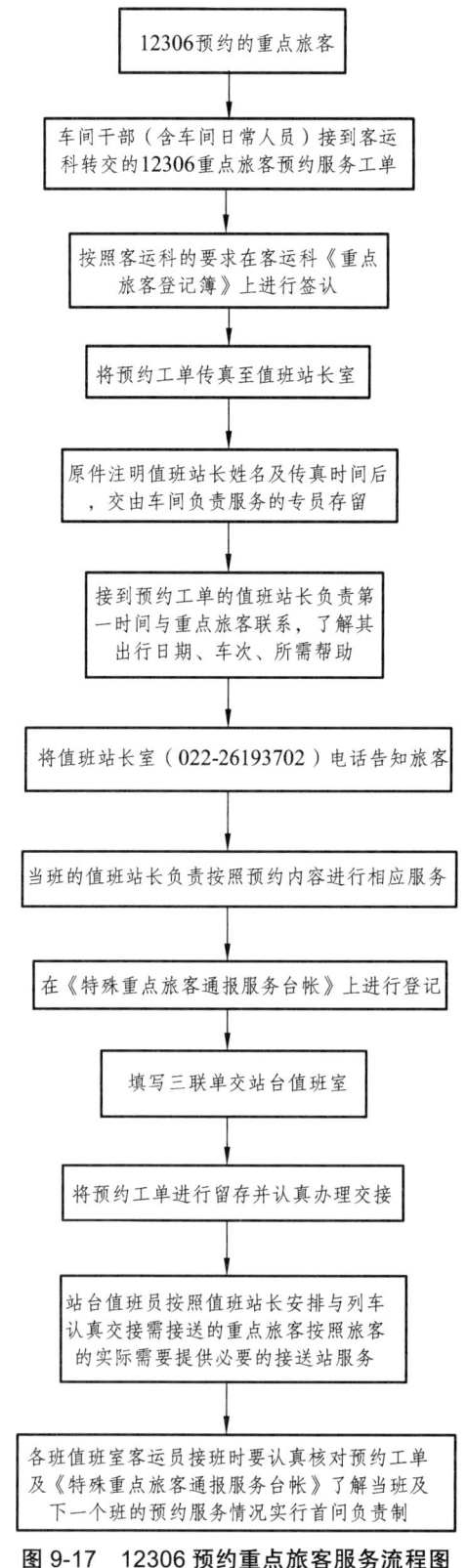

图 9-17 12306 预约重点旅客服务流程图

实训任务 4　站车重点旅客服务交接

实训案例 1　列车移交的重点旅客服务流程

列车移交的重点旅客分为接到通知的特殊重点旅客和车上临时移交的重点旅客两种，具体移交服务流程见图 9-18。

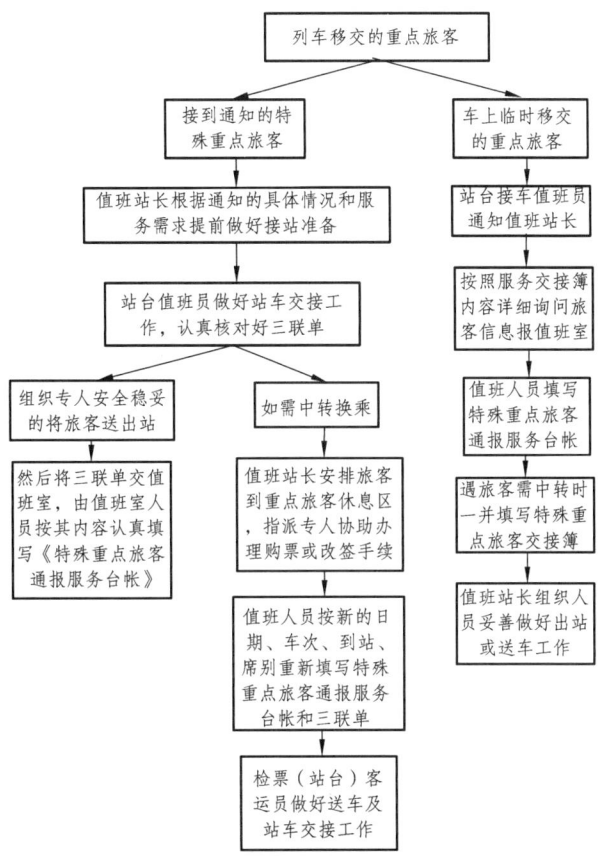

图 9-18　移交服务流程图

实训案例 2　站车发现使用辅助工具的特殊重点旅客交接的办理

1. 始发站对进入本站候车区域内以及到达本站的重点旅客要进行重点照顾，协助旅客办理进出站、候车、乘降、行包托运等业务。对确需重点帮助和照顾（需使用担架、轮椅等辅助工具）的旅客，旅客乘车站要填写"特殊重点旅客服务交接簿"，与列车办理交接，做好交接记录。

2. 列车对车站移交或车内发现的重点旅客要进行重点照顾，解决重点旅客的旅途困难问题，到站时与车站办理交接。遇有行动不便、无人护送、重病等需要车站安排人员接车的重点旅客，列车长应填写"特殊重点旅客服务交接簿"，及时向到达局客调汇报，明确提出重点旅客需要帮助的内容，由客调通知重点旅客到达站客运室提前做好接车准备。对旅客信息和站车交接情况列车要有记录，客调要做好记载。

3. 到达站要按照客调通知或列车移交的重点旅客，认真及时地做好旅客出站、救助等协助工作，对处理情况做好记录。

4. "特殊重点旅客服务交接簿"使用纸张大小为32开,车站为三联无碳复写,列车为两联无碳复写,颜色统一为发站联白底黑字、列车联粉底黑字、到站联黄底黑字。

5. "特殊重点旅客服务交接簿"填记要完整,字迹要清晰.明确专人,按局顺、日期保管,保存一年备查。

实训案例 3 车站发现有人护送的精神病旅客交接的办理

《铁路旅客运输管理规则》规定车站发现有人护送的精神病旅客,应通知列车长,并协助护送人员防止意外的发生。列车对于有人护送的精神病旅客,乘务员应向护送人员介绍安全注意事项,并予以协助。

实训案例 4 站车发现无票流浪乞讨人员交接的办理

1. 在旅客列车内发现无票流浪乞讨人员时,列车长应编制客运记录交前方县、市所在地车站,对其中的残疾人、精神病人、老年人、未成年人要做好服务并根据当时需要在生活上给予照顾。

2. 车站对在站内(包括编组站、到达场、发车场、货场)发现和列车移交的上述人员,车站工作人员、公安人员、保安人员以及护路联防人员要确保其在站内的安全。同时应礼貌将其劝出站外并告知其向当地救助站求助,对于其中愿意接受救助但行动不便和不能表达自己意愿的残疾人、精神病人、老年人、未成年人,由车站民警护送至救助站。

3. 严禁铁路站车人员以任何理由要求站车内发现的无票流浪乞讨人员进行帮工、劳动或有限制、变相限制人身自由的行为和其他不文明、不礼貌言行。

实训案例 5 站车发现弃婴(童)、流浪未成年人交接的办理

列车上发现弃婴(童)、流浪未成年人时,列车工作人员应报告列车长和乘警,乘警应认真了解情况。对确无家庭、监护人线索的弃婴(童)、流浪未成年人,乘警应编制记录交三等以上车站派出所。

车站派出所对于列车移交或车站发现的上述人员,经本所或辖区公安部门查找确实无线索的,持捡拾报案证明及查找经过等相关材料(包括列车乘警编制的记录),经当地民政部门批准并依法办理相关手续后,6周岁以下的送往当地儿童福利院、综合性社会福利院或民政部门指定的机构,超过6周岁的送往当地救助管理站、流浪未成年人救助中心或民政部门指定的机构。

实训案例 6 站车发现突发急病旅客交接的办理

1. 旅客发生急病时,站车应会同公安人员勘察现场,收集旁证、物证,调查事故发生原因,积极采取抢救措施,按照有关规定办理。

2. 旅客在列车上发生急病时,列车工作人员要立即向列车长报告,列车长作为列车第一管理者必须马上采取一切必要的措施组织抢救。在抢救病人的同时,要尽快了解旅客姓名、单位、住址、同行人、联系人等,列车长和乘警要仔细了解旅客发病的原因和过程,记录有关情况,做好同行人和周围旅客旁证材料的收集工作,要求做到实事求是,文字表述清楚、明确,有利于进一步抢救处理。同时寻找旅客携带品,对发生急病的旅客,必须移交车站继续抢救处理时,列车长应编制客运记录交三等以上车站,病情严重时应通过运转车长或使用其他通信工具通知接收站提前做好准备。

3. 车站接到列车抢救急病旅客的通知后，要积极做好准备，及时联系就近医院救护车提前到站台准备抢救；车站在接收发生急病的旅客后，应迅速与列车办理接收手续，要采取一切措施，组织立即送医院抢救。

4. 列车在向车站移交急症病人时，为避免列车晚点和做到及时抢救病人，对无陪同人员的急症病人和有生命危险的病人，列车应派工作人员下车协助车站做好抢救工作并与车站办理交接，旅客携带品要一并移交，补交时间不能超过三天。

5. 动车组列车运行中遇有旅客因病必须临时停车抢救时，列车长通过司机向列车调度员报告情况请求临时停车。列车调度员接到报告后，应尽快确定临时停车站，并向司机和停车站下达调度命令。有关站车接到命令后，应及时做好交接和救护等准备工作，客运乘务员不下车参与处理。

项目三　列车接待工作

【训练目标】

熟悉掌握列车接待工作中不同接待对象的不同汇报内容并能够做到具体清晰的向相应部门的领导汇报工作；掌握接待工作的一般程序及注意事项，为各级领导提供满意的接待服务，达到动车组列车服务质量要求。

【训练准备】

列车长接待工作指导等动车组服务相关备品。

【训练内容】

实训任务	实训依据（规章内容提炼）	备注(实训依据来源)
接待对象及汇报工作内容	1. 列车长在工作中遇有铁道部长、铁路局长、客运系统监察人员乘车时，应提出乘务报告，汇报班组工作，接受指导。对路风、车辆、公安、卫生、收入、安全监察等部门领导乘车时，应口头汇报工作，接受指导。并提交乘务组人员名单。 2. 运行在外局时，应接受所在局的检查指导，服从调度指挥。 3. 遇有部、局、客运部门领导乘车时主要汇报：班组概况，列车编组及客流、行包流情况；途中超、欠员及上水情况；当前部、局客运工作重点及落实情况；本趟乘务工作重点及服务情况；三乘工作情况。本班组存在的问题及今后工作方向。 4. 遇有公安部门领导乘车时主要汇报：班组基本概况；重点区段、重点车厢、重点人员掌握情况；治安联防工作开展情况；与乘警的联劳协作情况；并对工作的支持表示感谢；结合当前的主要工作，需要领导帮助解决哪些问题。 5. 遇路风部门的领导乘车时主要汇报：班组基本概况；当前班组路风状况，有没有违章违纪及路风事件；杜绝私带无票旅客和利用职务之便搞捎、买、带的措施；对路风有关规定的执行情况；如何加强路风建设，搞好班组工作。 6. 遇有收入部门领导乘车时主要汇报：班组基本概况；车班堵漏保收情况；无票人员较多区段；查验车票及补收超重情况；票据有关规定的执行情况。 7. 遇有车辆部门领导乘车时主要汇报：班组基本概况；列车编组及设备设施在使用中存在的问题；与检车人员的联劳协作情况，并对工作的支持表示感谢；需要领导帮助解决的问题	列车长接待工作指导

续表

实训任务	实训依据（规章内容提炼）	备注(实训依据来源)
接待对象及汇报工作内容	8. 遇有卫生防疫部门领导乘车时主要汇报：班组基本概况；列车卫生达标及餐车生、熟隔离情况；餐茶具及软卧车消毒情况；垃圾袋的使用和投放；防疫部门的灭蟑、灭鼠情况；需要领导帮助解决的问题。 9. 遇有安全监察部门领导乘车时主要汇报：班组基本概况；安全点的卡控措施；车内安全设施及设备状况；人身和作业安全规定的执行情况；列车防火防爆措施及应急预案的掌握情况	列车长接待工作指导
接待工作程序	1. 接待前准备。 接待前做好充分的准备是保证接待工作质量的前提。首先要沟通情况，了解意图。在知道要有相关部门领导检查后，要立即向有关领导汇报，并主动与对方取得联系，了解清楚上级或对方来的人数、身份、民族、性别、日程安排等，还要掌握上级领导来检查指导哪些工作或来访的主要目的、有什么要求、活动的方式等等。 在了解掌握以上情况后，要制定好接待方案，主要包括所需材料的准备、现场准备、迎接引导、注意事项等。方案中的每项任务、每一个环节都要细化到责任人。 2. 接待中服务。 在具体接待工作中，要安排好迎接、汇报、陪同、检查等工作，并注意搞好协调配合，使各个环节衔接妥当。 （1）见第一面，要留好印象。见面时的精神状态，直接影响领导对你的第一印象，应注意用热情大方及彬彬有礼。客人到达时，应微笑着迎上去做自我介绍，并主动向客人握手以示欢迎。 （2）座谈交流，要服务周到。座谈或汇报要根据人数提前安排好地点。注意座次、茶水、环境、材料摆放等事项。交往要尊重个人隐私，不问年龄、不问婚否、不问去向、不问收入、不问住址。 （3）用餐安排，要注意环境。就餐要严格按照接待标准，突出地方特色，根据客人习惯安排就餐方式，特别要注意饮食卫生。 （4）送行客人，要善始善终。接待结束后应安排好送行，不能来时热情迎接，走时冷冷清清，导致整个接待效果大打折扣。可先帮助客人收拾好携带物品，送行时要到客人住地送行，等客人乘坐的车辆启动后再离开	列车长接待工作指导

【实训案例】

实训任务1 接待对象及汇报工作内容

实训案例1 列车接待汇报工作注意事项

1. 重要领导乘车时，应事先与秘书或陪同人员取得联系，确定汇报人员和汇报时间，不要盲目闯入。一般领导也要先请示再汇报。

2. 汇报工作一般在餐车或包房内进行，汇报前要整理好衣帽及佩戴的标志，带好本和笔，进包房时要先敲门，待允许后再开门进入。

3. 进包房后首先向主要领导敬礼,然后由左至右依次敬礼(遇领导先伸手握手时,再握手,不要主动和领导握手),待领导示意坐下时,要靠包房门口一边面向主要领导坐下(不要吸烟、翘腿),汇报时力求平稳从容,简明扼要,吐字清楚,实事求是。讲话速度不要太快,汇报时间掌握在 10~20 分钟。汇报完毕出包房时要退行。

4. 遇兄弟单位领导乘车汇报时,不要随意告状、中伤,让领导察觉工作中的不协调和不团结。要策略、婉转的倾诉工作中的难处,争取得到理解和支持。

5. 对领导提出的问题和指示,要做好记录(不要用纸和不规矩的本)。提出批评时,不要强调客观,不要进行申辩,要态度诚恳的表示立即改正或落实。

6. 汇报材料最好准备两套,一套是书面语言,正规迎检时用。一套是口头语,平时使用。另外对车班人员状况,车体设备状况等一定要熟知。

实训任务 2　接待工作程序

实训案例 1　接待工作中的握手方式

握手方式:怎样握手、伸手次序由尊者决定。公务场合职务高、身份高者先伸手;非公务场合,年长者、女性先伸手。握手动作双目注视对方,面带微笑。对方伸手后,我方应迅速迎上去,身体稍前倾,伸出右手,手掌与地面平行,四指并拢,拇指张开,持续 3-6 秒。初次见面一般 3 秒以内。

实训案例 2　接待工作中的致意方式

致意方式:微笑、点头、招手、欠身、鞠躬、脱帽等。基本规范:男士首先向女士致意、年轻者先向年长者致意、下级应当首先向上级致意、当年轻的女士遇到比自己年岁大得多的男士的时候,应首先向男士致意。

实训案例 3　接待工作中用餐的注意事项

接待用餐的内容:预先把用餐的时间、地点告知客人和陪同的领导;掌握用餐的人数、用餐方式和标准,并提前通知餐车长。厨师长做好用餐设计,编制用餐菜单。提前一小时到餐厅,督促检查有关服务。做好引导和服务。

用餐桌次排列:主桌位置,圆厅居中为上,横排以右为上,纵排以远为上(指的是距离门的位置),有讲台时临台为上。其他以离主桌位置的远近确定,近高远低,右高左低(桌数较多时,要摆桌次牌、通常安排每桌 10 人)。

用餐座次排列:只有一位主人时,1 号来宾坐在主人右侧,2 号来宾坐主人左侧,其余人员依次就座。当有两位主人时,1 号来宾坐第一主人的右侧,2 号来宾坐第一主人的左侧,3 号来宾坐第二主人右侧,4 号来宾坐在第二主人左侧,其他来宾依次就座。

实训案例 4　接待工作中各种座次的排列原则

合影座次排定:居前为上、居中为上、居左为上。与来宾合影时一般由主人居中,主人右侧为上,两端均由主方人员把边。如主要领导居中,通常排单数就座,2 号人员在领导左侧,3 号人员在领导右侧。

乘车位置的排序：注意上车时让客人和领导先上，自己后上。要主动为客人和来宾打开车门。乘坐轿车有专职司机开车时，司机的右后方为上座，其次是正后方。如果是主人自己开车，主人的右侧（副驾驶）为上座。乘坐中大型面包车时，司机后边的第一排右侧临窗的位置为上座。其他位置，前座高于后座，右座高于左座；距离前门越近，座次越高。

观看节目的座次安排：一般以第七、八排座位居中为最佳，观看电影则是第十五排前后居中为最佳，专场演出时要把最佳席位留给主人和主要客人，其他客人可排座位，也可自由入座。

实训案例5 接待工作中其他注意事项

1. 在接待中的衣着要整洁得体，言谈热情文雅，举止庄重大方，注意把握分寸，掌握尺度，做到朴实、真诚、热情，使客人有"宾至如归"的感觉。同时，要注意平时的学习积累，了解掌握各方面的知识，特别是对本地本部门的情况要了如指掌。

2. 如果主客双方陌生需介绍时，通常是先将主人介绍给客人，再把客人介绍给主人。要把被介绍人的职务、姓名说地准确、清楚。介绍时一般应站立、手心向上。

3. 陪同客人走路，一般应注意让客人位于自己的右侧，以示尊重；如自己承担主陪任务，应并排走在客人的旁边，不能落在后面；如果自己属于陪访随同人员，应走在客人和陪同人员的后面；如是引导要在客人左前方2~3步的位置，速度不能太快或太慢，经过拐角、楼梯处或道路不平时，要提醒对方留意，如："请左拐、这边请、请小心路滑"等；若距离较远，走的时间较长，不要闷头各走各的路，要随机讲一些比较得体的话，如：介绍当地的一些名胜古迹、风土人情或单位的情况等等。

4. 开关门：应注意，向外开的门，打开门后把住门把手，站在门旁，对客人说"请进"并施礼；向内开的门，自己随门先进入再侧身，把住门把手，对客人说"请进"并施礼，轻轻关上门后，请客人入座。

5. 当和别人一起进出时，要后进后出，请客人先行。在向客人告别离开时，可以后退两三步，再转身离去。

【技能训练】

一、相关理论知识

（一）填空

1. 首次办卡需一次性充值＿＿＿＿元，其中＿＿＿＿元为预存款，＿＿＿＿元为办卡押金。除此之外，该卡收取年费＿＿＿＿元/卡，退卡费＿＿＿＿元/卡，补卡费＿＿＿＿元/卡。

2. 申办银通卡时可使用＿＿＿＿＿＿＿＿＿＿、＿＿＿＿＿＿＿＿＿＿、＿＿＿＿＿＿＿＿＿＿、＿＿＿＿＿＿＿＿＿＿四种有效证件。

3. 重点旅客指的是＿＿＿＿、＿＿＿＿、＿＿＿＿、＿＿＿＿、＿＿＿＿。

4. 确认重点旅客后，应向送站人员发放＿＿＿＿＿＿＿＿。

5. 对重点旅客做到"三知三有"，即＿＿＿＿、＿＿＿＿、＿＿＿＿，＿＿＿＿、＿＿＿＿、＿＿＿＿。

6. 为有需求的特殊重点旅客联系到站提供＿＿＿＿、＿＿＿＿等辅助器具，及时办理站车交接。

7. 尊重＿＿＿＿＿＿和＿＿＿＿＿＿。经停少数民族自治地区车站的列车可按规定在图形标志增加当地通用的民族语言文字，可根据需要增加当地通用的民族语言播音。

8. 运行在外局时，应接受所在局的检查指导，服从＿＿＿＿＿＿＿＿＿＿。

9. 确认重点旅客后，客运员要认真填写《_____》。

10. 在具体接待工作中，要安排好_____、_____、_____、_____等工作，并注意搞好_____，使各个环节衔接妥当。

（二）选择

1. 车站对列车上交下的无人护送的精神病旅客，由车站客运、公安共同负责妥善处理。如需继续乘车无直通车时，送至第一个（　　），由换车站继续转送。

  A. 列车   B. 换车站   C. 到站   D. 所乘列车

2. 对待伤病者正确体位是（　　）。

  A. 仰卧   B. 侧卧   C. 俯卧   D. 仰坐

3. 《铁路旅客运输服务质量规范》中，重点旅客（　　）、优先进站、优先检票上车。

  A. 插队购票   B. 排队购票   C. 优先购票   D. 优先进站补票

4. 旅客列车在运行中发现烈性传染病患者时，（　　）报告。

  A. 列车长应及时向前方站   B. 列车长应及时向上级

  C. 列车长应及时向上级   D. 列车长应及时了解情况

5. 动车组运行途中发现行为、神情异常旅客时，必须重点关注，配备乘警的列车要通知乘警到场处理；未配备乘警的列车由列车长处理，情形严重时交列车（　　）停车站处理。

  A. 医疗机构   B. 铁路相关机构   C. 运行前方   D. 防疫站

6. 动车组旅客列车上残疾人座席优先安排（　　）使用。

  A. 伤残警察   B. 残疾军人   C. 残疾旅客   D. 重点旅客

7. 动车组列车乘务员对重点旅客做到"三知三有"即知座席、知到站、知（　　），有登记、有服务、有交接。

  A. 态度   B. 需求   C. 困难   D. 动向

8. 红十字药箱与器械限于在（　　），车上人员突发疾病或受到创伤时的简易救治。

  A. 旅客列车中   B. 旅客列车运行中

  C. 车站候车室   D. 任何地方

9. 《管规》规定，列车内发现无人护送的精神病旅客，（　　），公安人员应予协助。

  A. 立即停车，让其下车   B. 劝其下车

  C. 列车长应指派专人看护   D. 可以乘车

10. 烈性传染病患者、精神病患者或健康状况危及他人安全的旅客，已购车票的按（　　）处理。

  A. 旅客退票的有关规定   B. 作废

  C. 误购   D. 改签

11. 可购买伤残军人票的证件有（　　）。

  A. 中华人民共和国残疾军人证、中华人民共和国伤残人民警察证

  B. 中华人民共和国伤残军人证、中华人民共和国伤残人民警察证

  C. 中华人民共和国残废军人证、中华人民共和国残疾人民警察证

  D. 中华人民共和国伤残军人证、中华人民共和国负伤人民警察证

12. 旅客因病需下车治疗时，卧铺票可办理（　　）手续。

  A. 延长   B. 改签   C. 换票   D. 退票

13. 残疾人旅客专用票额预留数量调整为：动车组预留二等座（   ）（遇有一等座有残疾人专用席时，先预留残疾人专用席位，后补充二等座）。

　　A. 1 张　　　　　B. 4 张　　　　　C. 2 张　　　　　D. 3 张

14. 对老年旅客的服务：热情地搀扶老年旅客上车，主动帮助提拿、安放随身携带物品，帮其找好座（铺）位，并告知注意事项，尤其是（   ）注意事项。

　　A. 安全　　　　　B. 旅游　　　　　C. 生活　　　　　D. 医疗

15.《管规》规定，发生传染病和发现"四害"时，应（   ）消毒、杀虫、灭鼠。

　　A. 随时　　　　　B. 每天　　　　　C. 每月　　　　　D. 每旬

（三）判断

1. 外籍旅客乘车，免费随身携带品的重量为成人 35 kg，儿童 15 kg。（   ）
2. 售货人员不在车内高声叫卖、频繁穿梭，夜间运行（22：00～6：00）时，不进入车厢销售。（   ）
3.《铁路旅客运输服务质量》规定，广播不干扰旅客正常休息，6：00 前终到的列车可在到站前 30 分钟广播。（   ）
4. 具有完全民事行为能力的个人，可凭有效身份证件到售卡网点申购中铁银通卡。不可以委托他人代办。（   ）
5. 车站发现精神病旅客，应严禁其乘车。（   ）
6. 列车上发现无人护送的精神病旅客，列车长应指派专人看护，公安人员应予协助，移交到站或换车站处理。（   ）
7. 动车多功能室只能用于照顾伤、病旅客，存放少量服务备品，由客运乘务人员管理，其他人员不得占用或改作他用。（   ）
8. 承运人在运输过程中，应当尽力救助患有急病、分娩、遇险的旅客。（   ）
9. 旅客列车上发生的食物中毒案件，列车长、乘警及工作人员要采取措施及时稳定旅客情绪，封存可疑食物、呕吐物样品，停止销售和追回已售出的可疑食物，备卫生防疫部门人员到现场查验。（   ）
10. 车站发现有无人护送的精神病旅客时，旅客可自行乘车。（   ）
11.《服务质量规范》中规定"老、弱、病、残"旅客为重点旅客。（   ）

（四）简答

1.《铁路旅客运输服务质量规范》中对重点旅客应做到哪些？
2. 站车发现旅客突发精神异常时如何办理交接？
3. 站车发现传染病旅客时如何办理交接？
4. 站车发现弃婴（童）、流浪未成年人时如何办理交接？
5. 民政部关于换发《残疾军人证》中对新证的填写和年龄要求是什么？
6. 遇有小朋友在好奇心的驱使下在车内跑动时如何处理？
7. 遇单独旅行的老人、残疾人如何处理？
8. 遇到聋哑旅客乘车，途中如何为其服务？
9. 遇有旅客途中感冒、腹痛、呕吐时如何补救？
10. 遇站台地面严重冰冻或雨天，旅客上下车容易滑倒如何处理？
11. 遇醉酒旅客上车时如何处理？

12. 旅客晕倒如何处理？

13. 如何为急躁型旅客服务？

14. 如何为活泼型旅客服务？

15. 如何为稳重型旅客服务？

16. 如何为忧郁型旅客服务？

17. 残疾人的共同心理特征是什么？

18. 如何为残疾人服务？

二、实操技能训练

1. 外籍旅客上车检票相关英文表达。

2. 致欢迎词的英文表达。

3. 介绍动车组设施设备的英文表达。

4. 维护车内安全的相关英文表达。

5. 票务服务的相关英文表达。

6. 餐饮服务的相关英文表达。

7. 重点旅客服务的相关英文表达。

8. 应急服务的相关英文表达。

9. "爱心送站卡"的发放及登记。

10. 站车发现传染病旅客交接的办理。

11. 列车接待领导时的座位安排。

12. 接待工作中递送名片的方式 。

模块九技能训练答案

模块十　动车组列车应急处理实训

【模块介绍】

本模块主要阐述动车组列车在发生应急事件时的处理流程,包括非正常情况下的车门开启、防护网挂放、应急梯及应急渡板的使用、突发恶劣天气的处理、旅客发生意外的处理等。通过本模块的学习,使学生掌握不同情况下应急处理的原则,能够处理不同的乘务组织异常情况,并能够处理旅客状态异常情况。

项目一　非正常情况下车门开启

【训练目标】

熟悉动车组列车在空调故障、火灾爆炸、车门故障等非正常情况下开启车门的流程,及具体的操作方法。

【训练准备】

动车组列车服务质量规范、乘务人员对讲机、防护网、应急梯等。

【训练内容】

实训任务	实训依据（规章内容提炼）	备注（实训依据来源）
空调故障开车门	1. 遇列车空调故障时,有条件的,将旅客疏散到空调良好的车厢;需开启车门通风的,按规定安装防护网,有专人防护。在停车站,开启站台一侧车门;在途中,开启运行方向左侧（非会车侧）车门。运行途中劝阻旅客不在连接处停留,临时停车严禁旅客下车。 2. 动车组空调装置故障超过20分钟不能及时排除,且应急通风功能失效或无法满足要求时,机械师应及时通知列车长。列车长根据车内温度及通风情况作出打开部分车门（4~8个）通风的决定,并通知司机转报列车调度员。列车长组织人员安装好防护网,机械师确认牢固,并安排人员值守。 车门看守按列车员1-2车,乘服员3-4车,列车员5-6车,乘服员7-8车,列车员9-10车,乘服员11-12车,列车员13-14车,乘服员15-16车。需运行至前方处理时,列车限速60 km/h运行,通过高站台时限速40 km/h;打开车门通风运行时,要保证列车运行方向第一个车门开启,通风车门尽量安排在列车前部	动车组列车服务质量规范第8.3.2条《高铁动车组空调装置故障的应急处置预案》3.6、3.7条《哈尔滨客运段动车组安全管理办法》第3.1.11条

续表

实训任务	实训依据（规章内容提炼）	备注（实训依据来源）
空调故障开车门	3. 列车在区间或正线停车时，打开列车运行方向左侧车门；站内停车有多股线路时，列车长应与司机和机械师沟通，确定打开车门方向，有站台时打开靠站台一侧车门。列车长应根据列车上下行运行方向和车内实际需要确定打开车门的位置和数量进行通风，并有专人看管，严禁旅客上下车。乘警应维护好车内秩序，确保旅客生命财产安全。 4. 全列车门的开启和关闭由司机操控。列车乘务人员在车门关闭后，不得随意开启车门；遇特殊情况必须开启车门时，须先由列车长确认列车未启动，得到司机同意后方可开启车门；再次关闭后，由列车长逐辆确认车门状态，通知司机已关闭车门，司机确认车门状态后方可动车。列车运行中如车门发生故障，危及人身安全时，现场发现人员应立即采取临时安全防护措施，并通知机械师处理。列车停车时车门发生故障，列车乘务人员可采取手动的方式开关车门	动车组列车服务质量规范第 8.3.2 条《高铁动车组空调装置故障的应急处置预案》3.6、3.7 条《哈尔滨客运段动车组安全管理办法》第 3.1.11 条
发生火灾爆炸事故开车门	1. 列车停车后司机应立即打开靠站台或路基护坡一侧的车厢车门，按钮不在司机操作台上的，由司机通知机械师开启车门。 2. 车门发生故障时由机械师、列车员启动车门紧急开门装置打开车门，向地面安全地带疏散旅客（如停在高架桥上时，司机与调度联系确定高架桥逃生口位置，列车长组织人员安装列车配备的紧急疏散梯向桥面疏散旅客，乘务人员组织旅客由高架逃生口向地面疏散）。必要时可利用车窗作为紧急出口，向地面疏散旅客。严禁向线路中间疏散旅客，防止疏散下车的旅客被邻线通过的列车撞、轧造成新的伤害事故	《高铁动车组发生火灾爆炸事故应急预案》第 2.2.2 条
动车组运行中车门发生故障	1. 处置的基本原则。 高铁动车组运行中发生车门故障，应立即向列车运行所在局客调及本段派班室、车队汇报，接受指示和处理建议。 2. 应急处置程序。 （1）列车到站，司机操作门释放和开门按钮后，各车门列车员确认车门是否"释放"打开，如未"释放"，及时使用对讲机通知列车长，列车长通知机械师到场监控各车厢列车员使用手动开、关车门。 （2）列车到站如发生个别车门未自动开启，且列车员手动开门无效的情况时，列车员应及时使用对讲机通知列车长，并宣传引导旅客到相邻车门下车。列车长接到汇报后应立即和司机联系，会同机械师赶到现场，由机械师负责处理开启车门。 （3）机械师确认车门故障无法修复时，应将该门隔离，并通知列车长此后各停靠站均引导旅客到相邻车门上、下车。机械师确认车门修复后告知列车长，列车长确认旅客乘降完毕后通知司机发车。 （4）列车开行时，如遇有车门未自动闭合的情况时，及时使用对讲机通知列车长，列车长通知各车厢列车员使用手动关闭车门	《高铁动车组运行中车门发生故障的应急处置预案》

续表

实训任务	实训依据（规章内容提炼）	备注（实训依据来源）
动车组运行中车门发生故障	（5）列车开车时，如发生个别车门未自动闭合，且监控人员使用四角钥匙本地操作的手动模式关门无效时，监控人员应及时使用对讲机通知列车长，并看守车门，劝阻旅客不要靠近。列车长接到汇报后，立即和司机联系，会同机械师赶到现场，由机械师负责处理、关闭车门。 （6）因车门故障导致旅客越站时，列车长按规定与车站办理交接，无需下车处理后续事宜。 （7）因车门故障导致旅客无法正常上下车时，由列车长、乘警与其他列车工作人员密切配合，认真做好旅客的宣传安抚工作，劝导旅客保持冷静、看好行李、听从站车工作人员的指挥	《高铁动车组运行中车门发生故障的应急处置预案》

【实训案例】

实训任务1　空调故障开车门

实训案例1　使用车门自动控制装置手动开车门

车门自动控制装置配置位置及数量（以 CRH2 型动车组为例）：车门侧面电控档罩处各 1 个，由上至下分别为：上解锁、蜂鸣器、显示灯、绿色开门按钮、红色关门按钮、手动扳手、下解锁，车外侧有 1 个外解锁装置，如图 10-1 所示。

使用时机及方法：车门无法集控开启，需手动开门时。

1. 有钥匙时：
（1）上解锁向任意一侧拧动。
（2）向上搬动红色扳手至90°位置。
（3）拉动车门。
2. 无钥匙时：
（1）将开门按钮外部防护罩按破后按下按钮。
（2）向上搬动红色扳手至90°位置。
（3）拉动车门。

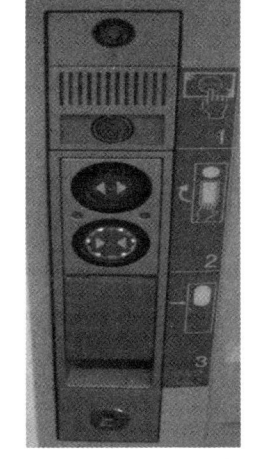

图 10-1　车门控制装置

实训案例2　动车组空调系统故障

2017 年 1 月 2 日，由北京西开往广州南的 G927 列车上，过保定东站后 6、7 号车厢供电设备故障，空调系统故障，短时不能恢复。

1. 空调失效超过 20 min 不能恢复但列车能够正常运行，列车长向调度员发出请求，在前方站定州站停车。
2. 列车调度员安排列车在前方定州站停车。
3. 列车在定州站安装好防护网、打开部分车门后，列车调度员根据司机的报告，向司机（救援时还包括救援司机）及沿途各站发布打开车门限速 60 km/h（通过邻靠高站台的线路时限速 40 km/h）运行的调度命令。

4. 在安装防护网的车门处，安排乘务员看守，确保旅客安全。
5. 途中供电系统恢复后，撤销防护网，通知机械师、司机，关闭车门，恢复正常运行速度。
6. 期间，乘务人员要做好解释工作，稳定旅客情绪；如果其他车厢乘客较少，可向正常车厢疏导旅客。

实训任务 2　发生火灾爆炸开车门

实训案例 1　火灾爆炸情况下开车门处理

2017 年 1 月 3 日，由北京西开往广州南的 G927 列车上，过保定东站后 5 号车厢发生火灾并伴有爆炸声。

1. 乘务人员立即疏散转移旅客至安全车厢，关闭防火隔断门以防火情扩大，立即停车报告救援。
2. 列车停车后司机应立即打开靠站台或路基护坡一侧车厢车门；车门发生故障时由机械师、列车员启动车门紧急开门装置打开车门。
3. 向地面安全地带疏散旅客（如停在高架桥上时，司机与调度联系确定高架桥逃生口位置，列车长组织人员安装列车配备的紧急疏散梯向桥面疏散旅客，乘务人员组织旅客由高架逃生口向地面疏散）。必要时可利用车窗作为紧急出口，向地面疏散旅客。
4. 严禁向线路中间疏散旅客，防止疏散下车的旅客被邻线通过的列车撞、轧造成新的伤害事故。

实训任务 3　动车组运行中车门发生故障

实训案例 1　车门故障，从邻车厢上下车

2016 年 12 月 10 日，宁波至南京站的 G7638 次列车。到达绍兴北站前，乘务员小王提前站到 3 号车厢门口站岗。不料列车停稳后，车门并没有打开。

1. 因 3 号车没有立刻下车，小王赶去临近车厢车门处查看，其他车门正常开启。
2. 小王立即用对讲机向列车长小陈做了汇报。
3. 列车长通知机械师过来查看后确认为车门故障。
4. 列车长叮嘱小王，要提前组织好车门口乘降，做好对旅客的宣传解释和服务工作。
5. 每次到站前，列车长积极与站方联系，说明情况，经有序组织，上车旅客都顺利的从 4 号车门上了车。

实训案例 2　全列左侧车门故障

2017 年 2 月 11 日，D97 次列车停靠松江南站左侧站台。此时，司机通知机械师，车门开启出现故障，全列左侧车门无法打开。

1. 经机械师同意，列车员采取手动方式开门，致使列车晚点 5 min。

2. 机械师又进行重启，但依然无法消除故障。

3. 列车长立即向上海局和南昌局客调以及段值班室、车队汇报：D97次全列左侧车门故障，且中途无法修复，请求列车前方到站时统一停靠右侧站台，以确保旅客乘降安全。

4. 班组启动"车门故障"应急处理方案：广播宣传，提前告知，若列车前方站仍停靠左侧站台，立即落实一人一车门，手动开启车门；班组循环广播相关通告，做好引导，确保到站旅客乘降安全有序。

5. 班组加强车内巡视，及时了解旅客下站情况，提前组织安排旅客到车门口等候下车。

6. 列车每到一站后，确认旅客上下完毕，准时关门开车，最终列车安全正点到达南昌站。

项目二　防护网的挂放

【训练目标】

熟悉动车组列车防护网设备的配备和使用时机，能够正确悬挂防护网。

【训练准备】

动车组列车服务质量规范、动车组车厢、防护网。

【训练内容】

实训任务	实训依据（规章内容提炼）	备注（实训依据来源）
防护网挂放	1. 各车厢灭火器、紧急制动阀（手柄或按钮）、烟雾报警器、应急照明灯、防火隔断门、紧急门锁、紧急破窗锤、气密窗、厕所紧急呼叫按钮及车门防护网（带）、应急梯、紧急用渡板、应急灯（手电筒）、扩音器等安全设施设备配置齐全，作用良好，定位放置。乘务人员知位置、知性能、会使用。 2. 遇列车空调故障时，有条件的，将旅客疏散到空调良好的车厢；需开启车门通风的，按规定安装防护网有专人防护。在停车站，开启站台一侧车门；在途中，开启运行方向左侧（非会车侧）车门。运行途中劝阻旅客不在连接处停留，临时停车严禁旅客下车。 （1）空调失效超过20分钟不能恢复但列车能够正常运行时，列车长可视情况通知司机向列车调度员提出在前方最近客运站停车的请求，列车调度员安排列车在前方最近客运站停车。列车在停车站安装好防护网、打开部分车门后，列车调度员根据司机的报告，向司机（救援时还包括救援司机）及沿途各站发布打开车门限速60 km/h（通过邻靠高站台的线路时限速40 km/h）运行的调度命令。 （2）动车组因故停车不能维持运行、空调失效超过20 min 不能恢复时，列车长应及时与司机、随车机械师沟通、视情况做出打开车门决定，并通知司机转报列车调度员，同时指定专人在列车运行方向左侧（无线路一侧）的车门处安装防护网，打开车门的具体数量、位置由列车长根据工作人员配置情况确定	《动车组列车服务质量规范》第3.3条、第8.3.2条

续表

实训任务	实训依据（规章内容提炼）	备注（实训依据来源）
防护网挂放	（3）安装防护网、打开车门由列车长组织列车乘务员进行，司机、随车机械师配合。安装防护网两人一组，互相配合。防护网的安装需在列车停车状态下进行，安装位置为运行方向左侧（非会车侧）车门处。防护网安装完毕，打开车门后，由列车长组织列车工作人员值守，直到车门关闭。列车长确认防护网安装牢固、看护到位后报告司机。 （4）故障排除或恢复供电后，列车长及时通知随车机械师关闭车门，组织列车工作人员拆除安全防护网，防护网交机械师存放规定位置	《动车组列车服务质量规范》第3.3条、第8.3.2条

【实训案例】

实训任务　防护网的挂放

实训案例 1　动车组防护网的配置

配备车型：CRH1、CRH2，CRH3、CRH5 型车上均应配备。

配置位置及数量：CRH1 型存放在厨房储物柜内，CRH2 型存放在 3 号车一位端的备品柜内，CRH3 型存放在 4 号车厨房存储柜对面的储物柜内，CRH5 型存放在 1 号车或 8 号车的备品柜内。防护网悬挂效果如图 10-2 所示：

保管及使用：防护网由随车机械师保管，以备列车在非正常情况下需开启车门运行时的防护使用。

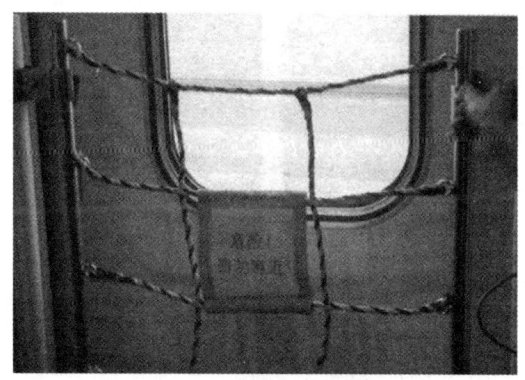

图 10-2　防护网悬挂图

实训案例 2　空调失效降速运行

2017 年 2 月 1 日 19：00，由北京南站发出的 G201 次动车组列车，运行到沧州西到德州东区间时，突发故障停车，空调失效。

1. 故障短时不能排除、空调失效超过 20 min，列车长与司机、随车机械师沟通后决定打开运行方向左侧（无会车侧）的 1、3、5、7 号车厢车门，安装防护网。

2. 安装防护网、打开车门由列车长组织列车乘务员进行，司机、随车机械师配合。安装防护网时两人一组，互相配合。

3. 1 h 后，故障排除、空调恢复，关闭车门，组织乘务人员拆除防护网并交由机械师保管。

项目三　应急梯的使用

【训练目标】

熟悉动车组列车应急梯设备的配备和使用时机，能够正确安放应急梯。

【训练准备】

动车组列车服务质量规范、动车组车厢、应急梯。

【训练内容】

实训任务	实训依据（规章内容提炼）	备注（实训依据来源）
应急梯的使用	1. 各车厢灭火器、紧急制动阀（手柄或按钮）、烟雾报警器、应急照明灯、防火隔断门、紧急门锁、紧急破窗锤、气密窗、厕所紧急呼叫按钮及车门防护网（带）、应急梯、紧急用渡板、应急灯（手电筒）、扩音器等安全设施设备配置齐全，作用良好，定位放置。乘务人员知位置、知性能、会使用。 2. 在紧急情况下需将旅客疏散到地面上时，方可使用应急梯。 3. 使用应急梯时，乘务员必须先下车，协助旅客安全下车疏散。 4. 动车组列车发生火灾、爆炸，组织旅客疏散时，必须扣停邻线列车。司机在接到列车调度员已扣停邻线列车的口头指示后，立即通知列车长，列车长接到司机通知后应立即指挥列车工作人员打开车门，根据需要安装好应急梯，组织旅客向地面安全地带疏散	《动车组列车服务质量规范》第3.3条 《动车组列车发生火灾爆炸时的应急处置程序》第1.1.5条

【实训案例】

实训任务　应急梯的使用

实训案例 1　动车组应急梯的配置及使用

CRH2 型动车配备 2 套应急梯，放置在 1 车、8 车司机室或 7 车备品柜内，列车需向车下疏散旅客时使用，使用时由机械师协助将伸缩梯打开，固定放好，乘务人员做好防护。

CRH3 型动车配备 1 套应急梯，放置在 4 车二位端逃生梯室内。

CRH380A 型动车配备 2 套应急梯，放置在 1 车、8 车备品柜各 1 套。

CRH380AL 型动车配备 2 套应急梯，放置在 1 车、16 车备品柜各 1 套。

大编组动卧全列共配备 4 套应急梯，分别放在 4 车二位端 1 个，8 车二位端 2 个，12 车二位端 1 个。使用时机和方法：CRH2 型动车组紧急用梯子是在运行中的列车无法移动时，乘客从车辆上部下到地面时使用。但乘客下车时，要做好安全防护，确保安全。

CRH3 型动车组紧急用梯子自身带扶手，向上拉起，用套管将扶手固定即可。紧急用梯子可以在必要时使旅客从列车上下到站台上。它既可当做一个桥来连接停靠在旁边的列车，也可当做一个梯子从车上下到地面。

应急梯和应急梯的使用如图 10-3、图 10-4 所示：

图 10-3　应急梯　　　　　　　　　　图 10-4　应急梯的使用

实训案例 2　应急梯的使用步骤

2017 年 1 月 1 日下午 18 点，由北京南站发出的 G153 次动车组列车，运行期间，3 号车厢行李架产出不明原因烟雾。为确保安全，列车紧急停车组织旅客下车进行处理。

司机通知调度员，在接到列车调度员已扣停邻线列车的口头指示后，立即通知列车长，列车长接到司机通知后应立即指挥列车工作人员打开车门，根据需要安装好应急梯，组织旅客向地面安全地带疏散。步骤如下：

1. 取出应急梯，拿到指定位置。
2. 打开车门。
3. 架设应急梯。
4. 确认稳固。
5. 专人防护，有序疏散。

项目四　应急渡板的使用

【训练目标】

熟悉动车组列车应急渡板设备的配备和使用时机，能够正确安放应急渡板。

【训练准备】

动车组列车服务质量规范、动车组车厢、应急渡板。

【训练内容】

实训任务	实训依据（规章内容提炼）	备注(实训依据来源)
应急渡板的使用	1. 各车厢灭火器、紧急制动阀（手柄或按钮）、烟雾报警器、应急照明灯、防火隔断门、紧急门锁、紧急破窗锤、气密窗、厕所紧急呼叫按钮及车门防护网（带）、应急梯、紧急用渡板、应急灯（手电筒）、扩音器等安全设施设备配置齐全，作用良好，定位放置。乘务人员知位置、知性能、会使用。 2. 在相邻股道门对门组织旅客转乘时，严禁打开车门让旅客下车到股道上等候，必须在后续列车到达停稳后，统一打开预定车门，由机械师安装架设安全应急渡板，列车长安排专人防护组织旅客转乘上车。 3. 救援高铁动车组车底：停靠邻股道指定位置后，救援列车列车长与故障车列车长联系，确定打开指定的车门，并由双方列车长通知司机打开两车相邻一侧的指定车门，安放好渡板，并做好迎接旅客换乘的准备工作。 4. 故障高铁动车组：做好换乘准备后，列车长通知司机打开两车相邻一侧的指定车门，安放好渡板，组织旅客顺序换乘，同时各车门口人员做好安全防护工作。列车长随时听取各车旅客换乘情况报告，并与司机保持联系	《动车组列车服务质量规范》第3.3条 《高铁动车组旅客转乘的应急处置预案》第3.7条 《高铁动车组在隧道、桥梁停车的应急处置预案》第3.6.2、3.6.3条

【实训案例】

实训任务　应急渡板的使用

实训案例1　动车组应急渡板的配置

配备车型：CRH2、CRH3、CRH380A、CRH380AL型车上配备。

配置位置及数量：CRH2型车过渡板放置在3号车和7号车。

CRH3型动车组配备1套过渡板，放置在4车二位端逃生梯室内。

CRH380A型动车组配备2套过渡板，按规定分别放在3车、7车备品室内。

CRH380A型动车组配备4套过渡板，按规定分别放在4车、8车、10车、15车备品室内。

应急渡板和应急渡板的使用如图10-5、10-6所示。

图10-5　紧急用渡板

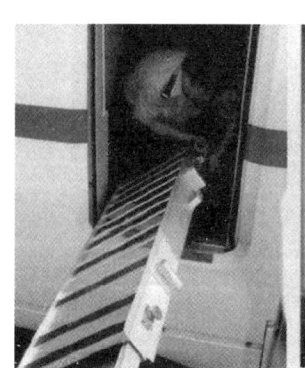

图10-6　应急用渡板的安装

项目五 换乘热备动车组的应急处理

【训练目标】

熟悉动车组列车换乘的流程，掌握换乘作业操作标准，达到动车组列车服务质量要求。

【训练准备】

动车组列车服务质量规范、故障动车组列车、热备动车组、应急梯、应急渡板。

【训练内容】

实训任务	实训依据（规章内容提炼）	备注(实训依据来源)
车站换乘	1. 热备车底的乘务人员、随车备品和服务用品同步配置到位。遇启用热备车底时，做好宣传解释，配合车站组织旅客换乘其他列车，或者按照车站通报的席位调整计划组织旅客调整席位，按规定做好站车交接。 2. 始发站来不及重新换发新票，应提前将席位替换方案向旅客宣传，并将方案第一时间递交列车。按照协同旅客放行时协同列车一同组织旅客按照席位调整方案引导旅客乘车。列车开车后由列车长按方案引导安排。需办理车票退差手续时，列车长编制客运记录交到站办理。 3. 对因车型变动造成部分旅客无座席时，列车长应妥善安排，做好解释工作。 4. 站、车应加强配合，共同做好旅客的宣传引导、席位安排、服务等工作，尽量满足旅客的合理需求	《动车组列车服务质量规范》 第8.3.3条
区间换乘	1. 需要组织旅客下车或换乘其他列车时，应在车站站台进行。必须在站内不邻靠站台的线路或区间组织旅客下车或换乘时，需经铁路局主管运输的副局长（总调度长）批准。 2. 列车长接到司机转达的组织旅客换乘热备车组的调度命令时，应立即向列车工作人员传达，列车工作人员应检查车内情况，坚守岗位。 3. 列车应向旅客通告换乘的决定，告知安全注意事项，并对列车不能如期运行给旅客出行造成的不便向旅客致歉，并感谢旅客的配合，做好后续服务工作，取得旅客的支持与谅解。 4. 救援动车组列车到达指定位置，由现场救援指挥负责人统一指挥，司机和列车长负责对准故障动车组车门，救援动车组与被救援动车组列车长组织乘务组人员手动打开指定车厢车门（随车机械师配合），放置好过渡板，会同公安、客运等应急人员共同做好防护、组织旅客有序换乘。对由于线路、动车组重联等无法实现各车厢车门对位时，应使用应急梯。换乘过程中，动车组禁止移动。 5. 列车长准备好疏散舷梯（安全渡板）或应急梯，并预先放在指定车门处，检查疏散舷梯（安全渡板）或应急梯处于良好状态并安装好扶手，其他工作人员予以协助。故障车和救援车列车长应将列车工作人员分成2组（重联时增加2组），各组分别负责一个疏散舷梯（安全渡板）或应急梯的安全防护。救援列车停靠指定位置前，严禁开启车门	

续表

实训任务	实训依据（规章内容提炼）	备注（实训依据来源）
区间换乘	（1）本线换乘。 故障车和救援车都打开无邻线侧车门，并放置和固定好疏散舷梯（安全渡板）或应急梯后，组织旅客有序下车，车上、车下均安排人员防护，防止旅客摔伤。其他工作人员做好宣传引导，维持秩序。 （2）邻线换乘。 ① 同一车型动车组列车换乘时，救援列车与故障列车工作人员分别手动打开 3、7 号车厢（重联或长编组时同时开启 11、15 号）靠内端相对应的车门，共同架设疏散舷梯（或安全渡板），故障列车在 3 号车厢架设，救援列车在 7 号车厢架设（重联或长编组时故障列车在 3、11 号车厢架设，救援列车在 7、15 号车厢架设）。 故障列车工作人员组织 1~4 号和 5~8 号车厢旅客分别从 3 号、7 号车门（重联或长编组时 9~12 车和 13~16 号车厢旅客分别从 11 号、15 号车门）向救援列车进行转移；列车长在 3 号（重联时在 3、11 号）车门组织旅客换乘，安排人员在地面进行防护；列车长安排工作人员在 7 号（重联或长编组时在 7、11、15 号）车门做好旅客换乘的组织及地面防护工作。 救援列车列车长在 7 号（重联时在 7、15 号）车门接应换乘旅客，安排人员在地面进行防护；列车长安排乘务人员在 3 号（重联或长编组时在 3、11、15 号）车门接应换乘旅客，并做好地面防护工作。同时，组织 3 号、7 号车门上车的旅客到 1~4 号和 5~8 车厢（重联或长编组时 11 号、15 号车门上车的旅客分别到 9~12 号和 13~16 号车厢），并妥善安排旅客。 ② 不同车型动车组列车换乘时，由救援列车工作人员负责架设疏散舷梯（安全渡板）。动车组单列运行时，救援列车视现场情况，手动开启前进方向第一个车门与故障列车 1 或 8 号车门对位准确，组织旅客从 1 或 8 号车门换乘。动车组重联运行时，救援列车前组车体换乘完毕后，由救援车随车机械师引导司机，移动停车位置，确定后组车底车门的对应位置后，再组织后组车底旅客换乘。必要时可采用应急梯组织旅客换乘。 疏散舷梯（安全渡板）安装平稳牢固后，按照安全有序、逐个通过的原则组织旅客转乘。乘警（无乘警时为列车安全员）加强车内巡视和宣传工作，维护好车内秩序。 旅客换乘完毕，故障车列车长安排列车工作人员全列巡视，确保无旅客滞留和行李遗留后，与救援车列车长办理交接。列车长和随车机械师负责疏散舷梯（安全渡板）或应急梯的撤回、拆卸及存放工作，锁闭车门并向司机反馈信息。救援车列车长代表铁路部门向旅客致歉。故障车列车工作人员跟随原车底返回，如故障车在最近营业站停车时，列车乘务人员可根据客运段安排，携带备品备件下车退乘	

【实训案例】

实训任务 1　车站换乘

实训案例 1　动车组列车空调故障

2016 年 12 月 30 日，石家庄客运段值乘的北京西开往太原的××次列车，北京西站开车后 30 min，4 车空调故障，经紧急抢修，仍未修复。列车长拍发电报，编制客运记录，按章办理。

注：××次动车途中停靠石家庄北、阳泉北站，其中石家庄北是石家庄的一个车间，阳泉北是阳泉站的一个车间。

处理程序：

1. 立即抢修。列车长接到空调故障的信息时，立即赶到现场，并通知机械师，及时维修。

2. 加强服务。向旅客做好解释致歉工作，安抚旅客，稳定旅客情绪。加强旅客供水，在第一时间内请旅客协助打下车内全部遮光帘，保持车厢内温度。

3. 照顾重点。如果列车不足定员时，可将旅客向有空余能力的车厢疏散。先行疏散老、幼、病、残、孕等重点旅客和不理解的旅客。如果列车定员无处疏散旅客时，打开与邻车厢相通的端门，并将邻车厢温度适当调低。

4. 信息上报。列车长通知客运调度该车厢的复用票额不再发售。

5. 按章退票。空调不能修复时，列车长拍发电报，编制客运记录，到站退还未使用区间的票价差额，由车站请示有关部门按规定办理。

拍发电报时，应抄送财务处（或收入稽查处）、公安局等相关单位。抄送财务处（或收入稽查处）是因为需要退票，抄送公安部门是因为需要协助稳定秩序。编写记录时，因时间紧张，可将该站下车旅客集中到一起，集体开一张客运记录，一次同时办理站车交接，使车站能够准确的判断哪名旅客能退差、退差区间及办理的理由。

铁　路　电　报

机水号码　　　　　　　　　　　　　　　　　　　　　　　　电报统-12

发报所	电报号码	等级	词数	日	时分	附注

收报：石家庄北、阳泉北、太原站

抄报：北京、太原局客运处、客调、财务处，北京公安局，北京动车客车段，石家庄站、阳泉站，石家庄乘警队、客运段

内容：2016 年 12 月 30 日，北京西开往太原的××次列车满员，北京西开车 30 min，4 号车厢空调故障，我车虽积极组织检查修理，一直未修复。该车厢持 4 车带座号车票的旅客，北京西至太原未使用空调，请收报站按章处理，特电告知。

××次列车长（印）

2016 年 12 月×日于石家庄北站

212×150　　　　　　　　　　　　　　　　　　　抄收　　时　　分代号

注意事项：

若动车组列车因故停车不能维持运行、空调失效超过 20 min 不能恢复时，列车长应及时与司机、随车机械师沟通，视情况做出打开车门决定，并通知动车组司机转报列车调度员。

动车组列车长组织列车员在司机、随车机械师的配合下，在车厢内运行方向左侧（非会车侧）车门处安装防护网、打开车门。打开车门的具体位置、数量由列车长根据动车组乘务人员的配置情况确定。

防护网安装完毕，打开车门后，由列车长组织乘警、列车员、餐车工作人员及随车保洁员值守，严禁旅客自行下车。列车乘务人员（含餐饮保洁）应当将车门处的旅客动员到车内，严格值守车门，直到车门关闭。列车长在确认防护网固定状态及防护后报告动车组司机。

动车组列车需要组织旅客下车或换乘其他列车时，应在车站站台进行，车站与列车一起组织旅客乘降。必须在站内正线或区间组织旅客下车或换乘时，需经铁路局主管运输的副局长（总调度长）批准，同时要做好安全防护，以防发生意外。CRH1E、CRH2、CRH3 动车组若停靠在 500 mm 及以下站台或无站台时，需组织旅客通过应急梯下车。

动车组列车安装好防护网、打开部分车门，由列车乘务人员防护的情况下允许限速 60 km/h 运行，通过高站台时限速 40 km/h。司机根据列车长的报告，向列车调度员申请打开车门限速运行的调度命令。列车调度员向沿途各站及司机（救援时，同时向救援机车司机）下达"××次因空调失效开放部分车门运行，限速 60 km/h（通过高站台时限速 40 km/h 运行）"的调度命令。

调度部门应积极采取启用热备动车组、机车救援或组织旅客改乘其他旅客列车等救援组织方式。特殊情况下，可采取停运其他始发列车、调整动车组交路等方式。

实训任务 2　区间换乘

实训案例 1　动车组设备故障，进行区间临线换乘

2017 年 1 月 1 日 15：38，××城际铁路（CTCS-3 级，300～350 km/h 区段）C55701 次（应急演练列车，CRH3 单组动车组）运行至××高铁乙至丙站间下行线 K36+500 处因车辆故障（模拟）停车，司机立即呼叫随车机械师前往司机室配合处理并报告列车调度员。经随车机械师检查确认动车组出现故障暂时无法修复，且不能使用机车或其他动车组重联救援。

处理程序：

1. 司机立即将随车机械师处理结果向列车调度员汇报，同时将列车故障需在区间进行旅客换乘的情况向列车长进行通报。

2. 列车长在得到司机的通报后立即通过广播反复向旅客进行宣传："旅客们，现在列车发生设备故障，无法运行，我们将进行区间救援，请在座位上就座，听从工作人员的指挥和引导"。同时列车长启动应急预案，按一车一人的原则，对列车工作人员进行分工安排（1 车：保洁员，2 车：列车员，3 车：列车员，5、6 车：列车长全面指挥，7 车：餐饮人员，8 车：保洁人员。乘警在 1 号车），工作人员分头向旅客宣传、提醒注意事项。同时在 2、6 号车厢各组织发动 2～3 名年轻力壮的旅客参与救援工作，为后续救援做好人员准备。

3. 列车调度员在第一次接到 C55701 次司机关于列车故障停车的报告后，立即扣停续行列车，并将列车故障停车情况通报动车台、值班副主任，值班副主任赶赴调度台把关处理。在第二次接到 C55701 次司机关于列车故障无法运行请求救援的报告后，及时将情况再次通报动车台、值班副主任，值班副主任将情况通报调度所领导、路局领导。

经动车台调度员与值班副主任、调度所值班领导商量，决定启用停于甲站××场的 CRH3 热备动车组进行旅客区间换乘救援。

4. 因乙站、丙站、丙线路所、丁线路所、丁站内上下行线间均无渡线道岔，救援动车组需在甲站—乙站—丙站—丙线路所—丁线路所—丁站—戊站间反方向运行，列车调度员立即对上行列车的运行进行调整，同时发布热备动车组出动救援调度命令、区间封锁调度命令和 58101 次列车反方向运行调度命令，并将救援方案通知 C55701 次和救援列车 58101 次司机。

5. C55701 次司机接到列车调度员救援方案的通知后，立即转报列车长，并要求列车长做好旅客换乘准备工作。

6. C55071 次列车工作人员在列车长指挥下取出 4 号车厢备品柜内两块过渡板。由 2 号、3 号车厢工作人员及年轻力壮的旅客运送至 2 号车厢前进方向后部右侧车门处，6 号、8 号车厢工作人员及年轻力壮的旅客运送至 6 号车厢前进方向后部右侧车门处。同时列车员工作人员（餐饮、保洁人员）通过车内广播向旅客进行广播："旅客们，请大家保持秩序，现在列车工作人员正在安装过渡板，准备换乘，请大家先在座位上就座，等候列车工作人员引导"。

7. 16：38，救援列车 58101 次运行至 C55701 次邻线对应位置对标停车，C55071 次列车使用对讲机与 58101 次救援列车列车长进行通话，确定开启 2、6 号车厢前进方向后部车门进行旅客换乘，列车长立即向工作人员布置开门方案：分别由列车长和随车机械师负责手动开门。车门打开后列车长和随车机械师组织一名列车工作人员及两名年轻力壮的旅客先行下车，并安装过渡板的防护栏。旅客与工作人员合作将过渡板连接到救援列车对应车门处，确保平稳牢固，并在车下扶稳。列车长同步进行广播："旅客们，由于列车故障无法修复，将采取换乘的方法使大家到达目的地，请给予配合，听从工作人员的引导。"

7 号、8 号车厢工作人员组织 5~8 号车厢的旅客前往 6 号车厢前进方向后部右侧车门进行换乘，1 号、2 号、3 号车厢工作人员组织 1~4 号车厢旅客前往 2 号车厢前进方向后部右侧车门进行换乘。

列车长在 7 号车厢进行广播："请 5~8 号车厢的旅客按照工作人员的指示前往 6 号车厢前进方向后部车门进行转移，请 1~4 号车厢的旅客按照工作人员的引导，前往 2 号车厢前进方向后部车门进行转移。请大家按照工作人员的引导进行转移，并注意脚下安全"。

各车厢工作人员同步做好旅客的宣传、解释和疏散组织工作。列车员、保洁和餐饮人员负责维持秩序。车厢工作人员先行通过过渡板到达救援列车，做好接应工作。

旅客在工作人员引导下，有秩序地通过过渡板到达救援列车。工作人员做好安全提醒。

待旅客转移完毕后，1 号、8 号车厢工作人员查看车厢内旅客转移情况，分别向列车长汇报："旅客全部转移完毕。"

列车长在接到"旅客全部转移完毕"的报告后，组织工作人员将过渡板撤回，并手动关闭车门，同时 58101 次乘务人员也手动关闭车门，C55701、58101 次列车长分别向列车司机报告："旅客换乘完毕，车门已关闭。"

8. 区间旅客换乘工作结束。

项目六　恶劣天气滞留

【训练目标】

熟悉动车组列车在恶劣天气影响下发生滞留情况时的处理方法及操作流程。

【训练准备】

动车组列车服务质量规范、车站广播系统、热水及必要食物等。

【训练内容】

实训任务	实训依据（规章内容提炼）	备注(实训依据来源)
恶劣天气滞留	1. 车站内的处置。 遇恶劣天气、列车停运、大面积晚点、启动热备车底、突发大客流、设备故障、客票（服）系统故障、火灾爆炸、重大疫情、食物中毒、作业车辆（设备）坠入股道、旅客人身伤害等非正常情况时，及时启动应急预案，掌握售票、候车、旅客滞留、高铁快运等情况，维持站内秩序，准确通报信息，做好咨询、解释、安抚等善后工作。 列车晚点15分钟以上时，根据调度通报，公告列车晚点信息，说明晚点原因、预计晚点时间，广播每次间隔不超过30分钟。电子显示屏实时显示。按规定办理退票、改签或逢餐点提供免费饮食品，协调市政交通衔接。 2. 列车上处置的基本原则。 发生因雨雪断道、封路或大风天气影响，列车不能继续运行时，列车长应及时向司机了解情况，并会同乘警、机械师查明断道位置、灾害状况和列车受阻地点，并向列车所在局客调及本段派班室、车队汇报，听从指示。 3. 列车上的应急处置程序。 （1）列车因恶劣天气在区间内被迫停车时，列车长要通过广播向旅客通报灾害事故及列车受阻情况。列车乘务人员要坚守岗位，服从列车长的指挥，加强车内巡视，向旅客做好解释、安抚和安全宣传工作，不得擅自打开车门和下车。 （2）机械师应接受司机的指挥，处理好有关行车、列车防护和事故救援等工作。同时，列车长组织列车乘务人员做好服务、解释、安抚、致歉和饮食供应工作。 （3）列车长要尽快向列车所在局客调（电话见附表）汇报灾害及列车受阻情况。报告内容：时间、车次、地点、灾害自然状况、受阻列车情况（旅客人数、去向，重点旅客、水、餐料等），有车辆破损或人员伤亡时应根据需要请求救援。 （4）列车长要组织列车乘务人员做好食品的供应，严格控制餐售物价和卫生质量。餐料、饮水短缺时，要及时与列车所在局客调或就近车站、地方政府联系，尽力满足受阻旅客需要。 （5）列车受阻断电或造成晚点时，按《高铁动车组运行中车厢内突然断电应急处置预案》及《高铁动车组晚点的应急处置预案》相关内容处理。 （6）列车受阻需转乘救援列车时，列车长应通过广播通知全体旅客带好随身携带物品，不要拥挤、推搡，听从列车乘务人员的指引，有序快速地转移到其他动车上。 （7）列车乘务人员应按照《高铁动车组旅客转乘的应急处置预案》内容，做好旅客换乘前的准备工作，安排好换乘车厢顺序，积极有序地组织好旅客乘降，协助重点旅客上下车，做好防护，提醒旅客注意人身安全以免发生意外	《动车组列车服务质量规范》 第6.6.1条 《高铁动车组遇暴风雨雪天气的应急处置预案》

续表

实训任务	实训依据（规章内容提炼）	备注（实训依据来源）
恶劣天气滞留	（8）因线路中断停止运行的列车，列车长要按规定及时拍发电报，编写客运记录，并在旅客车票背面注明原因、日期、返回站，加盖列车长名章，作为旅客免费返回、办理退票、换车延长有效期间的凭证（或按照上级要求办理），保证旅客安全转运	《动车组列车服务质量规范》第6.6.1条《高铁动车组遇暴风雨雪天气的应急处置预案》

【实训案例】

实训任务　恶劣天气滞留

实训案例1　恶劣天气下客运组织应急处理

因恶劣天气（含暴雨、大雾、大雪、冰雹、台风等）影响动车组列车正常运行，客运（客服）调度应及时通知客运管理部门及沿线车站及滞留列车，客运管理部门应了解现场情况，指挥应急处理，站车及时公告旅客并致歉。

列车长接到客运（客服）调度或上级主管部门动车组列车因恶劣天气影响非正常运行的通知后，应立即了解车内情况，加强对重点旅客的服务。出现异常情况及时向客运（客服）调度或上级主管部门报告。

列车长应与司机或滞留地所在路局调度所客运（客服）调度保持联系，了解动车组列车的运行情况，及时向旅客通报。

动车组列车应备足餐食和饮用水，确保供应。需补充餐食和饮用水时，列车长应向滞留地所在路局调度所客运（客服）调度或通过司机向列车调度员报告，指定车站为动车组列车补充餐食和饮用水。

实训案例2　发生洪水，围困列车

2016年6月5日，深圳北开往北京西的D904次列车，运行到长沙南站前因天降暴雨，淹没轨道，列车无法通过。

处理程序：

1. 列车组织召开会议，发挥班组集体每个人的力量，统一思想，统一意见，分工负责，做好工作。

2. 要千方百计稳定旅客情绪和确保安全，各车厢列车员要坚守岗位，向旅客讲清利害关系。各车厢能够保持信息渠道畅通，行动协调一致、合理。

3. 及时向前方车站、地方政府、所处车站的车务段、客调取得联系，请求救援或等待开行。

4. 餐车及茶炉车要做好旅客的饮食供应工作。

5. 列车长要巡视车厢向旅客宣传解释、解答问询，同旅客生活在一起，稳定情绪，请旅客谅解。

6. 吸收旅客中的军人、干部、学生等有觉悟的通知协调帮助工作。

7. 列车围困在区间时，能够退行时，退行到车站等待命令和指示。
8. 工作中注意宣传安全注意事项，警告旅客不要自行行动、跳车、串车，确保安全。
9. 洪水退去，能够开行时，凭调令继续运行。

实训案例 3 恶劣天气下车站内列车滞留

2016 年 10 月 19 日，由乌鲁木齐局动车队担当的 D2701 次、D2703 次、D8804 次、D8805 次、D8806 次等 5 趟列车，因遇大风恶劣天气原因造成滞留。

1. 面对恶劣天气造成的滞留，动车队的列车长们迅速启动应急处置预案。全力做好滞留旅客列车服务工作。
2. 乘务员及时为旅客播报晚点信息。
3. 乘务员为旅客送上热水。
4. 动车队的乘务员们为旅客提供更温馨的服务，来缓解旅客心中的不满情绪，耐心解答旅客疑问。
5. 积极做好列车的供水工作，为车上每一位旅客送上一杯暖暖的开水，协调组织好车站的职工为旅客提供必要的物资。

项目七　旅客发生意外应急处理

【训练目标】

熟悉动车组列车发生财物丢失、旅客车票丢失、旅客酗酒、旅客死亡、旅客携带危险品、旅客携带传染性病毒等意外情况下的救助方法及处理程序。

【训练准备】

动车组列车服务质量规范、乘务人员对讲机、红十字药箱。

【训练内容】

实训任务	实训依据（规章内容提炼）	备注（实训依据来源）
财物被盗、丢失	1. 在得知旅客丢失物品的消息后，首先应及时向列车长和乘警通报，配合询问当事人是否确定物品在列车上丢失；先了解丢失物品的基本特征，然后广播寻物启事并积极配合当事人寻找丢失物品；记录丢失物品的名称、型号、形状、颜色、大小，包括当事人姓名、联系电话、地址等信息；征求旅客意见，是否需要通知车站公安协助寻找。如部分旅客已经下车，通知公安部门在出口处对已下车的旅客进行排查。列车长按规定及时反馈给车队及段生产指挥中心报告，单位有关部门将进行备案。如果旅客声称在车站丢失物品，列车长要立即联系车站工作人员，将丢失物品特征告知车站并请车站人员协助处理，及时为旅客通报信息并留下旅客姓名、联系方式及有效地址。列车长做好记录	《铁路旅客运输管理规则》

续表

实训任务	实训依据（规章内容提炼）	备注（实训依据来源）
财物被盗、丢失	2. 发生盗窃案件时，迅速报告列车长，通知乘警，向报案人（失主）了解失物品名、数量、物品特征、丢失经过。观察了解现场人员变动情况，走访知情人，提供案犯特征，协助公安追堵查找。 重大案件应及时向所在铁路局、铁路公安局、主管业务部门、铁路派出所拍发电报，并抄送本局有关部门。 3. 列车票据丢失事故及现金被盗。 发生运输收入事故时，应保护好现场，并立即电告收入管理部门和公安部门，及时组织破案。 事故发生后，应于5日内向本企业收入管理部门提出"运输收入事故报告表"并附责任人书面材料。重大、大事故应及时书面报告铁路总公司。发生运输收入事故除经济赔偿外，可视情节轻重对责任者给予行政处分，情节严重的应追究主管领导的行政责任。 一般事故由站、段处理，并报本企业收入管理部门备案。 重大、大事故由铁路运输企业处理，并报铁路总公司收入管理部门备案	《铁路旅客运输管理规则》
旅客死亡	1. 旅客或无票人员在列车上发生疾病时，应立即送医院抢救，如死亡则应妥善处理尸体，保管遗物，通知其家属。 2. 遇旅客在列车上意外死亡时，下交站应按规定程序报告所在地卫生防疫部门，由卫生防疫部门对列车进行消毒等卫生学处理	《铁路旅客运输管理规则》
旅客醉酒	1. 主动帮助清理污物，若呕吐厉害，取适量的醋加上定量的开水，让该旅客喝下。 2. 广播寻找医生，协助救护。 3. 遇醉酒闹事者，及时汇报列车乘警，按有关规定处理	《铁路旅客运输管理规则》
旅客携带危险品	1. 处置的基本原则。 高铁动车组发现危险品时，列车员应在第一时间向列车长及乘警汇报，列车员要认真做好防止"三品"上车的宣传工作，力争把"三品"卡在车下。 2. 应急处置程序。 （1）在站台发现旅客携带危险品时，列车员应禁止旅客上车，并立即报告列车长及乘警到现场，由列车长通知车站值班员进行处理。 （2）如在列车上发现危险品时，列车员应妥善看管，提醒旅客不要使用明火，并立即通知乘警、列车长进行处理，本人不得擅自处理。 （3）如属发令纸，鞭炮类的危险品时，列车员应立即进行水浸处理后再通知乘警、列车长。 （4）数量小、危险性低的危险品由乘警保管，终到站后交车站派出所处理	《动车组列车服务质量规范》第3.11条 《高铁动车组发现危险品的应急处置预案》 《铁路旅客运输管理规则》

续表

实训任务	实训依据（规章内容提炼）	备注（实训依据来源）
旅客携带危险品	（5）数量大、危险性大和不能判明性质的危险品，列车长要及时与司机联系，司机向列车运行所在局客调（电话见附表）汇报。列车长服从客调的处理安排，妥善处理。 （6）处理完毕后，列车长会同乘警要详细登记携带危险品旅客的姓名、身份证号、工作单位或家庭住址，危险品名、数量并向本段派班室、车队汇报。 3. 没收危险品时，应向被没收人出具书面证明	《动车组列车服务质量规范》第3.11条 《高铁动车组发现危险品的应急处置预案》 《铁路旅客运输管理规则》
传染性疾病旅客处理	1. 动车组列车发现疑似鼠疫、霍乱等重大疫情的病例或接到动车组列车上有疑似病例的通知时，列车长应立即、向前方车站和本单位值班室报告，前方车站和本单位值班室按有关规定逐级上报；司机向列车调度员报告，列车调度员立即向值班主任报告，值班主任立即向铁路疾控部门报告。报告内容包括：日期、车次、时间、运行地点、患者和密切接触人员简况及主要症状、旅行目的站、患者所在车厢顺号等。 2. 列车调度员根据铁路局劳卫处和疾控部门确定的处置方案，安排动车组在指定车站停车。列车长接司机在指定站停车的通知后，做好疾控人员上车和疑似病例交站等准备工作，车站及铁路疾控部门做好接车紧急处置准备。 3. 列车长要利用列车上配有的相关备品，立即组织工作人员和旅客做好防护工作，避免扩大传染。 4. 列车立即对患者和密切接触者实施隔离(使用原车厢或将传染病人带至多功能室)，对密切接触者进行登记，内容包括：姓名、性别、年龄、身份证号码、联系方式等。 5. 列车须封锁已经污染或者可能污染的区域，采取禁止向外排放污物等卫生处理措施。 6. 列车长在指定停车站将传染病人、疑似病人、密切接触者以及其他需要跟踪观察的旅客及资料移交车站和铁路疾控部门。 7. 列车调度应尽量安排列车停靠基本站台,适当延长列车停靠时间，满足患者交接需要。下交车站应开辟救援绿色通道，明确急救进出站路线。公安人员负责维护现场秩序，禁止闲杂人员在站台停留。 8. 站、车积极配合现场的医疗单位和卫生防疫部门开展工作。 9. 列车长、乘警（无乘警时为列车安全员）应维持好车内秩序，确保区域封锁、旅客隔离、站车移交等工作的正常开展。 10. 铁路疾控部门应上车对已经污染或可能污染的区域进行消毒。铁路疾控部门确认处置完毕后，方可解除区域封锁。 11. 待列车经过消毒处理，上级部门指示可以开车后，方能继续运行。列车工作人员应做好车内旅客的安抚工作，稳定旅客情绪。列车长要及时将处置情况和后续情况向上级报告	

【实训案例】

实训任务 1　财物被盗

实训案例　列车票据被盗

2017年1月1日，邯郸车务段值乘的邯郸开往长治北××次列车运行至磁山站前，列车长到列车办公席复核票据时，发现丢失空白补票机底纹纸一卷共计100张，票号京局F012301至F012350，立即通报乘警，并于磁山站拍发票据丢失事故速报。

××次列车各停车站分别隶属于北京铁路局和郑州铁路局，邯郸车务段隶属北京铁路局。

一、相关规定

1.《铁路旅客运输管理规则》（94）铁运字117号部令公布第149条规定：车票票据必须放在票箱、票柜内，出入票后应及时加锁。列车内要配备保险柜，现金、票据要随时入柜加锁，并建立严格的值班和保管制度。

2.《铁路运输收入管理规程》第四十三条：发生运输收入事故时，应保护好现场，并立即电告收入管理部门和公安部门，及时组织破案。

事故发生后，应于5日内向本企业收入管理部门提出"运输收入事故报告表"并附责任人书面材料。重大、大事故应及时书面报告铁路总公司。发生运输收入事故除经济赔偿外，可视情节轻重对责任者给予行政处分，情节严重的应追究主管领导的行政责任。

一般事故由站、段处理，并报本企业收入管理部门备案。

重大、大事故由铁路运输企业处理，并报铁路总公司收入管理部门备案。

二、处理程序

1. 由站、段和列车发生运输收入现金、客票票据（包括有价表格和列车乘务员保管的旅客客票票据）丢失、被盗和短少等事故后，应立即向路局财务处、客运处和公安部门报案，同时电告有关部门协助查扣。

2. 列车发生有关客票票据及现金丢失、被盗和短少事故后，要立即通报乘警并会同调查。事故确认后，应立即电告有关停车站、驻站公安派出所等单位协助查扣，并抄报有关铁路局财务处、公安局、客运处及其客运段、有关公安处、乘警队。

注意事项：

1. 交接班要有交接制度、交接记录，工作中要尽职尽责，确保安全。

2. 电文中应注明事故发生时间、地点、区间，丢失、被盗或短少的现金款额或票据名称、数量、起止号码等事项。

铁 路 电 报

机水号码　　　　　　　　　　　　　　　　　　　　　电报统-12

发报所	电报号码	等级	词数	日	时分	附注

收报：邯郸至长治北××次各停车站站长及派出所所长

抄报：北京、郑州局客运处、财务处、公安局、客调、石家庄收入稽核部、邯郸、长治车务段

内容：2017 年 1 月 1 日，邯郸开往长治北××次列车运行至磁山站前，列车长复核票据时，发现丢失空白补票机底纹纸一卷 100 张，票号京局 F012301 至 F012350。特电报告，并请协助查扣。

　　　　　　　　　　　　　　　　　××次列车长（印）
　　　　　　　　　　　　　　　　　2017 年 1 月 1 日于磁山站

212×150　　　　　　　　　　　　　　　　　　抄收　　时　　分代号

实训任务 2　旅客死亡

实训案例　旅客因病死亡

2017 年 3 月 19 日，A 客运段值乘的北京西开往广州南的 D923 次由北京西站开出后，一名男性旅客因心脏病发作导致休克，经寻找医生抢救无效后死亡。列车长会同乘警清点其遗物后，将尸体和死者遗物交保定东站处理。该旅客系×厂工人李×，40 岁。其上衣内装有钱夹一个，内有本人身份证，北京西至武汉二等座车票及人民币 500 元，佩戴手表一块。

处理程序：

1. 列车长会同公安人员查看现场，收集旁证。
2. 查看旅客的车票、遗物。
3. 编制客运记录。
4. 将车票、遗物、尸体联通客运记录交由前方车站处理。

说明：处理期间发生的相关费用原则上由本人或家属承担。

实训任务 3　旅客酗酒

实训案例　动车组旅客酗酒闹事

2017 年 1 月 3 日，G157 次高铁动车组上，旅客李某等人饮酒，乘务员劝阻未果。后来李某醉酒呕吐，且不断闹事，干扰车厢正常秩序。

1. 乘务员报告列车长后，主动帮助清理污物，取适量的开水，让李某喝下。
2. 广播寻找医生，协助救护。
3. 李某在醉酒状态下，不断干扰正常秩序，乘务员及时汇报列车乘警，按有关规定处理。

实训任务 4　旅客携带危险品

实训案例　旅客携带砸炮

2017 年 1 月 5 日，A 客运段担当的石家庄站始发的 G568 次动车组列车上，安全检查人员对旅客携带品进行开包检查。发现 6 号车厢一名持石家庄到北京西车票旅客的携带的行李中夹有砸炮 1 500 响，该旅客为 × 厂工人李 ×。

处理程序：

1. 乘务员立即通知列车长和乘警。
2. 将砸炮进行浸水处理，以确保安全。
3. 列车长会同乘警要详细登记携带危险品旅客的姓名、身份证号、工作单位或家庭住址，及危险品名、数量并向本段派班室、车队汇报。
4. 维护好车厢旅客秩序。

实训任务 5　传染性疾病旅客处理

实训案例　旅客感染传染病

2017 年 2 月 5 日，A 客运段担当的青岛始发的 G200 次动车组列车，运行至潍坊开车后，5 号车厢乘务员发现本车厢 5A、5B、5C 座位的三位旅客不停出现呕吐现象，立即询问。这三位旅客自述：李 ×，男、33 岁，王 ×，女、35 岁，周 ×，男 36 岁，上车前在一家小餐馆用餐。列车长立即广播寻医找药进行医治，乘客医务人员初步判断为食物中毒，建议下车继续治疗，列车长编制客运记录交前方停车站青州，并向有关防疫站派发电报，派员检查处理。

当列车运行至青州市站，接站方通知，经潍坊防疫站检查三位家属属霍乱病人，要求该车封锁车厢，并电告前方防疫站上车进行处理。

具体处置程序：

1. 旅客在列车上发生疾病,要立即设法组织抢救（广播找医院,遵医嘱发动旅客提供药品等）
2. 发生食物中毒，保存好呕吐物，并拍发电报，主送前方卫生防疫站，抄送铁路局客运处、客调。
3. 编制客运记录移交最近车站。
4. 保护现场，稳定旅客情绪，封存可疑食物、呕吐物样品（如旅客使用列车出售食品，应立即停止销售，并追回已售出的可疑食物），等待卫生防疫人员检查。
5. 调查取证，向发病人（同行人）、周围乘客及有关工作人员调查发病原因及所饮食物。
6. 发现传染病人后，应立即控制车厢人员及接触过传染病人的人员，等待防疫人员进行处理。
7. 向有关部门拍发电报。

【技能训练】

一、相关理论知识

（一）填空

1. 列车乘务人员在车门关闭后，不得随意开启车门；遇特殊情况必须开启车门时，须先由_____确认列车未启动,得到_____同意后方可开启车门。

2. 各车厢灭火器、紧急制动阀(手柄或按钮)、烟雾报警器、应急照明灯、防火隔断门、紧急门锁、紧急破窗锤、气密窗、厕所紧急呼叫按钮及车门防护网(带)、应急梯、紧急用渡板、应急灯(手电筒)、扩音器等安全设施设备配置齐全,作用良好,定位放置。乘务人员知_____、知_____、会_____。

3. 在长大隧道内换乘时,列车工作人员要做好_____工作,避免混乱,并提醒旅客注意脚下障碍物,防止绊倒或因踩碎、踏空电缆槽盖板等造成伤害。

4. 发生因雨雪断道、封路或大风天气影响,列车不能继续运行时,列车长应及时向司机了解情况,并会同_____、_____查明断道位置、灾害状况和列车受阻地点,并向列车所在局客调及本段派班室、车队汇报,听从指示。

5. 在得知旅客丢失物品的消息后,首先应及时向_____和_____通报,配合询问当事人是否确定物品在列车上丢失。

(二)选择题

1. 当动车组列车发生火灾、爆炸,必须组织旅客疏散时,列车长接到司机通知后应立即指挥列车工作人员打开车门,根据需要( ),组织旅客向地面安全地带疏散。

　　A. 打开车门　　　　　　　　　　B. 安装好应急梯
　　C. 立即停车　　　　　　　　　　D. 通知车辆人员到场

2. 和谐1E、和谐2、和谐3型动车组若停靠在( )及以下站台或无站台时,需组织旅客通过应急梯下车。

　　A. 400 mm　　B. 500 mm　　C. 600 mm　　D. 700 mm

3. 遇有区间换乘热备动车组时,旅客换乘完毕后,列车工作人员应将( )收好定位存放,并关闭车门。

　　A. 紧急破窗锤　　B. 应急梯和渡板　　C. 过渡板　　D. 防护网

4. 列车上的通道必须保持畅通,( )。

　　A. 不得堵塞车门　　　　　　　　B. 通道处可以放置大件物品
　　C. 大件物品可以堵塞车门　　　　D. 旅客可以随意放置物品

5. 动车组晚点超过15 min时,列车乘务人员应及时向旅客做出解释,同时向旅客致歉,每次致歉间隔时间20 min,并做好安全宣传,( )。

　　A. 可以打开车门　　　　　　　　B. 防止擅自开启车门
　　C. 组织旅客下车　　　　　　　　D. 可以串岗

6. 动车组发生重大疫情时,经医务人员初步诊断通知列车长,该旅客疑似患有鼠疫、霍乱等重大疫情时,必须立即隔离传染病人、疑似病人和密切接触者,紧急疏散其他旅客,( )并对有关人员进行登记做好自身防护。

　　A. 锁闭车门
　　B. 往车下疏散旅客
　　C. 打开车门
　　D. 锁闭已经污染或可能污染的车厢两端端门

7. 动车组列车关闭车门后，遇有旅客漏乘时，由（　　）负责处理。
　　A. 车站　　　　　　　　　　　　B. 列车长人工强制开启车门
　　C. 司机（随车机械师）第二次开启车门　　D. 列车员人工强制开启车门

8. 动车组列车在运行中，车门、气密窗必须锁闭状态良好。乘务人员要定期（　　），保持通道畅通。
　　A. 检查　　　　B. 巡视　　　　C. 保养　　　　D. 维护

9. 动车组列车乘务人员在巡视过程中发现车门未锁闭或锁闭状态不良时，指派专人看守，并及时通知（　　）处理。
　　A. 保洁人员　　　　　　　　　　B. 前方车站工作人员
　　C. 随车机械师　　　　　　　　　D. 懂电器装置的旅客

10. 动车组列车因故停车不能维持运行、空调失效超过（　　）不能恢复时，列车长应及时与司机、随车机械师沟通，视情况做出打开车门决定，并通知动车组司机转报列车调度员。
　　A. 5 min　　　　B. 10 min　　　　C. 30 min　　　　D. 20 min

11. 动车组列车遇车门故障无法自动开启时，（　　）开启车门，并通知随车机械师处理；无法关闭时，由专人看守并通知随车机械师处理。
　　A. 手动　　　　B. 自动　　　　C. 严禁　　　　D. 必须

12. 列车上的通道必须（　　），不得堵塞车门。
　　A. 无旅客携带品　　　　　　　　B. 无人站立
　　C. 保持畅通　　　　　　　　　　D. 可以有人站立

13. 临时停车时，未经列车长统一组织（　　）。
　　A. 不准开启车门　　　　　　　　B. 不准关闭车门
　　C. 不准下车观察　　　　　　　　D. 不准组织旅客下车

14. 《管规》规定，旅客列车发生三人以上食物中毒时，列车长应及时通知（　　），并做好现场保护工作。
　　A. 前方停车站或所在站防疫部门　　B. 路局有关部门
　　C. 上级领导　　　　　　　　　　D. 防疫站

15. 列车上查出的危险品，由值乘的公安人员妥善保管，移交最近前方停车站公安派出所处理，车站不设公安派出所的，则由列车长编制客运记录，移交（　　）处理。
　　A. 车站　　　　B. 到站　　　　C. 终到站　　　　D. 以上全不对

16. 旅客列车对查获或旅客交出的烟花爆竹、火药等须用水浸湿；对判明不了性质的物品，（　　）。
　　A. 严禁在车上进行试验　　　　　B. 可以在车上进行试验
　　C. 视而不见　　　　　　　　　　D. 立即使用紧急制动停车装置

17. 遗失物品、暂存物品从收到日起，承运人对（　　）以内仍无人领取的物品应在车站进行通告。
　　A. 10 天　　　　B. 30 天　　　　C. 90 天　　　　D. 180 天

18. 《铁路车站、旅客列车鼠蟑等病媒生物防制管理办法》规定，站、车使用的杀虫、灭鼠药物应符合（　　）有关要求。
　　A. 行业　　　　B. 铁路　　　　C. 地方　　　　D. 国家

19. 票证发生短少时，属（　　）事故。

    A. 现金　　　　　B. 坏账　　　　　C. 票据　　　　　D. 丢失

20.《铁路安全管理条例》第六十四条规定，铁路运输企业发现旅客所持车票所记载的车票身份信息与所持身份证件或者真实身份不符的持票人，铁路运输企业有权（　　）。

    A. 拒绝其进站乘车　　　　　　　　B. 允许其更换身份证件

    C. 允许其进入候车室　　　　　　　D. 允许其进站乘车

21. 动车组发生重大疫情时，经医务人员初步诊断通知列车长，该旅客疑似患有鼠疫、霍乱等重大疫情时，必须立即隔离传染病人、疑似病人和密切接触者，紧急疏散其他旅客,（　　）并对有关人员进行登记做好自身防护。

    A. 锁闭车门

    B. 往车下疏散旅客

    C. 打开车门

    D. 锁闭已经污染或可能污染的车厢两端端门

22. 旅客遗失物品需要转送时应填写（　　）。

    A. 客运记录　　　　　　　　　　　B. 行李、包裹交接证

    C. 客运记录和行李、包裹交接证　　D. 铁路电报

23. 没收危险品时，应向被没收人（　　）。

    A. 编制客运记录　　　　　　　　　B. 出具书面证明

    C. 交站处理　　　　　　　　　　　D. 按品名、交前方站处理

24. 列车员消防岗位职责规定，掌握常见易燃易爆危险品的种类、性质和识别方法，做好（　　）工作。

    A. 查堵　　　　　B. 排查　　　　　C. 识别　　　　　D. 防范

25.《铁路旅客运输服务质量规范》中规定，遇列车在车站空调失效时，站车共同组织；必要时，组织旅客下车、换乘其他列车或疏散到车站安全处所，到站按规定（　　）。

    A. 退票　　　　　B. 补收差价　　　C. 不予处理　　　D. 退还票价差额

26. 遇有区间换乘热备动车组时，旅客换乘完毕后，列车工作人员应将（　　）收好定位存放，并关闭车门。

    A. 紧急破窗锤　　B. 应急梯和渡板　C. 过渡板　　　　D. 防护网

27.《管规》规定，对旅客列车上查出的危险品，应（　　）处理。

    A. 列车予以没收，妥善保管，交前方三等以上车站

    B. 列车妥善保管，列车长编制客运记录交站处理

    C. 由列车妥善保管，由乘警交前方停车站派出所

    D. 由值乘的公安人员妥善保管，鞭炮类用水浸湿。移交最近前方停车站公安派出所处理

28. 对（　　）的危险品，应立即浸水处理。

    A. 易燃类　　　　B. 发令纸、鞭炮类　C. 易爆类　　　　D. 易燃液体类

（三）判断

1. 旅客列车上发生食物中毒和食品污染事故时，应当及时封存食物或可能导致食物中毒的食品及其原料。（　　）

2. 铁路运输企业应当按照法律、行政法规和国务院铁路主管部门的规定，对旅客及其随身携带、托运的行李物品进行安全检查。（   ）

3. 旅客可以接受或拒绝铁路运输企业在车站、列车实施的安全检查。（   ）

4. 发生旅客疑似食物中毒时，列车长、乘警应立即赶到现场，及时了解中毒旅客病症，掌握中毒旅客人数、发病时间等情况，准确判断毒物根源或怀疑导致中毒的食物。（   ）

5. 根据旅客列车急救药箱管理办法的规定，药箱由列车长临时指定人员负责管理。（   ）

6. 高铁动车组车上发生旅客疾病或意外伤害时，列车长应立即会同乘警到达现场，视旅客情况妥善处理，必要时要及时向列车所在局及本局客调、本段派班室及车队汇报。（   ）

7. 遇有列车晚点 15 min 以内的，动车组列车应向旅客通报晚点时间。列车晚点超过 15 min 及以上时，列车长应通过广播向旅客致歉。（   ）

8. 遇有自然灾害危及到旅客人身安全时，应立即将旅客疏散至安全地带，妥善组织，防止人员走失。（   ）

9. 高铁动车组发生故障不能运行或线路中断时，列车长及机械师应立即了解故障情况，并向列车运行所在局客调（电话见附表）及本段派班室、车队汇报，听从指示。（   ）

10. 旅客列车上发生的食物中毒案件，列车长、乘警及工作人员要采取措施及时稳定旅客情绪，封存可疑食物、呕吐物样品，停止销售和追回已售出的可疑食物，备卫生防疫部门人员到现场查验。（   ）

11. 动车组列车应按规定配备危险品检查仪、安全门、危险品处置台、手持金属探测器、防爆罐等安全检查设施设备，正常启用，显示器满足查验不同危险品的需求。（   ）

12. 铁路运输企业应当按照法律、行政法规和国务院铁路主管部门的规定，对旅客及其随身携带、托运的行李物品进行安全检查。（   ）

13. 列车乘务人员要严格执行车门管理制度，严禁飞乘飞降。（   ）

14. 关闭车门、车窗时可以快关快放。（   ）

15. 乘务人员要坚守岗位，遇临时停车时，锁闭车门，停止乘降。（   ）

16. 旅客列车在运行中，要加强对车门、车窗的管理，严禁打开车门、车窗向线路两侧抛扔杂物。（   ）

17. 在相邻股道门对门组织旅客转乘时，严禁打开车门让旅客下车到股道上等候，必须在后续列车到达停稳后，统一打开预定车门，由机械师安装架设安全渡板，列车长安排专人进行组织旅客转乘上车防护工作。（   ）

18. 在高架桥上进行列车对接换乘时，严禁打开车门让旅客下车到股道上等候，必须在后续列车到达停稳后，统一打开预定车门，列车长组织人员安装架设紧急疏散梯，列车长安排专人防护组织旅客疏散至桥面然后再通过救援列车搭设的紧急疏散梯转乘上车。（   ）

19. 动车组列车空调失效（接触网断电）需打开车门通风时，列车长组织乘务员、餐饮人员、保洁人员安装列车运行方向左侧（非会车侧）的防护网，遵循先停车安装防护网，再手动打开车门的程序。（   ）

20. 当动车组空调失效（接触网断电）需开门安装防护网时，列车长组织乘务人员安装列车运行方向右侧部分车门处的防护网。（   ）

21. 动车组出现空调故障安装防护网后，按车门分工由餐饮和保洁人员负责值守，不必做到"一门一岗"。（   ）

22. 动车组需开门安装防护网时，遵循先打开车门，再安装防护网的程序。（   ）

23. 动车组运行期间发生事故,需停车,并使用应急梯组织旅客疏散时,必须扣停邻线列车。( )

24. 动车组发生故障需在区间进行换乘时,列车工作人员应准备好紧急用渡板或应急梯,并预先放在指定车门处,检查紧急用渡板或应急梯是否处于良好状态并组织安装好扶手。热备车未停靠指定位置前,严禁开启车门。( )

25. 遇列车在车站空调失效时,站车共同组织;必要时,组织旅客下车、换乘其他列车或疏散到车站安全处所。到站按规定退还票价差额。( )

26. 站段要将热备车换乘工作纳入日常培训计划中,定期开展应急演练,切实提升班组现场应急处置能力,实现应急处置及时有效。( )

27. 防护网是为动车组列车在遭遇车门故障无法关闭而配备的。( )

28. 列车恢复正常运行前,应及时撤除防护网,并关闭车门。( )

(四)简答

1. 防止旅客物品丢失的注意事项?
2. 旅客物品丢失的处置技巧?
3. 旅客物品被盗的处置技巧?
4. 应急梯配备的数量和位置是如何规定的?
5. 什么情况下使用应急梯?
6. 应急梯的使用分为哪几步?
7. 使用应急梯时应注意哪些事项?
8. 动车组列车的换乘原则是什么?
9. 因恶劣天气导致列车滞留的应急处理措施。
10. 空调失效超过 20 min 不能恢复但列车能够正常运行时,如何处理?
11. 动车组因故停车不能维持运行、空调失效超过 20 min 不能恢复时,如何处理?

二、实操技能训练

1. 2017 年 1 月 2 日 19:00,由北京南站发出的 G159 次动车组列车,运行期间,在对行李进行检查时,5 号车厢李 X 的包中发现摔炮 1 000 响,按章处理。

2. 动车组列车如何手动开车门。

3. 2017 年 1 月 1 日,由北京南开往上海的 G7 列车,从济南西站发出后突发供电系统故障,列车不能正常运行,全列空调系统故障,应如何处理?

4. 2017 年 2 月 1 日 19:00,由北京南站发出的 G159 次动车组列车,运行期间,5 号车厢发生爆炸声响,原因不明。为确保安全,列车紧急停车组织旅客下车进行处理。

5. 2017 年 3 月 1 日 20:00,由上海虹桥站发出的 G8 次动车组列车,运行期间突发空调故障,短时不能恢复,但能正常运行。列车应如何处理?

模块十技能训练答案

模块十一　铁路红十字救护实训

【模块介绍】

本模块主要训练红常见受伤旅客（烫伤、流血、骨折），以及常见疾病（发烧、晕车、昏厥、中暑、心梗、中毒、癫痫、精神病）旅客的救助。通过本模块的训练，使学生掌握红十字救护工作、心肺复苏、现场创伤等救护方法，了解现代救护的相关知识。

项目一　受伤旅客的救治

【训练目标】

熟悉动车组列车在发生旅客烫伤、流血、骨折等创伤情况的救助方法及处理程序。

【训练准备】

动车组列车服务质量规范、乘务人员对讲机、绷带、三角巾、红十字救护箱等。

【训练内容】

实训任务	实训依据（规章内容提炼）	备注（实训依据来源）
烫伤旅客的救助	1. 通知列车长。 2. 进行消毒、包扎，广播寻找医护人员协助处理。 3. 根据实际需要确定是否需下车处理、联系车站。 4. 保留两份证人材料。 5. 防止旅客烫伤的卡控措施： （1）卧车列车员要经常检查暖瓶是否有水，及时供应开水，避免旅客自己打水发生烫伤。 （2）列车员要随时提醒旅客将放在小桌上开水杯加盖放好，卧车乘务员还要提醒下铺旅客休息时不要头朝小桌处，防止因列车紧急制动造成水杯歪倒或掉下造成烫伤。 （3）列车员送水时要注意安全，做到大壶带套，送水完毕及时将送水车、大壶加锁存在指定位置，茶炉室门及时加锁	《高铁动车组应急预案》 《银川客运段旅客人身伤害控制措施及考核办法》
流血旅客的救助	1. 通知列车长，广播寻找医务人员协助处理。 2. 根据流血位置和流血量进行止血处理。 3. 根据实际需要确定是否需下车处理、联系车站。 4. 查明流血原因，维护车内秩序。 5. 保留两份证人材料	《银川客运段旅客人身伤害控制措施及考核办法》
骨折旅客的救助	1. 通知列车长，广播寻找医务人员协助处理。 2. 根据骨折位置进行包扎处理。 3. 根据实际需要确定是否需下车处理、联系车站	《银川客运段旅客人身伤害控制措施及考核办法》

续表

实训任务	实训依据（规章内容提炼）	备注(实训依据来源)
骨折旅客的救助	4. 保留两份证人材料。 5. 防止旅客摔伤的卡控措施： （1）列车员立岗时，要认真组织旅客乘降，宣传旅客先下后上，避免人多拥挤导致旅客从两车连接处掉下摔伤。对上下车的老、幼、病、残、孕等重点旅客以及穿高跟鞋的妇女、携带品较重的旅客进行重点照顾，做到多扶一把、多看一眼、多说一句。途中停车站，特别是高站台车站，必须使用安全渡板及警示带，对下车购物旅客和儿童旅客加强安全宣传，提醒成人看管好儿童，防止儿童从车体和站台夹缝处掉下摔伤。 （2）卧车列车员要随时向旅客宣传上下铺时要注意蹬稳抓牢，防止踩空摔伤。 （3）列车广播和本车厢列车员要加强车内安全宣传，随时提醒成人看管好儿童旅客，不要在车内乱跑、攀爬铺梯，防止摔伤	《银川客运段旅客人身伤害控制措施及考核办法》

【实训案例】

实训任务1　烫伤旅客的救助

实训案例1　旅客粗心自己烫伤

2017年1月19日，G1738次列车10:43分从合肥南站上车，4车厢有一名旅客泡面时不小心将自己左手臂烫伤。

处置过程如下：

1. 乘务员通知列车长。

2. 列车广播寻找医务人员，2车厢一名医生听到广播后到找到这位被烫伤的旅客，仔细查看烫伤部位，此时烫伤旅客左手臂腕处已经发红起泡。

3. 从列车上的药箱内拿碘酒轻轻擦拭，并用白纱布简单进行包扎。

4. 医生建议，为防止发炎，烫伤旅客必须立即下车进行治疗。

5. 征得旅客同意后，列车到达漯河车站后列车长与车站领班办理了交接手续后，将烫伤旅客移交车站送医院治疗。

6. 收集两份证人材料。

实训案例2　因列车晃动，烫伤旅客

2016年12月30日，由石家庄开往秦皇岛G1298次列车，因车厢晃动，1号车厢乘务员刘×为旅客倒水时，不慎将旅客庞×（男，38岁，工人，持石家庄到保定车票）右手腕部烫伤。

处理程序：

1. 乘务员向列车长报告，广播寻找医生，协助进行救护处理。

2. 向旅客道歉并安抚，对烫伤部位用列车备用药品进行紧急治疗。

3. 敷药后，经旅客同意，列车长编制客运记录将其移交保定站。

4. 收集旅客旁证材料2份。

注意：由于列车乘务人员工作失误造成旅客伤害（如挤伤、烫伤时），一定要按规定处理，切忌私下送医院治疗或旅客协商"私了"，以免事后发生不必要的麻烦。

实训任务2　流血旅客的救助

实训案例1　止血的方法及操作

1. 加压包扎止血。

适用用于小动脉以及静脉或毛细血管的出血，但是伤口内有碎骨片时，禁用此法，以免加重损伤。

操作方法：用无菌敷料覆盖伤口，再用纱布、棉花、毛巾、衣服等折叠成相应大小的垫，置于无菌敷料上面，然后再用绷带、三角巾等紧紧包扎，以停止出血为度。

2. 指压止血。

用于动脉出血，利用手指的压力将血管的近心段压向骨骼达到止血的目的，下面是常用的压迫点和方法。

（1）头顶部出血：压同侧颞浅动脉。
（2）头后部出血：压迫枕动脉。
（3）颜面部出血：压迫面动脉。
（4）头、面、颈部出血：压迫颈总动脉。
（5）胸部和腋下出血：压迫锁骨下动脉。
（6）上臂出血：压迫肱动脉。
（7）手掌出血：压迫尺、桡动脉。
（8）下肢出血：单手压迫股动脉。
（9）小腿及以下出血：压迫腘动脉。
（10）足出血：压迫足背动脉、胫后动脉。
动脉部位如图11-1所示。

3. 止血带止血。

用于其他止血法暂不能控制的四肢动脉出血或四肢指压止血的补助措施。

使用布带或者胶管止血带进行止血时，先垫保护软垫；在伤口的近心一侧捆扎带子，布带法以短棍插入带子内绞动，使带子变紧增压，绞至伤口出血停止即可。

操作过程：
（1）在局部先加保护垫。
（2）捆扎带子加小棒。
（3）绞动小棒使带子紧缩。
（4）绞紧固定小棒。
（5）记录止血带安放时间。

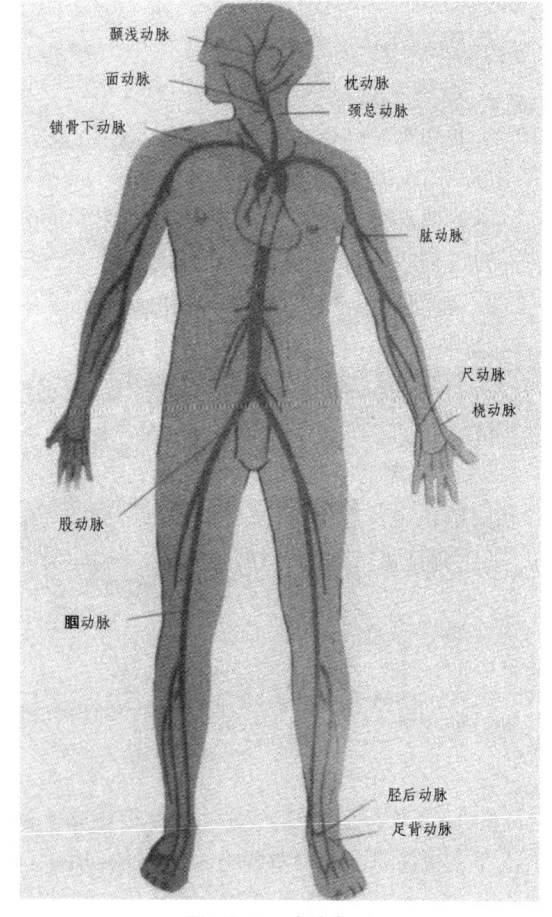

图11-1　动脉部位

注意事项：

（1）记录时间。

（2）一个小时放松1~3 min，放松后如果不出血就可以改加压包扎；还有出血的可用手指压迫，然后再次上带，但要改在原来部位的稍下方。

（3）不能用电线、铁丝等很细的带状物体来止血，防止损伤组织。

实训案例2　旅客划伤手指

2017年1月1日，G1290次动车组列车上，6号车厢乘客李某在用水果刀削苹果时，不慎将手指划伤、流血，乘务员带医药箱赶来。

1. 通知列车长，广播寻找医务人员协助处理。
2. 采用加压包扎的方法进行止血处理。
3. 经过处理后，停止流血。
4. 经旅客中医务人员确认无大碍，并征询旅客意见后，不需要下车处理。
5. 保留两份证人材料。

实训任务3　骨折旅客的救助

实训案例1　骨折的固定方法

1. 颈椎骨折的固定：

（1）使伤者的头颈与躯干保持直线位置。

（2）用棉布、衣物等将伤者颈下、头两侧垫好，防止左右摆动。

（3）用木板放置头至胸下，然后用绷带或布带将额部、肩和上胸臀固定于木板上，使之稳固。如图11-2所示。

2. 锁骨骨折的固定：用绷带在肩背做"8"字形固定，如图11-3所示。

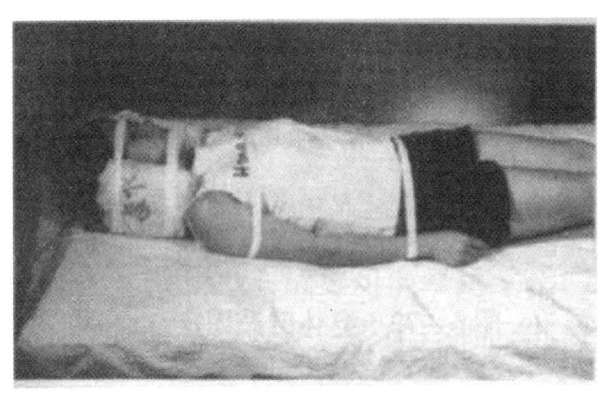
图11-2　颈椎骨折的固定

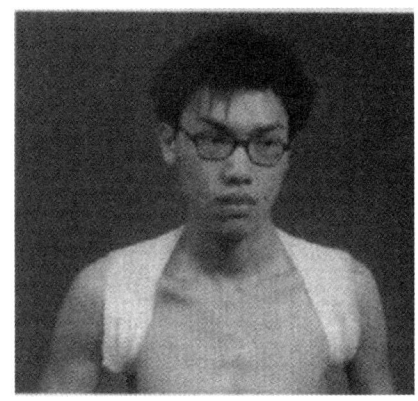
图11-3　锁骨骨折的"8"字固定

3. 肱骨骨折的固定：用2块夹板置于上臂内、外侧，布带捆扎3~4道固定，然后用三角巾或宽布带将其悬吊于胸前，如图11-4所示。

4. 股骨骨折的固定：最好采用对侧肢体固定加超臀部的外支架联合固定。用一块从足跟到腋下的长制式夹板或宽度合适的长木板于伤腿外侧，另一块从大腿根部到膝下的夹板至于伤肢内侧，然后多道布带捆扎固定，如图 11-5 所示。

5. 小腿骨折的固定：取两块从足跟到大腿的夹板，放在肢体的内侧、外侧，然后多道布带捆扎固定。在无固定材料的情况下，可将伤肢同健肢捆扎在一起。如图 11-6 所示。

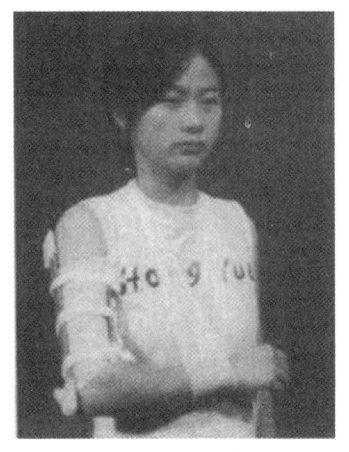

图 11-4　肱骨骨折的固定

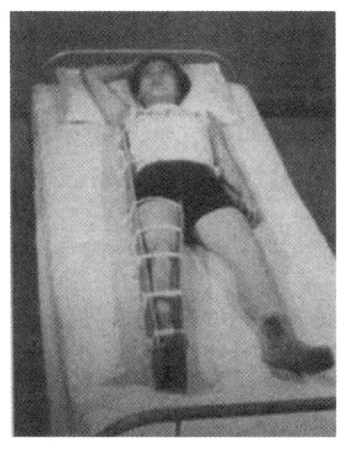

图 11-5　股骨骨折的固定

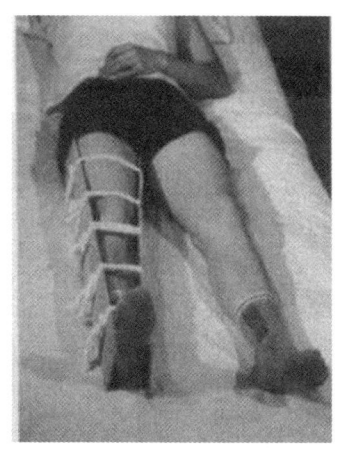

图 11-6　小腿骨折的固定

注意事项：

（1）遇有呼吸心跳停止者先行复苏，出血首先止血，待病情有好转后进行固定。

（2）对骨折后造成的畸形一般不急于整复，若骨折端压迫血管造成远端肢体血液循环障碍时，可适当牵引解除压迫，然后再固定，对开放性骨折在未清创前，不可把骨折断端送回伤口内，只要适当固定即可。

（3）夹板要放在创伤部位的两侧或下方，固定包扎缠绕至少应有两处。夹板应光滑靠皮肤的一面最好用软垫垫起，并用纱布包裹两头。

（4）固定范围一般应包括骨折处远、近两个关节，固定时既要牢靠不移，又不可过紧，以捆扎夹板的布带可上下各移动 1 cm 为度。

（5）固定四肢时应尽可能暴露手指（足趾），以观察是否存在指（趾）尖发紫、肿胀、疼痛等血液循环障碍。若有上述征象，应松解捆扎的布带，重新捆扎。

实训案例 2　由于组织不当，造成下车旅客挤伤、摔伤

2017 年 2 月 1 日，石家庄开往北京西的 G6704 次列车，保定站停车，由于 6 号车厢是预留车厢，上下车旅客较多，7 号车厢乘务员在下车后，就远离车门口，未作组织，造成下车旅客李某（男，62 岁，退休职工）下车时不慎摔倒，将腿摔伤。

处理程序：

1. 迅速将旅客救上站台，列车长和乘警检查旅客的受伤情况，联系车站客运值班员共同进行救助。

2. 注意保护受伤旅客，组织其他旅客从周围疏散。

3. 列车长在有时间的情况下填写客运记录交车站处理；当场来不及时，由车站先行送医院抢救，三日内将客运记录及旁证材料送交处理站。

4. 保留两份证人材料。

> **北京铁路局** 客统—1
>
> **客 运 记 录**
>
> 第 0003 号
>
> 记录事由：旅客下车不慎摔伤
>
> 保定站：
>
> 2017年2月1日，石家庄开往北京西的G6704次列车，在保定东站，预留车厢车号车辆上下车旅客较多，由于列车员疏路组织不利，造成下车旅客王孝某（男，62岁，退休职工）下车时不慎将腿摔伤。现编制客运记录交贵站，请按章处理。
>
> 特此记录
>
> 注：
> 1、站、车需要编记录时均适用。
> 2、本记录不能作为乘车凭证。
>
> 北京客运　编制人员：　（印）
> 站段　　　　签收人员：　（印）
>
> 2017年2月1日编制

注意事项：

1. 乘务员要坚守岗位，组织乘降，做好安全宣传，切忌因上下车旅客较多而远离车门不做组织。

2. 发生事故，要本着认真负责的态度妥善处理，千万不能怕承担责任，置之不理，而造成更加恶劣的后果。

3. 发生铁路责任事故时，应先行进行处理，责任的划分留为事故处理委员会分析。即便是铁路职工的责任，也不应怕担责任而对事故不做处理，应先行处理，对责任职工进行处理时由单位按有关规定进行行政处罚。

4. 不能够私自处理，易留下后患。

实训案例3 旅客手指被挤伤

2017年4月1日14：40，北京西开广州G65次列车运行至郑州站前，因列车过道岔车底摇摆，旅客张×，男，62岁，左拇指不慎挤伤，属意外伤害。

处理程序：

1. 乘务员通知列车长，广播寻找医务人员协助处理。

2. 根据受伤情况进行适当包扎。

3. 列车长会同乘警检查旅客伤害情况，根据旅客意见填写客运记录。
4. 根据旅客要求，将旅客交前方停车站郑州站。
5. 保留两份证人材料。
6. 若判定伤情较轻，可不拍发事故速报；若伤情较重，造成手部的毁损，则需拍发事故速报。

项目二　疾病旅客的救助

【训练目标】

熟悉动车组列车在旅客发生发烧、晕车、昏厥、中暑、心梗、中毒、癫痫、精神病等情况下的救助方法及处理程序。

【训练准备】

动车组列车服务质量规范、乘务人员对讲机、红十字救护箱等。

【训练内容】

实训任务	实训依据（规章内容提炼）	备注 （实训依据来源）
发烧旅客的救助	1. 通知列车长。 2. 对乘客进行物理降温。 3. 通过广播，寻找医生和退烧药品。 4. 根据实际情况决定是否需要中途下车治疗。 5. 保留两份证人材料	《旅客列车常用紧急救护知识及应急处理》
晕车旅客的救助	1. 通知列车长。 2. 将晕车旅客置于通风环境中进行相应救助。 3. 通过广播，寻找医生协助救助。 4. 根据实际情况决定是否需要中途下车治疗。 5. 保留两份证人材料	《旅客列车常用紧急救护知识及应急处理》
昏厥旅客的救助	1. 通知列车长。 2. 将昏厥旅客置于通风环境中进行相应救助。 3. 通过广播，寻找医生协助救助。 4. 根据实际情况决定是否需要中途下车治疗。 5. 保留两份证人材料	《旅客列车常用紧急救护知识及应急处理》
中暑旅客的救助	1. 通知列车长。 2. 将中暑旅客置于通风环境中进行相应救助。 3. 通过广播，寻找医生协助救助。 4. 根据实际情况决定是否需要中途下车治疗。 5. 保留两份证人材料	《旅客列车常用紧急救护知识及应急处理》
心梗旅客的救助	1. 通知列车长。 2. 将心梗旅客置于开阔环境中进行相应救助。 3. 通过广播，寻找医生协助救助。 4. 根据实际情况决定是否需要中途下车治疗。 5. 保留两份证人材料	《旅客列车常用紧急救护知识及应急处理》

续表

实训任务	实训依据（规章内容提炼）	备注(实训依据来源)
中毒旅客的救助	1. 及时报告。列车发生 3 名以上旅客食物中毒时，列车长应向有关部门及时拍发电报，主送处理站及处理站所属铁路疾病控制中心，抄送路局客运处。 2. 安置病人。列车长做好记录移交车站，及时将病人送当地有救治能力的医院进行抢救。 3. 保护现场。稳定旅客情绪，封存可疑食物、呕吐物样品，停止销售可疑食物，追回售出可疑食物，等待卫生监督人员到现场查验。 4. 调查取证。调查发病原因及其餐饮食物，取得被取证人包括发病人证明材料，多人发病时取证发病人材料二份以上、同行人或周围旅客材料二份、有关工作人员材料一份。 5. 在行运途中列车长根据掌握的情况及时向上级有关部门汇报，听取指示要求；返乘后写出书面报告，连同有关取证材料一并上交	《铁路旅客运输管理规则》 《旅客列车常用紧急救护知识及应急处理》
癫痫旅客的救助	1. 通知列车长。 2. 将癫痫旅客转移到开阔地方进行相应救助。 3. 通过广播，寻找医生协助救助。 4. 根据实际情况决定是否需要中途下车治疗。 5. 保留两份证人材料	《旅客列车常用紧急救护知识及应急处理》
精神病旅客的救助	1. 在旅客列车内发现无票流浪乞讨人员时，列车长应编制客运记录交列车运行前方县市所在地车站。对其中的残疾人、精神病人、老年人、未成年人要做好服务，并根据当时需要在生活上给予照顾。对精神病人在下交前要指派专人看护，必要时，乘警应予以协助。 2. 如是有人护送的精神病旅客，乘务员应积极向护送人介绍有关安全注意事项	铁运〔2003〕70号文件

实训任务 1　发烧旅客的救助

实训案例 1　站车配置的体温检测设备及测量方法

体温是反映人体健康状况的重要指标之一，其准确性直接影响到疾病的诊断、治疗和护理。
1. 测温器材。
（1）水银体温计：利用水银遇热膨胀的物理特性进行机体的温度检测，如图 11-7 所示。

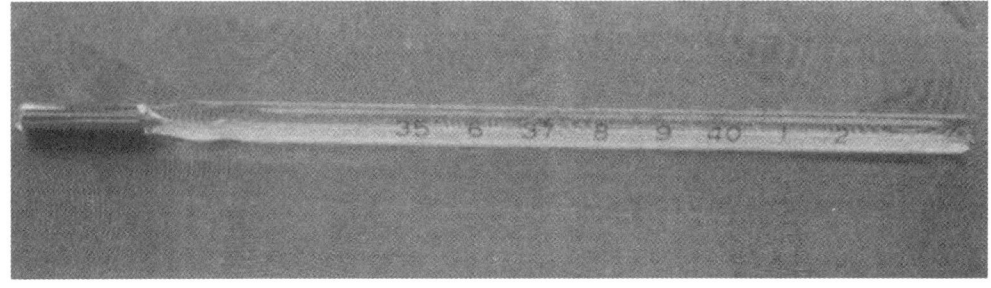

图 11-7　水银体温计

（2）电子体温计和红外线测温仪：采用热敏电阻原理测量温度。具有自动化程度高、操作快捷方便、减少交叉感染等优点，如图 11-8、图 11-9 所示。

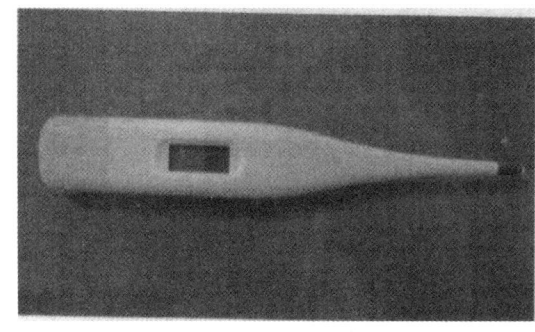

图 11-8　电子体温计

图 11-9　红外线测温仪

2. 测量方法。

（1）口温测量法：将消毒好的水银体温计水银端或电子体温计的热敏端放于舌下，紧闭双唇，5 min 后取出，正常值为 36.3 ℃ ~ 37.2 ℃。此法不适用于婴幼儿、精神异常及意识不清的病人。

（2）腋温测量法：由于腋窝测温较口腔安全且患者易于接受，故目前是临床上最常用的测温部位。擦干腋下，将体温计水银端或电子体温计的热敏端放于腋窝深处紧贴皮肤，上臂夹紧体温计，测温 10 min，正常值为 36 ℃ ~ 37 ℃。此法不适用于极度消瘦及双侧腋窝烧伤、感染等患者。

（3）肛温测量法：使病员屈膝侧卧或俯卧，露出臀部，用液状石蜡润滑肛表，将水银头端或电子体温计的热敏端轻轻插入肛门 3 ~ 4 cm，5 min 后取出，正常值为 36.5 ℃ ~ 37.7 ℃。此方法受患者体位限制并可能使成人尴尬，因此多用于小儿的体温检测。

（4）红外线测温仪测量法：手握测温仪，使传感器距离前额约 15 cm，按住开关键。使激光光束定位于前额正中，约 1 s 即可读取测温仪上显示的测量温度。

在使用红外线测温仪器时应注意：

① 叮嘱被测温者闭眼，勿将镭射光指向眼睛。

② 被测处额头无遮挡物，如有头发，应将头发挽起，戴冒者摘帽。

③ 额头无水迹，如有汗水应及时擦去。

④ 被测温处避开有皮肤感染或皮炎的部位等。

3. 体温升高的判定：以腋测法为例，37.3 ℃ ~ 38 ℃ 为低热，38.1 ℃ ~ 39 ℃ 为中度热，39.1 ℃ ~ 41 ℃ 为高热。体温升高多见于流感、中毒、炎症、外伤感染等疾病。体温低于正常体温（36 ℃ 以下）多见于休克、大出血、慢性疾病、年老体弱等。

实训案例 2　发烧旅客的治疗方法

一、药物降温

多采用解热镇痛药，口服或肌注，如：复方阿司匹林，使用解热镇痛药物之后能抑制过度兴奋，产热中枢使皮肤血管扩张，增加血流量，使散热增加降低体温。

二、物理降温

一般采用温水、冰块或常用酒精等低温液体，通过物理方式达到散热降低体温的目的。
（1）酒精：擦颈部、腋下、前胸及腹股沟处。
（2）温水浴：一般用 32 ℃ ~ 36 ℃ 温水给病人擦浴，达到降温目的。
（3）冰袋降温：这种降温方法效果较好，应经常更换冰块。
针刺：合谷，曲池、大椎、少商穴位。

> **实训案例 3**　发烧旅客的救助

2017 年 1 月 21 日，G651 次列车驶出保定东站后，4 车厢乘务员接到一位母亲求助，其十岁儿子突发高烧。母子从北京上车准备去往郑州。

1. 乘务员通过对讲机向列车长汇报情况。
2. 乘务员用水银温度计为患者测量体温，体温 38.5 ℃，中度发烧。
3. 乘务员在其母亲的配合下进行物理降温。
4. 乘务员发动广大旅客提供适用于儿童的降温药品，最终 5 号车厢一位旅客提供了降温药，为患病儿童服下。
5. 列车途经石家庄站后，患者病症有所缓解，在征得其母亲同意后，不需要下车进行治疗。
6. 乘务员嘱咐周围乘客提供必要帮助，并留两份证人材料。

实训任务 2　晕车旅客的救助

> **实训案例**　晕车旅客的救助

2017 年 1 月 12 日，D3070 次列车在黑夜里飞驰，乘务员小陈走在车厢里，这时，角落里一位妇女表现得十分难受，小陈询问原因，妇女说晕车，想找个地方休息一下，小陈立即用对讲机向列车长小王汇报，王车长了解情况后腾出了一个空的包厢。小陈慢慢搀扶起这位旅客，带她到了指定位置，王车长已经在那等候，并且准备了热水和晕车药。列车广播寻找医生帮助治疗。随后王车长又为她测量了体温，等一切确定没问题后王车长才放心下来，用自己衣服盖在了她身上，并嘱咐乘务员一定要重点照看，有情况立刻向她汇报。时间很快过去，列车缓缓驶入合肥车站，王车长搀扶着，一直把这位妇女送下了车。

综上，旅客晕车的主要处理程序总结如下：
1. 乘务员通知列车长。
2. 将昏厥旅客置于通风环境中进行相应救助。
3. 通过广播，寻找医生协助救助。
4. 根据实际情况决定是否需要中途下车治疗。
5. 保留两份证人材料。

实训任务 3　晕厥旅客的救助

> **实训案例**　老人高血压致晕倒

2017 年 1 月 21 日，G7537 次列车驶出杭州东站。对讲机里传来急促的声音"车长，11 号车厢一位老人身体不适,晕倒在座位上"。列车长小张吩咐广播求医,自己带着药箱快速赶到现场,老人的家人和旅客都焦急围在一旁,小张立即疏散旅客,留出空间,保持空气流通,老人渐渐有了意识,列车员小周拿了杯热水给老人。此时,一名医生旅客听到广播赶了过来,为老人就医,诊断为血压偏高,医生建议尽快下车就医,以防不测。小张立即致电绍兴北站值班联系救护车,同时做好旁证材料。列车到达绍兴北站,小张将老人和家属一起交给车站,并送上救护车。

综上,旅客晕厥主要处理程序总结如下:

1. 通知列车长。
2. 将晕厥旅客置于通风环境中进行相应救助。
3. 通过广播,寻找医生协助进行救助。
4. 判断晕厥原因,根据实际情况决定是否需要中途下车治疗。
5. 保留两份证人材料。

实训任务 4 心梗旅客的救助

实训案例 1 心梗旅客的救助

当确认旅客有心肌梗塞或怀疑发生心肌梗塞时,一般可按下列步骤进行抢救处理:

1. 就地平卧或取其他适宜体位,尽量减少不必要的挪动与其他增加病人精神紧张的措施。
2. 在有人照顾病人的情况下,要请医务人员迅速进行诊治办理,如果一时未能找到医师,可采取下述措施。

(1) 摸脉搏。查看每分钟跳动次数是否规则,有无脉搏流漏,强弱如何,依此可大致判断心脏情况。

如果脉微弱甚至不易模到,病人脸色苍白,冷汗淋漓,肢体发凉,多代表病人已处于休克,应就地轻轻地将病人调整为平卧位,头略放低,足稍抬高,以增加头部血流量。

但对于肥胖患者,由于头低脚高的体位,使用肌上移影响呼吸,故不取此体位,而以平卧位为宜,不宜乱搬动。

(2) 如果病人脉搏消失,则应迅速用耳朵贴在病人左胸部听取有无心跳(或用听诊器),若心跳已消失,很可能出现下述 3 种情况:即心室纤维性颤动、心室无效的收缩和心室已经全陷入停顿,对此应立即叩击心前区数次,有时心跳可因此而恢复,如无效应立即进行胸外心脏按压术。

由于心搏骤停刹那,往往尚有短时间的呼吸,故在作胸外心脏按压时,如有呼吸时可不必进行人工呼吸,但当呼吸已停止时,则应同时配合做口对口吹气的人工呼吸。

(3) 如果病人经安静休息,症状无发展,脉搏跳动次数节律均在正常范围内,无明显休克现象,而医务人员诊断治疗有困难,可考虑送往医院,但要注意抬送时要平稳。

实训案例 2 心肺复苏

急救最基本的目的是挽救生命,而用于片刻危及生命的则是心跳、呼吸的骤停。很多原因可以引起心跳呼吸骤停,但在日常生活中,最为常见的是心脏急症猝死,其他还有诸如触电、溺水、中毒、创伤等急症。如果此时争分夺秒，抓住抢救时机，对处在濒死阶段，即呼吸、心跳即将停止或刚刚停止，或处在临床死亡阶段（俗称"假死状态"），而并未进入生物学死亡阶段（即"真死状态"）的病人，挽救生命（即"复苏"）既是可能，也是必须。

心肺复苏（Cardio Pulmonary Resuscitation，简称CPR）操作程序。

1. 步骤一：判断意识。
2. 步骤二：高声呼救，拨打紧急电话。
3. 步骤三：将伤病员翻成仰卧姿势，放在坚硬的平面上。
4. 步骤四：打开气道，用仰头举颏法打开气道，使下颌角与耳垂连线垂直于地面（90°）。
5. 步骤五：判断呼吸。

一看，看胸部有无起伏；二听，听有无呼吸声；三感觉，感觉有无呼出气流拂面

注意事项：判断呼吸的时间应为5~10 s

6. 步骤六：人工呼吸。

救护员将放在伤病员前额的手的拇指、食指捏紧伤病员的鼻翼，吸一口气，用双唇包严伤病员口唇，缓慢持续将气体吹入。

吹气时间为1 s以上。

吹气量700~1 100 mL，吹气频率为12次/min（每5 s吹一次）。正常成人的呼吸频率为12~16次/min。

注意事项：

（1）人工呼吸一要在气道开放的情况下进行。

（2）向病人肺内吹气不能太急太多，仅需胸廓略有隆起即可，吹气量不能过大，避免过度通气引起胃扩张。

（3）吹气时间以占一次呼吸周期的1/3为宜。

7. 步骤七：胸外心脏按压。

判断病人无意识、无大动脉搏动，可立即对病人实施心脏按压。

按压部位：胸部正中两乳连接水平，胸骨下1/2处。

按压方法：

（1）救护员用一手中指沿伤病员一侧肋弓向上滑行至两侧肋弓交界处，食指、中指并拢排列，另一手掌根紧贴食指置于伤病员胸部。

（2）救护员定位之手放在别一只手的手背上，双手掌根同向重叠，十指相扣，掌心翘起，手指离开胸壁，

（3）救护员上半身前倾，双肩位于双手的正上方，双臂伸直，上半身前倾，以髋关节为支点，借助上半身的体重和肩臂部肌肉的力量，垂直向下、用力、有节奏地按压30次，下压深度4~5 cm，按压频率100次/min。正常成人脉搏为每分钟60~100次。

（4）按压与放松的时间相等，放松时保证胸壁完全复位，掌根不要离开胸壁。

注意事项：

按压与通气之比为30∶2，做5个循环后可以观察一下伤病员的呼吸和脉搏。

心肺复苏操作程序见表11-10，成人、儿童、婴儿实施心肺复苏的比较分析见表11-11。

表 11-10 心肺复苏操作

步骤	图解	步骤	图解
判断意识		高声呼救	
摆放体位		抢救者体位	
打开气道		判断呼吸	
人工呼吸		循环检查	

续表

步骤	图解	步骤	图解
胸外心脏按压		胸外心脏按压	
按压与通气			

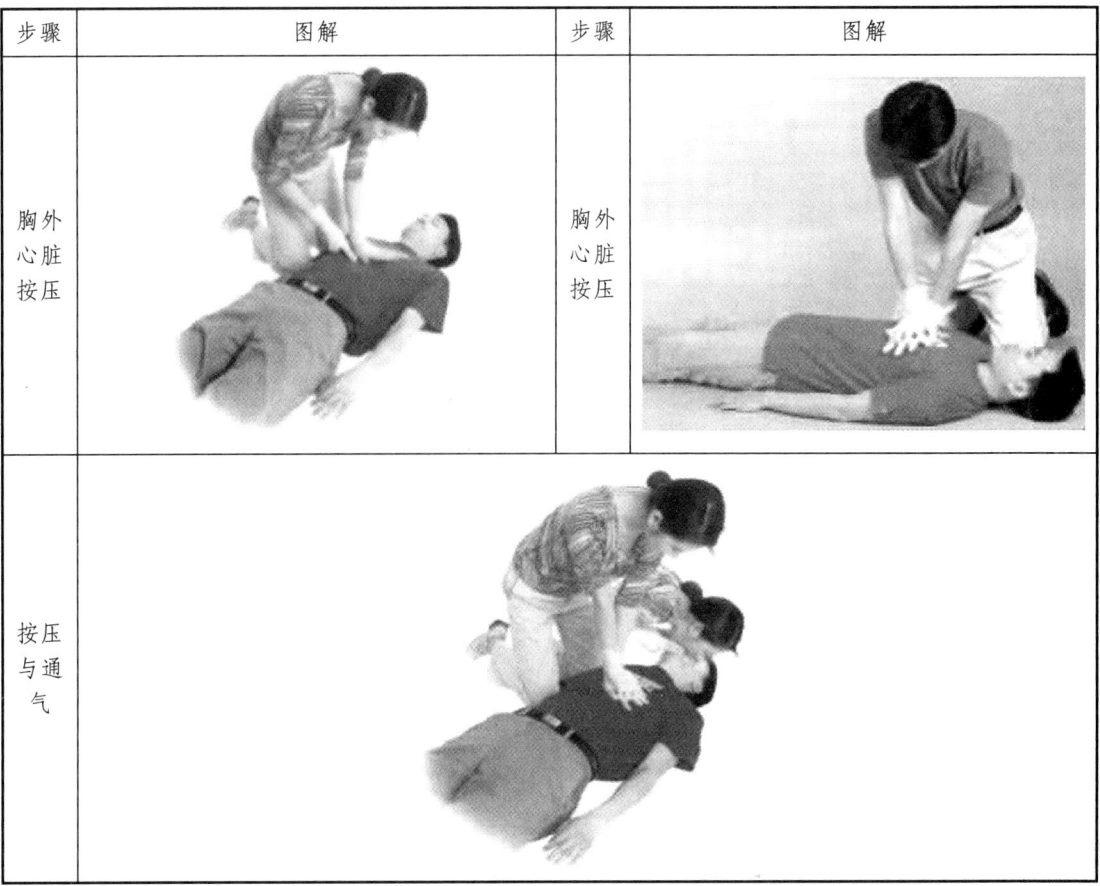

表 11-11 心肺复苏成人、儿童、婴儿比较表

分类	项目		成人	儿童 (1~8岁)	婴儿 (1岁以内)
判断意识			呼喊、轻拍	呼喊、轻拍	拍击足底、捏掐上臂
开放气道			头部后仰呈90°角	头部后仰呈60°角	头部后仰呈30度角
吹气	方式		口对口、口对鼻		口对口鼻
	量		胸廓隆起	胸廓隆起	胸廓隆起
	频率		10~12次/min	12~20次/min	12~20次/min
检查脉搏			颈动脉		肱动脉
胸外挤压	部位		胸部正中乳头连线水平（胸骨下1/2处）		胸部正中紧贴乳头连线下方水平
	方式		双手掌根重叠	单手掌根	中指和无名指
	深度		4~5 cm	2.5~4 cm	1.5~2.5 cm
	频率		100次/min	100次/min	100次/min
挤压与吹气比例			30:2	30:2	30:2

心肺复苏有效指征及复原位

如果救护实施 CPR 救护方法正确，又有以下征兆时，表明 CPR 有效。

（1）面色、口唇由苍白、青紫变红润。
（2）恢复可以探知的脉搏搏动、自主呼吸。
（3）瞳孔由大变小、光反射存在。
（4）病人眼球能活动，手脚抽动，呻吟。

现场的 CPR 应坚持连续进行，在 CPR 连续进行期间，在需要检查呼吸、循环体征的情况下，也不能停止超过 10 s。如有以下各项可考虑停止。

（1）患者自主呼吸及脉搏恢复。
（2）有他人或专业急救人员到场接替。

现场救护人不能够在现场凭主观判断病人死亡，而放弃抢救。

实训任务 5　中毒旅客的救助

实训案例 1　车上所售食品不洁，造成旅客食物中毒

2017 年 2 月 3 日，广州南开往北京西的 G66 次列车由长沙南站开车后，旅客孔×一行 3 人，均为北京人，持广州南到北京西的二等座车票，出现呕吐，并逐渐严重。经了解，此 3 名旅客广州开车后曾购买列车上的盒饭。

处理程序：

1. 乘务员通知列车长，列车长马上组织寻医找药进行医治。
2. 旅客中的医务人员初步判断 3 名旅客可能是食物中毒。
3. 对病人进行医治急救，听取医务人员的意见做好记录，并编制客运记录，通知下一车站，到站后将旅客交车站送医院抢救。
4. 列车向有关部门及时报告，主送前方铁路卫生防疫站，抄送有关客运、卫生主管部门。报告内容：旅客发病时间、地点、患者人数、餐饮食物名称，要求派员处理；
5. 保护现场，稳定旅客情绪，封存可疑食物、呕叶物样品，停止销售可疑食物，追回售出的可疑食物，等待卫生监督人员到现场查验。
6. 调查取证。调查发病原因及餐饮食物，收集发病人、周围旅客及有关人员的证明材料。

实训任务 6　癫痫旅客的救助

实训案例 1　癫痫的救护方法

癫痫即俗称的"羊角风"或"羊痫风"，是大脑神经元突发性异常放电，导致短暂的大脑功能障碍的一种慢性疾病。临床表现为躯体局部肌肉抽搐伴有暂时性意识丧失，或表现为躯体局部肌肉抽搐而不伴有意识障碍，或者仅有发作性精神异常等。

救护原则和方法：

1. 一般而言，癫痫病在发作之前常有先兆症状，如突然眩晕、胸闷、心悸等，预示即将发作。病人应尽快坐下或卧倒，防止发作时发生意外。

2. 迅速将病人衣领解开以利呼吸，有假牙者应取出，最好用牙垫或厚纱布缠绕在压舌板上，小心塞在下臼齿之间，防止咬伤舌及两颊部。及时清除口腔内呕吐物，保持呼吸畅通。

3. 保护四肢大关节以防碰伤，不能用力按压以防造成骨折或关节脱位。

4. 有条件者给予吸氧，肌肉或静脉注射安定；针刺内关、人中、风府、大椎、后溪、申脉等穴位，往往可能见效。

5. 对于癫痫的时序状态（短时间癫痫发作不断），应密切观察呼吸、心跳、血压等生命体征的变化。癫痫的持续状态是癫痫的一种最危险的状况，如不及时抢救，极易产生不良后果，一旦出现，稍加处理后，立即送往医院进行抢救。

实训案例2　癫痫的旅客的救助

2017年1月1日，开往蓬安站的D5182次列车从成都站驶出，列车长冯中伟在司机室观察列车运行状况时，对讲机里传来车厢乘务员焦急的呼叫声："冯车长，5号车厢有一名男性旅客突然晕倒。"

处理程序如下：

1. 车长接报后，一面和具备一定医疗救护能力的列车员赶往现场进行先期处理。

2. 通知广播员立即通过列车广播寻找医务工作者。

3. 患病旅客仿佛失去意识般仰躺在地板上，两眼直往上翻，四肢不停地抽搐。冯车长立即安排乘务员利用所学的急救知识，有条不紊地展开急救工作。不断对病人痉挛的手指特别是虎口进行按摩，并轻轻拍打病人的胸口，不时地和病人说话，帮助他恢复意识。

4. 在医生和冯中伟等乘务员的全力救治下，患者渐渐恢复了意识，面色也由紫青色逐渐转为正常。

5. 经了解，患者有3年癫痫病史，列车长又帮他服下随身携带的药物。

6. 列车长询问患者是否需要就近下车就医，得到病人的否定答复后，便动员旁边旅客调整出较大的空间供病人休息。

7. 收集两份旅客旁证。

说明：如果患者情况严重，需移交前方车站时，下车处理。

实训任务7　精神病旅客的救助

实训案例1　无人护送精神病旅客救助

2017年2月1日，西安开往北京方向的G672动车组上，乘务员发现一名无人护送的精神病患者乘车。该旅客自称张瑞国，男，约30岁，持有西安至北京的二等座车票。

处理程序：

1. 乘务员将情况向列车长汇报。

2. 为防止发生意外，列车长指派的看护人员应采取安全保护措施，乘警并应予以协助。

3. 患者去厕所时，要采取措施，防止其将厕所门锁死而发生意外。

4. 动员患者座位周围有能力的旅客协助看护。

5. 列车长编制客运记录，向前方郑州车站移交时，如精神病患者持有车票，应注明其车票票号及发到站；能辨明其身份时，也应在记录上注明。

实训案例 2　有人护送精神病患者的救助

2017 年 1 月 10 日，石家庄开往长春的 G1290 次动车组从石家庄发车后，5 号车厢乘务员刘某发现有人护送的患有精神病的旅客张某，持石家庄至长春的二等座票。

处理程序：

1. 乘务员应积极向护送人介绍有关安全注意事项。
2. 患者去厕所时，要采取措施，防止其将厕所门锁死，发生意外。
3. 动员患者座位周围的旅客要耐心对待患者，不可同其发生争吵，保持患者的平衡心态，并请周围的旅客一同协助看护。
4. 乘务员要及时关注张某情况。

【技能训练】

一、相关理论知识

（一）填空

1. 列车发生____名以上旅客食物中毒时，列车长应向有关部门及时拍发电报，主送处理站及处理站所属_____，抄送路局客运处。
2. 在旅客列车内发现无票流浪乞讨人员时，列车长应编制_____交列车运行前方县市所在地车站。
3. 列车员送水时要注意安全，做到_____，送水完毕要及时将送水车、大壶加锁存放在_____，茶炉室门及时加锁。
4. 列车员立岗时，要认真组织旅客乘降，宣传旅客先下后上，避免人多拥挤导致旅客从_____掉下摔伤。
5. 卧车列车员要随时向旅客宣传上下铺时注意_____，防止_____。

（二）选择

1.《管规》规定，旅客列车发生三人以上食物中毒时，列车长应及时通知（　　），并做好现场保护工作。
　　A. 前方停车站或所在站防疫部门　　B. 路局有关部门
　　C. 上级领导　　D. 防疫站

2. 发生旅客人身伤害事故时，收集不少于（　　）同行人或见证人的证言和有关证据并保护好证据材料。
　　A. 一份　　B. 两份　　C. 三份　　D. 四份

3. 在车内发现精神异常旅客，要派专人看护，防止发生意外，并按规定编制记录向（　　）移交。
　　A. 旅客到站或换乘站　　B. 前方站
　　C. 列车终到站　　D. 三等以上车站

4. 动车组发生人身伤害或突发疾病时，应积极采取救助措施，按规定办理站车交接，列车乘务人员（　　）。
　　A. 不下车参与处理　　B. 下车给予帮助
　　C. 允许其他旅客参与　　D. 填写客运记录

（三）判断

1. 旅客列车上发生食物中毒和食品污染事故时，应当及时封存食物或可能导致食物中毒的食品及其原料。（　　）

列车上发现无人护送的精神病旅客，列车长应指派专人看护，公安人员应予协助，移交到站或换车站处理。（　　）

2. 动车餐饮食品经营场所环境卫生符合要求，用具清洁，消毒合格，生熟分开。销售散装熟食品时，有防蝇、防尘措施，不徒手接触食品。（　　）

3. 车站发现患有精神病旅客，应严禁其乘车。（　　）

4. 承运人在运输过程中，应当尽力救助患有急病、分娩、遇险的旅客。（　　）

5. 车站发现有无人护送的精神病旅客时，旅客可自行乘车。（　　）

6. 旅客列车配备红十字药箱是为了方便旅客在乘车过程中突发疾病、受到创伤时得到应急救助的措施。（　　）

7. 列车员在作业过程中，尤其是在列车超员时，要积极宣传安全常识，对厕所门、旅客拿放行李、给旅客送水等环节做到重点监控和引导，提醒旅客注意安全。（　　）

8. 列车广播和本车厢列车员要加强车内安全宣传，随时提醒成人看管好儿童旅客，不要在车内乱跑、攀爬铺梯，防止摔伤。（　　）

（四）简答

1. 防止旅客摔伤的卡控措施有哪些？
2. 列车运营中旅客发生烫伤如何处理？
3. 旅客晕倒如何处理？

二、实际技能训练

1. 实际操作训练各种骨折的固定方法。
2. 实际操作训练各种止血方法。
3. 实操训练列车上有旅客中毒的处理程序。
4. 实操训练列车上发现有人陪伴的患有精神病旅客的处理程序。
5. 实操训练列车上发现无人陪伴的患有精神病旅客的处理程序。
6. 实操训练列车上发现发烧旅客的处理程序。
7. 实操训练列车上发现患有癫痫症旅客的处理程序。

模块十一技能训练答案

模块十二 客伤处理实训

【模块描述】

本模块主要训练动车组列车安全员的岗位职责和作业内容,以及动车组列车发生旅客人身伤害时的控制及处理措施。

项目一 铁路旅客人身伤害的控制及处理

【训练目标】

熟悉乘意险的购买方法、承保范围,掌握防止旅客受到伤害的原则以及发生旅客伤害时的处置方法。

【训练准备】

动车组列车服务质量规范、乘务人员对讲机、客运记录等。

【训练内容】

实训任务	实训依据(规章内容提炼)	备注(实训依据来源)
乘意险	1. 铁路乘意险保险期间自被保险人持有效乘车凭证实名制验证或检票进站时起,至到达有效乘车凭证载明的到站检票出站时止。每张火车票可投保1份铁路乘意险,每份保险费3元,最高保障30万元意外身故、伤残和3万元意外医疗费用;未成年人须由其父母投保,每份保险费1元,最高保障10万元意外身故、伤残和1万元意外医疗保险金。同时,在12306网站购买铁路乘意险的成人父母,其免费携带的一名身高不足1.2米且不满10周岁的乘车子女(经二代身份证核验)可免费领取一份铁路乘意险。 2. 在铁路12306网站已购票的未购保旅客,可在12306网站或售票窗口购买指定行程乘意险;已购/换纸质车票的未购保旅客,可在人工售票窗口购买指定行程乘意险。在理赔方面,保险事故发生后,可直接向列车或车站现场铁路客运工作人员报案,并为被保险人提供便利的解决渠道	《银川客运段旅客人身伤害控制措施及考核办法》 《铁路旅客人身伤害及携带品损失事故处理办法》
防止旅客伤害	防止旅客伤害原则: 1. 要充分利用列车广播,增加广播宣传旅客旅行人身安全内容的频次,在大站开车后或列车超员的情况下,要及时广播宣传,提高旅客自身保护的意识,减少旅客人身伤害的发生。 2. 列车员在作业过程中,尤其是在列车超员时,要积极宣传安全常识,对厕所门、旅客拿放行李、给旅客送水等环节做到重点监控和引导,提醒旅客注意安全	

续表

实训任务	实训依据（规章内容提炼）	备注(实训依据来源)
防止旅客伤害	3. 乘务人员要加强车内安全宣传，对重点旅客做到心中有数。卧车夜间运行时，列车员要对起床旅客进行跟踪服务。 4. 乘务员要加强车内巡视，对语言、行为异常的旅客或突发精神病的旅客，要及时报告列车长，做到重点看护监控，妥善处理。 5. 为旅客创造良好的旅行环境。空调车要经常进行通风换气，绿皮车打开电扇或开启车窗进行通风，防止旅客因长时间乘车产生的情绪烦躁。列车员要对大量饮酒的旅客做好劝阻工作，避免因情绪失控造成伤害。 6. 乘务员要加强对列车重点部位的检查，如厕所、电茶炉、行李架物品的摆放等，并做到随时宣传、检查、整理。发现车厢设备故障或其他异常现象，要及时报告列车长和检车人员到场处理。 7. 列车长要加强对各车厢的巡视检查，及时督促列车员加强对旅客人身安全宣传工作，对列车员反馈的问题要及时到场处理，做到超前预控，避免旅客人身伤害的发生。 8. 列车餐车人员要严格执行《食品卫生法》，严把餐料质量关，严禁销售"三无"食品和变质、超保质期的食品，防止发生旅客食物中毒	《银川客运段旅客人身伤害控制措施及考核办法》 《铁路旅客人身伤害及携带品损失事故处理办法》

【实训案例】

实训任务 1　乘意险

实训案例 1　乘意险责任免除条款

1. 由于下列原因之一，造成被保险人身故、伤残或治疗的，保险人不承担给付保险金的责任：

（1）投保人的重大过失或故意行为。

（2）被保险人故意犯罪或抗拒依法采取的强制措施。

（3）被保险人自致伤害或自杀，但被保险人自杀时为无民事行为能力人的除外。

（4）因被保险人挑衅或故意行为而导致的打架、斗殴、被袭击或被谋杀。

（5）被保险人因违反《中华人民共和国铁路法》《铁路安全管理条例》等法律、法规、规章或未遵守铁路部门安全管理规定而导致的伤害。

（6）被保险人妊娠、流产、分娩、疾病、猝死、药物过敏、食物中毒、高原病（高山病）、减压病、中暑、细菌或病毒感染，但因人身伤害事故导致流产、分娩和创伤感染的除外。

（7）被保险人接受手术或其他医疗。

（8）被保险人未遵医嘱，私自服用、涂用、注射药物。

（9）被保险人因遭受铁路交通事故以外的原因失踪而被人民法院宣告死亡的。

（10）任何生物、化学、原子能武器，原子能或核能装置、核燃料、核废料所造成的爆炸、灼伤、污染或辐射。

（11）恐怖主义行为、恐怖袭击、绑架。

2. 被保险人在下列期间遭受人身伤害导致身故、残疾或治疗的，保险人也不承担给付保险金责任。

（1）被保险人精神和行为障碍（以世界卫生组织颁布的《疾病和有关健康问题的国际统计分类（ICD—10）》为准）期间。

（2）战争、军事行动、暴动、武装叛乱期间。

（3）被保险人醉酒或受毒品、管制药物的影响期间。

（4）被保险人非乘坐境内列车期间，或虽在乘坐境内列车期间但未持有与保险期间对应的有效乘车凭证。

（5）被保险人从事违法犯罪活动期间或被依法限制人身自由、在逃期间。

实训任务2 防止旅客伤害

实训案例1 防止旅客挤伤的卡控措施

1. 在列车超员、清晨、午间、夜间旅客入厕较为集中的时间段，乘务员要向等候入厕的旅客反复宣传不要手扶厕所门框边，防止挤伤。乘务员在冲刷厕所开关门时，要提醒周围站立的旅客，严禁大力关门。

2. 列车员开关车门时，要注意卡好卡簧并提醒旅客不要站在车厢连接处，防止挤伤手脚。

3. 在列车超员的情况下，要加强对厕所、乘务间门口附近旅客的安全宣传。及时疏导门头及连接处逗留的旅客，妥善安置长途旅客位置，防止长途旅客在门头被上下车的旅客挤伤。

4. 广播员要根据本次列车的运行时段、区段、客流等实际情况，有针对性地编制广播趟计划，并进行重点宣传。

实训案例2 防止旅客砸伤卡控措施

1. 做好列车出库前的"三乘检查"，检查时要逐个车厢检查车窗，如有滑落或作用不良，及时进行维修，不能修复的要采取相应措施。

2. 列车员出场时要卡好翻板卡簧，避免上车旅客手抓翻板扶手时，不慎砸伤。

3. 运行中要加强安全宣传，告知旅客不要将头、手部靠在窗台或伸出窗外，防止砸伤。

4. 行李架上摆放的物品要及时进行整理，做到大不压小、重不压轻、尖角锐器、铁器、铁皮箱等摆放在坐席下面。到站前要做好通告，宣传下车旅客取行李物品时注意不要砸伤其他旅客。

5. 广播员要根据本次列车的运行时段、区段、客流实际并有针对性地编制广播趟计划，进行重点宣传。

实训案例3 防止旅客烫伤卡控措施

1. 卧车列车员要经常检查暖瓶是否有水，及时供应开水，避免旅客自己打水时发生烫伤。

2. 列车员要随时提醒旅客将放在小桌上的开水杯加盖放好，卧车乘务员还要提醒下铺旅客休息时不要头朝小桌处，防止因列车紧急制动造成水杯歪倒或掉下导致烫伤。

3. 列车员送水时要注意安全，做到大壶带套，送水完毕及时将送水车、大壶加锁存放在指定位置，茶炉室门及时加锁。

实训案例 4　防止旅客摔伤卡控措施

1. 列车员立岗时，要认真组织旅客乘降，宣传旅客先下后上，避免人多拥挤导致旅客从两车连接处掉下摔伤。对上下车的老、幼、病、残、孕等重点旅客以及穿高跟鞋的妇女、携带品较重的旅客进行重点照顾，做到多扶一把、多看一眼、多说一句。途中停车站，特别是高站台车站，必须使用安全渡板及警示带，对下车购物旅客和儿童旅客加强安全宣传，提醒成人看管好儿童，防止儿童从车体和站台夹缝处掉下摔伤。

2. 卧车列车员要随时向旅客宣传上下铺时要注意蹬稳抓牢，防止踩空摔伤。

3. 列车广播和本车厢列车员要加强车内安全宣传，随时提醒成人看管好儿童旅客，不要在车内乱跑、攀爬铺梯，防止摔伤。

项目二　客伤资料处理

【训练目标】

熟悉并掌握客伤旁证资料的收集方法、谈话记录方法、和解协议填写方法、客伤资料的上报内容等。

【训练准备】

动车组列车服务质量规范、乘务人员对讲机、空白谈话记录、空白和解协议等。

【训练内容】

实训任务	实训依据（规章内容提炼）	备注（实训依据来源）
旁证资料收集	1. 发生旅客人身伤害后，列车长、站长应当及时组织现场查验，全面搜集、梳理相关证据资料，检查旅客所持车票的票种、票号、发到站、车次、有效期及有效身份证件信息等，描绘现场旅客定位图，收集不少于两份同行人或见证人的证言及查验记录、现场照片、录像等其他相关证据，形成比较完整的证据链，能够证明发生的过程和原因，初步明确性质，并妥善保管。 旅客或第三人能够说明事件发生经过或责任的，应当由其出具书面材料，并签字确认。 涉及违法犯罪或者旅客死亡的，由铁路公安机关组织现场勘查。 2. 证人应当具有完全民事行为能力。证人证言中应当记录证人的姓名、性别、年龄、地址、联系方式、有效身份证件信息等内容。有医务工作人员参加救治时，应当由其出具参与救治经过的证言。 3. 证言、证据应当真实，能够反映发生的时间、地点、过程、原因和结果	《铁路旅客人身伤害及携带行李损失事故处理办法》《铁路旅客运输管理规则》
谈话记录	1. 询问事情发生的经过。 2. 涉及内容务必真实。 3. 被谈话人必须自愿。 4. 谈话记录需签字确认	

续表

实训任务	实训依据（规章内容提炼）	备注(实训依据来源)
和解协议	1. 和解协议要在双方自愿的条件下签订。 2. 和解协议要描述清楚事情发生的经过。 3. 和解协议要说明事情的解决方法、赔偿措施。 4. 和解协议要有双方的签名确认	《铁路旅客人身伤害及携带行李损失事故处理办法》 《铁路旅客运输管理规则》

【实训案例】

实训任务1　旁证资料收集

实训案例1　旁证资料收集方法

（一）收集材料应采取的方法

（1）对当事人、发现人、报告人、知情人及其他目击人进行询问。询问时，要注意态度、方法、手段、形式等。

（2）收集材料时必须实事求是，客观、细致、完整。

（3）收集材料时，要求两人以上（包括公安），并按规定要求制作笔录，以示其合法性，一旦制作完成不能随意更改、增删，要保持原样。

（二）确定证人资格

（1）证人是否亲眼目睹事情发生、发展、结束的任意一个或多个过程。

（2）证人的生理、年龄、智力等条件是否影响证人辨别是非和正确表达。

（3）证人与当事人双方的关系以及与事件的关系等。

（三）对证词进行审理

（1）审查证言本身是否自相矛盾。

（2）同一事件不同的证人证言证实的情况是否一致。

（3）证人证言与事件其他证据之间是否存在矛盾。

（四）编写证言材料

（1）首部五要素：① 姓名、性别、年龄；② 工作单位、职业、现住址；③ 证明的时间；④ 事情发生的时间；⑤ 事情发生的地点。

（2）正文要求：① 内容真实，不加以想象和推理；② 内容详细，不重复、不冗长；③ 内容有针对性，不写与所证情节无关的言词。

（3）尾部：核对内容是否全面、准确、有无遗漏，无误后签名（盖章），登记通讯地址或其他联络方式、身份证号码。

实训案例2　旁证材料示例

旁证实例一

2017年2月28日，我乘坐××次列车15时45分从汉口站上车，坐在硬座15号车厢20

号座位，准备去天水，在驻马店站开车后 19 时 25 分左右，听到列车广播找医生说："硬座 14 车厢有一名旅客泡面时不小心将自己左手臂烫伤，需要医务人员的救治"。我正好刚从 14 车厕所出来，听到广播后走到 14 号车厢 52 号座位找到这位被烫伤的旅客时，仔细查看烫伤部位，看到这位旅客左手臂腕处已经发红微微起了泡，赶紧就从列车上的药箱内拿了些碘酒轻轻擦拭，并用白纱布简单进行包扎，告知列车长，现在是夏季，为防止发炎，这名旅客必须立即下车进行治疗。列车到达漯河车站后列车长与车站领班办理了交接手续后，将烫伤旅客移交车站送医院治疗。

  以上是我亲眼所见。
  天水市××医院外科主任：王×
  证人姓名：王×   性别：女 年龄：46 岁
  联系方式：136××××× 身份证号码：6101×××0341
  地址：天水市×××区 23 号楼 101 室

旁证实例二

  2017 年 2 月 28 日 15 时 45 分我从汉口站上车乘坐 XX 次列车去宝鸡，乘坐在 14 车厢 60 号座位，快到漯河站前，约 19 时 20 分的时候，我正要去洗脸间洗苹果，走过旁边也就是 51~60 号座位时，看到 52 号的男旅客刚端着泡好的方便面往自己座位走，我赶紧侧身给他让了让，当他刚准备端着面坐下时，自己手摇了一下，面里的开水就洒在他左手臂上，我和旁边座位的其他两位旅客立即找到本车厢乘务员，后又与列车长取得联系，经列车长广播寻找医生进行了简单救治，因天气炎热温度较高，怕烫伤的手臂发炎，因此列车长提前打电话与漯河车站联系，到站后将这位旅客交漯河站送医院治疗。

  以上是我亲眼所见。
  陕西省××公司：杨××
  证人姓名：杨××   性别：男 年龄：45 岁
  联系方式：139×××2674 身份证号码：6201×××0243
  地址：宝鸡市××路××号

实训任务 2 谈话记录

实训案例 1 谈话记录（受害人）

  20××年×月××日，G××××次列车上，陈某的手指被乘客刘某压伤。乘务员对受伤手指处理完毕后，与陈某进行谈话并做好记录。记录如下。

谈话记录（受害旅客）

  时间 20××年×月×日××时××分至 20××年×月×日××时××分
  地点 ××次（××站至××站）列车餐车
  谈话人签名 李某、蒋某   工作单位 ××客运段××组
  记录人签名 蒋某   工作单位 ××客运段××组
  被谈话人 陈某某 性别 男 年龄 43 岁 籍贯 ××省××县人
  身份证件种类及号码 ××××××××××××××××

现住址××省××县××街××号　　　联系方式×××××××××

问：我们是××铁路（集团）公司××客运段××班组的列车工作人员（表明身份、出示工作证件），现想向你了解今天发生在××次（××至××）列车上你被车厢过道门夹伤手指一事，你愿意吗？

答：愿意。

问：请你实事求是的反映问题？

答：好的。

问：请问你的姓名、年龄、单位、住址等基本情况？

答：我叫陈某某，男，汉族，初中文化，××年××月××日出生，户籍所在地××省××县××镇××村××号，现住址××省××市××街××号楼××号，联系电话：××××××××。

问：你是从哪里上车的？到哪里去？购买的是什么车票？

答：我是从××站上车的，准备到××去，我的车票是××次××至××站×号车厢××号下铺。

问：你今天在火车上发生了什么吗？

答：我的手指被车厢的过道门夹伤了。

问：请你把你手指夹伤的事情经过说一下？

答：好的。今天，我从南京站上车后一直坐在座位上玩手机，直到火车从无锡站发车不久，我想去上趟厕所，就从座位上起身，走到车厢过道上，来到车厢连接处时，车厢边门是关着的，我前面有一个年轻的男旅客正在前面走，他把边门打开走过去后，随手用力把车门重新关上。我看到他想关边门，急忙用手去挡住，但他用的力气太大，把我的手指夹伤了。我的手指当时就破了，流了很多血，止都止不住，我当时疼的蹲到地上了。这是正好过来一名女列车员，她看到我握着手蹲在地上，周围流了很多血，连忙帮我扶到乘务间，并叫来了列车长。列车长和那名女乘务员找来医药棉纱和止血药，帮我把手指包扎起来，并给我受伤的手指拍了张照片，同时带我在×车厢找关门那名男旅客。

问：你现在能认出关门压伤你手指的那名男旅客吗？

答：能，就是刚才列车长和我一起找到的那名男旅客，当时他穿着一件黄色的T恤衫，我记得非常清楚，我手指被压时，他还回头看了我一眼。

问：当时还有什么人在现场看到了你被压伤的情况？

答：当时好像有一名女旅客在打开水看到了我被压伤一事。

问：你的手指压伤的严重吗？

答：刚压伤的时候很痛很痛，流了很多血，你们帮我包扎后，现在好多了，手指关节现在也能活动了，骨头应该没有压坏。

问：对这件事你有什么要求？

答：非常感谢你们列车工作人员，你们的服务很好。我的手指受伤了，下车后我还要去治疗，我要求压伤我手指的那名男旅客赔偿我一部分的医药费，别的我没有什么要求。

问：好的，我们将把你的要求向那名男旅客反映，如果他愿意赔偿你的部分损失，你们可以进行和解。如果协商不成，你们可以通过司法途径进行处理。

答：好的。

问：你以上所说的是否属实？
答：属实。
问：你阅读一下记录，看是否与你所说的相符，如果你无法阅读，我们可以读给你听，如果没有错误，请你在记录上签名、捺印？
答：好的。我自己可以阅读。

以上记录我看过，与我说的相符
陈某某（捺手印）
×年×月×日

实训案例2 谈话记录（第三方乘客）

针对上述时间乘务员对受伤手指处理完毕后，与陈某进行谈话以作记录，记录如下。

谈话记录（第三方旅客）

时间 20××年×月×日××时××分 至 20××年×月×时×分
地点 ××次（××站至××站）列车餐车
谈话人（签名）王某、蒋某　　工作单位　××客运段××组
记录人（签名）李系　工作单位　××客运段××组
被谈话人 刘某某　性别 男　年龄 31 岁　籍贯××省×× 县人
身份证件种类及号码　　×××××××××××
现住址　××省×× 县×× 街××号　　联系方式　××××××××××

问：我们是××铁路（集团）公司××
客运段××班组的列车工作人员（表明身份出示工作证件），现想向你了解今天发生在T118次（南京至上海）列车上一名旅客被车厢过道门夹伤手指一事。你愿意吗？
答：愿意。
问：请你实事求是地反映问题。
答：好的。
问：请问你的姓名、年龄、单位、住址等基本情况？
答：我叫刘某某。男，汉族，初中文化，×× 年×月××日出生，户籍籍所在地××省××　县××镇××村××号，现住址××省××市××街××号
联系电话　××××××××××
问：你是从哪里上车的？到哪里去？购买的是什么车票？
答：我是从××站上车的，准备到××去，我的车票是××次××至××站×号车厢××号上铺。
问：你今天在火车上发生了什么吗？
答：我关车厢的过道门时把一名旅客的手指夹伤了
问：请你把你关车厢过道门时把旅客手指夹伤的事情经过说一下？
答：好的。今天我是从××站上车的，火车达到××车站后。我下车到站台上抽了一支烟。列车要发车了，我从站台登上了硬卧×号车厢，并站在车厢连接处看悬挂的《列车时刻表》。列车启动后，我看了一会儿《列车时刻表》后发现自己在Y号车厢，我就从Y号向×号车厢走，

走到车厢连接处时,发现车厢边门是关着的,我边把门打开边走了过去,并把车门重新关上,刚关上,就好像听到身后有人"哎呀"的叫了一声,我回头一看户有一个男旅客往地上蹲,我也不知道他干嘛了就回到了自己的座位上,刚坐下看了一会儿报纸,列车长和一名裹着手指的旅客就找到了我,说我刚才关门时,把这名旅客的手指压伤了。我当时是关了车厢的过道门,但不知到压伤了人,我不是故意的。

问:你当时关门时,周围有其他旅客看到了吗?
答:好像有一个女旅客正在打开水,她看到没有,我不知道。
问:你认识被你关门压伤手指的那名男旅客吗?
答:以前不认识,现在认识了,就是刚才和列车长一起来找到我的那名男旅客。
问:你把他的手指压伤的严重吗?
答:不知道。刚才我过来时,看到车厢过道的地面上有许多血,可能较严重。
问:对这件事你有什么看法?
答:那名旅客的手指可能是我压伤的,但我不是故意的,我只是关门,没看到后面有人。
问:那名旅客下车后要去治疗手指,他要求你赔偿部分医药费,你愿不愿意?
答:愿意,但我只愿意赔偿500元,多了我就没有钱了。
问:你以上所说的是否属实?
答:属实
问:你阅读一下记录,看是否与你所说的相符,如果你无法阅读,我们可以读给你听,如果没有错误,请你在记录上签名、捺印。
答:好的,我自己可以阅读。

以上记录的与我看过的和我说的相符
刘某某(捺指印)
××年×月×日

实训任务3 和解协议

实训案例 和解协议

在实训任务2的案例中,最终在乘务员的调解下,受害旅客和第三方旅客达成和解,签订和解协议,协议内容如下。

和解协议书

甲方当事人:<u>陈某某</u> 性别:<u>男</u> 年龄:<u>43岁</u> 联系电话:<u>×××××××××××</u>
现住址或工作单位:<u>××省××县××街道××号楼××号</u>
代理人:_____ 住址或工作单位_____
乙方当事人:<u>刘某某</u> 性别:<u>男</u> 年龄:<u>31岁</u> 联系电话:<u>×××××××××××</u>
现住址或工作单位:<u>××省××县××街道××号楼××号</u>
代理人:_____ 住址或工作单位_____
事由:<u>刘某某伤陈某某手指</u>

简要情况：20××年×月×日×时许，××次（××站至××站）列车在××车站开出不久，××号车厢××号座位旅客刘某某从×号车厢去×号车厢时，在关闭车厢过道边门时，将×号车厢×号座位旅客陈某某的右手食指压伤，以上事实有刘某某、陈某某两人的亲笔证言，列车员高某某的证词等证据证实。

经协商，双方自愿达成协议如下：
1. 乙方刘某某向甲方陈某某当面赔礼道歉；
2. 乙方刘某某自愿一次性赔偿甲方陈某某医药费损失共计人民币 500 元，大写伍佰元整；
3. 今后双方互不追究对方任何责任。
履行期限：当场履行。
履行方式：口头赔礼道歉，并交付人民币 500 元，大写伍佰元整。

本和解协议书经双方当事人签字（或者涂指印）后，即发生法律效力，双方当事人应积极履行本协议，达成和解协议后不履行的，当事人可以就民事争议依法向人民法院提起民事诉讼。

本和解协议书一式三份，存档一份，双方当事人各一份。

甲方当事人：陈某某　　　　　　　　　　见证人：赵某某
甲方代理人：　　　　　　　　　　　　　　　　　　孙某某
乙方当事人：刘某某
乙方代理人：

【技能训练】

一、相关理论知识

（一）填空

1. 发生旅客人身伤害后，_____应会同_____以最快时间赶赴事故现场，查看旅客受伤程度，组织救治。
2. 发生旅客人身伤害后，列车工作人员要本着对人民生命健康高度负责的精神积极组织救治。列车上受伤旅客需_____时，应提前通知车站做好救护准备工作。
3. 发生旅客人身伤害后，旅客或第三人能够说明事件发生经过或责任的，应当由其出具_____，并签字确认。
4. 有医务工作人员参加救治时，应当由其出具_____的证言。
5. 证言、证据应当_____，能够反映发生的时间、地点、过程、原因和结果。

（二）选择

1. 列车运行中发生火灾威胁行车和旅客人身安全时，应立即停车。停车地点应尽量避开（　　）等。
　　A. 特大桥梁、长大隧道　　　　　　　B. 桥梁、隧道
　　C. 大城市　　　　　　　　　　　　　D. 车站
2. 列车发现旅客携带的危险品移交（　　）处理。
　　A. 列车安全员　　　　　　　　　　　B. 列车公安乘警
　　C. 最近前方停车站公安派出所　　　　D. 最近前方停车站

3.《铁路旅客运输服务质量规范》规定，有乘警的直通列车发现旅客携带品可疑及无人认领的物品时，通知（　　）。

　　A. 列车长到场处理　　　　　　　　B. 乘警到场处理
　　C. 检车员到场处理　　　　　　　　D. 安全员到场处理

（三）判断

1. 铁路乘意险保险期间自被保险人持有效乘车凭证实名制验证或检票进站时起，至到达有效乘车凭证载明的到站检票出站时止。（　　）

2. 投保人不得为无民事行为能力的人投保以死亡为给付保险金条件的人身保险（父母为其未成年子女投保的人身保险不受此规定限制，但因被保险人死亡给付的保险金总和不得超过国务院保险监督管理机构规定的限额）。（　　）

3. 除父母为其未成年子女投保的以外，本保险合同应经被保险人同意并认可保险金额，否则以死亡为给付保险金条件的条款无效，保险人不承担保险责任。（　　）

4. 旅客列车应建立以列车长为组长，乘警长、车辆乘务人员为成员的消防安全小组，履行消防安全小组职责。（　　）

5. 动车客运乘务组由列车长、列车员、乘服员、餐服员和安全员组成，列车乘务组人员应当各司其职，由列车长统一领导。（　　）

（四）简答

1. 什么是乘意险？
2. 乘意险的保费及保额是如何规定的？

二、实际技能训练

1. G1278 次列车上，旅客王某在接开水途中不小心将旅客刘某左手烫伤，伤势较轻，皮肤出现红肿，如何处理。
2. 高速铁路动车组列车长岗位职责是什么？
3. 高速铁路动车组列车员岗位职责？

模块十二技能训练答案

模块十三　高铁快运实训

【模块介绍】

本模块主要对高铁快运操作流程、计价规则、单据填写、集装件的装载加固等具体操作进行训练,以达到能迅速准确完成高铁快运业务,并正确处理途中异常情况的目的。

项目一　高铁快运业务

【训练目标】

了解高铁快运业务的服务体系,掌握高铁快运业务的操作流程,掌握高铁快运业务的计价规则并能够正确计算出高铁快件的运送费用;熟练掌握高铁快运单据的填写方法以达到动车组列车服务质量要求。

【训练准备】

京铁客〔2016〕98号北京铁路局高铁快运运输管理办法、高铁快运业务操作流程中各种单据及动车组服务相关备品。

【训练内容】

实训任务	实训依据(规章内容提炼)	备注(实训依据来源)
高铁快运服务体系	高铁快运是铁路企业依托高铁动车组列车等运输资源,以网络化、规模化的经营方式来降低物流成本,以经济实惠的价格推出快件物品全程运送服务,提供当日达、次晨达、次日达、隔日达四种标准服务产品。同时为不同的需求用户提供高端产品系列和特色便民服务	京铁客〔2016〕98号北京铁路局高铁快运运输管理办法
高铁快运操作流程	根据不同情况,高铁快运业务流程分为以下几种情况: 1. "站到站"载客动车组业务办理流程; 2. "站到门"业务代办流程; 3. "站到站"确认列车业务办理流程; 4. "门到门"业务站间运输作业流程; 5. 高铁快递业务办理流程	京铁客〔2016〕98号北京铁路局高铁快运运输管理办法(第五章)
高铁快运计价规则	1. "首重"+"续重"模式; 2. 首重1千克计价单位为:元;续重根据区域远近实行不同的运价率,计价单位为:元/千克;续重计价重量以0.5千克为一档,不足0.5千克按0.5千克计算,超过0.5千克不及1千克的按1千克计算; 3. 计价金额以元为单位,不足1元的按四舍五入处理 4. 对轻泡物品,计价重量按照实际重量和体积重量择大选取;体积重量(千克)=长(厘米)×宽(厘米)×高(厘米)/6 000;一票多件的,每件按实际重量和体积重量择大选取计价重量,然后每件计价重量求和得到该票计价重量	

续表

实训任务	实训依据（规章内容提炼）	备注(实训依据来源)
高铁快运单据的填写	1. 高铁快运集装件交接单： （1）交接单尺寸 185 毫米×130 毫米，按车次、到站编制，一式三份，一份发站留存，一份交列车，一份交到站。 （2）确认列车装运批量快件时，记事栏内增加包裹票号。 2. 装载清单及填写规则： （1）装载清单尺寸 185 毫米×130 毫米，按车次、到站编制，一式三份，一份发站留存，一份交列车，一份交到站。 （2）一个车厢仅装载同一到站的集装件。车厢号位置填写装运该到站集装件的所有车厢号，可填写车厢区间，如 1~3 车。 （3）含有"当日达"快件集装件的记事栏内注明"当日达"字样，车站拼箱的"站到站""站到门"集装件注明"拼箱"字样。 3. 高铁快运交付凭证样式： 交付凭证尺寸：130 毫米×185 毫米一式两联，上下排列，箱号为箱体号的后 5 位数字，以逗号隔开	京铁客〔2016〕98 号北京铁路局高铁快运运输管理办法（附件 3、4）

【实训案例】

实训任务 1　高铁快运服务体系

实训案例 1　高铁快运标准服务体系及服务要求

高铁快运是铁路企业依托高铁动车组列车等运输资源，推出的快件物品全程运送服务，包括当日达、次晨达、次日达、隔日达四种标准服务产品。如图 13-1 所示。

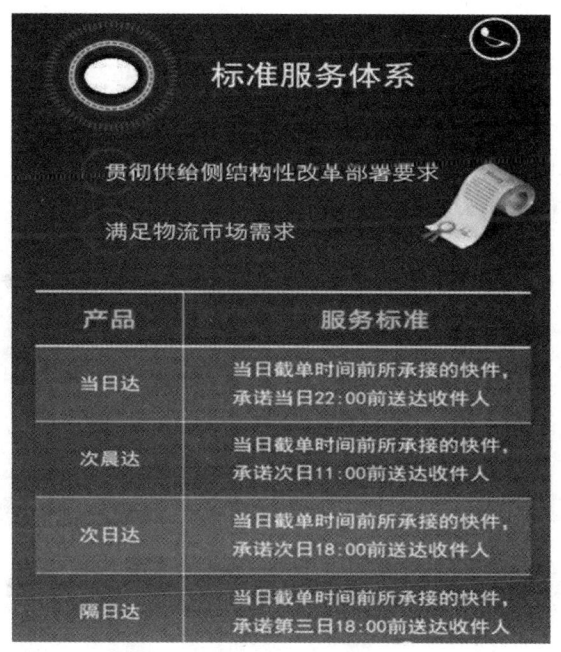

图 13-1　高铁快运标准服务体系图

实训案例 2　高铁快运高端产品服务

高铁快运深化铁路货运改革，推动铁路现代物流转型，加快铁路融入社会化生产服务，为不同的需求用户提供高端产品系列服务。如图 13-2 所示。

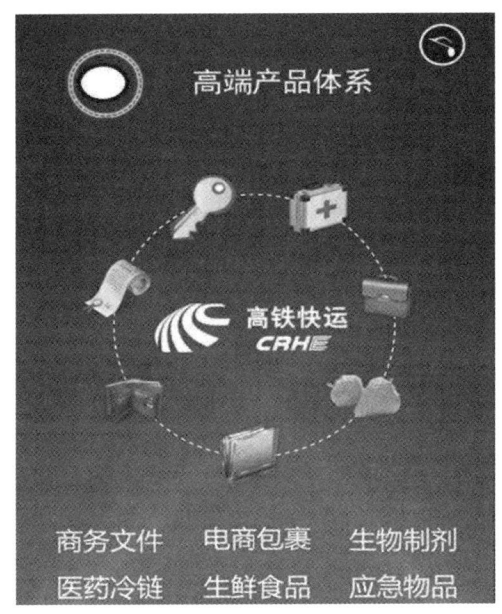

图 13-2　高铁快运高端产品体系图

实训案例 3　高铁快运便民特色服务

深化"服务"理念。服务群众，实现便捷出行；医疗应急，开通绿色通道。如图 13-3 所示。

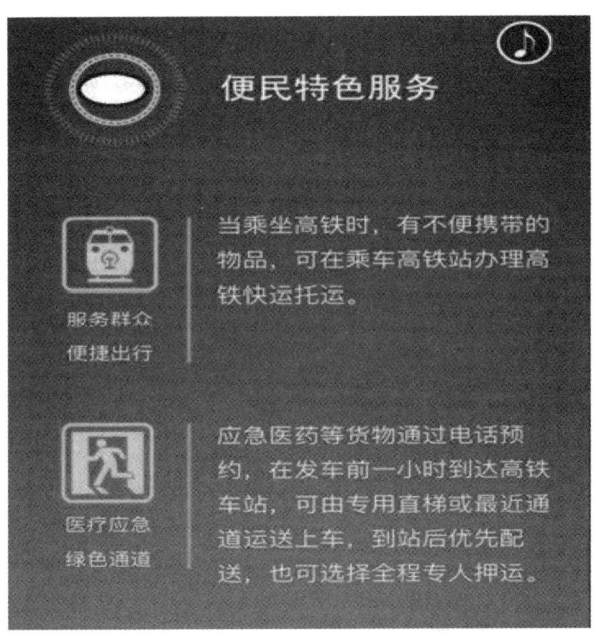

图 13-3　高铁快运便民特色服务图

实训任务 2　高铁快运操作流程

实训案例 1　"站到站"载客动车组业务办理流程

客户到车站办理"站到站"载客动车组业务，根据需求选择"当日达""次晨达""次日达"等服务产品，填写包裹托运单。

1. 车站受理人员应当场查验货物，安检、检斤，确认物品及包装安全适运，尺寸、重量适合装入车站提供的集装容器。若是贵重物品，应向客户建议选择保价运输。对不符合办理条件的物品，应拒收并向客户说明原因。

2. 受理、安检、查验、确认等作业结束后，在托运单上加盖安检章，制包裹票，并打印、粘贴货签。收、发货人应按实际准确填写，收货人手机号码必须填写。收款后，将报销凭证联交客户，运输报单联和领取凭证联留存。

3. 车站对高铁快运进行集装时，先扫描集装容器编号，再逐一扫描属于该集装容器的快件，并将扫描后的快件放入集装容器内。装箱可采取衬垫、捆绑等加固措施，确保快件在运输途中不滚动、不窜动。

集装完毕后，使用编号施封锁施封，并在信息系统中对应集装容器编号录入施封锁号码，生成集装件电子货物清单；在集装件外包装粘贴或插入运送区间标识牌，并打印集装件物品清单。

4. 车站按照"当日达"优先、以及充分用足能力的原则，分车次、到站编制集装件装车计划，形成高铁快运集装件装载清单（见表 13-1）和交接单（见表 13-2）。

编制装车计划时，根据列车装载方案，同一到站按照"当日达""次晨达""次日达"的先后顺序，按车厢号从大到小依次使用。原则上，不同到站应装载于不同的车厢。

装载清单上车厢号位置填写装运该到站集装件的所有车厢号，可填写车厢区间，如 1~3 车。含有"当日达"快件集装件的装载清单记事栏内须注明"当日达"字样。装载清单和交接单保存 90 天。同一到站交接单、装载清单应按车厢号从大到小顺序打印，不同到站交接单、装载清单应按车厢号从大到小顺序排列。

5. 车站根据集装件装车计划，安排统一着装或标识的工作人员，提前把集装件搬运至站台指定位置；列车停稳后，按计划装车、堆码和上锁加固集装件。始发（折返）站应在旅客上车前完成装车，中途站应于开车铃响前完成装车。

6. 列车长应按列车装载方案，提前分派列车乘务人员在高铁快运上车站和下车站指定车厢检查车站装卸人员装卸、码放和上锁加固作业。

7. 装车时，列车乘务人员应在装车现场核对集装件的到站、件数、外包装、施封等状况，确认无误后立即报告列车长；列车长在立岗位置与车站指定交接人员按集装件交接单和装载清单办理交接。

乘务人员发现集装件外包装或施封有异状的，应不予装车，由车站指定人员在集装件装载清单和交接单上划掉相应的集装件编号，签注实际装车件数后，与列车长共同签字确认。

乘务人员发现集装件码放不符合规定的，应要求车站装车人员当场纠正。车站装车人员在列车乘务人员确认前，不得离开。

8. 装车交接完毕后，车站指定交接人员应在 30 min 内在信息系统中按实际装车情况做装车确认。

因外包装或施封有异状未装车的集装件，车站应改善包装或补封，编制客运记录，安排就近列车装运至到站。

9. 列车乘务人员在运行途中巡视、检查集装件码放、上锁加固、外包装、施封等状况；发现集装件短少或外包装、施封破损时，应及时报告列车长。

列车长到场确认集装件短少后，应组织乘警、乘务人员在各车厢查找（无乘警时由列车长组织乘务人员与安全员进行查找）；查找不到时，应立即报告列车运行所在铁路局客调，由客调通知列车所经管内停车站查找。停车站应立即组织查找，并将结果报告客调。发现集装件的，由发现站编制客运记录通过后续列车将集装件运达到站；没有发现集装件的，由客调通知到站。车站、列车工作人员发现非工作人员持集装件出站时应当场制止。

列车长确认集装件外包装或施封破损的，应会同乘警或其他列车乘务人员共同检查集装件，并对外包装拍照留存。外包装破损造成内装高铁快运可视的，还应对内装高铁快运拍照留存。检查完毕，应将破损集装件妥善保管。

对上述集装件短少、外包装或施封破损以及内装快件破损的，均应开具客运记录，载明现有集装件或内装高铁快运的数量、编号、包装和物品的实际状态，并电话通知集装件到站，由到站通知客户。

10. 到站根据信息系统中的装车确认信息，组织人员在列车进站前到站台按卸车车门位置立岗接车。

卸车时，车站接车人员应与列车乘务人员当场核对集装件的到站、件数、外包装、施封等情况，确认无误后，由车站指定交接人员与列车长凭集装件装载清单和交接单办理交接。

列车长已提前通过电话通知有集装件外包装、施封破损或集装件短少的，由车站指定交接人员凭列车长开具的客运记录核实现状后，办理站车交接。

没有电话通知但卸车时车站接车人员发现集装件外包装破损或施封有异状的，应与列车乘务人员按本办法第三十四条共同检查、拍照，由列车长开具客运记录并与车站指定交接人员办理站车交接。中途站和折返列车来不及开具客运记录的，可按上述对集装件现状检查、拍照后，在交接单上注明现状。列车长退乘后，应收集照片、补编客运记录并上交，客运记录及时转交中途站或折返站，照片由车队载明日期、车次，保存90天。

11. 卸车交接完毕后，车站及时将集装件搬运至车站高铁快运办理点，扫描集装件箱号，做卸车确认。

12. 到站拆箱应双人同时作业，实行一箱一清。拆箱前应下载集装件物品清单，核对到站、箱号、施封号。拆箱后，应逐件核对内装快件，并检查外包装情况，如发现异状，有破损或拆动痕迹，应编制事故记录。

13. 到站后应及时通知客户提取。通知方式以短信为主，每天8：00～22：00发送短信，未留手机或短信通知不成功的改为电话通知。个人客户凭有效身份证件到站领取"站到站"快件；企业客户凭收货单位印鉴、委托书、介绍信以及经办人有效身份证件领取。

14. 车站交付时，应确认高铁快运的件数和包装状况，打印交付凭证（见表13-3）。客户发现物品短少或有异状的，应当场提出；车站确认物品短少、破损的，应编制事故记录交客户作为要求赔偿和追责的依据。

15. 高铁快运装运车次应尽量使用始发、终到高铁列车。高铁中间站应在保证安全的前提下利用经停列车办理高铁快运，在铁路总公司未有明确要求时，暂定站停时间为2 min的列车每趟车装运集装件1至2件；站停时间在2 min（不含）以上、5 min（含）以下的列车每趟车装运集装件不超过4件；站停时间在5 min（不含）以上的列车每趟车装运集装件不超过6件。为保证高铁列车运输组织和货物的安全，办理中间站高铁快运须派人随车押运，不与列车长办理交接。装车站应提前与列车联系沟通可利用的装载空间及车厢，并将相关信息向装卸人员进行预报；高铁列车随车押运人员，应将集装件件数、装载的车厢、可利用的装载空间等信息向卸车站进行预报，以便中途站提前组织好装、卸车等相关工作。始发车站办理高铁快运时，同一车次既有中途站押运的货物，又有终到站需要与列车长办理交接的货物时，必须分别打印交接单据，货物分开码放。

实训案例2 "站到门"业务代办流程

1. 客户到车站办理"站到门"业务，根据需求选择"当日达""次晨达""次日达"等服务产品，并按一件一单的方式填写高铁快运快递单。

2. 车站受理人员应当场查验货物，安检、检斤，在高铁快运快递单上加盖安检章，确认物品及包装安全适运，符合到达城市送达范围，尺寸、重量适合装入车站提供的集装容器。若是贵重物品，应向客户建议选择保价。对不符合办理条件的物品，应拒收并向客户说明原因。

包装不符合标准的，应要求客户改进包装。快递员可根据客户需求，提供信封、包装袋等包装材料进行封装，或由客户按重量、规格自行封装，确保包装适合运输、便于装卸。

对符合办理条件的物品，应按如下步骤办理：

（1）提示客户仔细阅读快递单背面的服务协议。

（2）指导客户按一件一单的方式填写高铁快运快递单，确认收件人、寄件人、品名等信息准确、完整、可辨识。

（3）向客户说明称重规则和计费标准，检斤、计算价格，由客户确认付费方式后，填写应填内容，经客户核实后签字确认，将寄件人留存联交给客户。

（4）按照客户选择的支付方式收款，按规定开具发票。

（5）使用手持设备扫描快递单，录入相关信息，在快递单上填写目的地代码后，将快递单粘贴在高铁快运外包装上。"当日达"快件应使用记号笔在快递单上做标记。

高铁快运包装材料由中铁快运公司提供，快递单发送记账联由车站每日汇总后交中铁快运公司。

3. 车站按客户填写的快递单信息，制包裹票，并打印、粘贴货签。记事栏内注明"站到门"，收、发货人均填写"中铁快运股份有限公司"。包裹票报销凭证联由车站汇总交中铁快运。

4. 车站按到站和"当日达""次晨达"及"次日达"服务产品分拣、装箱。原则上，应优先集装同一服务产品，集装容器有剩余空间时，可将"站到门"与"站到站"高铁快运混装在一个集装件内，并在集装件外包装上注明"拼箱"字样。

5. "站到门"集装件装箱、施封及运送区间标识等要求以及装车计划、装车、站车交接、装车确认、途中巡视、卸车、卸车确认等作业与"站到站"相同。

6. 中铁快运根据信息系统的卸车确认信息，组织人员到站凭印鉴领取集装件。

车站交付时，应确认集装件到站是否正确，集装件编号和实际数量与交接单、系统预报信息是否一致，集装件外包装和施封锁是否完好，确认无误后，打印交付凭证，双方签字交接。

中铁快运发现高铁快运短少或外包装、施封破损时，应当场提出，并与车站共同检查集装件及内装快件状况。集装件短少、内装高铁快运短少、破损以及带客运记录的，由车站编制事故记录，交中铁快运作为要求赔偿和追责的依据。

车站发现到站错误的，应编制客运记录安排最近车次装运至目的站，并通知目的站，由目的站通知中铁快运公司。

实训案例 3 "站到站"确认列车业务办理流程

1. "门到门"站间运输的集装件，中铁快运应按照铁路总公司要求进行集装、施封及粘贴或插入运送区间标识，装有"当日达"快件的集装件粘贴或插入"当日达"专用标签。

2. 中铁快运与车站协商确定最晚上站时间，于最晚上站时间前将集装件送到车站办理点，同时提交附带集装件箱号信息的托运单。

车站检查集装件包装和施封完好，逐件安检、检斤，在托运单上加盖安检章，扫描集装件编号，核对运送区间，与中铁快运公司办理交接。包装、施封、运输时限等不符合条件的集装件，应不予承运，退回中铁快运公司。

3. 车站根据运送区间、计费重量以及相关运费标准制包裹票。对一次上站的集装件，同一到站的，按一批办理，制一份包裹票。

包裹票右上角加盖"高铁快运"标记戳，规格为 35 mm×20 mm 有边长方形。包裹票运输报单联、领取凭证联由发站留存。

4. 办理站按照"当日达"优先、用足能力的原则，分车次、到站编制集装件装车计划，形成高铁快运集装件装载清单和交接单。

编制装车计划时，根据列车装载方案，同一到站按照"当日达""次晨达""次日达"的先后顺序，按车厢号从小到大依次使用。原则上，不同到站应装载于不同的车厢。

装载清单上车厢号位置填写装运该到站集装件的所有车厢号，可填写车厢区间，如 1-3 车。含有"当日达"快件集装件的装载清单记事栏内须注明"当日达"字样。装载清单和交接单保存 90 天。同一到站交接单、装载清单应按车厢号从大到小顺序打印，不同到站交接单、装载清单应按车厢号从大到小顺序排列。

5. "门到门"站间运输集装件的装车、站车交接、装车确认、途中巡视、卸车、卸车确认等作业与"站到站"相同，与中铁快运的交付作业与"站到门相同"。

实训案例 4 "门到门"业务站间运输作业流程

1. 利用确认车办理高铁快运，必须由始发办理站向路局提报申请，经批准后方可使用。确认列车应优先安排前一日承运的高铁快运，剩余运能可受理客户的批量快件。

2. 客户（含中铁快运）使用符合条件的纸箱、集装袋等集装容器托运，集装件外包装上应注明客户名称和运输区间。客户填写包裹托运单和集装容器内装物品清单（应包含品名，单号，发件人、收货人及其联系电话、地址等信息）交车站，车站检查集装件包装和封口完好，逐件安检、检斤，在托运单上加盖安检章，记录运输计费重量，根据运送区间、计费重量、以及相关运费标准制包裹票。一次上站的集装件，同一到站的，按一批办理，制一份包裹票。

车站应公告客户批量集装件的受理截止时间。

3. 车站分组编制确认列车装车计划，前一日承运的高铁快运集装件为一组，可装在同一车厢内，按照载客动车组列车方式填制高铁快运集装件装载清单和交接单。批量集装件为一组，不同客户集装件分置码放，填制高铁快运集装件交接单。

4. 车站根据集装件装车计划，安排人员提前按分组把集装件搬运至站台，确认列车进入站台停稳后，在列车指定车厢装车、堆码集装件。装车应于开车前 5 min 完成。未完成时应停止装车，由车站作业人员对未能装车的集装件做甩货处理，并在装载清单和交接单上标明。

开车后，车站作业人员应及时根据实际装车情况在信息系统中做装车确认。

5. 确认列车随车作业人员（货物押运员）由列车担当客运段指定，负责与车站指定交接人员办理交接，在运行途中巡视、检查集装件码放及其外包装、施封状况。

6. 到站根据信息系统中的装车确认信息，提前组织人员在列车进站前到站台按卸车车门位置立岗接车。

卸车时，接车人员应当场核对集装件的到站、件数及外包装、施封情况，由车站指定人员与列车随车作业人员（货物押运员）凭集装件装载清单、交接单办理交接。

车站接车人员发现集装件外包装破损或施封有异状的，应与列车随车作业人员（货物押运员）共同检查、拍照，并在交接单上注明。

7. 到站应根据确认列车站停时间，准备充足装卸人员进行卸车作业，不得影响旅客乘降。卸车交接完毕后，车站应及时将集装件搬运至车站高铁快运办理点，在信息系统中做卸车确认。高铁快运集装件和批量快件应分区码放。

8. 车站可以提前与批量快件客户协商确定通知方式、领取方式及凭证、免费保管时间等事项。批量快件到站后，与客户按约定办理交付。对超过免费保管时间的，应收取保管费。

车站交付时，应确认集装件到站、件数、箱号以及外包装、施封状况完好后，打印交付凭证。

发现集装件短少或内装高铁快运短少、破损的，到站应编制事故记录，交客户作为要求赔偿和追责的依据。

实训案例 5 高铁快递业务办理流程

市民只需拨打客服电话下单，工作人员就会上门取件，再通过高铁迅速送达其他城市。高铁运输具有公交化方式、天气影响小、准点率高、和谐服务的优势。发件成功后，寄件人可登录相关网站，利用快递单号随时查询快件状态，或拨打客服电话进行人工查询。具体流程如下：

1. 拨打客服电话 12306、95306、95572 都可以。
2. 快递工作人员上门取件。
3. 快递人员开包检查快递物品。
4. 确认托运物品符合条件后，封包称重。
5. 由托运人按格式填写托运单。
6. 车站工作人员核实内容后计算并收取运费。
7. 车站工作人员对托运单进行入机扫描。
8. 车站工作人员应在装车现场核对集装件的到站、件数、外包装、施封等状况，确认无误后装车。
9. 卸车以后，到站会按照客户的需求安排送货。

实训案例 6 中铁快运对外客户服务 APP 的使用

中铁快运对外客户服务 APP 的服务对象是市场客户以及公司项目客户。支持操作系统为安卓 4.0 及以上和苹果 6.0 及以上的移动端设备。

主页布局如图 13-4 所示.

图 13-4 中铁快运主页布局图

(一)货物追踪查询

(1)实现按高铁快运单号、小件快运单号和行李包裹查询号进行单票的物流追踪状态查询。支持通过文本输入和条码扫描方式进行查询。如图 13-5 所示。

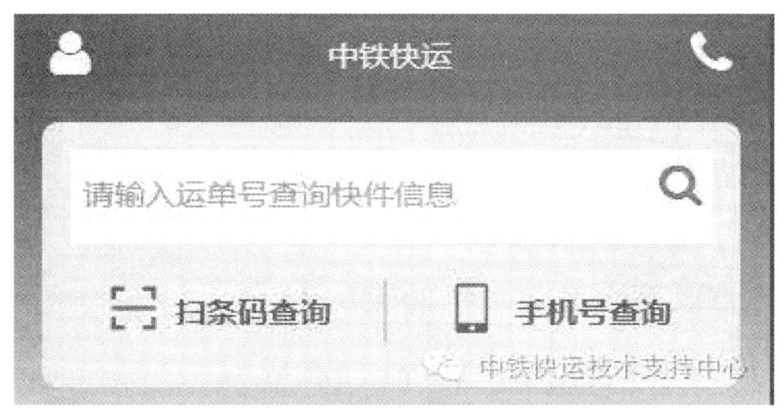

图 13-5 中铁快运物流追踪状态查询图

(2)通过发货人手机号查询。客户通过输入日期、发货人手机号及短信验证码进行对应日期一天、三天、七天内的物流状态查询。如图 13-6 所示。

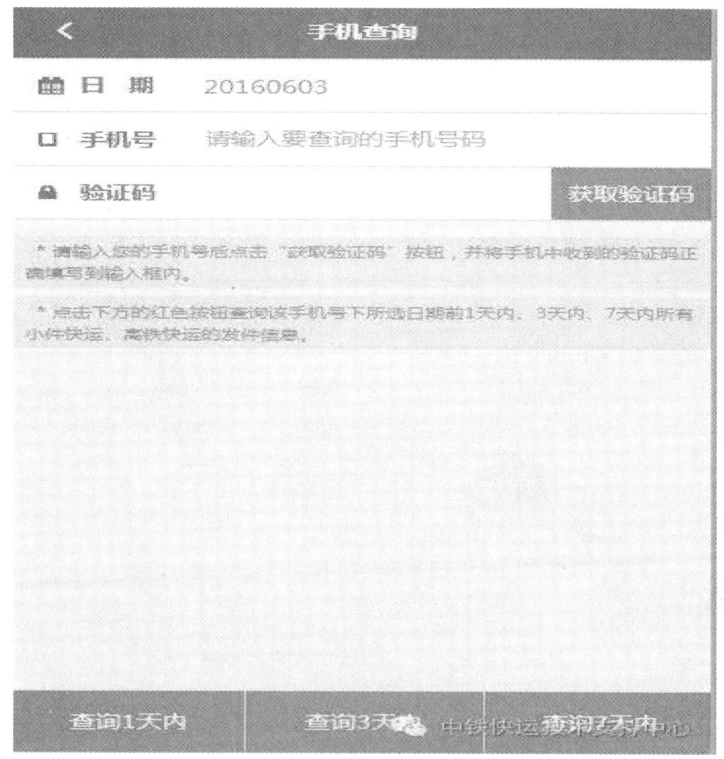

图 13-6　手机查询物流状态图

(3) 客户可对"运输中""配送中""已签收"三种状态的货物状态信息进行查询。如图 13-7 所示。

图 13-7　货物状态信息查询图

(二) 快速发货

(1) 如需发货,点击主界面中部发货栏,如图 13-8 所示。

图 13-8　快速发货图

(2) 客户通过输入发货人、收货人信息以及货物的相关信息,系统会估算出相应的费用以供客户参考。同时,客户可以进行备注留言,以方便提供更具特色的服务。发货界面如下图 13-9 所示。选择"我已阅读并同意《办理协议》"后,点击提交,若客户填写的信息符合要求,则下单成功;若不符合要求,则会给予相应提示。

图 13-9　发货界面图

（三）服务范围查询

系统应用移动设备的定位和地址解析技术自动获取当前位置，客户在输入详细地址后，点击提交，系统会显示该范围内的快递办理站的联系电话、员工姓名、网点信息以及服务类型和是否在免费送货范围内等信息。以便客户对服务范围进行查询。如图 13-10、13-11 所示。

图 13-10　服务范围选择图

图 13-11 服务范围图

(四)网点查询

在移动设备上应用地址解析等技术,将行包系统中小件快运网点地址进行经纬度解析,并在地图上进行可视化展示。客户在输入省、市后,点击提交,系统会将相应的网点信息展示出来,并可以展示"我的位置""网点位置""到这里""联系网点"等信息,客户可以根据所提供的信息联系相应网点。网点查询如图 13-12、13-13、13-14 所示。

图 13-12 网点查询图

图 13-13 网点信息图

图 13-14 网点地图显示图

（五）费率时限查询

实现按办理城市进行产品时限和费率的统一查询和展示。将小件快运和高铁快运的查询条件细化至省、市、区三级地址。如图 13-15、13-16 所示。

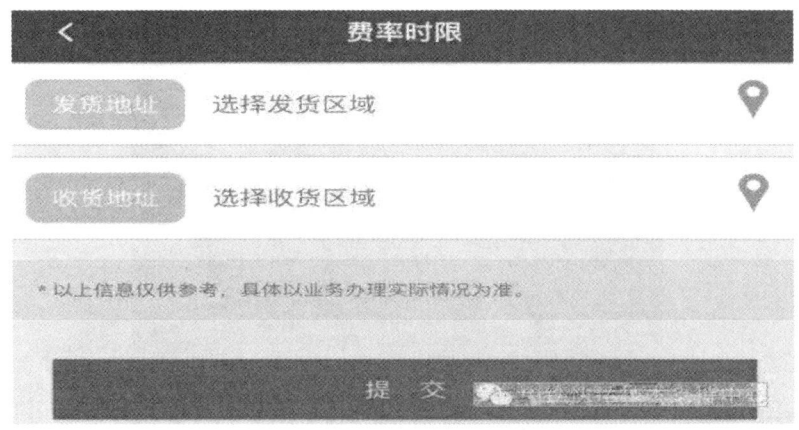

图 13-15　费率时限界面图

图 13-16　费率时限查询图

实训任务 3　高铁快运计价规则

实训案例　高铁快运标准服务产品计价规则

高铁快运通过网络化、规模化的经营方式来降低物流成本，以经济实惠的价格为客户提供标准服务产品。如图 13-17 所示。

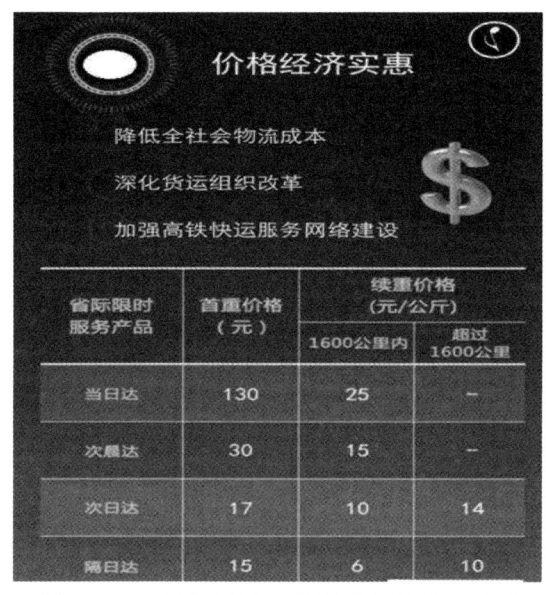

图 13-17 高铁快运标准服务产品计价规则图

实训任务 4　高铁快运单据的填写

实训案例 1　高铁快运集装件交接单填制

交接单见表 13-1。

表 13-1　高铁快运集装件交接单

× × 铁 路 局

高铁快运集装件交接单

20　年　月　日　　　　　　　　　　　　　　编号：
发站：　　　　　　　　　　　　　到站：
车次：　　　　　　　　　　　　　合计：　　件

序号	车厢号	件数	记事
1			
2			
3			
4			
5			
6			
7			
8			
备注：			

发站经办人：　　　　　　列车经办人：　　　　　　到站经办人：

填制说明：

① 交接单尺寸 185 mm×130 mm，按车次、到站编制，一式三份，一份发站留存，一份交列车，一份交到站。

② 确认列车装运批量快件时，记事栏内增加包裹票票号。

实训案例 2　装载清单及填写规则

装载清单见表 13-2。

表 13-2　高铁快运集装件装载清单

北 京 铁 路 局
高铁快运集装件装载清单

20　年　月　日　　　　　　　　　　　　　　　　　　　　编号：

发站：　　　　　　　　　到站：

车次：　　　　　　　　　车厢号（区间）：

序号	箱号	票号	记事	序号	箱号	票号	记事
1				11			
2				12			
3				13			
4				14			
5				15			
6				16			
7				17			
8				18			
9				19			
10				20			

填制说明：

① 装载清单尺寸 185 mm×130 mm，按车次、到站编制，一式三份，一份发站留存，一份交列车，一份交到站。

② 一个车厢仅装载同一到站的集装件。车厢号位置填写装运该到站集装件的所有车厢号，可填写车厢区间，如 1-3 车。

③ 含有"当日达"快件集装件的记事栏内注明"当日达"字样，车站拼箱的"站到站""站到门"集装件注明"拼箱"字样。

实训案例 3 高铁快运交付凭证样式

表 13-3 高铁快运交付凭证样式

高铁快件交付凭证

年　月　日

收货人：　　　　　　　　　　　　　电话：

票号：　　　　　件数：　　　　　重量：

箱号：

备注：

交货方：　　　　　　　　　　　　收货人签章：

填制说明：

① 交付凭证尺寸：130 mm×185 mm 一式两联，上下排列，箱号为箱体号的后 5 位数字，以逗号隔开。

项目二　高铁快运集装件的装载加固

【训练目标】

了解高铁快运集装件尺寸和重量的相关规定，可以通过高铁快运集装容器上的编号与条码识别高铁快运集装件，熟练掌握高铁快运集装件的码放方法。

【训练准备】

动车组列车服务质量规范、北京铁路局高铁快运运输管理办法/京铁客〔2016〕98 号、高铁快运包装材料、高铁快运旅行拉杆箱（专用箱、纸箱、袋状容器）等集装容器、箱体号签、编号施封锁等高铁快运集装件装载加固相关备品。

【训练内容】

实训任务	实训依据（规章内容提炼）	备注(实训依据来源)
高铁快运集装件的尺寸及重量	1. 高铁快运包装应完整、牢固，适合运输。包装不符合规定的，应要求客户改善包装；客户不同意的，不予办理。 2. 站间运输的高铁快运应当使用旅行拉杆箱、专用箱、纸箱、袋状容器等集装容器以集装件的形式运输	北京铁路局高铁快运运输管理办法/京铁客〔2016〕98 号

续表

实训任务	实训依据（规章内容提炼）	备注(实训依据来源)
高铁快运集装件的尺寸及重量	3. 集装容器外部长、宽、高尺寸之和不大于 160 厘米（袋状容器最大直径不大于 80 厘米），最短边长不小于 30 厘米，采取防水、防漏、防撞、防滑及内部捆绑、衬垫等必要防护措施，适宜在高铁列车指定位置装载上锁加固；装货后总重量不超过 25 千克。 4. 利用载客动车组列车运输时，应使用规格统一的专用箱等集装容器。对冷藏箱、集装袋、纸箱等有特殊运输条件需求的，车站可向路局提出申请，由路局客运处与有关局和站段协商确定具体条件，但集装件总重量不得超过 50 千克，外部长宽高尺寸之和不大于 220 厘米	北京铁路局高铁快运运输管理办法/京铁客〔2016〕98号
高铁快运集装容器的编号与条码	集装件应有统一编号和条码，使用编号施封锁施封。集装容器及编号施封锁由中铁快运统一提供	北京铁路局高铁快运运输管理办法/京铁客〔2016〕98号
高铁快运集装件的码放	1. 集装件应按列车装载方案规定的指定位置码放。码放在车厢内最后一排座椅后的空档处时，不得影响座椅后倾，高度不得超过座椅。需中途换向的列车，不得使用最后一排座椅后的空档处。 2. 利用高铁确认列车运输时，可使用纸箱、集装袋等集装容器。集装件可码放在大件行李处、通过台、餐车、车厢过道及座椅间隔处等位置，但不得码放在座椅上。单节车厢装载的集装件总重量不得超过列车允许载重（二等座车厢标记定员乘以 80 千克），不得堵塞通道，不得偏载。 3. 车站应加强集装容器和确认列车鼠虫防治，设置兼职卫生检查员，保持环境整洁卫生，防止货物夹带鼠虫等病媒生物。铁路疾控所应采取预防投药措施，定期组织集中杀灭，有效控制鼠虫危害。 4. 大件行李处原则上只使用上层。中途换向的载客动车组列车不使用最后一排座椅后空当处	北京铁路局高铁快运运输管理办法/京铁客〔2016〕98号

【实训案例】

实训任务 1　高铁快运集装件的尺寸及重量

实训案例　高铁快运集装件尺寸与重量的判定

2016 年 11 月 11 日，由厦门北开往上海虹桥的 G1658 次列车为了缓解双"十一"期间高铁快件运量的激增，根据前期运力推测，专门预留出一节车厢运送高铁快件。车站在受理快运件时发现一批货物包装破损，长宽高尺寸之和为 225 cm，集装件总重为 58 kg，由于违反了《高铁快运运输管理办法》的相关规定，故不予办理高铁快运业务，并告知货主关于《高铁快运运输管理办法》中的相关规定内容。

1. 高铁快运包装应完整、牢固，适合运输。包装不符合规定的，应要求客户改善包装；客户不同意的，不予办理。

2. 站间运输的高铁快运应当使用旅行拉杆箱、专用箱、纸箱、袋状容器等集装容器以集装件的形式运输。

3. 集装容器外部长、宽、高尺寸之和不大于 160 cm（袋状容器最大直径不大于 80 cm），最短边长不小于 30 cm，采取防水、防漏、防撞、防滑及内部捆绑、衬垫等必要防护措施，适宜在高铁列车指定位置装载上锁加固；装货后总重量不超过 25 kg。

4. 利用载客动车组列车运输时，应使用规格统一的专用箱等集装容器。对冷藏箱、集装袋、纸箱等有特殊运输条件需求的，车站可向路局提出申请，由路局客运处与有关局和站段协商确定具体条件，但集装件总重量不得超过 50 kg，外部长宽高尺寸之和不大于 220 cm。

实训任务 2　高铁快运集装容器的编号与条码

实训案例 1　高铁快运集装箱箱体签和条码的规定

高铁快运集装容器上粘贴有条码的箱体号签，全签尺寸（长 100 mm × 高 30 mm），签的内容为条码（含左右留白长 100 mm × 高 15 mm），包括内容是：企业标识（4 位字母，如 CREG）、箱体类型（1 位字母）、箱体编号（6 位数字），条码下打印字母和数字，字体为 Times New Roman。为美观、易识别，条码下字串有空白间隔，如 CRE G B 012345，BJGTD 095200 而条码里内容项无间隔。

箱号签样式如下：

CREG B 012345

实训案例 2　高铁快运集装箱箱型字母的含义

拉杆箱—G，移动箱—Y，B 型专箱—B，冷藏箱—L，袋—D。

实训案例 3　高铁快运集装箱箱号的定义

各型箱号不重复，在信息系统中保持唯一。

实训任务 3　高铁快运集装件的码放

实训案例 1　380AL 型高铁快运集装件码放

编组量数	建议每列装载数量	建议码放位置及数量	
		向 1 车方向运行	向 8 车或 16 车方向运行
16	40	6-7、10-15 车厢最后一排座椅后空当处，每车 4 件；7-8、11-16 车厢大件行李处，每车 1 件	6-7、10-15 车厢最后一排座椅后空当处，每车 4 件；6-7、10-15 车厢 1 位端大件行李处，每车 1 件

实训案例 2　380BL 型高铁快运集装件码放

车型	编组量数	建议每列装载数量	建议码放位置及数量	
			向 1 车方向运行	向 8 车或 16 车方向运行
380BL	16	40	6-7、10-15 车厢最后一排座椅后空当处，每车 4 件；6-7、10-15 车厢大件行李处，每车 1 件	6-7、10-15 车厢最后一排座椅后空当处，每车 4 件；6-7、10-15 车厢大件行李处，每车 1 件

实训案例 3　380CL 型高铁快运集装件码放

车型	编组量数	建议每列装载数量	建议码放位置及数量	
			向 1 车方向运行	向 8 车或 16 车方向运行
380CL	16	40	6-7、10-15 车厢最后一排座椅后空当处，每车 4 件；6-7、10-15 车厢大件行李处，每车 1 件	6-7、10-15 车厢最后一排座椅后空当处，每车 4 件；6-7、10-15 车厢大件行李处，每车 1 件

实训案例 4　CRH2A 型高铁快运集装件码放

车型	编组量数	建议每列装载数量	建议码放位置及数量	
			向 1 车方向运行	向 8 车或 16 车方向运行
CRH2A	8	10	1-4 车厢最后一排座椅后空当处，每车 2 件；2 车、3 车大件行李处，每车 1 件	1-4 车厢最后一排座椅后空当处，每车 2 件；2 车、3 车大件行李处上层，每车 1 件

实训案例 5　CRH5A 型高铁快运集装件码放

编组量数	建议每列装载数量	建议码放位置及数量	
		向 1 车方向运行	向 8 车或 16 车方向运行
8	10	2-5 车厢最后一排座椅后空当处，每车 2 件；3 车、4 车大件行李处，每车 1 件	2-5 车厢最后一排座椅后空当处，每车 2 件；3 车、4 车大件行李处，每车 1 件

实训案例 6 380A 型高铁快运集装件码放

车型	编组量数	建议每列装载数量	建议码放位置及数量	
			向 1 车方向运行	向 8 车或 16 车方向运行
380A	8	12	1、2、7 车厢最后一排座椅后空当处，每车 3 件；1、2、8 大件行李处，每车 1 件	1、2、7 车厢最后一排座椅后空当处，每车 3 件；1、2、7 车大件行李处，每车 1 件

实训案例 7 CRH3C 型高铁快运集装件码放

编组量数	建议每列装载数量	建议码放位置及数量	
		向 1 车方向运行	向 8 车或 16 车方向运行
8	20	2、3、6、7 车厢最后一排座椅后空当处，每车 2 件；2、3、6、7 车厢大件行李处，每车 3 件	2、3、6、7 车厢最后一排座椅后空当处，每车 2 件；2、3、6、7 车厢大件行李处，每车 3 件

项目三　途中异常情况处置

【训练目标】

熟练掌握高铁快运运输途中非正常情况的处理原则并能够运用这些原则正确处理运输途中的异常情况；熟练掌握高铁快运事故处理原则并能够运用这些原则正确处理高铁快运事故并给予赔偿。

【训练准备】

《旅客及行包业务非正常情景的处置及操作技巧》、包裹票、铁路电报、客运运价杂费收据、客运记录、退款证明书、行李票、货运记录、赔偿要求书、货运事故复查书、行包事故赔偿通知书、行包事故定则通知书等动车组相关备品。

【训练内容】

实训任务	实训依据（规章内容提炼）	备注（实训依据来源）
运输途中异常情况处理	1. 行包中夹带危险品的处理。 2. 一般品名不符的处理。 3. 到站发现重量不符的处理。 4. 变更运输。 5. 支付逾期违约金。 6. 线路中断的处理	《旅客及行包业务非正常情景的处置及操作技巧》（高铁快运业务异常情况处理比照普铁相关规定）

续表

实训任务	实训依据（规章内容提炼）	备注（实训依据来源）
高铁快运事故处理	事故处理及赔偿： 1. 发站责任的处理及赔偿。 2. 中转站责任的处理及赔偿。 3. 列车责任的处理及赔偿。 4. 其他责任的处理及赔偿。 5. 多站共同责任的处理及赔偿	

【实训案例】

实训任务1 运输途中异常情况处理

实训案例1 行包中夹带危险品的处理——发站处理夹带危险品

情境：

2016年6月15日，货主王×在西宁发兰州杂物两件，重50 kg，纸箱包装，票号A00371，收货人为兰州×机械厂刘×，装车前发现其中一件内有油漆两桶重15 kg。西宁站于当日通知货主。

解决方案：

《铁路旅客运输办理细则》（后简称《细则》）第八十九条 在发站停止装运，通知托运人领取，运费不退，将原票收回，在记事栏内注明"伪报品名，停止装运，运费不退"。将报销页交托运人作报销凭证。

实训案例2 行包中夹带危险品的处理——中途站处理夹带危险品

情境：

2016年6月17日，青岛化工厂张×在青岛托运至太原的原料3件90 kg（每件重30 kg），票号A000372，当月18日在石家庄中转时发现其中一件内有黄磷5 kg，当日通知托运人，托运人当月20日来石家庄站处理。

解决方案：

《细则》第八十九条，发现品名不符应区别性质，实事求是，正确处理。装车前应重新制票，装车后由到站处理。如将国家禁止、限制运输的物品或危险品伪报其他品名托运或在货件中夹带时，按下列规定处理：

在发站停止装运，通知托运人领取，运费不退，将原票收回，在记事栏内注明"伪报品名，停止装运，运费不退"。将撤销页交托运人作为报销凭证。

在中途站停止运送，发电报通知发站转告托运人领取，运费不退，并对品名不符的货件按实际运送区间补收四类包裹运费。

必要时还应交有关部门按国家有关规定处理。

实训案例3 行包中夹带危险品的处理—到站处理夹带危险品

情境：

2016年6月15日，保定站交付当月12日由广州发保定的日用品5件150 kg，票号A033621，发现其中1件内装有气体打火机1 500个，15 kg。

解决方案：

《细则》第八十九条：在到站，补收全程四类包裹运费。必要时还应交有关部门按国家有关规定处理。

实训案例4 一般品名不符的处理—发站处理伪报一般品名

情境：

2016年6月15日，承德发石家庄小学课本1件20 kg，票号A000475，入库后发现内装物品实为小学物理辅导练习。

解决方案：

《细则》第八十九条：发现品名不符应区别性质，实事求是，正确处理。装车前应重新制票，装车后由到站处理。

《铁路旅客运输规程》（后简称《客规》）第九十三条：发现品名不符时，在发站，应补收已收运费与正当运费的差额。

实训案例5 一般品名不符的处理—到站处理伪报一般品名

情境：

2016年6月15日，哈尔滨站交付6月14日由北京托运至哈尔滨鲜奶5件100 kg，票号F007815，发现其中3件内装茶饮料重60 kg。

解决方案：

《客规》第九十三条 发现品名不符时，在到站，加收应收运费与已收运费差额两倍的运费。

实训案例6 到站发现重量不符的处理

情境：

2016年6月15日，成都站交付6月12日乌鲁木齐发成都的行李2件35 kg，票号B000586，经检斤复磅，实际质量为86 kg。

解决方案：

《细则》第九十条：到站发现行李、包裹重量不符，应退还时，开具退款证明书将多收款退还给收货人；应补收时，开具"客杂"补收正当运费，同时开具客运记录附收回的行李、包裹票报路局收入部门，由路局收入部门列应收账款向检斤错误的车站再核收与应对补运费等额的罚款。

实训案例7 变更运输—发站办完托运手续，旅客、托运人要求取消托运（装车前）

情境：

1. 2016年6月17日，保定化纤厂李×，在保定站托运至上海配件6件140 kg，票号B000723，当月18日托运人来保定站办理取消托运手续（未装车，包裹票甲联及进款已上报分公司）。

2. 2016年6月17日，保定化纤厂李×，在保定站托运至上海配件6件140 kg，票号B000723，当日下午托运人来保定站办理取消托运手续（未装车，报告页未上报）。

3. 2016年6月17日，保定化纤厂李×，在保定站托运至北京5日内报纸2件20 kg，票号A005789，当日下午托运人来保定站办理取消托运手续（未装车）。

解决方案：

《客规》第九十二条：在发站装车前取消托运时，退还全部运费。

《细则》第八十七条：行李、包裹托运后至装车前，托运人要求取消托运时，车站应收回行李、包裹票注销，注明"取消托运"字样。办理时，另以车站退款证明书办理退款，收回的行李、包裹票报销联随车站退款证明书上报。因取消托运发生的各项杂费，另填发"客杂"核收，并将"客杂"号码及核收的费用名称、金额填注在取消托运的行李、包裹票上。取消托运的行李、包裹，已收运费低于变更手续费和保管费时，运费不退也不再补收，收回原行李、包裹票，在报单页、旅客页和报销页注明"取消托运、运费不退"字样。旅客页贴在存根页上。

实训案例8 变更运输—旅客、托运人要求运回发站取消托运或变更到站的处理

情境：

1. 2016年6月15日，旅客王×从北京托运至杭州仪器2件48 kg，票号C057825，当日北京—杭州T31次车装出，6月18日旅客到北京站要求返回发站取消托运。

2. 2016年6月15日，旅客王×从北京托运至杭州仪器2件48 kg，票号C057825，当日北京—杭州T31次车装出，当日（装车后）旅客到北京站要求并更至沈阳站（列车运行至徐州站前）。

解决方案：

《细则》第八十七条：托运人在发站取消托运时，发站对要求运回发站的行李、包裹应收回行李、包裹票，编制客运记录，写明原票内容，交托运人作为领取行李、包裹的凭证，并以电报的形式通知有关站、车。

托运人在发站要求变更行李、包裹的到站时，车站在行李票、包裹票旅客页和报销页上注明"变更到××站"，更正到站站名及收货人单位、姓名，加盖戳，注明日期，交给托运人，作为在新到站领取行李、包裹和办理变更后产生运费差额的凭证，同时拍发电报通知有关车站和列车。

实训案例9 变更运输—返回发站或运至新到站的处理

情境：

2016年6月15日，旅客王×从北京托运至杭州仪器2件48 kg，票号C057825，6月17日货物到杭州站，18日旅客到北京站要求将货物返回发站取消托运，杭州站18日收到变更电报，20日货物返回北京站，当日通知旅客于26日领取。

解决方案：

《细则》第八十八条：发站或新到站收到行李、包裹后，补收或退还已收运费与实际运送区间里程通算的运费差额，核收变更手续费和保管费（保管费指行李、包裹运到到站、新到站超过3天，折返站1天或原到站自行李、包裹到达日起至收到电报日止产生的保管费。保管日数

分别计算）。补收时以"客杂"补收，退还时使用"退款证明书"退款，原票贴在"客杂"或"退款证明书"报告页上报。

实训案例 10 支付逾期违约金——全部逾期

情境：

2016 年 5 月 10 日，邯郸××厂技术科自邯郸站托运泡沫××制品 3 箱 126 kg，到张家口站，票号 D100231，收货人为张家口××商场。该货物为 5 月 15 日到达，当日通知，收货人次日领取，要求支付逾期违约金。

解决方案：

《客规》第八十条：行李、包裹超过规定的运到期限运到时，承运人应按逾期日数及所收运费的百分比向收货人支付违约金，违约金最高不超过运费的 30%，行李、包裹变更运输时，逾期运到违约金不予支付。

《客规》第八十三条：行李从运到日起、包裹从发出通知日起，承运人免费保管 3 天，逾期到达的行李、包裹免费保管 10 天。

《细则》第七十五条：违约金按所收运费的百分比计算，违约金不足 0.1 元的尾数按四舍五入处理到 0.1 元。

实训案例 11 支付逾期违约金——部分逾期

情境：

2016 年 5 月 16 日，瓦房店轴承厂李×自瓦房店托运轴承 5 件共计 200 kg 到天津站，票号 E210023，收货人为天津××机床厂供销科。因某种原因，其中 3 件共计 120 kg 于 5 月 19 日到达，当日通知，收货人次日领取。剩余 2 件 80 kg 于 5 月 22 日到达，当日通知，收货人 25 日领取。要求支付违约金。

解决方案：

《客规》第八十条：一批中的行李、包裹部分逾期时，按逾期部分运费比例支付。

《细则》第七十五条：到站应收回行李、包裹票，给收货人开具客运记录，作为领取部分逾期行李、包裹和要求支付违约金的依据。

实训案例 12 线路中断的处理——因线路中断，行李中途受阻，返回发站，取消托运

情境：

2016 年 6 月 15 日，石家庄发兰州的行李 2 件 55 kg，保价 300.00 元，票号 F077322，因临潼—西安间水害线路中断，行李被阻于临潼站，旅客在临潼时停止旅行，要求将行李返回发站取消托运（临潼站编制客运记录×××号返回）。

解决方案：

《细则》第一百零六条第 3 项：根据托运人的要求，在发站和由中途站返回发站的行李、包裹取消托运时，收回行李、包裹票，在旅客页和报单页记事栏内注明"线路中断，取消托运"字样，填写"退款证明书"退还全部运费并将收回的行李、包裹标附在"退款证明书"报告页并上报。

实训案例 13 线路中断的处理——因线路中断，行李运至到站，旅客要求返回发站，取消托运

情境：

2016年6月15日，石家庄发兰州行李2件55 kg，保价300.00元，票号F077322，因临潼—西安间水害线路中断，行李已运至兰州站，旅客在临潼停止旅行，要求将行李返回发站取消托运（兰州站编客运记录×××号返回）。

解决方案：

《客规》第一百一十一条：旅客在发站或中途站停止旅行，而托运的行李已运至到站，要求将行李运回发站或中途站，不补不退。

《细则》第一百零六条第5项：旅客在发站停止旅行，行李已运至到站，要求将行李运回发站取消托运时，在行李票报销页加盖"交付讫"戳，在记事栏内注明"因线路中断、行李运至返回，运费不退"字样交旅客作为报销凭证。

实训案例 14 线路中断的处理——中途站领取

情境：

2016年12月6日，石家庄制线厂李×自石家庄站托运至太原站涤纶线2箱，重36 kg，声明价格200.00元，票号C002005，装当日K522次列车运行至井陉站，因塌方前方线路中断，包裹被阻于井陉站，7日托运人在被阻站提取。

解决方案：

根据《客规》第一百一十条：收货人在中途站要求领取时，应退还已收运费与发站至领取站应收运费的差额。不足起码运费按起码运费核收。

《细则》第一百零六条第4项：旅客或收货人、托运人在中途站领取时，收回行李、包裹票，填写"退款证明书"，退还已收运费与发站至领取站间的运费差额，不足起码里程的按起码里程计算，并在行李、包裹票旅客页、报单页记事栏注明"线路中断、中途提取"字样，附在退款证明书报告页后上报。

实训案例 15 线路中断的处理——旅客在发站或中途站停止旅行，要求仍将行李运至到站

情境：

2016年3月1日，旅客白×自定州站托运行李一件至武昌站，重25 kg，票号E000201，因安阳—郑州站间发生行车事故，线路中断，旅客在邯郸站停止旅行，要求将行李仍运至原到站。

解决方案：

《细则》第一百零六条第6项：旅客在发站或中途站停止旅行，要求仍将行李运至到站时，补收全程或中止旅行站至到站间的行李和包裹差价。

实训案例 16 线路中断的处理——包裹在中途被阻，托运人要求变更到站

情境：

2016年7月6日，广州白云服装厂李×，自广州托运至衡水服装3件重60 kg，票号A009763，

因郑州—安阳间发生事故线路中断,包裹被阻于郑州站,经与发站联系,发货人要求变更到兰州站。7月10日到兰州站,当日通知,15日领取。

解决方案:

《细则》第一百零六条第7项:包裹在中途被阻,托运人要求变更到站,补收或退还已收运费与发站至新到站的运费差额,不收变更手续费。在"客杂"或"退款证明书"记事栏内注明"因××线路中断,变更到站"。

实训案例17 线路中断的处理——鲜活包裹在途中被阻的处理

情境:

2016年5月25日,天津×水产公司自天津站托运冻带鱼5件125 kg到海拉尔站,收货人:海拉尔水产局赵×,票号B011254。该批包裹装当日1301次列车,列车运行到通辽站前时,前方水害线路中断,被阻于通辽站,经与发站联系,托运人要求在被阻站将其变卖(当地价格6.0元/kg)。

解决方案:

《细则》第一百零六条第8项:鲜活包裹在运输途中被阻,卸车站应及时与发站联系,征求托运入处理意见,托运人要求铁路处理时,卸车站应处理,处理所得款填写"客杂"上交,在记事栏内注明情况,并编制客运记录写明情况,附处理单据寄送发站,处理所得款由处理站所属铁路局收入部门交付发站所属铁路局收入部门,发站凭记录和单据填写"退款证明书"退还已收运费与发站至处理站间运费差额和物品处理所得款。记录、处理单据及收回的包裹票随"退款证明书"报告页上报。

实训任务2 高铁快运事故处理

实训案例1 发站责任的处理及赔偿

情境:

2016年7月9日,长春发邯郸工艺品2件重57 kg,纸箱包装,票号D007897,未保价,7月11日××次列车到达邯郸,卸车发现其中1件内有碎裂响声,列车行李员已在交接证上签注。收货人领取时会同有关人员检查发现该件货内装玻璃工艺品,已全部碎裂,内部无衬垫,纸箱外无安全标志,检斤共损坏25 kg。

解决方案:

《客规》第一百一十六条:未按保价运输的物品按实际损失赔偿,但最高连同包装重量每kg不超过15元。

《客规》第一百一十七条:行李、包裹全部或部分灭失时,退还全部或部分运费。

《行李包裹事故处理规则》第10条第3项:由于违章承运行李、包裹造成事故时,事故责任列承运站。

实训案例2 中转站责任的处理及赔偿

情境:

2016年2月9日,太原发哈尔滨配件2件重70 kg,票号E001091。2月15日,1172次列车附沈阳站×××号客运记录运到1件重40 kg。哈尔滨站发电报查询,沈阳站未答复,5月12日收货人提出赔偿。

解决方案:

《客规》第一百一十六条:未按保价运输的物品按实际损失赔偿,但最高连同包装重量每kg不超过15元。

《客规》第一百一十七条:行李、包裹全部或部分灭失时,退还全部或部分运费。

《行李包裹事故处理规则》第10条第2项:事故查询时,未按规定期限答复的,事故责任列逾期答复站、段。

实训案例3 列车责任的处理及赔偿

情境:

2016年7月16日,××次列车终到北京西站卸西安发北京西仪器5件100 kg,票号B000106,保价2 000.00,卸车时其中1件外包装变形,列车行李员在交接证上签注"一件变形"字样,收货人领取时在会同有关人员验货时发现该件仪器外壳裂开,内显失灵,重量20 kg,收货人提出赔偿。

解决方案:

《行李包裹事故处理规则》第10条第5项 站车交接时,接收方不盖规定名章或印章不清无法确认,以及接收方应签收而未签收,或虽已签收,但对件数、包装等情况站车双方有异议时,而在开车后3 h内(如区间列车运行超过3 h不停车时,为前方停车站),又未拍发电报确认的发生事故,责任列接收站、段。

《客规》第一百一十六条:未按保价运输的物品按实际损失赔偿,但最高连同包装重量每kg不超过15元。

《客规》第一百一十七条:行李、包裹全部或部分灭失时,退还全部或部分运费。

实训案例4 其他责任的处理及赔偿

情境:

2016年7月6日,定州站卸××次列车,柳州发保定摩托车1辆重125 kg,票号F007869,倒车镜坏,列车行李员在交接证上签注"镜坏",收货人领取时提出赔偿(附K158次列车长编制的客运记录及运转车长证明一份,K158次列车过武汉市道口时行人抢道,列车紧急制动将摩托车摔倒损坏)。

解决方案:

《行李包裹事故处理规则》第10条第11项:由于列车紧急制动造成行李、包裹损失时,事故责任列"其他"。

实训案例5 多站共同责任的处理及赔偿

情境:

2016年7月6日,×××次列车在涿州站卸附有北京西站×××号客运记录的沈阳发往涿州的药品5件其中的3件重60 kg,票号A000324,欠2件重40 kg,5件保价2 000.00元,当日通知收货人领取,收货人8日领取3件重60 kg,7月15日,收货人提出赔偿要求。

解决方案：

《客规》第一百一十六条：未按保价运输的物品按实际损失赔偿，但最高连同包装重量每 kg 不超过 15 元。

《客规》第一百一十七条：行李、包裹全部或部分灭失时，退还全部或部分运费。

【技能训练】

一、相关理论知识

（一）填空

1. 高铁快运是铁路企业依托高铁动车组列车等运输资源，以网络化、规模化的经营方式来降低物流成本，以经济实惠的价格推出的快件物品全程运送服务，提供_____、_____、_____、_____四种标准服务产品。

2. 首重 1 kg 计价单位为：____；续重根据区域远近实行不同的运价率，计价单位为：_____；续重计价重量以____千克为一档，不足 0.5 kg 按 0.5 kg 计算，超过 0.5 kg 不及 1 kg 的按 1 kg 计算。

3. 计价金额以元为单位，不足 1 元的按_____处理。

4. 对轻泡物品，计价重量按照实际重量和体积重量择大选取；体积重量（千克）= _____。

5. 高铁快运集装件交接单，一式____，一份_____，一份_____，一份_____。

6. 高铁快运装载清单，一式____，一份_____，一份_____，一份_____。

7. 高铁快运集装容器外部长、宽、高尺寸之和不大于____cm（袋状容器最大直径不大于____cm），最短边长不小于____cm。

8. 集装件应按列车装载方案规定的指定位置码放。码放在车厢内_____座椅后的空档处时，不得影响座椅____，高度不得超过_____。需中途换向的列车，不得使用_____座椅后的空档处。

（二）选择

1. 下列哪个不属于高铁快运提供的标准服务产品（　　）

　　A. 当日达　　　　B. 次晨达　　　　C. 次日达　　　　D. 隔晨达

2. 高铁快运集装件交接单的尺寸（　　）

　　A. 185 mm × 130 mm　　　　　　B. 185 mm × 120 mm

　　C. 135 mm × 180 mm　　　　　　D. 125 mm × 180 mm

高铁快运集装容器采取防水、防漏、（　　）、防滑及内部捆绑、衬垫等必要防护措施，适宜在高铁列车指定位置装载上锁加固；装货后总重量不超过 25 kg。

　　A. 防摔　　　　B. 防撞　　　　C. 防晒　　　　D. 防燃

4. 高铁快运集装容器上粘贴有条码的箱体号签，应包含的内容有：企业标识、箱体类型和（　　）。

　　A. 核对号　　　B. 箱主号　　　C. 箱体编号　　　D. 箱体号码

（三）判断

1. 高铁快运计价规则遵守"首重" + "续重"模式。（　　）

2. 处理行包事故要遵循"重合同、守信用"的原则，主动迅速地办理赔偿工作。（　　）

3. 高铁快运计价规则,首重 1 kg 计价单位为:元;续重根据区域远近实行不同的运价率,计价单位为:元/ kg;续重计价重量以 1 kg 为一档。(　　)

4. 含有"当日达"快件集装件的记事栏内注明"当日达"字样,车站拼箱的"站到站""站到门"集装件注明"拼箱"字样。(　　)

5. 利用载客动车组列车运输时,集装件总重量不得超过 500 kg,外部长宽高尺寸之和不大于 220 cm。(　　)

6. 利用高铁确认列车运输时,可使用纸箱、集装袋等集装容器。集装件可码放在大件行李处、通过台、餐车、车厢过道及座椅间隔处等位置,但不得码放在座椅上。单节车厢装载的集装件总重量不得超过列车允许载重(二等座车厢标记定员乘以 80 kg),不得堵塞通道,不得偏载。(　　)

(四)简答

1. 新版《铁路旅客运输服务质量规范》高铁快运高铁车站间运输时应执行什么规定?
2. 新版《铁路旅客运输服务质量规范》如何装卸、搬运高铁快运集装件?
3.《铁路旅客运输服务质量规范》动车组对高铁快件的管理有何规定?
4. 什么物品不能办理高铁快件运输?
5. 高铁快件重量规格及标准。
6. 高铁快运安全管理原则是什么?

二、实操技能训练

1. 高铁快件应急处置的方法。
2. 高铁快件装载位置及数量规定。
3. 高铁快件包装规范。
4. 高铁快运的基本作业流程。

模块十三技能训练答案

参考文献

[1] 马海漫. 高速铁路动车乘务实务[M]. 成都：西南交通大学出版社，2016.

[2] 王慧，祖晓东. 高铁乘务安全管理与应急处置[M]. 成都：西南交通大学出版社，2015.

[3] 马海漫，宋玉佳. 高速铁路客运组织[M]. 成都：西南交通大学出版社，2015.

[4] 宋玉佳. 铁路客运作业实训教程[M]. 成都：西南交通大学出版社，2015.

[5] 王淑霞. 铁路客运业务实作解析[M]. 北京：中国铁道出版社，2015.

[6] 王嘉嘉. 高铁乘务人员形象塑造[M]. 成都：西南交通大学出版社，2015.

[7] 裴瑞江，李春霞，张进奎，纪书景. 车站客运业务演练任务与指导[M]. 北京：中国铁道出版社，2014.

[8] 裴瑞江. 铁路客运业务学员手册[M]. 北京：中国铁道出版社，2014.

[9] 裴瑞江. 铁路客运业务[M]. 北京：中国铁道出版社，2014.

[10] 铁路职工岗位培训教材编审委员会. 动车组列车员（长）[M]. 北京：中国铁道出版社，2013.

[11] 李增和. 铁路旅客运输组织[M]. 成都：西南交通大学出版社，2013.

[12] 中国铁路总公司劳动和卫生部，中国铁路总公司安全监督管理局. 铁路劳动安全[M]. 北京：中国铁道出版社，2013.

[13] 铁路职工岗位培训教材编审委员会. 列车员列车值班员[M]. 北京：中国铁道出版社，2013.

[14] 戴晓丹. 礼仪实训教程学生用书[M]. 北京：清华大学出版社，2013.

[15] 郑州铁路局. 高速铁路客运[M]. 北京：中国铁道出版社，2012.

[16] 北京铁路局. 铁路售票及客运计划作业指南[M]. 北京：中国铁道出版社，2011.

[17] 中国铁路总公司. 高速铁路客运服务管理[M]. 北京：中国铁道出版社，2016.

[18] 彭进. 铁路客运组织（第3版）[M]. 北京：中国铁道出版社，2015.

[19] 王慧，祖晓东. 高铁乘务安全管理与应急处置[M]. 成都：西南交通大学出版社，2015.

[20] 王慧. 高铁客运英语口语[M]. 成都：西南交通大学出版社，2015.

[21] 李华，谭洛明. 职业礼仪训练[M]. 南京：南京大学出版社，2014.

[22] 李嘉珊，刘俊伟. 实用礼仪教程（第四版）[M]. 北京：中国人民大学出版社，2016.

[23] 崔鸿嵘. 铁路客运服务礼仪（第二版）[M]. 北京：中国铁道出版社，2016.

[24] 石瑛. 铁路客运服务礼仪[M]. 北京：人民交通出版社，2016.

[25] 倪华. 高速铁路服务英语[M]. 成都：西南交通大学出版社，2016.

[26] 蓝志江，雷莲桂. 高速铁路乘务工作实务[M]. 北京：北京交通大学出版社，2015.

[27] 范先云，张大伟. 客运记录与铁路电报实务指南（列车部分）[M]. 北京：中国铁道出版社，2016.

[28] 郑州铁路局郑州客运段. 旅客列车非正常情况下应急处理实用手册[M]. 北京：中国铁道出版社，2014.

[29] 中国法制出版社. 铁路交通事故应急救援和调查处理条例[M]. 北京：中国法制出版社，2007.

[30] 中国法制出版社. 中华人民共和国传染病防治法[M]. 北京：中国法制出版社，2013.

[31] 韩树荣. 铁路红十字救护员培训教材[M]. 北京：中国铁道出版社，2013.

[32] 上海市红十字会. 现场初级救护手册[M]. 上海：上海交通大学出版社，2008.

[33] 中国红十字会总会. 救护师资培训教材[M]. 北京：社会科学文献出版社，2009.

[34] 周艳、白燕等. 危险品运输与管理[M]. 北京：清华大学出版社，2016.

[35] 许佳华. 危险品防火与应急处置[M]. 北京：化学工业出版社，2016.

[36] 中华人民共和国公安部. 易燃易爆危险品[M]. 北京：中国标准出版社，2013.